WUXIANG WENHUA JICHENG
WUXIANG HONGSE WENHUA
XIEYING

武乡文化集成·卷二

陈建祖 主编

武乡红色文化撷英

武乡红色文物记忆

张红伟 主编

中国文史出版社

总 序

甲辰之岁，万象更新。武乡热土上，乘新时代之春风，政治、经济、文化一体推进，正所谓政通人和，百业俱兴。

自古以来，莫不盛世修书，藉以兴文化俗。今有《武乡文化集成》之问世，摘精选要，撷英荟萃，乃国内县域文化系统整理出版之巨创，亦寻祖根，追文脉，固根基，增强文化自信之壮举，可庆可贺也！

文化之兴，缘于地理；或曰据于地理，乃出人文。

太行逶迤，上党巍巍，雄视华北，俯控中原，自古乃兵家必争之地
元人熊戴歌咏曰：“天下多名山，太行居第一。泽潞伯仲间，上党天下脊
屹立界中原，形势控南北。”武乡踞上党北缘，乃千年名邦，抗战圣地。
东有板山竦立，如长城蜿蜒；其中有漳河流金，泽润乡里；其西则俯
中，藏风聚气。此土此境，古有商周遗物，有石勒要寨，有寺院林立
绵不绝，而民风俭啬，勤于耕读，崇尚勇武，远近闻名。清代乾隆《
县志》“风俗篇”云：“武乡之为县，在万山中，金玉珠贝无所产，商贾行车不至，民安于畎亩、诵读，无逐末游食、猎取富贵之人。”“其民质而不菅，其俗俭而不猥。”此乃武乡传统文化之概要，民风之底色，文化渊源之所自。追溯千余年传统文化，不亦绵长醇厚乎！

帝制灭而共和兴，社稷衰而危亡存，仁人志士，前仆后继，奋起斗争。武乡籍共产党人、革命先驱李逸三、史怀壁、武三友等，建立中共武乡县委员会，组织“五抗”，风起云涌，艰险曲折，板山漳河间，闪耀赤色曙光。全面抗战始，抗日烽火燃烧在太行山上，八路军总部、中共中央北方局、一二九师师部开进武乡，先后驻武乡王家峪、砖壁诸地，朱德、彭德怀、左权、刘伯承、邓小平、杨尚昆等在此指挥抗战，武乡乃成太行根据地

之重镇。长乐村战斗，歼寇两千；百团大战，威震敌胆。柳沟设兵工厂，肇始军火生产，装备抗日武装；抗大、鲁艺，学校遍及山乡僻壤，培植红色基因。武乡儿女，慷慨参军，牺牲何止千万；家乡父老，纳鞋交粮，自愿支援前线；太行奶娘，忘我取义，哺育革命后代。仰望太行之巅，遍布民族脊梁；回首抗战圣地，鲜血浸染。《少年先锋》，如诗华章；抗战篇章，辉煌绚烂。此乃武乡近世文化之鲜明本色。回首武乡之红色文化，不亦感人至深乎！

斗转星移，国运昌隆；改革开放，其命维新。武乡大地，文脉绵延，异彩纷呈。其初有高沐鸿之《太行吟》、冈夫之《故城谣》、张万一之剧作《小二黑结婚》，歌咏烽火岁月，隽永悠长；继之有寓真之《行道集》，赓续家国情怀，书写不尽之乡愁。抗战文化则梳理备至，书写将军之百战智勇、战士之慷慨赴死、军火之急急生产、民众之纷纷支前、友邦之慷慨资助，红色文化，洋洋大观。作者群起，深研备至，提炼太行精神，表彰抗战英模，可歌可泣，化育万民，进而为新时代不忘初心、继续前进之强大动能。回首七十年文化景象，不亦壮观乎！

武乡文化，厚重绵长，总而成之，采而辑之，舍我其谁！县委县政府下决心，定大计，集贤能，编方案，以规范性、系统性、权威性为基准，博采旁搜，摘取英华，卷次三分。首卷为历史文化，通览千载；继之以红色文化，特色引领；卷三是现当代文化，文苑集萃，遂成20册，汇千万字，煌煌然为武乡文化史上之空前巨著。武乡文脉，一以贯穿，高如板山，长若漳河，实乃空前之壮举，既为资政要览，亦成万民寻根溯源、永久承传之宝典，具彰往而昭今之效，其价值、意义不言而喻，毋庸赘述焉。是为序。

中共武乡县委员会

武乡县人民政府

2024年6月

凡 例

一、本丛书以马克思列宁主义、毛泽东思想、邓小平理论、“三个代表”重要思想、科学发展观、习近平新时代中国特色社会主义思想为指导，选取武乡文化精华，编纂而成。

二、本丛书以基础性、系统性、权威性为基本编纂标准。

三、本丛书以武乡籍贯的作者为主要选取对象，以描写或记述当今武乡地域范围内的文化为内容选取标准。

四、本丛书选取的著作体裁不限，主要选取学术著作和文学作品。为了全面记述武乡的历史文化，特别组织作者新撰了武乡历史文化的通览性著作。

五、本丛书按照历史通览、文化特色、时代新篇为基本分卷依据，分武乡历史文化通览、武乡红色文化撷英、武乡现当代文化集萃3卷，共33种著作，编为20册。

六、本丛书为集成性著作，尊重原著内容的完整性，一般不作增删；为保持观点正确、内容准确、体例统一所做的修订，均经作者完成，并经专家予以审定。

七、本丛书对每一部入选著作的内容及其作者均予简介，以便阅读和使用。

八、本丛书根据各书特点而区别整理方式，涉及古文、文献等，予以标点，并适当注释；涉及文化遗产等内容，则以图文结合的方式予以记述。

【主编简介】

张红伟，山西省武乡县丰州镇人，山西省作家协会会员，长治市诗词楹联协会副主席，长治市美术家协会理事，武乡县文学艺术界联合会主席。主编了《红色藏品故事》，多篇文学、国画、书法、篆刻等作品在《映像》杂志、《长治晚报》等媒体发表。

【内容简介】

抗战时期，中国共产党领导八路军和上党等地区人民，建立了太行根据地。武乡地处太行深处，便于进行山地游击战。所以，八路军总部和中共中央北方局、革命学校、兵工厂等单位集中驻扎在这里，八路军领导和战士、学校的老师、兵工厂的工人，以及武乡的人民群众，在此谱写了许多可歌可泣的抗战故事，留下许多珍贵的文物，是后人接受革命传统教育的鲜活教材。所以，本书以图文结合的方式，记录了他们在武乡的战斗和生活。其中包括九部分：第一部分“历史见证”，有“朱总司令的家当”“一本发黄的日记”等，是八路军领导遗存的生活战斗用品；第二部分“英模风采”，有“关二如和他的三八式步枪”“父亲的纪念章”等，是抗日英雄遗留的物品；第三部分“文化先锋”，有“一台铸字机”“八路琴”等，是文化界人物的生活战斗用品；第四部分“抗战文艺”，有“《百团大战》创作手稿”“木刻《新鞋》”等，是八路军和武乡人民进行抗战文艺宣传的真实记录；第五部分“后勤保障”，有“第一门迫击炮”“捣药罐”等，是相关单位后勤保障的记录；第六部分“抗战功臣”，有“叶成焕的草鞋”“英雄冉营长”等，记录了10位抗战功臣的用品；第七部分“岁月留痕”，有“家传的红缨枪”“连环保状”等，是有关抗战和根据地建设以及生活等方面的记录和描述；第八部分“抗日烽火”，有“蟠龙围困战”等，是有关抗击日本侵略者的照片、捷报等的记录；第九部分“秘密斗争”，是有关武乡党组织创始人李逸三等人的革命斗争记录。之后，还附录了有关的文物。作者以生动的笔触介绍相关文物遗存，表现出在武乡这块抗战热土上，八路军和武乡人民团结起来共御外侮的坚强决心和战斗业绩，具有很高的史料价值和教育意义。

目　录

历史见证

英模风采

文化先锋

抗战文艺

后勤保障

抗战功臣

岁月留痕

抗日烽火

秘密斗争

附录一　民主建政

附录二　国际友人

历史见证

红色文化是中国先进文化的重要组成部分，是中华民族和中国人民的根脉灵魂和不变的初心。革命文物是红色文化的物质载体，承载了一个故事，记录了一段历史，反映了一种精神。

一个皮箱，从太行山辗转到延安，从延安又远涉至莫斯科；从朱德总司令父亲的手里转至女儿手中，闪耀着革命领袖朴素的生活作风和优良的革命家风。一根拐杖，体现了朱德总司令与人民群众血浓于水、深厚的阶级情谊和“愿与人民同患难，誓拼热血固神州”的坚定信念。一把军号，记录了日本反战同盟战士的正义之心。一口军锅，从红军长征一路走来，穿梭于太行山涧，见证了正义之师的前仆后继，英勇奋斗。一台打字机，似国际主义战士投向军国主义的重型炸弹，让正义与非正义大白于天下。一把罗圈椅，铭记朱德总司令为敌后文化运动把脉定力，指明前进的方向。一张地图，成为纪念馆的镇馆之宝，再现百团大战沉重打击日本侵略军的宏伟场面。一份特殊的生死合同书，彰显根据地人民不惧血腥屠刀，誓与侵略者斗争到底之决心。马蹄、羊蹄也是杀敌的武器，民兵的石雷阵令不可一世的法西斯强盗胆战心惊。一张债务宣传旗宣告世界反法西斯联盟已经结成，昭示法西斯末日的到来。一把扳手锈迹斑斑，却镌刻着根据地军民破敌交通运输线，与敌开展生死较量，不屈不挠的抗日精神。

这是朱德总司令曾经使用过的一个皮箱，后来又交给女儿朱敏使用。它盛装着家国情怀，父女深情；凸显朴素作风，领袖风范。朱敏把它交到八路军纪念馆珍藏，充分说明革命者一家对太行山的思念和钟情；告诫后代要传承革命家风美德，赓续红色基因，让艰苦奋斗精神世代相传。

朱德总司令的家当

刘玉琴

当我们步入八路军太行纪念馆简史陈列馆的第二展厅时，首先映入我们眼帘的是在展厅中央独立展柜中陈列的一只皮箱。它是朱德总司令曾经使用过的，今天静静地向我们叙述一段感人的经历。

朱德出身于四川省仪陇县的一个佃农家庭，20岁考入四川高等学堂附设的体育学堂，后又考进云南陆军讲武堂，并加入孙中山领导的革命团体中国同盟会，参加了辛亥革命武装起义和倒袁战争、护法战争。在十月革命和“五四”运动的影响下，他逐渐接受了马克思主义。为寻求革命真理，他毅然放弃高官职位赴德国学习。经周恩来介绍，加入中国共产党。受中共中央派遣到国民革命军中工作。第一次国共合作破裂后，参与领导八一南昌起义，率部万余人上井冈山，成为我军的主要创始人之一。

中国全面抗战爆发后，朱德担任八路军总指挥，率部东渡黄河，挺进山西，转战太行，运筹帷幄，决胜千里，指挥千军万马，驰骋于辽阔的华北抗日前线，展开艰苦卓绝的抗日游击战争。首战平型关，攻克雁门关，夜袭阳明堡，急袭长乐滩，伏击响堂铺，屡建奇功，威震敌胆。1938年2月曾任第二战区东路军总指挥，指挥部分国民党军队与八路军一起对日作战，成为国共合作坚持抗日民族统一战线的楷模。1939年3月，兼任第二战区副司令长官。

1940 年 5 月，朱德奉调返回延安，直接参与中共中央和中央军委的领导工作，协助毛泽东指挥全国各抗日根据地的对敌斗争。1945 年 4 月，出席中共七大，并作了《论解放区战场》的军事报告，系统总结了中国共产党领导革命武装斗争，特别是八路军、新四军对日作战的成绩和经验，成为毛泽东思想的重要组成部分。同年 8 月，在延安指挥八路军新四军对日军开展猛烈的战略大反攻，为中国人民抗日战争和世界反法西斯战争的最后胜利，建立了不可磨灭的历史功勋。

在条件艰苦的抗战岁月，朱德总司令在太行山生活战斗了近三年时间，虽位居八路军总司令高位，但他的饮食起居、衣服行装却非常简朴，甚至让许多人把他当作马夫、伙夫，他朴素得像一名普通的战士，时刻保持着艰苦奋斗的革命本色。这只皮箱就是他的全部家当，它伴随着朱德总司令从延安来到太行山，无论是在砖壁总部还是在王家峪总部，警卫战士总是拎着这只“劳苦功高”的皮箱，里面装着军用地图、重要文件等朱德总司令必用的重要物品。

朱德总司令送给女儿朱敏的皮箱

说到这只富有传奇色彩的皮箱，在太行山里至今还流传着一个富有诗情画意的故事。当年著名作家杨朔在王家峪总部生活的日子里，常常看见这只简朴的皮箱，当时又适逢朱德总司令 52 岁生日，杨朔便挥毫赋诗《代寿朱德将军》："抚循部曲亲如子，接遇乡农霭似风；谈笑雍容襟度阔，最从平淡见英雄。"一时传为佳话。

1941 年 2 月，从革命圣地延安向莫斯科国际儿童院输送了 40 多名革命烈士和革命者的后代。朱德总司令的女儿朱敏也是其中的一员，在临行前朱德总司令将这只皮箱送给了女儿，他老人家殷殷嘱托："父亲没有什么可以给你，只有这只皮箱能送给你……"朱敏和她的伙伴乘坐苏联轰炸机到达乌鲁木齐，再乘火车到达莫斯科进入国际儿童院学习。这些孩子虽然躲过了中国战场上的炮火袭击和血腥屠杀，但在苏联却经历了 4 年卫国战争，和苏联人民一道经历了困难时期，经受了战争的考验。最不幸的是朱敏在白俄罗斯不幸落入德国纳粹的魔掌，在德国集中营度过了九死一生的艰苦岁月。

朱敏（中）在苏联莫斯科时与同学留影

为了在集中营活下去，她装聋作哑两年时间。1943 年，她又被装入闷罐车，押送到德国东普鲁士，在集中营做苦力，从此落下全身病痛的毛病。直到 1945 年苏联红军攻克东普鲁士，朱敏才逃出集中营。在之后的几个月，朱敏一直在流浪，被人送到波兰苏联难民收容站才被人发现。返回莫斯科后，朱敏继续自己的学业。1953 年，朱敏毕业回国，在北京师范大学任教。

在纳粹集中营里 4 年的囚禁生活，她可以说什么都没留下，唯有父亲留给她的这只皮箱却完好无损地保留了下来。此后的岁月中，无论是革命战争年代，还是社会主义建设时期，朱敏都把这只皮箱带在身边。

2005 年 8 月，朱敏的丈夫刘铮将这一珍贵的皮箱捐赠给了八路军太行纪念馆。

1938年4月，八路军总部在寨上村驻扎期间，村里的民间医生弓应卯为朱德总司令医治好腿疾，留下了一根拐杖从总司令身边转到一位普通农民手中的感人故事，演绎出革命领袖和普通农民的深情厚谊。80年后，珍藏在玻璃框里的竹杖依然熠熠生辉，激励后辈不忘初心，永远植根于人民群众之中，开创新的未来。

一根竹手杖

王晓阳

在八路军太行纪念馆陈列着一根竹手杖。这根竹手杖是用油漆漆过的，黑红色，是朱德总司令送给武乡县民间医生弓应卯的礼物。

八路军的总司令为什么要给一个民间医生赠送手杖呢？八路军太行纪念馆的讲解员讲述了这根竹手杖的故事：

朱德总司令在武乡县寨上村旧居

1938年4月，日寇为扼杀刚刚创建的太行根据地，纠集3万多兵力，从同蒲、正太、平汉铁路沿线及邯长公路和临屯公路，分九路向晋东南地区大举围攻。为粉碎日军的“九路围攻”，八路军总司令部决定采取以一部分兵力牵制其他各路日军，集中主力寻机歼灭其一路的作战方针。为了便于指挥，朱德总司令率领总部转战于武乡，并指挥了著名的长乐村战斗，从而粉碎了日军对晋东南地区的九路围攻。之后，总部机关移驻武乡县寨上村，并在此举行了反九路围攻祝捷大会。

北方的初春，春寒料峭，八路军战士们大部分是经长征过来的南方人，不大适应北方的气候，再加上战事频繁，衣衫单薄，许多人染上了伤寒。朱德总司令虽已年近花甲，仍日夜操劳，更为战士们的身体着急，他小腿上也生了一个大疮，并已化了脓，疼得他日夜难熬，行走也困难，因此不得不用长征时带过来的一根竹手杖助行，即便这样总司令还是坚持工作到深夜。

寨上村有名老中医名叫弓应卯，出生于一个中医世家，父辈的言传身教，使他成为艺馨乡里的名医。他不光医术精湛，而且对待病人满腔热情，服务周到，他知道很多乡亲因贫穷而付不起医疗费，就分文不收，被百姓称为救人的活菩萨。八路军进驻寨上村以后，许多战士生病，他看在眼里，急在心上，就主动为他们治疗，他从山上采集来中草药，用大锅熬成汤药，让战士们服下，没几天战士们的伤寒病竟全好了。特别是当弓老先生得知八路军的总司令因疮病而行动不便，就亲自登门为朱德总司令医治。弓老给朱德总司令检查后说：“您这是因常年行军打仗，营养差，吃饭喝水不规律，火毒所至，久而生成疮。”于是，弓老细心地给朱德总司令清理伤口，并敷药包扎好，说：“您这脓疮治疗方法是，内服中药败火，外服药剂去毒，我这里带着些成药，您每天按时服下。”为了不影响朱德总司令的工作，弓老每晚准时去为他治疗，每次都是小心、细致地将脓血去除后，再敷药包扎，经过一周的治疗，朱德总司令的疮疾痊愈了。

这一天，朱德总司令为感谢弓应卯老先生为八路军将士们治病，特地在总部准备了便饭招待弓老，并想付给老人一定的医疗费。席间，朱德总司令

朱德总司令送给寨上村老中医弓应卯的竹手杖

说："弓老先生，您为八路军立了大功呀，我代表八路军将士谢谢您，"说着拿出几块钱，"这些钱希望您老收下，是我们对您支持革命的报答。"

可是弓老说什么也不要，他说："首长，我虽是一名乡村医生，可我就是为咱穷人看病的，八路军是咱穷人的好军队，为咱百姓打鬼子，给你们看病，我是心甘情愿、理所当然的，我怎能收你们的钱呢？"

朱德总司令见弓老执意不肯收报酬，就拿起自己生病时常拄的那根竹手杖说："您给八路军将士们治好了病，又不收一点报酬，现在是战争时期，没有什么好礼赠送，就将我拄的这根竹手杖送给您留念吧！"弓老双手接过竹手杖感动得不知该说什么好，一个普通的民间医生能被总司令如此相待，这是他怎么也没有想到的。

后因战乱不断，弓老怕将朱德总司令赠送的竹手杖丢失，就用油纸包了又包，埋于房后地中。在他临终前将侄儿弓献玉叫到面前，告诉他埋手杖的地方，要他在胜利后及时挖出，好生保管。新中国成立后，弓献玉曾多次寻找，终于找出来，当他将一层层油纸剥掉后，看到那根宝贵的竹手杖完好无损，就将它捐献给了八路军纪念馆。

1940年2月8日，八路军总司令部、野战政治部在下合村召开了文化教育工作座谈会。在这把椅子上，朱德总司令提出“抗战要文武两条战线并肩作战，甚至笔杆子要超过枪杆子”，热情鼓励战斗在抗日前线的艺术家们，运用文艺这个武器，开展对敌斗争。他的教导鼓舞了太行山区的广大文艺工作者，他们投身于抗战洪流中，对推动华北敌后文化工作起到巨大作用。

太行文化人座谈会上的罗圈椅

王　真

1939年10月11日，八路军总司令部由武乡县砖壁村迁至王家峪，野战政治部迁到下合村。当时太行军民已粉碎了日寇对晋东南的第二次“九路围攻”，环境相对稳定。

八路军总部在这里接待了不少国际友人、援华团体、友军将领、民主人士、文化界名人，领导了根据地的减租减息、生产自救，与国民党顽固派进行了有理有节有利的斗争，同时还组织延安和大后方到前线来的一大批文艺工作者，开展了充满活力的敌后新文化运动。

就在轰轰烈烈建设根据地中，迎来了新的一年——1940年。年后的2月8日，正是农历的春节。为繁荣文化教育事业，扩大政治宣传，利用文艺武器来参加抗战，八路军总司令部、野战政治部，在野战政治部驻地下合村召开了文化教育工作者座谈会，也称太行山文化人座谈会。

座谈会的会场设在杨金凤家的农家四合院子里，院中间摆了两张四六方桌，桌子上摆了一些茶碗。桌子周围，在长条凳、圆板凳上架了一些供与会人员坐的条板，也摆放了一把罗圈椅。实际上举行的是一个春节茶话会，热烈欢迎从延安来到华北前线的鲁艺木刻工作团。太行根据地的37名文教精英，济济一堂，有说有笑，驱散了初春的寒气。

参加太行山文化人座谈会代表合影

在这之前，中共北方局书记杨尚昆等领导人，已向画家们发出了艺术服从政治、文艺为抗战服务的号召。木刻工作团的同志们深入战地生活，把上述口号变为实际行动。他们虚心向民间艺术学习，进行了采风活动，创作出《军民一家》《坚持抗战》等新年画和连环画。

春节这一天，朱德总司令和野战政治部副主任兼宣传部长陆定一等领导同志参加了这次太行文化人座谈会，到会的文艺工作者有鲁艺木刻工作团的胡一川、彦涵、罗工柳、杨筠、华山和前方鲁艺校长李伯钊、抗大文艺工作团的徐懋庸、任白戈以及八路军总部的孙泱等，德国医生汉斯·米勒也应邀参加。

座谈会上，朱德总司令热情地鼓励这些日夜战斗在抗日前线的艺术家们，进一步运用文艺这个武器，开展对敌斗争工作。他说："抗战要文武两条战线并肩作战，甚至笔杆子要超过枪杆子，先搞好文艺宣传，才能发动起群众性的游击战争。"

陆定一同志回顾了鲁艺木刻工作团从陕甘宁边区来到太行山期间，如何发挥艺术在抗战中的作用。同时，他向与会文艺工作者提出两个基本口号：民族形式和民间形式融合；创造出新的抗战文艺。他又有针对性地指出创造新文艺必须遵循的途径："第一，融合外国艺术和中国艺术，而创造出一种新的形式；第二，采用民间艺术形式，深入群众，学习传统艺术，在向群众学习的过程中，同时改变艺术形式。"陆定一同志认为，这种艺术的产生，

太行文化人座谈会上朱德总司令坐过的罗圈椅

将是一个长期奋斗的过程，有待艺术家们在抗战实践中努力。

会毕，朱德总司令、陆定一副主任等总部领导人，宴请了与会的艺术家们，并与他们合影留念。这次太行文化人座谈会，号召和发动了太行山区的广大文艺工作者，利用一切文艺工具和手段，投身到抗战洪流中，对推动华北敌后文艺工作起到了巨大的作用。

这把罗圈椅为木质，宽 55 厘米，椅背高 90 厘米，一直由杨金凤家使用。1995 年，下合村村委会将这把罗圈椅征集回村委。2010 年，八路军野战政治部下合村旧址纪念馆建成，罗圈椅收藏于馆内。

陈漫远将军率部缴获的这部日军照相机珍藏在八路军太行纪念馆。它历经战火的洗礼，不仅拍摄了抗日战争和解放战争中革命军人战斗、生活的珍贵图片资料，还在军事侦察和参谋工作中屡建奇功，为作战指挥决策提供了依据，更为后人留下了宝贵的精神财富。

陈漫远将军缴获的照相机

郝雪廷

这部日军照相机，是陈漫远将军在任晋绥军区副参谋长兼第一军分区司令员时，率部作战中缴获的。这是20世纪30年代由日本东京生产的OKAKO TOKYO—Waltax小皮腔单反照相机，颜色为黑色，机身主体为金属。

陈漫远，广西蒙山人。1923年考入桂林储才中学，1924年转入梧州第二中学，因参加学生爱国运动被迫辍学。1926年加入中国共产主义青年团，次年加入中国共产党。1929年参加百色起义，在红七军中任职。1930年进入中央苏区，任红三军团七军五十六团政治委员、粤赣军区政治部主任等。后又任红一军团红二师政治部主任、一军团敌工部部长。长征开始后，历任红一方面军教导师政治部主任、中央纵队第一梯队政治部主任等。到达陕北后，担任红十五军团七十三师政治委员。抗日战争期间，历任八路军一一五师三四四旅参谋长、晋察冀军区第三军分区司令员、晋西北军区参谋处长兼直属军分区司令员、晋绥军区副参谋长兼第一军分区司令员等。解放战争时期，历任晋绥军区参谋长、司令员，华北野战军第一兵团参谋长，第十八兵团副司令员兼参谋长。中华人民共和国成立后，担任广西省委副书记、桂林市军管会主任。后又任广西省委第二书记、第一书记，广西省政府副主席、代主席，广西军区第一书记、第一政委，广西省政协主席等。1960年出任北京农业大学校长、党委书记。1964年调任农垦部第一副部长兼党组书记、代部长。“文化大革命”期间在江西某农场劳动。1976年2月任军事科学院顾问，1977年任解放军后勤学院院长。

陈漫远将军喜欢摄影。1938年，为了加强军事侦察，晋察冀军区举办了摄影训练班，主要结合军事侦察工作与战地考察进行业务培训。陈漫远将军作为第三军分区司令员，也参加了这次的培训班。1939年4月，八路军电影团一行到达晋察冀根据地，陈漫远在安排电影团同志们的工作中，经常抽空向他们学习摄影技术，电影团在这里拍摄了部队的活动，拍摄了敌后的军工生产，制造手榴弹、地雷的兵工厂和修械所情况，拍摄了部队的被服厂、制作军鞋、群众支前、民兵等活动，还拍了妇救会、儿童团识字班及支前等照片。在与电影团的协作中，陈漫远学到了许多摄影的技巧，为他以后在战争间隙拍摄照片奠定了基础。

1941年春，陈漫远调晋西北军区（后改为晋绥军区），先后任参谋处处长、副参谋长等职，并兼任第一军分区司令员。在晋绥的抗日战斗中，陈漫远将军组织指挥部队打伏击、摸岗哨、袭据点、撒传单、割电线、捉汉奸，把日伪军搅得日夜不安、坐卧不宁。经过无数次大大小小的战斗，缴获了大量的日伪军武器装备。

1944年秋，晋绥军区部队在吕正操司令员指挥下，展开对日军的攻势作战，以便拔除具有攻克条件的日军据点，这次战役共进行大小战斗297次，攻克和逼退日军据点48处，缴获了大量战利品。军区副参谋长陈漫远和司令员吕正操在查看缴获的日伪军战利品时，吕正操一眼看见战利品中有一架很精致的照相机，便拿在手中仔细鉴赏。在当时，照相机作为比较精密的光学仪器，是十分难得的物品。陈漫远看到照相机也非常兴奋，他接过来仔细地看了起来，真是爱不释手。

这时，吕正操说，“漫远同志，这是一架日本东京生产的照相机，是个

陈漫远将军和吕正操司令员缴获的照相机

陈漫远将军和吕正操司令员缴获的照相机底部

先进的东西呀，照相机在军事侦察和参谋工作中很有用处，你学过照相技术，就把它交给你吧，一定要把它保管好、使用好，让它在对敌斗争中发挥作用。”

陈漫远将军是一位摄影爱好者，一听司令员把照相机交给他保管，非常高兴。从此，这架珍贵的照相机就成为陈漫远将军的心爱用品，跟随他转战南北，屡建功勋。他带着这部照相机，南征北战，拍摄了不少抗日战争和解放战争的照片。这些照片，应用在军事侦察和参谋工作中，为作战指挥决策提供依据，立下了赫赫战功。这些照片，记录下许多珍贵的历史时刻，也记录下革命军人战斗、生活的场景，为后人留下了宝贵的精神财富，特别是在抗战进入局部反攻和大反攻作战中，他拍摄了许多珍贵照片。

这部照相机，在跟随陈漫远将军转战南北中也历经了战火的洗礼。在一次战斗中，陈漫远将军带领参谋和警卫人员在前线勘察地形，他手拿这部照相机进行拍照，准备回指挥部后仔细研究。突然，敌军的炮火突袭了他们。有几发炮弹就在距离陈漫远将军不远的地方爆炸，巨大的气浪一下把他掀倒在地上，珍爱的照相机脱手飞了出去，重重地摔在旁边的石头上……镜头和皮腔被摔坏了。之后，陈漫远将军依然珍藏着这部见证了抗日战争珍贵瞬间的纪念物，并妥为收藏。

陈漫远将军的女儿陈南竹和她的家人，将她父亲珍藏了几十年的照相机，还有一些陈漫远将军生前用过的物品、历史资料等，一起捐赠给八路军太行纪念馆。

陈漫远将军之女陈南竹（右）给八路军太行纪念馆捐赠文物

一本日记，就是一个人微缩的历史。日记中的记录，贯穿主人公经历红军、八路军两大革命时期，介绍了抗大（中国人民抗日军事政治大学的简称）第六分校在武乡落脚的前后经历。让后人了解了抗大分校在扫荡中招生、战火中生存、困境中自救的真实历史。时间慢慢流逝，日记的纸张渐渐泛黄，但字里行间依然涌动着血色浪漫，烽火滚滚。

一本发黄的日记

郝一凡

刘忠将军珍贵的工作笔记本

1940年5月，中共中央北方局与华北军分会根据当时抗战形势的发展，专门对抗大的教学进行了讨论，提出“为了扩大抗大培养干部的事业，应继续准备在晋冀豫、晋西北、华中、一一五师等处增设分校”的设想，于是在晋冀豫设立抗大第六分校一事，被提上议事日程。但是由于战争影响，筹建工作断断续续，一直没有落实。

1940年11月，反“扫荡”结束后，八路军总部和抗大总校认为，武乡有着很好的群众基础，又有较好的经济条件，希望第六分校的筹建工作能在武乡进行，并决定派原抗大第三团团长刘忠同志接手第六分校的筹建工作。

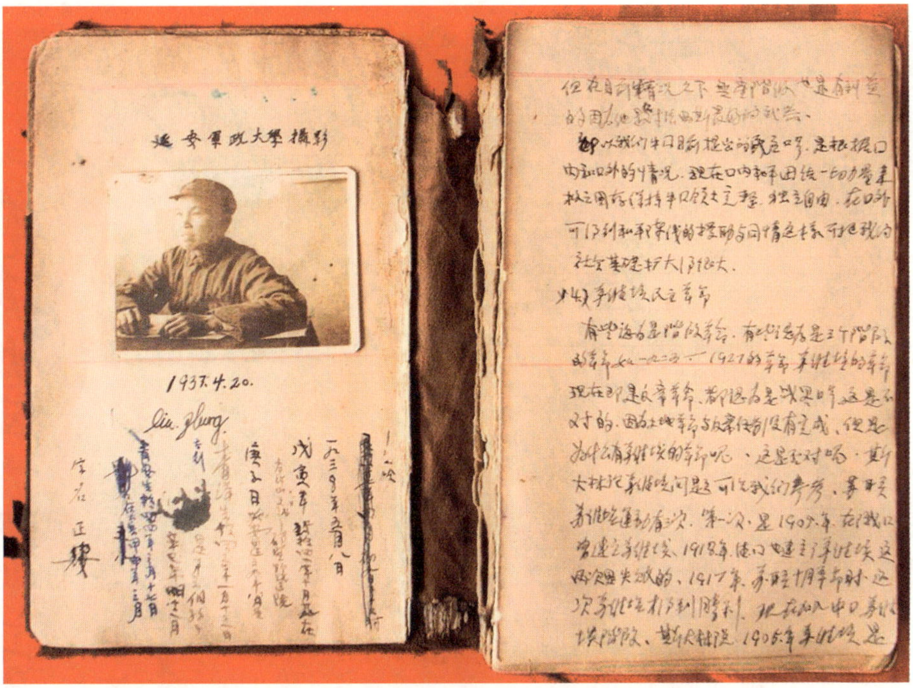

刘忠将军在抗大学习工作时的笔记

11 月上旬，刘忠就从五十亩村（村名）离开总校，与参加筹建的部分同志到武乡选址。

刘忠是一位身经百战的老革命，也是一位工作扎实的老抗大。1929 年就参加了红军，曾经担任过红军团长、团政委，军团政治部组织科长，军团司令部侦察科长。在长征路上，他曾经执行过一次特别的侦察任务。

翻过大雪山，部队粮食发生极大困难。这里荒无人烟，没有老百姓，有钱也买不着粮。上级指示分配他一个特殊任务，侦察能吃的草叶、草根。草地上长着各种各样的草，但并不都能吃，有的草放到嘴里很难咽下去，有的草吃了还会中毒。刘忠带着两位侦察员，寻找野葱、野蒜、苗苗菜，或是野芹菜、豌豆苗。遇到不知名的野草，都要亲自尝尝，若找着能吃的野草，就送给军团卫生部鉴定，然后向各单位介绍或用文字通报全军。他们为军团生活解决了大问题，可是那些野草在嘴里嚼时的那种苦涩，咽下时的那种艰难，从胃里溢出来时的那种感觉，是他们一生都不会忘记的。

刘忠将军（右二）在抗大时与战友合影

1937 年 1 月 19 日，中革军委主席团电令，红军大学改名为抗日军事政治大学。随着学校规模的扩大，为了建立健全组织机构，刘忠由于曾经在红军学校工作的经历，就被调到抗大第二期第三大队任大队长，从事教育工作。他有着丰富的工作经验，这次组建抗大第六分校也就挑选他来担任主帅，出任六分校校长，并调原新十旅政治部主任黄欧东同志任分校政治委员、原一二九师随营学校参谋长姚继鸣同志任教育长、原抗大四团政治处主任铁坚同志任政治部主任。

经过认真选择，把校址定在蟠洪河畔的中村一带。武乡的村庄都比较小，一个村根本无法容纳下教职员工两千余人的一所学校，只好在几个村同时驻扎。校部机关选在平头，校政治部选在义安，校训练部选在中村，几个学员营分散在周边的村庄。

12 月初，抗大第六分校与一二九师联合发布了招生广告，分校开始陆续招生编队，首批学员对象大部分是一二九师的基层干部和部分晋冀豫边区的地方党政机关干部。但就在招生时期，日寇又纠集 4000 余人，对辽县、武乡、襄垣、黎城等地进行了大规模的年关“扫荡”，分校不得不与敌人展开“捉迷藏”活动，其间，校部机关先后在石门、东沟等地回旋，躲过了敌人的袭击，2 月初，分校机关回到平头、义安村。

此时，新招收的学员，陆续从各部队前来报到。根据这次招收学员的人数，校部决定分设为五个营：第一营、第二营主要是培养连、排军事干部，第三营主要是培养政治干部，第四营主要是培养轻、重机枪和炮兵等特科干部，第五营是地方干部，招收晋冀豫区的地方党政机关干部，首期招收学员 2000 余人。

1941 年 3 月 18 日，抗大第六分校在中村滩举行盛大开学典礼仪式。一二九师师长刘伯承、政治部主任蔡树藩、抗大总校政治部保卫部长吴格成出席了大会，刘伯承在典礼仪式上作了《敌后干部训练问题》的报告，刘师长在报告中讲了五个问题：（1）坚持华北抗战到底；（2）爱护根据地，巩固根据地；（3）尊重群众利益；（4）提高军事的锻炼与素养；（5）安心学习，在艰苦中锻炼自己。分校黄欧东政委做了政治报告；刘忠校长勉励学员遵守校训；姚继鸣参谋长作了课程安排，会后，学员们表演了《茂林血》等文艺节目。

抗大第六分校在武乡平头村旧址

抗大第六分校开学

后，正是华北抗战处于最严重的困难时期，八路军在日、伪、顽的夹击之下，伤亡很大，部队大量减员，根据地日益缩小，物资供应十分困难。特别是在太行山区，日寇将太行山的腹心地带作为“扫荡”与“清剿”的重中之重，太行根据地一直处于反“扫荡”的战斗环境，但学校并没有因此而停止教学，学员们一直是边学习、边战斗，还要开荒搞生产。

1941 年 11 月，日军对太行地区冬季的“扫荡”非常残酷，来势非常凶猛，日寇用“铁壁合围”的战法，几路齐头并进。在此情况下，学员们以连为单位分散活动，以麻雀战的形式来对付敌人的“扫荡”。在分散战斗活动期间，学校教育大有进步，在理论联系实际方面，取得了显著的成效。学员们依靠群众，做好群众工作，同群众打成一片与敌战斗，有很大的成绩，这样分散活动了一个多月，粉碎敌人“扫荡”后，才集中起来，抓紧训练。这一期，本应在 12 月下旬即可毕业，但因一年来敌人几次“扫荡”，学员参加反“扫荡”的艰苦战斗，消耗了许多时间，有些教学课程没有完成。为使受训干部毕业后回到部队能真正胜任、称职，刘、邓首长命令增加两个月的学习时间，直到 1942 年 2 月毕业。

刘忠校长工作作风非常扎实，工作的重点难点，都在笔记本上认真地记录，这个笔记本也就一直伴随着他。这期学员结业后，刘忠接到中央军委命令调离抗大第六分校，到三八六旅担任副政委、政委，后来又任太岳第二军分区司令员等。这个笔记本一直伴随着他，后来，他的子女将其捐赠给纪念馆，成为八路军抗战的历史见证。

美好的记忆是刻骨铭心的。黄镇将军和夫人朱霖同志一下就辨认出了50年前他们新婚时的那个四合土院。他们左顾右盼，上下寻觅，似有所求又无所求地漫步走进院落。院中的大枣树下，黄老与夫人默契地对视而思，慢慢地坐了下来。朱霖紧靠在黄老右侧，右胳膊搭在黄老的左腿上，黄老伸出左手轻轻地搭在朱霖的肩头。随行秘书手捧相机走了过去，抢拍下了这个镜头——还是50年前合影的那个地方，还是依偎在一起的那种姿态……

两帧照片半世情

王照骞

在八路军总部旧址纪念馆工作，我一干就是30多年。这些年来，我曾接待了不少故地重游的“老太行”，也收集了许多有关他们的照片资料。在这些照片当中，有两帧不平凡的照片深深地感染了我。尽管20多年过去了，但我还是常常打开相册，凝视着这已经间隔了整整半个世纪的两帧照片，一次又一次地寻觅着这两帧照片之间的那段红色恋情的动人故事……

那是1988年国庆节过后的第三天。秋高气爽，梨果飘香，中外闻名的将军、外交家和艺术家黄镇偕夫人朱霖同志，回到了他们阔别40年的驻地东堡村。

东堡村在武乡县东部山区的韩北乡境内，山大沟深，依山而平缓。它既是中共晋冀豫第一次区代会的会址，又是黄老与朱霖同志举行新婚之典的地方。不难想象，他们抵达东堡村时，情绪是多么的活跃！

旅行车在东堡村街头停下，黄老边下车边向围观的村民打招呼：“乡亲们你们好！”刹时间，几十名、几百名村民拍手拢来，特别是一些年老的、平常很少出门的乡亲，也拄着拐杖来了——他们知道是阔别50年的黄主任回来了！

黄老春风满面，和蔼可亲。他穿一身黑色且有点儿发旧的毛料中山装，

1939 年 9 月黄镇与朱霖在武乡东堡村的结婚纪念照

脚蹬一双手工做的布底橡筋鞋，后跟还钉了一块黑色轮胎掌，头戴一顶深灰色的普通制服帽，穿戴竟是那样的平常。不知底细的人，怎能看出站在眼前的是一位叱咤风云的老将军、一位德高望重的高级干部呢！

1909 年 12 月，黄老出生在安徽桐城县的一个小山村，从小苦读到上海美术专科学校毕业。失业的痛苦，革命的熏陶，使他投笔从戎，参加了 1931 年的江西宁都起义，踏上革命征途，走过了二万五千里长征，是党和红军中著名的政治宣传工作干部。当他转战太行山区时，曾任八路军总政民运部长、晋冀豫边纵政委，又是刘邓领导的 129 师年轻的政治部副主任。正因为这样，才有了他与游击队员出身的、山西籍的朱霖，在抗日烽火中结为伉俪的这段趣事。

善于言表的朱霖同志，显得格外兴奋。她边转悠，边回忆，边讲述：1939 年 9 月下旬，中共晋冀豫区党委在这里召开了为期 4 天的首次党代表大会，黄老与她均为出席大会的 129 人中的正式代表。会上中共中央北方局书记杨尚昆作了政治报告，中央军委前方军分会副书记、八路军副总司令彭德怀作了《目前抗战形势与党的任务》的报告，组织部长何英才作了《党的建设》的报告，军区政委黄镇作了《创造武装、发展武装》的报告。大会民主推选出出席党的“七大”代表，研究了抗日反顽斗争，并选举李雪峰、何英才、黄镇、安子文、陶鲁笳等 17 人为区党委委员，李雪峰任书记。也就在这具有重要意义的时刻，她与黄镇同志举行了婚礼。

还是这年初春，朱霖刚刚从地委党校学习回来，石玉英同志就给她介绍与黄镇的婚事。当时，因为她没有思想准备，顾虑很多，所以没有及时表态，只答应考虑考虑再说。后来，经过何英才、赖际发和陶希晋等领导的劝说和帮助，而且见到黄镇将军后，觉得他还是比较平易近人，才基本同意了。黄镇将军很高兴，托石玉英同志给朱霖捎来了两件礼品——一支自来水笔和一个笔记本，作为当时所谓的初恋信物。这次在东堡村召开的中共晋冀豫第一次区党代会上，朱霖和黄镇将军作为参加会议的正式代表碰到了一起，黄镇将军提出了要与她结婚的事。那时候，根据地还没有规定什么结婚登记手续，也不举行什么结婚仪式，只是经过组织批准，区党委组织部长谈过话就可以了。所以他们俩就在区党代表大会期间结了婚。结婚那天，除参加会议的区党委领导都来道喜外，中共北方局和八路军总部的杨尚昆、李伯钊、康克清等也都赶来祝贺。

1988 年 10 月 3 日黄镇与夫人回访武乡时在东堡村拍摄的照片

那是黄镇将军和朱霖同志终生难以忘怀的日子——1939 年 9 月 13 日。也是在这一天，他们俩坐在大门外的一个土坎上，依偎在一起，摄下了一张珍贵的结婚照。

美好的记忆是刻骨铭心的。在东堡村这排排新屋、片片房舍中，黄老和朱霖同志一下就辨认出了 50 年前他们新婚时的那个四合土院。说也稀奇，左邻右舍的院落翻新的翻新、重建的重建，唯独这座土院土屋，基本上还是原来的结构，保留着古朴的风采，只是小屋的主人，已经不再是当年的老房东了。黄老夫妇左顾右盼，上下寻觅，似有所求又无所求地漫步走进院落，走进家门，熟练自如地跷腿并坐在小屋的炕沿边上，双手捧着房主人端来的开水，边品尝，边攀谈，真挚怀念，深情倾吐，半个世纪的变迁，话题是何等的丰富啊！

在当年的“洞房”感受一番之后，黄老便走出院子，径直朝大门对面的一株大枣树走去，人们不解其意，远远眺望。此时，朱霖猛然想起了什么，疾步朝黄老走去。只见他俩对视而思，慢慢地坐了下来。坐定后，黄老左腿屈起，右腿伸展，朱霖紧靠在黄老右侧，右胳膊搭在黄老的左腿上，黄老伸出左手轻轻地搭在朱霖的肩头。二人目光炯炯，凝视着远方的山峦、树木、流云。这时随行秘书手捧相机走了过去，咔咔几声，抢拍下了这个显然是再现当年情景的镜头——还是50年前合影的那个地方，还是依偎在一起的那种姿态……

黄老和朱霖回京不久，就托时任武乡县委办公室的马生旺主任，捎来了这间隔整整半个世纪的两张照片——一张是1939年9月13日结婚时拍下的那张黑白照片，另一张便是1988年10月3日回访时拍下的那张彩色照片。

从此，黄镇将军和朱霖同志的两张照片便永远定格在了我的记忆中；我也每每把这两帧照片的故事讲给我所相识和不相识的每一位领导、同行和瞻仰旧址的游人……

东堡村——东方抗敌御侮的革命之堡；东堡村——中国革命党人红色恋情的摇篮！

大大小小17块补丁，伤痕累累的行军锅，爬过雪山，过过草地，经受了国民党军队的围追堵截，辗转于刀光剑影的抗战前线，见证了一个个背锅人悲壮牺牲时的责任担当和忠贞不渝。李焕兰的丈夫接过行军锅，也肩挑起重托，补好了弹洞，成为又一个背锅人。丈夫牺牲后李焕兰视锅如生命，受朱德总司令委托，珍藏下瑰宝，保存了精神！

锅行万里情

连小敏

有些往事，随年月久远慢慢湮没；有些记忆，却因睹物思人历久弥新。

记得我到八路军太行纪念馆进行岗前培训的时候，曾听到许多动人的故事。展厅里那个“行军锅”的故事就让我震撼，这口锅的锅沿局部已经裂开，锅壁和锅底有几道裂缝，还有大大小小17块补丁。就是这些补丁，流传着一个个惊心动魄、催人泪下的故事。

这口锅是从长征路上背来的。红军改编之后，八路军战士又把它背到了太行山。在残酷的战争中，这口锅坏了补，补了坏，经历了许多的曲折。

那是1938年春，日寇对我晋东南根据地进行了九路围攻，为了打击敌人，粉碎围攻，我八路军以一部分兵力钳制日军其他各路，集中主力伺机击破其一路的战略，在武乡县长乐村附近发动了长乐村战斗，给敌人以沉重打击。在这场战斗中，武乡民众组织了支前担架队，在枪林弹雨中奔跑穿梭，与八路军配合默契。当时的武乡县王家峪村村民李焕兰的丈夫，参加了抢救伤员的担架队。突然，前方的战壕里传来一声声呼唤，声音微弱但异常急迫，“锅，锅……”担架队冲到跟前，发现一名年轻战士倒在血泊中，他的背上背着一口行军锅，大伙儿急忙喊道：“同志！同志！你醒醒！我扶你上担架！”

陈列在八路军太行纪念馆的行军锅

“别！先别……管我。”他指了指自己的胸口，又指了指身后的锅。只见锅的底部有一个黑色弹洞，子弹从战士的前胸穿过！“老乡！……一定要保住这口锅，多年了它没有离开过我……你们一定补好它，部队离不了……”这名战士永远合上了双眼，但留下了一个千斤重托。

李焕兰的丈夫含着眼泪，冒着危险把这口锅背回家中。他小心翼翼地将锅上的弹洞补好，继续用它给战士们熬粥煮面、烧菜蒸馍。后来，他在转移这口锅时，正好赶上日军“扫荡”，被日本鬼子杀害了！

1939 年 10 月，八路军总部转战来到了王家峪村，彭德怀夫人浦安修凑巧就住在村民李焕兰家。她们常常拉家常，亲密无间，无话不谈。有一次，总部伙房里因接待客人，锅不够用，很是焦急，李焕兰闻讯就将这口锅送过来，她说这口锅是他的丈夫在长乐村战斗中从一位负重伤的八路军炊事班班长手里接过来的，一直保留着。后来每当总部伙房接待客人、培训干部的时候，炊事班都用这口锅煮饭。后来八路军总部离开王家峪，彭老总说：“这口锅为八路军立下了汗马功劳，待到全国解放后，送到博物馆，让它把革命传统永久地发扬下去！”

从长征路上背过来的行军锅

李焕兰大娘就这样将行军锅珍藏下来。

没有这口伤痕累累的行军锅，就没有今天的幸福生活。别看这口锅老，它永不褪色；别看这口锅破，没有人能估计出它真正的价值。它不仅仅是一件革命文物，更向我们讲述了一段荡气回肠的革命历史故事，它是见证八路军抗日峥嵘岁月乐曲中一个不可或缺的音符……

行军锅是如此，行军中的战士亦是如此，他们饮黄河、长江水，进军广阔神州，直指天涯海角。他们为战胜日寇，为人民军队的发展壮大，为中华民族的独立和人民的解放，为新中国的诞生，建立了不可磨灭的历史功勋。

金戈铁马，峥嵘岁月，这些人、这些物，从硝烟弥漫的战场走来，从枪林弹雨中冉冉升起，他们的英勇和功绩，他们的高尚情操和革命精神，将激励中国人民永远向前。

吃水不忘挖井人，革命不忘老百姓。一个锈迹斑斑的铁水瓢见证了革命岁月里的艰难生活，一个平凡无奇的铁水瓢凝聚了军民友谊中的不朽丰碑，一个写进史册的铁水瓢浇灌了抗战时期生产自足的精神菜园。

八路军总部用过的铁水瓢

王俊利

武乡县西连太岳东枕太行，西通黄河东挽海河，山水形胜，地处要冲，扼守着上党盆地的北大门，历史上就是兵家必争之地。特别是在20世纪三四十年代的抗日战争期间，共产党、八路军依托八百里太行山的雄伟险要，组织发动了千百万人民群众，创建了太行山敌后抗日根据地，游击战、地雷战、窑洞战、麻雀战……各种战法层出不穷，使日本侵略者陷入了人民战争的汪洋大海。朱德、彭德怀、左权、杨尚昆、刘伯承、邓小平等率领中共中央北方局和八路军总部长期在武乡战斗生活，指挥了著名的“百团大战”。八年抗战，母亲叫儿打东洋，妻子送郎上战场，家家住过八路军，户户出过子弟兵，武乡出粮出兵出干部，为抗战胜利做出了巨大的贡献和牺牲，是太行精神的发源地。走进武乡，红色史迹星罗棋布，革命文物数不胜数，随处都能听到抗战故事。下面，就给大家讲述一个反映抗战时期军民鱼水情的故事。

在王家峪八路军总部旧址纪念馆陈列室，陈列着八路军总部用过的铁水瓢。旁边有标注：铁瓢编号WX211号一级革命文物。

仔细端详，只见这个水瓢用熟铁手工锻打而成，铁瓢的样式农村常见，圆口浅腹，长把还带个弯钩，能方便地挂在担杖、水缸沿上。这张黑黝黝的铁瓢不知道用了多少年，浑身铁锈斑斑，瓢底破了个大洞，根本不能使用了。

八路军总部总务科使用过的铁水瓢

如果在农村老百姓家里，也许早就不知当废物件扔哪了。但是，在这里却作为一级革命文物，珍而重之地陈列在纪念馆中，每天让来来往往的人们参观。这是因为什么呢？

带着这个疑问，我在王家峪、砖壁走访了几位老人，又访问了县文物管理中心，还专门请教了八路军研究专家郝雪廷先生。雪廷先生不愧是著名的八路军历史文化研究的权威专家，他引经据典，娓娓道来，讲述了这个平凡的铁瓢背后那个不平凡的故事。最后，雪廷先生总结说：“小小的破铁瓢不起眼，但它的来历不寻常。就是这个看起来破烂的铁瓢，它亲历了太行山八年抗战烽火硝烟，见证了武乡军民团结打鬼子的光荣历史，反映了共产党八路军和老区人民群众的军民鱼水情。破铁瓢有历史呀，这段历史、这种精神、这些故事，应该记下来，讲出来，传下去，让子孙后代都知道。”

那是1939年7月，八路军总部转战武乡，进驻砖壁村。砖壁村隐蔽于太行山千山万壑之中，东靠大山，南、北、西三面是深沟高崖，踞高望远，地势险要，易守难攻，便于转移，很适合部队机关驻扎。但是砖壁村有一样不好，缺水。老百姓家家院里打的旱井，平时吃水就靠下雨时流到旱井里积攒起来的雨水。现在大军驻扎村里了，吃水就得靠人行走三四里到村下深沟里担水。为了减轻人民群众的负担，朱德总司令，还有总部其他首长，都和战士们一道步行到山沟里担水。

八路军不光自己担水吃，还经常帮群众担水、磨面，干各种农活。时间长了，大家都把八路军当一家人。

砖壁村有一个李老汉，他几次碰见总部首长担水时没有水瓢，总是拿一个搪瓷缸去井底舀水，一下舀不了多少，费劲儿还不顺手。刚好他在西营赶集新买回一个铁瓢。

他就把新铁瓢送到总部，说：“八路军长官同志，你们天天担水，没有服手的家伙，这个铁瓢你们拿上担水用哇。”

朱德总司令推辞说：“谢谢你啊，老乡。这可不行，铁瓢你们也得用。再说，我们八路军有纪律，不能随便拿群众一针一线。”

李老汉急得脸都红了，分辩说：“八路长官同志，你们自打来了村里，从来没有祸害过老百姓，还经常帮俺们担水、推磨、碾碾子，大伙儿都记在心里呀。你们有困难，俺们也想帮帮。我家还有瓢，这个是我专门送你们用的，就收下吧。”

朱德总司令再三推让，李老汉是诚心实意送。后来总部的工作人员就按买价付了钱，收下了这个铁瓢。总部首长和战士们天天用这个铁瓢担水舀水。

在砖壁村住了近3个月，由于天旱，吃水实在困难。朱德总司令和其他首长商议，决定总部转移到王家峪驻扎。于是，这个铁瓢就随着八路军总部到了王家峪。

敌人对太行山实行了严密的军事包围和经济封锁，加之连续遭受严重的自然灾害，根据地军民的生活非常困难，几乎弄得没有饭菜吃，没有衣服穿。

面对当时严重的困难，朱德总司令一方面认真贯彻执行毛主席为大生产运动制定的正确路线、方针和政策，另一方面还以身作则，在繁重的工作之余，在王家峪村四处走访调查。

总部门前有条自西向东的小河。小河边上有一片荒地，长满了杂草。朱德总司令先找村公所的干部商量，计划在河边的荒地上开辟个小菜园种菜。村干部们说，能行，那块荒地不是哪家哪户的，八路军尽管种。

于是，朱德总司令就领着几个警卫员在总部门前的小河边刨去杂草，开辟出一个小菜园。

一天，总司令在小菜园里整畦，见警卫员小张刨地刨得不好，便走过去对他说："小鬼，种菜嘛，要先把地里的土坷垃打碎，摊得平平整整，才能保住墒，撒下种子，好出苗，长得快。"说着，便挥起镢头，一边给小张做示范，一边给他讲起大生产运动的意义来。总司令说："现在，咱们根据地军民的生活很苦，不要说进行反'扫荡'，就是目前的战争供给也成了问题。毛主席号召咱们'自己动手，丰衣足食'，咱们就要积极开展大生产运动，靠自己的双手改善生活，尽量减轻人民的负担……"在总司令的教育和帮助下，小张懂得了开展大生产运动的重要意义，决心为抗日战争的胜利学种菜、种好菜。从此，他经常向朱德总司令请教，虚心学习生产技术，后来他也成了种菜园的好把式。

1940 年清明时节，总司令要走了，他要从王家峪出发，下太行山和国民党谈判抗日合作。总司令动身上马前，又到菜园转了一圈。整理好的小菜园，疏松的土壤，整齐的畦垄，就等下种。总司令对身边的工作人员说："我不能和你们一起种菜了。我走了，你们要把这个菜园种好。不懂就请教村里的老把式，群众是最好的老师。"

总部的工作人员记住了总司令的吩咐，谷雨时节，就在菜园里种上了各种蔬菜苗。经常拔草、捉虫、施肥，拿铁瓢舀河水给蔬菜浇水。看着小苗长得绿油油的……别有一番风味，过路的人看了都赞不绝口。可惜后来日军包围王家峪，总部机关只好撤离，这小菜园是无法经营了，好在村里的百姓抽暇前来照看，蔬菜继续生长着，人们把成熟的蔬菜送到砖壁村，送给总部的大伙房……

在八路军总部人员进行大生产的带动下，根据地军民大生产的热情受到极大的鼓舞。他们没有箩筐自己编，没有牲口人拉犁，没有镢锹就搜集废铜烂铁自己打制，天不下雨就担水点种……漫山遍野的醋柳圪针扎得战士们浑身伤痕，手上也都磨起了血泡，但战士们看着绿油油的庄稼却越干越欢。大家放声歌唱："高粱举起红缨枪，豆角把子弹推上膛，玉米穗好比手榴弹，山药蛋就是那地雷网，鬼子胆敢来侵犯，叫他乖乖见阎王……"

那一年，根据地军民在朱德总司令的示范带领下，在圪洞沟和小松山一带开荒 170 多亩，种上了玉米、谷子、黑豆、高粱、山药。这些作物当年就获得了大丰收。仅山药蛋一项就收了五六万斤，粮食也达到了自给有余，使根据地渡过了难关，保障了战争供给，为抗日战争的最后胜利奠定了物质基础，给根据地军民带来了抗战胜利的无限希望。

这样一来，总司令种菜的事情就出了名。回到延安后，他简直成了党中央直属机关的农业生产顾问，各单位都争着请他讲生产经验，他却总是谦虚地说："我倒没有什么经验可讲，真正的本领得去向群众学习呢！"

后来总部从王家峪转移，就把这个铁瓢留在了王家峪村公所。1964 年，王家峪村把这个铁瓢捐赠给了王家峪八路军总部旧址纪念馆。2000 年 6 月，经山西省文物管理部门专家鉴定为一级革命文物。

一个铁瓢见证了一段大生产的历史，一个铁瓢记载着一段军民鱼水情的佳话。铁瓢已经破旧，铁瓢的故事却将在武乡老区大地上广为流传。朋友们，听了这个故事，你会有什么样的感受呢？请你来武乡走一走，看一看，亲身感受一下那段不寻常的历史吧。红色武乡还有许许多多精彩的故事等你来聆听，等你来发现……

一只楸木筲，被老木匠粗糙而灵巧的大手细细打磨、固定、成型。水在筲中荡漾，路在小战士的脚下延伸。硝烟炮火里的军民鱼水情已镌刻在历史深处，让我们在追思中成长，在回望中为思想淬火，锻造出铮铮铁骨。

楸木筲

赵秀红

一只楸木筲，静静地伫立于八路军太行纪念馆的一角。山河壮阔，岁月更迭，穿过炮火和硝烟，在时光的河流里洗尽烟尘，它依然纹路清晰，质朴天然。当一切都沉淀下来，坚守显得弥足珍贵，一轴波澜壮阔的长卷浓缩在这简朴的 21 块木条之上，那是历史的笏板，悠悠地讲述着烽火岁月，告诉我们不要忘记，不能忘记。

历史翻回 1939 年，八路军总部机关驻进了砖壁村，正是 7 月，久旱无雨，夏蝉一片聒噪，叫出内心的焦灼。战火在太行山上蔓延，野菜果腹，水源奇缺，人困马乏。开荒种地，掘井取水，信念坚如磐石。一盏灯光与星月辉映，照亮小村。窗上的剪影透出一份深思后的笃定。脚步丈量过的土地，目光探寻过的山林，晨露落了，一地的星星，草木葳蕤的地方，山泉正在地层流动。

一把铁锹，一个箩筐，一群人配合得天衣无缝，向困难宣战，并肩掘进。黄土、沙石，挖了一层又一层，新土变得越来越湿润。13 丈，泉水咕咕流淌，老人孩子奔走相告，喜悦在那些愁苦的脸上开始流动。瓦罐、铁桶、木筲一排排守在井边待命，像一队整齐的列兵。

老木匠坐在门前的树桩上，小战士挑着水一路飞奔，扁担吱吱呀呀，铁桶锈迹斑斑，鸟雀归巢，暮色渐浓，小战士的汗水无声地落进了老木匠的心里。

八路军总部使用过的楸木筲

门前楸树上淡紫色的花早已落了，树身上深深的弹痕犹新。这棵落满风霜和鸟鸣的楸树，在老木匠的门前长了几十年，清风、落霞、炊烟、云雾早已融进了它的脉络、枝桠。一声声鸡啼犬吠扑进这片墨绿，又散向四野。然而，侵略者的炮声惊飞了酣睡在树上的鸟儿，乡亲们无处可去，鲜血染红了脚下的这片土地。

从落满灰尘的木箱子里，老木匠找出了斧子、锯子、凿子、刨子，在门口的大青石上，蘸着凉丝丝的井水，磨刃。“嚓嚓”的声音响了一个早晨。楸树被砍倒了，横在院中，黄白色的断面，圆圆的年轮是一把锁，锁住过往的艰辛，岁月在流畅的肌理中沉静。将楸木破开，一块块崭新的木板散发着淡淡的香气。午后的树荫下，阳光流水般涌动，穿过叶子罅隙停在一双粗糙而灵巧的大手上，多少个晨昏，这双手反反复复将木板打磨，抓一把未散尽的硝烟和着嘶吼的炮声，用铁箍围聚、固定。一颗颗希望的火种在内心撒下，燃起希望，追逐光明。

水在崭新的木筲里荡漾，小战士的脚步如一枚枚印章在大地上烙印，小路蜿蜒，水花点点，落在路边的草叶、泥土、石块上，落在历史的特定段落里。

用一只木筲在历史的长河里将记忆打捞，这只楸木筲就是一面亮汪汪的镜子，折射着烽火岁月的赤诚之心、硝烟炮火里的勇敢无畏、军民鱼水情的波澜壮阔。这只筲历经沧桑，坚守在历史的深处，让我们一次又一次在追思中成长，在回望中为思想淬火，锻造出铮铮铁骨。

陶希晋寄存在战友韩北镇西堡村地下党员李步蓬处的木箱虽已陈旧，箱子裱糊纸上的“消灭日本帝国主义”“推翻封建主义”“建立人民政权”“人民站起来”等字样，也在逐渐褪去，但是陶希晋等老一辈共产党人追求真理、抗击日寇、谋求解放的坚定意志将永不磨灭，中国人民谋求民族复兴的步伐将永不停止！

正在褪去原色的宣传手稿

李丽萍

这一只木箱是它的主人陶希晋寄存在战友韩北镇西堡村地下党员李步蓬处的。里面原有墨斗、毛笔、衣物等。箱子用纸裱糊着，从目前外露的字迹可以看到这样的字样：“侵略成为”“人民受国外”“消灭日本帝国主义”“推翻封建主义”“建立人民政权”“人民站起来”“地位”“英明”“我国的”“地主”等。李步蓬外孙女李朝花讲述：“2016年左右打开箱子时，能看见箱盖里侧有‘科学民主’字样，现在看不到了。”

陶希晋是江苏溧阳人，曾就读于中央大学法学院，1932年就参与组织领导正太铁路职工运动和石家庄抗日救亡运动。后曾任中共石家庄市委书记，正太沿线铁委书记，晋中特委、晋冀地委、晋东地委书记，新中国成立后，历任政务院副秘书长、中央政法干校副校长、国务院参事室主任、广西壮族自治区科委副主任、全国人大常委会法制委员会副主任等职。

1939年秋，陶希晋在武乡工作，曾住在李步蓬家，接到命令前往延安，临走时将自己随身带的这只铜皮裹角木箱寄放在李步蓬家的地窖里，并说以后返回再来取。随后就和当时的武乡书记刘建勋一道离开武乡。

那一年，陶希晋会后在其他地方开展工作，返回太行山时，战友李步蓬已于1942年逝世。陶希晋也无法找回箱子，就一直留在了武乡的山村里。

陶希晋留下的木箱及残破裱糊纸露出的字迹

多年以后，李步蓬后人整理遗物发现此箱，并发现箱子里面裱糊的毛纸下，有前辈们做宣传的手稿，因为当时的纸张缺乏，因而被二次利用裱糊箱子。

李步蓬，字瀛仙，小名玉厚、福厚，1907 年出生于韩北镇西堡村一个比较殷实的农民家庭。1922 年蟠龙奶奶凹高小毕业后考入太原省立国民师范，当时一起到国民师范读书的还有南上合的王子华、东堡村的史监官等。太原省立国民师范是当时中国共产党在山西传播马列主义、从事反帝反封建革命运动的中心。在这里，他结识了许多革命同志，接受了马克思列宁主义的新思想，参加了诸多进步学生运动，走上了革命道路。1927 年国民师范毕业后，留省国民师范附属小学当教师，在这里结识了本县的高沐鸿、武光汤等同志，继续从事党的地下工作。

1932 年，法国人修建的正太铁路管理权合同期满，将收回国有，国民党政府筹办接收正太路时，阎锡山也在山西成立了“山西省收回正太铁路促进会”，提出将正太路收归山西。经过协商，双方出人共同接管。陶希晋作为南京方面的接管代表之一，而山西方面派去的有地下党员李步蓬和武灵初等人，到河北省石家庄扶轮学校以任教的名义开展工作，武灵初为校长。其间他们结识了陶希晋，而且和陶希晋志趣相投，相处甚好。在党组织的领导下，李步蓬和陶希晋一道参加了正太线铁路工人反蒋抗日救亡运动，从此投身抗日运动。

1937 年，日本帝国主义公然发动了全面侵华战争。同年 10 月，李步蓬与陶希晋同志被党组织派往山西参加抗日斗争，一开始在浑源、和顺、昔阳等县发动群众开展抗日斗争。1939 年李步蓬调到榆社县抗日政府任科长。

李步蓬工作期间，曾多次带着陶希晋、刘建勋（新中国成立后曾任河南省委书记）等同志，来到西堡村老家小住。有一次正好遇上李步蓬家打水窖，三人一同打水窖干活。

1942 年春天的一个夜晚，李步蓬带领榆社地方武装的十几名战士掩护运粮民工往八路军前线送粮，任务完成后，在返回住宿时遭到汉奸特务的伏击，与汉奸特务搏斗时，左肩膀被特务用砍刀砍伤，组织上为了让他安心养伤，派人将他送回老家西堡村。

李步蓬在老家期间，经常深入贫苦人家进行宣传教育，动员他们努力生产，多打粮食支援八路军抗战。还鼓励他们说："穷人要翻身了，将来会给穷人分地、分房子，有饭吃，有衣穿，穷人进房子里铺上席子就能住，地里插上杆草就能认领土地种地。"穷人听了很受鼓舞，积极主动地支持抗日斗争。

当时村里给黎城八路军送粮，群众出发前心里总不踏实，就找李步蓬写条子。送粮回来的群众常说："玉厚开的二指宽小条条，上路可管用哩，八路军见到他开的纸条条就热情地招呼俺们。"

1942 年，李步蓬在家养伤期间感染瘟疫，因工作原因带病返回工作岗位，由于缺医少药不幸去世，年仅 35 岁，去世时他的独女李慧英才 11 岁。

1947 年土改时，村里有少数人怀疑李步蓬是国民党，要挖掘李步蓬的坟墓。就在这个关键时刻，中共晋冀鲁豫中央局组织部给西堡村来了信。信中大意是："寻找李步蓬同志，他是中共党员、革命干部，此人如在请急速归队，如牺牲病故，可将他的成年子女发展成共产党员，并吸纳在我们党内工作……"这封来信，证实了李步蓬的真实身份，解除了少数人的怀疑，这封信不仅保护了李步蓬的荣誉和坟墓，他的女儿也因这封信在当地党组织的关怀下走上了革命道路。

20 世纪 80 年代，武乡县党史办主任李志宽采访在太行山战斗过的老八路、老将军，在采访曾任国家财政副部长的戎子和时，戎老向李志宽问到李步蓬，并对李步蓬赞不绝口，说他是党的优秀干部，并亲笔为李步蓬题写一首小诗，表达老八路对老区人民的无限牵念。

一个学习笔记本，展示了一个革命军人在战争年代那种刻苦学习、严谨治学的精神和对工作、对事业、对未来的不懈奋斗与追求。

珍贵的学习笔记本

王　霞

涂通今将军的笔记本

在八路军太行纪念馆的展厅里陈列着一件珍贵的文物——延安国际和平医院主治医师涂通今在抗战时期学习时用的笔记本。

这本笔记是涂老 1939 年在延安中国医大学习时的笔记本，2002 年 11 月亲自赠送给八路军太行纪念馆。翻看这本发黄的笔记本，我们可以从中看到涂老当年那种刻苦学习、严谨治学的精神和对工作、对事业、对未来的不懈奋斗与追求。如今，70 多年过去了，这本笔记本还是那么完好无损，只是纸质稍微发黄，里面的字迹仍清晰……

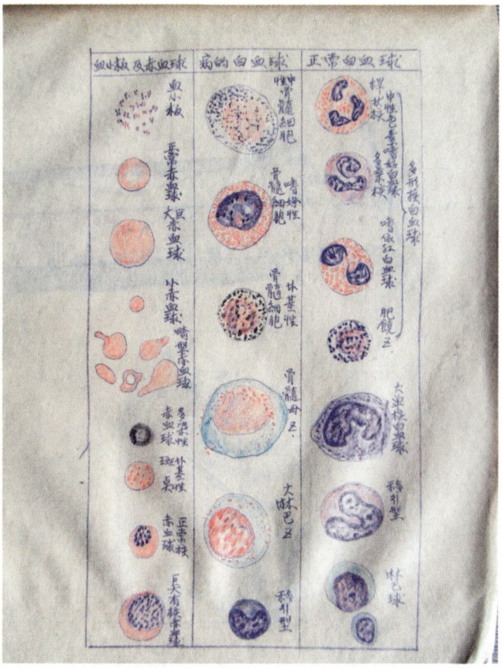

涂通今手绘的医学图形

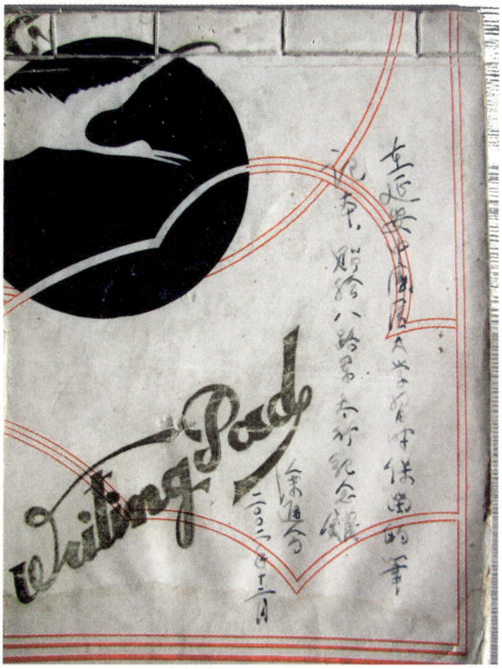

涂通今捐献文物时在笔记本上的签名

涂通今是我国卫生战线的老前辈。他1914年出生于福建长汀，从15岁时就参加了革命，1932年参加中国工农红军，任福建军区后方总医院护工，不久考入江西苏区红军卫生学校，1933年毕业后任红九军团医生，1933年加入中国共产主义青年团，同年转入中国共产党。参加了中央苏区第四、第五次反“围剿”作战和二万五千里长征。1938年进入延安中国医大学习，由于他热爱医学，勤于钻研，只有小学文化的他完成了大学学业，之后成为和平医院的主治大夫，新中国成立后留学苏联，获得医学博士的学位，并成为著名的神经外科学家、医学教育家。解放战争时期，历任松江军区卫生部部长、东北民主联军东线卫生部部长、东北野战军卫生部副部长，参加了开辟东北解放区的作战行动和辽沈、平津等战役。新中国成立后，任第四野战军暨中南军区卫生部副部长。1964年晋升开国少将，是中国神经外科事业的开拓者。曾先后任第四军医大学副校长、校长，总后勤部卫生部副部长，军事医学科学院院长等职务。

1938年12月初，已担任过三个

医院医务科长的涂通今，被免试批准进入陕甘宁地区富县张驿村的八路军卫生学校“特训班”，一年后，该校改名为中国医科大学，学制也由二年增为四年。涂通今在这里经过长期的学习，文化基础、医学基础和临床医学等方面，都有长足的进步。

涂通今深感在遭受日本侵略，抗日的烽火燃遍全国的情况下，能有这样的学习机会实在是来之不易，这在当时几乎是一件求之不得的事。所以他就格外地珍惜这次学习的机会，在上文化基础课时，因为没上过中学，什么X+Y，什么反应方程式，他听这些课时是如入云里雾中，为了学好这些科目，他想尽了一切办法，利用任何可能利用的时间，苦苦拼搏。课堂上他竭尽全力地去听，课下尽量争取老师同学的辅导，他还和学习同样很吃力的徐根竹同学结成学习小组，利用饭后和自修的时间共同学习讨论，有时为了一个问题他们会争得面红耳赤。夜里，别的同学早已经进入了梦乡，而涂通今却依然伏在油灯下学习，直到把当天的课程弄懂为止。尽管这样，他的文化基础课的单科结业成绩只有70余分。

在医科大学，他的医学基础课的学习是班里最出色的。在学习这门课时他联系过去的临床进行深入细致的钻研。特别是在学习解剖学时，在教员史书翰严谨的教学指导下，他学得特别认真，课堂上不放过教员的每一句话。课后，他将史教员手头唯一的外文版解剖学中的图一个不漏得画在自己的本子上，待这门课结束时，他画了一厚本，是全班画得最好的。史教员看到他的这本解剖画本的笔记感慨地说：“这是渗进血汗的解剖图谱。”

史教员特别喜欢这位刻苦学习的学生，所以对他格外栽培，做手术时，总是让涂通今当他的助手，边做边给他讲述手术所涉及的重要解剖知识。还带着他参加事故的抢救工作，并结合伤员的实际情况分析病情，这使得涂通今的这门课领会得快，理解得深，学得扎实，单科结业时得了全班最高的98分。

在学习神经解剖生理学时，涂通今本来就对这门课怀有浓厚兴趣，再加上他特别认真地学习，又是这门课的课代表，教员就把他当作小先生，让他给同学们传达辅导内容。正因为如此，在这门课考试时，涂通今的答卷完整，无可挑剔，拿了 100 分，被教员在全校公开表扬。

他的临床课程也都学得灵活扎实，无论是外科学还是内科学门门结业的成绩都在 90 分以上。他的这种刻苦学习、严谨治学的精神和优异的成绩得到大家的一致赞许。李亭植教授所授的五官科教学，他也学得非常出色。几十年后的 1970 年，每当有人问及他的老师李亭植先生时，他总是说："涂通今是我最好的学生，是工农分子知识化的典范。"

涂老在中国医科大学学习的过程只是他人生中的一段光辉的历程，无论是抗战时期，还是解放战争时期或者新中国成立后，他都是立足本职、兢兢业业，直到后来担任总后勤部卫生部副部长、军事医学科学院院长等职务时，依然是手术刀不离手，成为年青一代永远学习的楷模。

1938年2月，日军进犯临汾，阎锡山指挥的西路军望风溃散，东路军中部分国民党军官也对抗战失去信心，东路军总指挥朱德同志，为稳定这些人员的情绪，于3月24日，在沁县召开了东路军将领会议，来自国共两党的各路将领汇聚在太行、太岳之间的小山村里。朱德同志作了重要讲话，东路军副总指挥彭德怀作了《关于坚持华北抗战》的动员报告，左权副参谋长也讲了话。三位领导人的讲话，饱含民族义愤，充满必胜信念，使与会将领为之感动，他们都感到大敌当前，作为一个中国人，应当肩负起抗日救国的重任。

东路军将领会议使用过的桌椅

郝雪廷

1937年11月太原沦陷之后，日本侵略者就先后侵占侯马、临汾，攻陷风陵渡，一路南下。为反攻太原，阎锡山第二战区在临汾土门镇召开会议，制订作战计划，计划决定：组成东路军为右翼集团，由朱德任总司令，彭德怀副之，指挥八路军第一一五师、第一二九师和国民党第九十五师等部向榆次、娘子关一线出击；南路军为中央集团，由国民党第三、第十四、第十五军等部组成，向平遥、介休一线出击；西路军为左翼集团，由国民党第三十五军、第七十一师、八路军第一二零师等部组成，向文水、交城、阳曲一线出击。于是，阎锡山将在晋东一带的国民党第三军、第十七军、第四十七军、第十四军、第九十四师、第十七师、骑四师、第五二九旅等部队，以及决死第一、第三纵队交给朱德指挥。

东路军将领会议使用过的桌子

1938年3月24日，为了集中统一指挥东路军各部队的团结抗战，朱德总司令、彭德怀副总司令在沁县小东岭召开了著名的东路军将领会议。来自国共两党的各路高级将领汇聚在这个太行、太岳之间的小山村，共产党方面有朱德、彭德怀、左权、刘伯承、薄一波等；国民党将领有曾万钟、冯钦哉、李默庵、李家钰、高桂滋、武士敏、朱怀冰等。

在军事会议开始之前，朱德总司令向参会的各位将领做了对未来坚持抗战的意义和方向的分析。他指出抗战初期战事失败是因为没有抗日民主，没有发动群众，没有搞好军民关系，单纯地依靠军队抵抗是打不好的。要夺取抗战胜利，必须坚持敌后抗日游击战争的战略战术，必须依靠人民群众建立巩固的抗日民主根据地。为此，他继续号召国民党将领能够坚持抗战，“作为一个真正的中国人，就要为国家的独立和民族的解放，做出自己最大的贡献，哪怕流尽最后一滴血。”彭德怀副总司令和左权副总参谋长在会议上也作了热情洋溢的发言，这些讲话饱含着民族义愤、充满了必胜信念，与会国民党将领听后都为之而感动，提升了坚持抗战的信心和决心，感到作为一个中国人应肩负的抗日救国的重任。

在会议期间，每天晚上总部首长都抓住时机与友军将领认真地攀谈，争取相互合作共同抗战，在简陋的小土楼里，在摇曳的灯光下，他们推心置腹，坦诚相见，竟夜交谈。正是通过这样的交流，友军将领与八路军建

东路军将领会议使用过的椅子

立了密切的联系，特别是早年追随孙中山、在西安事变中又积极支持张、杨义举的一六九师师长武士敏，他积极抗日，勇敢果断，但部队旧习气很重，军民关系不好，友军关系紧张，使他十分苦恼，老百姓管他的部队叫作“一路狗屎”（一六九师谐音）。前几天还发生了把机枪架在决死队门前的事件，是朱德总司令口授良计才使这次冲突化干戈为玉帛。朱德、彭德怀与其倾吐心曲，长谈竟夕。此后，武士敏学习八路军的经验，与八路军亲密合作，部队面貌改观，一直坚持在中条山抗日，直至 1941 年 5 月在对日作战中壮烈殉国。

在沁县小东岭东路军将领会议上，大家集中讨论部署了伏击日军“九路围攻”晋东南的作战计划，与会国民党将领一致表示，要在朱德、彭德怀的指挥下，坚决“扫灭倭寇，还我河山”。1938 年 4 月，在八路军总部领导下，国共两党官兵同仇敌忾，浴血奋战，取得了晋东南反击日军“九路围攻”的巨大胜利，收复县城 19 座，歼敌 2000 余人，奠定了太行山抗日民主根据地的基础。小东岭高级将领会议，是中国抗战史上一次极其重要的军事会议，是国共第二次合作的杰作。

这张桌子、这把椅子，就是朱德总司令办公所用的，在这张桌子旁朱德多次与国民党友军进行推心置腹的攀谈，是国共合作的见证。原由沁县小东岭村村民保存，2001 年 7 月，小东岭村村民阎玉怀、阎永太、阎小虎、阎永顺等，将朱德使用过的桌子、椅子等 26 件文物捐赠给八路军太行纪念馆。

英模风采

历史人物如夜空中璀璨的星星，而英模们则是其中最耀眼的几颗。

历史实践证明，人民是真正的历史创造者。红色藏品正是武乡人民英模的见证。

一篇原县委书记的调查报告、一支沙场建功的枪、一柄砍向日伪军的菜刀、一块岁月剥蚀的匾额、一本连环画等文物相互佐证，莫不在无声诉说着英模们曾经留下的足迹。英雄们的立功牌匾、石榴仙使用过的梭、连环画里的模范夫妻、父亲的纪念章，莫不在无声诉说着英模们无私奉献的精神。

在血雨腥风的岁月里，他们用自己的血汗和生命踏平了前进路上的荆棘，书写了坎坷的历史，照亮了前进的道路。激励着一代代红色传承人，不断去探究藏品背后的精彩故事！

79 年前，中共武乡县委原书记麻书贵同志写下了《从武乡的发展来看边区建设》调查报告。正是他的调查报告，系统总结了当时武乡根据地建设情况，让我们发现了一场武乡英模的盛会。阅读他的调查报告，心潮澎湃，此文至今仍有指导工作的价值。

一份调查报告中的劳动英雄大会

赵广军

巍巍太行，猎猎寒风。正值初冬时节，偌大的谷场挤满 500 多人，所有的寒意都被人们洋溢的热情冲淡了。

1944 年 11 月 1 日，蟠龙镇大陌村，武乡（东）县劳动英雄大会在这里隆重举行。太行第三军分区政委彭涛主持大会："下面，请大家以热烈的掌声欢迎劳动英雄李马保同志介绍经验。"

李马保一个箭步跃上主席台，向台下一鞠躬："我是李马保，武东四区树辛人，今年 24 岁，有父母兄嫂妻子共 7 口人，种地 27 亩，中农成分，担任村指挥部副指挥。"

李马保中等身材，皮肤黝黑，浑身是劲。他虽然一字不识，但记性极好，语速极快："抗战前，我家很穷，只有 4 亩地，并有债务，小时候给人家放牛多年。抗战后，才逐渐开始自己经营土地，发展到中农。另外，还公私兼顾领头在村里办互助合作，今年产粮 31 石，超过应产粮 6 石……"

李马保介绍简短，但被掌声和欢呼声数次打断。与会英雄还有石榴仙等 50 多人。这一年，全县贯彻党中央和太行区关于组织开展大生产运动的精神，继续鼓励开荒，开展变工互助，轰轰烈烈地开展以农业为主的大生产运动，秋收之后获得了想不到的好收成。这也是连续两年发生旱灾之后，农民群众逢上好年头好政策，喜悦之情溢于言表。

彭涛同志总结讲话时强调：“李马保同志介绍了上粪能增产的经验，修地的经验，保藏种子的经验。李马保同志是劳动英雄，是很光荣的新状元。劳动英雄是老百姓真正拥护的，比参军还光荣。太行山哪个人也知道李马保、石榴仙，报纸一登，全区全国闻名。光荣是光荣，但不能骄傲，一定要知道强中更有强中手……”

彭涛进一步指出：“武乡去年只有3个劳动英雄，今年有了300多个。去年互助组很少，今年武乡共有2000多个。工作是进步了。组织起来是毛主席想的好办法……”

这个劳动英雄大会的盛况得以再现，源自1945年10月12日麻贵书同志的一份调查报告《从武乡的发展来看边区建设》。这个报告藏于梁松筠先生处。据梁先生介绍，这件珍贵藏品是10多年前辗转从郑州同行手里购得。这件藏品从宏观角度反映了武乡老区当时生产建设情况，是武乡现有革命历史档案的很好补充。

從武鄉的發展來看邊區建設

调查报告《从武乡的发展来看边区建设》

麻贵书时任中共太行二地委组织部副部长，1942年1月至1944年8月任中共武乡（东）县委书记，新中国成立后曾任山西省副省长等职。这是麻贵书同志刚刚调离武乡时撰写的调查报告。报告分五个部分，全文约5000字，由晋冀鲁豫边区太行第三中学油印，其中第四部分是“1944年以后的大生产运动”。

提到武乡的大生产运动，就不能不提起76年前的这场盛会。这次盛会选出了出席太行区首届群英大会的代表。20天后，1944年11月21日，在黎城县南委泉，武乡（东）县的李马保、王海成、史成富、石榴仙、王来法、马应元、关二如等光荣出席太行区首届群英大会，受到大会表彰和奖励。李马保名列甲等模范，荣获边区“劳动英雄”，成为全区人民学习的榜样。

全县组织起来开展热火朝天的大生产运动，获得农业大丰收。李马保领导的树辛村，粮食收成增加 120 石，做到了“耕三余一”（耕种三年庄稼，除消耗外，可剩余一年吃的粮食）。据 10 个村的调查统计，全县增产粮食 12.9 万石，2200 个互助组中，有三分之一的贫农达到“耕三余一”。开展大生产运动，夺得粮食丰收，解决了吃饭问题，振奋了全县人民的革命精神，为夺取抗日战争的最后胜利积蓄了雄厚的物质力量。

麻贵书在调查报告中指出：“经过大生产运动，革命秩序更好了，这使工作起了一个大变化，阶级关系也有一个大变化，三分区的赤贫消灭了 80%，很多人够吃够穿，群众的政治方向明确了，都知道跟着毛主席走。”他进一步分析：“大生产中，群众的英雄主义发挥了，大家在争取英雄上觉得很光荣，他们现在唯恐干了别人不知道，在干部作风上也有很大改变，劳动光荣的思想树立了。”

麻贵书的调查报告在结论部分进一步上升到理论高度：“边区建设的历史便是人民斗争的历史，人民和民族敌人封建势力及贫困作了斗争才有了今天的情况。作为一个先进群众来说，这个斗争的过程也是发动群众的过程，所以根据地农民斗争的过程也就是我们发动农民的过程，所以说人民的斗争也和领导分不开。”

诚如麻贵书同志的分析，武乡老区人民在党的领导下，开展轰轰烈烈的大生产运动、减租减息运动，调动了千家万户的劳动热情，增强了各阶层人民的团结，发展了农村的生产力，使老区人民在极端困难的条件下胜利渡过了难关，坚持了敌后抗战，为赢得全面抗战胜利夯实了基础。

今天我们再来看这件珍贵的文物，看武乡人民在抗战中的生产热情，对我们今天脱贫攻坚、迈向小康，依然有着十分重要的意义。文物的价值不仅仅是为了研究历史，也为今天的工作提供了参考。

“枪杆子里出政权”。武装斗争是革命胜利的一大法宝。这一支枪，陪着主人南征北战，最终回归故里。太行神枪武状元关二如应战争而生，因战争而亡。一支枪，一忠魂，一段史，时刻提醒我们：忘战必亡。

关二如和他的三八式步枪

王晓阳

在八路军太行纪念馆的展厅里，陈列着一支三八式步枪。这支步枪看上去很普通，但当你听了讲解员的介绍，就会对它肃然起敬，因为它的主人是抗战时期赫赫有名的民兵杀敌英雄关二如。关二如是武乡县关家垴村人，1942 年参加民兵组织，1945 年 6 月加入中国共产党，曾担任抗日儿童团长、民兵小组长、村武委会主任等职。曾获晋冀鲁豫边区“民兵一等杀敌英雄”、太行首届群英会“神枪武状元”的称号。

在抗战时的武乡县，但凡认识二如的人都带着佩服的口气说：“那个年轻小伙子，枪法实在好，真是太行山上出色的青年射击手。”之所以得到如此赞誉，还得从关二如参加民兵说起。1940 年关家垴战斗打响时，他亲眼看到鬼子烧、杀、抢、掠，无恶不作，心里非常仇恨，发誓要把鬼子赶走，虽然年纪小，也跟着大人们从山沟里背回了 3 个彩号（身体受伤的八路军战士）。1941 年村里组织民兵时，他坚决要求参加，又因年纪小，民兵队不收他，他就死缠硬泡，直到第二年才被武委会接受，并担任了民兵学习组长。

村里还发给他一支才从洞里挖出来的三八式步枪。枪栓生了锈，拉也拉不开，但二如却如获珍宝，每天擦洗，后来枪栓、枪腔都被他擦得滑溜溜的，非常好用。他常对村里的民兵说：“擦枪就如人洗脸，如不保管好，再好的枪也不算话。”这枪从此没有离开过他一天，直到牺牲时他还背着这支枪。

二如不仅视枪如命，经常进行瞄准练习，他在自家院里墙上画了七八个瞄准点，“每天饭后一瞄准”是他练枪的老规程。平常不论在家或在地里，一有空闲，他就举着这把三八式步枪练瞄准，夜里不能瞄准，便举枪练臂，还在枪管上吊了砖头，增加臂力，3 年从未间断过。俗话说“铁杵磨成针，功到自然成”，他打枪打得准，就是从刻苦训练中练就的。

在反“扫荡”战斗中，总是能看到二如的身影。1943 年 5 月，关二如和民兵们正在村北山梁上干活，忽然发现东面洪水河滩老远的地方，有一队日军杀气腾腾地过来了。走在队伍前边的是一个骑马的军官，关二如瞪着大眼死死地盯着，心想：“擒贼先擒王，今天我就把这个日本军官当成靶子，试试这些天来练习的枪法准不准。”当敌人走进了伏击圈，骑在马上的那个军官，正拿起望远镜向山顶观望时，关二如把枪一举，“砰”的一声，那个军官脑袋开花，翻身落马。敌人被这突如其来的枪声与指挥官的毙命，吓得四处逃散，爬了一地。同年 6 月，日寇占领了蟠龙镇，二如活动更加积极起

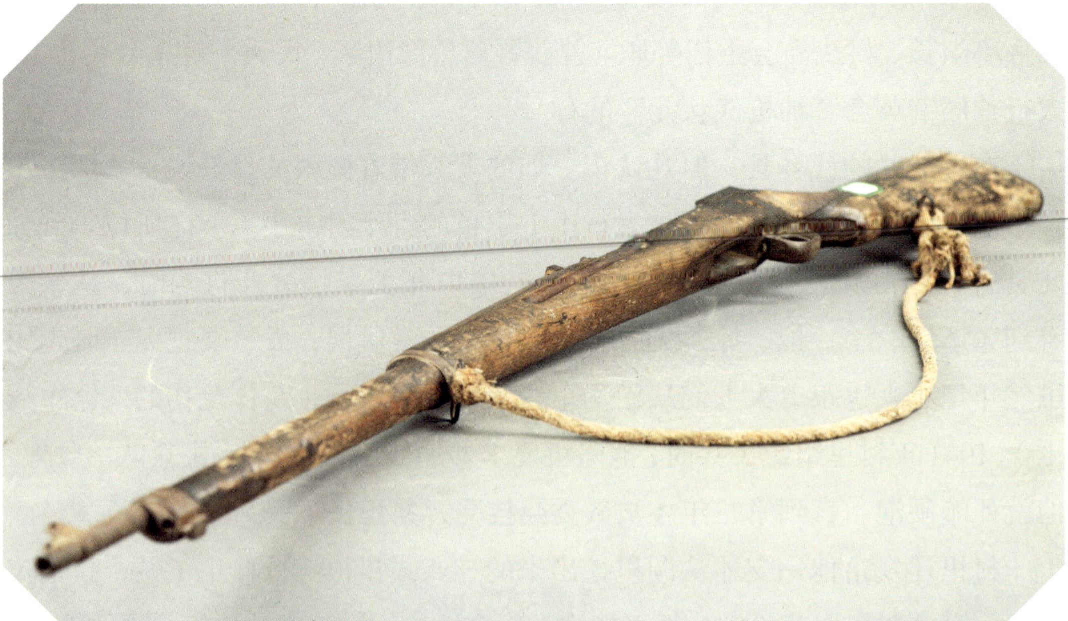

太行区民兵一等杀敌英雄关二如留下的步枪

来，在8个半月的“蟠龙围困战”中，他总是冲锋在前，撤退在后，亲手打死20多个敌人。

1943年8月，二如又干了一件漂亮事，他和民兵副班长到村口侦察，刚走到村边圪梁上，便见8个鬼子在树上吃桃子。二如说：“狗日的！该死了！”说罢，端起三八步枪，两枪打倒两个鬼子，其余鬼子慌着逃窜，他忙说：“快打，快打！”他俩连发四枪，又干倒4个。

一天，关二如和民兵们掩护200多名群众在半山腰抢收谷子。忽然发现几十个伪军，赶着驮满玉米棒子和谷穗的毛驴走了过来。二如他们眼瞧着群众的牲口、粮食要被敌人夺去，急得两眼直冒火，一个个放下镰刀拿起枪，纷纷占据有利地形。关二如不顾一切地大声呼喊起来：“乡亲们，快！往崖底下跑啊！我们掩护大家！”走在伪军前面的汉奸头子见势不对，一边乱放枪，一边吓唬道：“我看谁敢跑！”话音未落，就被关二如一枪送上了西天。伪军们一见头儿没了，顿时一窝蜂地拼命往四下里逃散。

有一次，他带着他的伙伴们，望见神南的路上有40多个敌人，赶着群众的七八头牛驮着抢来的粮食。二如心想：牛和粮食是老百姓的命根儿，可不能叫鬼子抢走了。他对民兵说：“机会到了，咱们狠狠地打吧！”说完，很快地找好地形，自己领着，向沟里的敌人打起来。40多个鬼子，只听见枪响不见人，认为是中了八路军的埋伏，着了慌，丢下牛和粮食，就向蟠龙镇跑了。

1944年7月在太行三分区举办的民兵大比武活动中，关二如和众英雄比赛打靶。靶场周围人山人海，都想亲眼瞧瞧关二如的枪法。只听“射击手关二如出场”，二如不慌不忙地到了靶场，举起枪来，稍微瞄了瞄，三枪打了28环，在30多个射手中，得了头名。大家异口同声地说：“果然名不虚传。”在场的邓小平、李达、黄镇等首长高兴地拍手称赞。三分区卢副政委亲切地拍着关二如的肩说：“二如！回去给你换支好‘三八式’枪，将来多多杀鬼子吧！”二如红着脸腼腆地说：“俺这把三八枪好使着呢，俺可舍

关二如烈士遗像

不得丢掉它哩！”在场的人都被他逗乐了。就是在这次比武中，关二如被授予“神枪武状元”的称号。

抗日战争时期，关二如和他的民兵班参加了无数次大小战斗，威名远扬，战功卓著。他用这支步枪打死近百名日本鬼子，1944 年 11 月，在太行首届群英大会上，被授予“民兵一等杀敌英雄”称号。

在烽火连天的抗日战争中，英勇机智的关二如由普通农民的儿子成长为一名优秀的民兵干部、共产党员。1945 年 8 月，他带领全区百余名青年民兵参加了八路军，开赴上党战役前线，先后任班长、排长、连指导员。不幸的是，1948 年 12 月 8 日，关二如在淮海战役马围子口战斗中壮烈牺牲，时年 22 岁。这支步枪和烈士证一起被送回他的老家关家垴村。

既是“功劳匾”，也是“里程碑”。一出生便是风雨飘摇的年代，一路走过凄风苦雨、兵荒马乱，主人公在黑暗动荡的环境中，终于寻找到光明。他以一己之担当、一己之胆力，影响并挽救人们于水火，握得了枪杆，扛得了锄头，能文能武，勤于耕穑。一块块已经斑驳的牌匾，向后人诉说着当年发生的一切，记录了主人公工人、战士、农民等不同角色、引以为傲的一生，同时也印证了那个年月的时代特征。

李昕的几块牌匾

白凤鸣

李昕，男，1888年出生在武乡县东田镇西堡村（现在韩壁镇西堡村），弟兄七人，他排行老二。童年的他饱尝苦难，磨炼出“活着要有志向、做事要有毅力”的坚毅性格。1934年他参加武乡反帝大同盟，并积极参与共产党领导的抗租、抗粮、抗税、抗债、抗丁的农民“五抗”运动，为穷人谋幸福。抗日战争开始后，他受村民推选，担任了西堡村抗日村长，带领群众积极开展缴纳公粮、动员青壮年参军参战、组织妇女做军衣军鞋、掩护八路军游击队、站岗放哨清查敌特汉奸等抗日工作。

西堡村抗日村长李昕

1939年，八路军总部挺进太行进驻武乡县王家峪、砖壁等村后，八路军总部军工部与柳沟兵工厂也先后驻扎在该县蟠龙镇柳沟、马岚头、窑申角等村。为了造出更多的枪炮子弹打击日寇，西堡村抗日村长李昕带领群众把唐儿沟铁矿源源不断地运送到马岚头德太铁厂（马岚头翻砂厂）。他头脑聪明，亲自向群众示范翻砂铸造技巧要领，同时对木工翻砂工、化铜工亦非常娴熟，经常不分昼夜翻砂、化铜、旋木样，制作弹壳毛坯。由于他聪敏勤勉，每次都超额完成坯壳制作。他扛起锄头是农民，进了工厂是工人，遇到鬼子“扫荡”时又成了战士，他担任抗日村长公私兼顾，担任互助组长关心难胞，他担任兵工厂翻砂铸造旋木工人时，又变成了没有编制的军工部工厂模范工作者。由于李昕同志工作勤勉技术精通，1944年4月，太行第三军分区在蟠龙举办蟠龙围困战庆功祝捷大会，三分区司令员鲁瑞林、政委彭涛除了授予李昕同志模范工作者银质奖章一枚外，还将“技术精通”木质大牌匾授予这位抗日模范干部，以褒奖他抗战有功。1944年11月在首届太行群英会上，李昕同志荣获抗日模范干部称号并奖励大黄牛一头。

三分区司令员鲁瑞林、政委彭涛授予李昕“技术精通”的牌匾

1943年农历腊月，驻扎在蟠龙的日伪军，趁老百姓正在准备过春节的时机，四处“扫荡”，一方面破坏根据地百姓的生存条件，另一方面抢劫物资为他们过春节准备年货。腊月十四这一天，日伪军纠集120多人，在汉奸带领下，从柳沟爬上侯家垴，进行了一次最残酷的年关大“扫荡”。接到敌人“扫荡”的消息，村里百姓只好拖家带口，在寒冷的时刻出门躲反。凶残的日伪军进村后，找不到老百姓，就疯狂作孽，见房子就烧，见粮食就抢，

见牛羊就赶，见人就杀，整个南上合村到处火光冲天，大哭小叫，老百姓四处逃散，乱作一团。幸亏八路军十四团与武乡游击队火速急进，解救遇难群众。

这次鬼子“扫荡”，对侯家垴村破坏不小。为了帮助他们重建家园，李昕组织西堡村群众来到侯家垴，一方面帮助死难者入葬，另一方面帮助死难者家属及房屋被烧毁的老弱病残者修理房屋。同时，还组织专人为军烈属户备办年货。李昕的这一行为，深深感动了侯家垴的全体群众，不少群众称他为救命恩人。

1945 年 5 月，侯家垴村全体群众敲锣打鼓，把一块镌刻“关心难胞”4 个字的木质大牌匾，恭送悬挂在西堡村李昕同志家大门上，以褒奖他毁家纾难、救济同胞的善举！

侯家垴村全体群众赠送李昕的“关心难胞”牌匾

抗战胜利后，他继续带领村民嫁接树苗绿化荒山组织互助，带领群众积极制订生产计划，改进农业技术，推广优良品种，科学精耕细作，亲自带头示范达到了耕二余一。1946 年 2 月 6 日召开的武乡县二区群英大会上，武乡县二区区委书记籍希俭、区政府区长石岗同志隆重表彰李昕同志并向其颁发“公私兼顾”木质大牌匾一块，表彰这位模范村干部一心为民的无私奉献精神！ 1946 年 9 月，李昕同志又光荣出席了第二届太行群英会，荣获“耕作有方”奖旗与奖章一枚。

武乡二区表彰李昕并向其颁发“公私兼顾”牌匾

新中国成立后，老英雄一如继往地保持英雄本色，带领全村与李玉金同志绿化嫁接各种树苗，把唐儿沟对面变成了花果山，由于成绩突出，1952年出席山西省劳动模范表彰大会，荣获山西省农业劳模称号。老人家常以“气不断，一直干”勉励自己并忠实践行了一生，直至1958年逝世。纵观老英雄一生，心头涌起满满敬意：太行苍茫英雄多，漳河悠长丹心驻。人民英雄人民书，犹如春芽岁岁吐！

“功夫再高，也怕菜刀”。何况是披了黄皮的狗腿子！“打虎亲兄弟，上阵父子兵”，今日换成了母子兵。他们挥起了菜刀，向敌人的头上砍去！他们以智慧和勇气撕下了狗腿子的伪装。

母子杀敌英雄的菜刀

郝一凡

母子杀敌英雄王贵女和段满青

在1944年中共太行区党委、晋冀鲁豫边区政府、太行军区联合召开的太行首届杀敌英雄大会上，武乡县窊里村的王贵女和她的儿子段满青被授予“母子杀敌英雄”称号。

王贵女是一个普普通通的女人。娘家是沁县松村乡硖石村，民国三年（1914），16岁的她就嫁给了武乡县涌泉乡窊里村的段博大。由于家穷营养不良，生了两个孩子都没存住，直到6年之后生下满青，才算有了孩子，接着又养下了老二老三，有了三个儿子，不过三儿子在9岁时也不幸夭折。他们一家就这样过着普通的生活。1940年，日军占领段村（现在的县城）后，他们村就被抓走了20多个人，并留下7具鲜血淋漓的乡亲尸体。王贵女的丈夫也被抓到段村据点里修城墙，在日军皮鞭的抽打下，他不仅被石头砸断锁骨，还染上伤寒，直到奄奄一息，才被抬回家中，第二天就含恨而逝。惨苦的泪水被复仇的怒火烧干，贵女掩埋了丈夫的尸体，当即找到来村开辟工作的八路军赵连长，送满青参加了民兵。

1944年农历正月二十四，天刚破晓，段村100多名警备队人员趁着漫天风雪，偷袭窊里村。敌人还没进村，放哨的民兵就发觉了，立即打响信号枪，并飞步回村报信。段满青正生疥疮在家，信号枪一响，他就跳下地来，一边催促母亲赶快转移，一边抄起两颗手榴弹，奔出门去。一出门发现敌人已经进了村。他知道，此刻乡亲们正按预定的安排，在民兵掩护下向着村西北的马圈沟转移。如果被敌人发觉追上，后果不堪设想。“来个声东击西，调虎离山。”满青头脑里迅速闪出了这个念头。他飞步奔进村东的山沟里，

母子杀敌英雄使用过的菜刀

故意高声呼喊："乡亲们，东面没有敌人，快向东面跑。"随即扔出了两颗手榴弹。敌人果然中计，调转头向东边扑来，他却凭着对地形的熟悉，三拐两绕隐蔽地向马圈沟插去。

满青顺着马圈沟跑了一段，天色大亮。他回头向村里望去，见没有乡亲们出来，估计已经安全转移了，这才松了一口气。正要远走高飞，突然身后"砰"地响了一枪。"站住，再跑死啦死啦！"满青回过头来认得这个家伙，是伪警备队小队长，村民都叫他黑狗子。那个家伙狐疑地向沟里望去，终于看到了伸向里面的纷乱脚印，便让他带路。

满青心想，沟里面藏着乡亲们，一旦被发现，全村人都会遭殃，"干脆，把狗日的引进这暗沟里面，干掉！"这时前面正走着20多个乡亲，最后面是他母亲王贵女，扭着小脚，挎着竹篮。

"不许动！"那家伙先是一惊，端着枪拉开了架势。当看清都是些老人、妇女、娃娃时，目光随即落在妇女们拿的东西上，滴溜溜地打转。贵女的心猛地乱跳起来，下意识地紧紧挎住竹篮。原来她在出门时，就在篮底放了一把菜刀，准备危急时就和敌人拼命。但黑狗子却"嗖"地窜到两个年轻妇女身边，抢过两条被子搭在自己肩上，又夺过妇女们的包袱乱翻，挑出一些花花绿绿的衣服，包成一个包袱挂在肩上。而对王贵女的破竹篮却看都没看。

"快说，藏粮洞哪里的有？"这家伙捞到了不少东西，得意之下，又想找出粮食向太君邀功了。"你问粮食藏到哪里？这个我知道。"满青向峡谷深处一指，"就在里面。"他已盘算好来个"诱敌深入""将计就计"的策略。他想尽快把这个家伙引进深谷，避免让敌人发觉追来。同时，里面有条小道，也可使乡亲们脱离虎口。贵女一听满青说出这种话，投来了惊愕愤怒的眼光。满青赶快向她挤眼抿嘴，示意不要轻举妄动，贵女立即会意了，投来赞同的目光，同时把手伸进竹篮，示意篮中藏有菜刀。

满青领着这黑狗子，沿着弯弯曲曲的山沟向深处钻去。离村越来越远了，山沟也越来越窄。"机会来了！"满青兴奋地向他娘递了个眼色，用手比画了个砍头手势，贵女立刻握住菜刀。满青一个箭步过去，一把夺过了枪，用肩膀猛劲一扛，那家伙“扑通”一声掉到水渠里，重重地摔了个屁股墩儿。他一把拉下自己头上的毛巾，狠劲想塞住黑狗子的嘴，不料，那个家伙像疯狗一样死死咬住了满青的右手指头，双手又抓住满青的手腕。贵女一见，马上把菜刀扔了下去：“快，拿刀砍！”满青接过菜刀，照着黑狗子的头脸连连乱砍，紧咬着的嘴松开了，母子俩一齐向黑狗子的脑袋狠狠剁了二三十刀，那家伙血肉模糊，一动也不动了。王贵女、段满青母子用菜刀将日伪警备队长杀死，解救了落入虎口的 20 多名百姓，还缴获了一支崭新“三八”枪。这一义举，在根据地广泛传播。

旧中国皇权不入乡间，每个村子都由各姓族长按礼法而自治。乡村如同松散的部落，安享太平可以，在国难当头时哪里有力量？“组织起来！”伟人的一句话，拯救了中华民族。看一看“组织起来”这块匾背后的力大如牛的英模王虎旺是如何在武乡的土地上践行真理吧。

劳动英雄王虎旺和他的奖匾

赵红英

太行山是一座英雄的山，这里到处留下了八路军的身影，也留下了许多动人故事。为弘扬太行精神，挖掘我县红色藏品故事，我与一众访友走上了探访之路。

我在武乡红色收藏家梁松筠处看到一块“组织起来”牌匾。仔细看，这块匾是奖给王虎旺的。王虎旺何许人也？因何能获此殊荣？

当我好奇时，红色专家郝雪廷老师做了简单介绍：王虎旺，石北乡楼则峪村人，抗战时期，他积极响应毛主席“组织起来”的号召，在村里带领组织了互助组，而且取得了很大成绩，受到区、县、专署的表彰，还出席了太行区首届群英会，成了名震太行的“劳动英雄”。

郝老师的介绍，令我对英雄产生了浓厚的兴趣。于是邀集三五文友，抽暇来到英雄的故乡——石北乡楼则峪村进行寻访。通过和村里老人的攀谈，以及他侄儿的介绍，我对这位老英雄有了进一步的了解。

王虎旺，生于1902年，由于家境贫寒，吃了上顿没下顿，父母没办法养活他，两岁时就过继给了叔父。叔父也是穷人，因膝下无子，加倍精心地呵护抚育他。在这样贫困的家庭之中生活，王虎旺自然没有上学读书的可能，十来岁就去给地主家放羊、打短工，到十六七岁时，有了点力气，又给地主家做起了长工。他精通农活，摇耧撒种，样样都是一把好手，更兼之体魄健

劳动英雄王虎旺

壮，气力过人，还在冬闲时学了一点武术，使得他在方圆几十里都有名。

1938 年春，八路军总部进驻马牧、义门、寨上时，楼则峪村也住下了很多的八路军干部。他们在村里宣传抗日救亡工作，动员群众参军参战。王虎旺当时已经三十几岁了，参军是过了年龄。虽不能参军上阵抗日，但他和村里的壮年一起组织了农救会，投身于抗日民族救亡的事业。

在战争年代，支前是第一件大事，没有老百姓支前，八路军打仗就没有了助手。他多次与村里的壮劳力去白晋铁路上抬道轨，去榆社、辽县送军粮、抬担架，往战场上送弹药。有一次，八路军七六九团攻打南关敌人的火车站，响应武西抗日政府武委会的动员，他与楼则峪村一批青壮年去支前。战斗结束后，缴获了大量物资，支前民众肩扛、人挑、驴驮，要把物资运回根据地，人与牲口都是满载而归，走到半路上，一头驴子驮得太重，走不动了，别人都没办法，王虎旺过去看了看说：“驴子驮不动了，我来试试吧。”别人笑他，说他瞎逞能，难道人能比驴子力气大？王虎旺笑笑，放下自己肩上的布袋，把驴子驮的“笼驮”放在自己肩上，让驴子驮上了他的布袋。回来后，人们都赞扬他：王虎旺真了不起，比牲口力气还大。

1942 年，晋冀鲁豫边区政府号召开展“减租减息”，发展生产，农民得到了实惠，他心里有说不出的高兴，于是精心耕作，努力生产，获得了大丰收。1943 年春，遵照上级指示，武西县委号召组织变工队、成立互助组。王虎旺开始不解什么叫互助组，县里的干部讲，就是“自愿互利，互换人工或畜力，共同劳动”。通过相互帮忙换工，互助生产，解决支前、参战耽误农时的困难，也可以在收秋收夏时解决劳动力不足的问题。王虎旺一听这是个好事，表示积极响应，并领头在村里成立了互助组。做这个工作，并不是一帆风顺，一开始有人说自家的地少，怕和别人变工吃了亏，不想参加。有的人说，组里头有寡妇人家，劳动顶不上事，自己进去要吃亏。经过王虎旺耐心地说服，一些人改变了观点。也有人想，跟上虎旺干肯定没错，他是种地的好把式，又有力气，咱和人家变工，还怕变不过人家呢！人家动一天比咱两天还强，只要虎旺想和咱互助，那还不是件好事吗？就这样，他串联组织起了8户农民，武西县第一个互助组在楼则峪村诞生了。王虎旺担任组长，由于他身强力壮能干活，而且农田的事无一不通，大家都很信任他。

武乡县十区授予王虎旺“组织起来”的匾额

起春下种时，从耕地打耙、刨边除草，到点粪下种、摇耧撒籽，王虎旺一直是挑重活儿干，挑难活儿干，年龄大的、身体弱的，就安排他们做些点种籽、撒粪的轻活儿。互助组员李寡妇，还带着两个孩子，基本下不了地，别人都说让她退出去。王虎旺说，她男人是为了保护村里群众被日本鬼子杀害的，咱们能忍心留下她不管吗？王三则老汉50多岁了，又有老胃病，孩子参加了八路军，走了两年没有音信，在互助组里，数他弱，有人反映跟三则老汉一起变工吃了亏。王虎旺就说，他儿子参加八路军，为咱老百姓卖命打鬼子，咱多出点力帮帮他这是应该的呀，你们要是怕吃亏，我多干些，就算是顶老汉做了，只有大家团结一心，咱这互助组才能搞好。

担粪的时候，别人是用箩头担，虎旺就用筐子挑，两筐子顶四箩头，担麦子别人挑四捆，他就挑六捆。王虎旺力气大，干活也非常卖力，他这样带头劳动，组员们再也说不出什么闲话来了，都一心一意跟着他干。大家说，跟着虎旺干这路不差。果然，收夏时，他们组里的产量比没进组的亩均多打了两斗多，回头再看看绿油油的秋庄稼，也是丰收在望，都高兴地说：沾了互助组的光，沾了虎旺的光。

经过一年的努力，组里的农业生产成绩突出，粮食产量几乎翻了一倍。再说那李寡妇，虽然上地时间少一点，谁家老婆病了，她去帮助做饭，还帮助男人们缝衣裳、洗涮，事情也没少干。事实证明，互助组搞生产是有利于发展的。秋后，村里许多农民都找着要参加他的互助组，原来不同意参加虎旺互助组的几个人，更是后悔莫及，都找虎旺想让吸收他们入组，但又有点不好意思。王虎旺得知后，主动找到他们，告诉他们只要想参加互助组，本人随时欢迎。就这样，参加互助组的户数一下增加了好几倍，王虎旺就分成了三个组，这下大家又有意见了，都想在虎旺那个组，最后王虎旺说，大家放心，三个组的组长都是我，大家一起努力，一定会有好收成的。

由于王虎旺成绩出色，区上、县上都表扬了他，王虎旺成了武西“组织起来”的一面旗帜，并奖给他这块上书“组织起来”的牌匾。也在这一年，他光荣地加入了中国共产党。太行三分区召开表彰大会，三分区司令员鲁瑞林、政委彭涛亲自接见了他，鲁司令与彭政委还亲自授予他上书“勤朴可风”的匾额。

上级的表彰、群众的拥戴，王虎旺更加努力了，村里的群众也都来找他要参加互助组。王虎旺是来者不拒，全部接纳了他们。到1944年秋，全村的农户都参加了互助组，在他的带领下，互助组生产实现了“耕二余一”。百姓们都说沾了虎旺的光，王虎旺却说，“我虎旺有多大能耐，大家是沾了共产党的光，是沾了抗日政府的光，是沾了好政策的光”。这年11月，他光荣出席了太行区首届群英会，被授予“劳动英雄”称号，并荣获耕牛、锦旗等奖品。

拂去匾上经年的尘埃，几个大字熠熠生辉。今天不虚此行，牌匾让人肃然起敬，匾后的英雄更让人肃然起敬！

因日军侵略，旧中国男耕女织、自给自足的生活状态被打破。百姓在共产党的组织下，最大限度地继续着传统的耕织作业。新中国的红旗、整齐的军服，离不开纺织英模石榴仙她们一梭一梭纺织。“子不学，断机杼”。这机杼就是今日的藏品。现在我们不必如老英模般举起此梭，但一定要不断学习，为织好我们的中国梦而努力。

纺织英雄石榴仙使用过的梭

籍建军

石榴仙1898年出生于山西武乡县广志村，14岁嫁到了本县马堡村的一个贫苦人家，30岁出头就守了寡。所生2男3女，全靠自己辛勤劳动，纺花织布，清苦度日。她那清亮的大嗓门，说话干脆利落，干活泼辣干练，处事慷慨大方，为人心直口快，虽是一个普通的农村妇女，却给人一种庄重大方的感觉。她目不识丁，但通情达理。邻里吵架她善于调解，长于评理；若有所求，她乐于帮助，尽力而为，因而村里人都尊敬她。

1940年村里开始建立了党支部，她参加了妇救会，成为拥军优属骨干。1941年石榴仙的大儿子李福林加入了党组织，并担任了村农会主席。在县、区的领导下，进行了反奸清算、合理负担、减租减息等斗争。为了让儿子以全部精力做革命工作，同时作为干部家属首先起模范带头作用，石榴仙冲破了封建传统观念的束缚，主动承担了家务和田间生产劳动，积极参加拥军优属活动。她除对农活样样精通外，还经常拾粪、驮煤卖炭和做一些一般妇女不愿干和不会干的活。积极组织妇女做军鞋、碾军粮，样样工作她数第一，纺花织布更是技术超人。

1942年大灾荒时，石榴仙积极响应党的号召，以自己的模范行动，组织、带动广大妇女开展纺织运动，主动地帮助他们解决技术问题。与男人搞耕织变工，克服了生产、生活方面的困难，用织出的土布换回大量的棉花、小米，支援抗战军民。由于各项工作都很活跃，马堡村 1943 年成为全县生产、支援抗战的模范村。为了把更多的妇女组织起来，她帮助村妇救会把中、青年妇女 80 多人以段（居区）组织了 5 个纺织小组，发动各组展开挑战竞赛活动，进一步掀起全村的纺织热潮。为了给大家做好榜样，她不断钻研技术，没明没日地苦干，纺花织布又快又好，达到了一天纺花 10 两、织布两丈多的最高纪录。由于她的成绩显著，区上（一区）召开劳模大会时奖给她小米、毛巾、裤子、梭子、镜子等不少奖品。1944 年她加入中国共产党，对革命工作和纺织热情也更加高涨。春季征兵时，她带头把刚满 18 岁的二儿子全林也送上了前线。太行三分区的彭涛、鲁瑞林、王一伦等领导同志都亲自访问过她，并经常帮助、鼓励和关心她，推广她的纺织技术。彭涛政委还亲自奖给她新式织布机一架。同年 10 月她光荣地参加了太行区首届群英会，戎子和、李达等军政首长接见了她，并获“边区纺织英雄”锦旗一面。从此，石榴仙的名字在太行山区广为传颂，她的事迹被编成歌曲：“马堡村石榴仙四十六岁整，她是纺织女英雄，武乡头一名，越干越有劲，一天能纺花十两，织布两丈零，咱们分区彭政委奖给她织布机一架。”从此，“男学李马保，女学石榴仙”，成为太行山区广大群众的战斗口号。

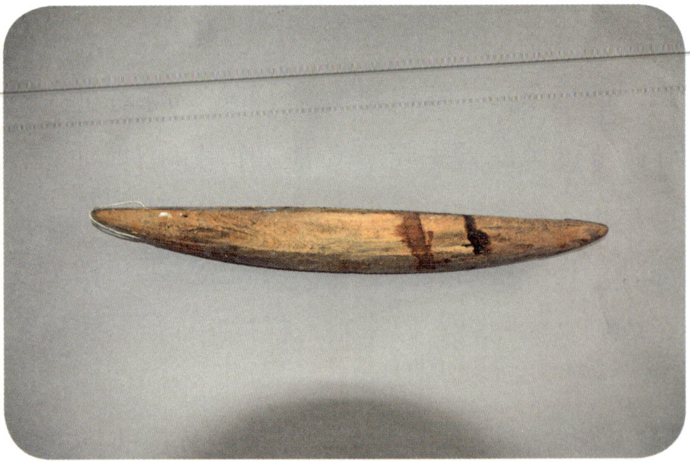

纺织英雄石榴仙使用过的梭

这把梭就是纺织英雄石榴仙常年使用过的，石榴仙得到这架织布机后更是精心纺织，支援抗战和解放战争，直到她去世。1989 年石榴仙之子李福林将其捐赠给八路军总部砖壁旧址纪念馆。

都说小别胜新婚，模范夫妻7年不见，战士们偷立于门外一夜，他们没有听床第之欢的兴奋，却个个振奋，带着激荡的血赴朝驱畜牲！一本连环画，道出了太行山上活生生的英雄！是他们时时处处的舍小家为大家的无私奉献换来今天你我年年岁岁暮暮朝朝。

连环画《模范夫妻》

孙俊堂

民族的解放、抗击外来者侵略是中华民族共同的使命，“男人上战场，女人支前忙”，形成自然的分工。这就是战争年代的真实写照。

2019年7月，在武乡县第九届八路军文化节红色珍藏展馆里，展出有20世纪50年代初山西人民出版社出版的连环画——《模范夫妻》。一本画册，穿越了近20个年头，纵贯了抗日战争、解放战争、抗美援朝三个战争时期，记忆了一对夫妻的爱国初心。

连环画中的男主人公叫韩江河，作古已经半个多世纪。女主人公叫徐腊梅，去年也已经92岁高龄，瘫痪在床，意识不清，11月3日老人也去世了。好在前几个月，武乡红色微喜剧剧组曾采访过她，留下了极其珍贵的资料。今天我们怀着遗憾和崇敬的心情伫立于老模范的坟前，讲述她的故事。

徐腊梅出生在武乡县韩北乡前沟村的一个贫苦农家。1940年，日军对我根据地大扫荡时，她的母亲和哥哥在逃难途中被敌人活活杀害。家中留下13岁的腊梅和父亲，在无奈之下父亲将腊梅送人当了童养媳。

腊梅生性倔强，虽然年少，但对这门婚事极不乐意，对丈夫没有半点儿感情，遇事敢于反抗。婆家人为管教她，便决定给他们正式举办结婚仪式。腊梅偷偷听到这个消息后，为摆脱婆母的虐待和童养媳的悲惨境遇，在一个漆黑的夜晚，偷偷逃出婆家，跑回到父亲身边。深受封建传统思想影响的父亲，认为“娶到的妻，买到的马，任人骑来任人打”是正常现象，女儿的行为反倒是大逆不道，坏了名声，非要将腊梅送回婆家。腊梅又从家中跑出，找到了抗日村公所干部，帮助她解除了这门封建婚姻，获得自由。

四年后，腊梅已经成为一个亭亭玉立的姑娘，在生活和劳动间她发现本村青年韩江河为人憨厚，手脚勤快，参加村抗日自卫队，积极支前参战，是自己心仪之人。经过一段时日，两人相互倾吐了爱慕之心。

此时，正值抗日战争进入大反攻阶段，八路军扩充队伍，号召青年积极参军。韩江河一直有报名参军的念头，但担心腊梅不同意，自己也舍不得离开腊梅，迟迟下不了决心。徐腊梅对日本鬼子怀有杀母之仇、杀兄之恨，江河参加八路军消灭日本鬼子，就是为自己报仇雪恨。知道江河的顾虑后，她立马找到江河，鼓励他报名参加八路军。为了解除江河的后顾之忧，表示自己对爱情的忠贞，提出可以先举行结婚仪式，后参军。在腊梅的鼓励支持下，江河报名参军的申请被批准了，他们俩到区公所领取了结婚证。

在韩江河参军临行的前夜，他们举行了简单的结婚仪式。夜深人静，万籁俱寂。小小煤油灯下，一对新人，没有新婚燕尔的浪漫，没有分别时的泪水。“家里的事你放心，什么困难我都能扛得起，你一门心思安心杀敌，为我娘和我哥哥报仇，为死去的乡亲们报仇。我等着你打走日本鬼子回来好好闹人家，过平安日子。”“你在家种好地，多打粮食，支援前线打敌人。”一夜无眠，两颗心紧紧贴在一起。第二天一早，在村欢送青年参军大会上，腊梅亲自为江河戴上光荣的大红花，把他送上抗战前线。

丈夫走后的日子，腊梅信心百倍，干劲冲天。她除孝敬公公婆婆，干家务事，主要精力投入工作中。她响应党的号召，和其他军属组织起互助组，不怕苦，不怕累，积极劳动，多打粮食，支援前线。每年生产下的粮食除去口粮、种子以外全部送到前线。

一晃 7 年过去了，抗日战争取得了全面胜利，解放战争消灭了蒋家王朝，抗美援朝战火又熊熊燃起，而参军走后的丈夫却杳无音信。腊梅坚信丈夫不

模範夫妻
山西人民出版社

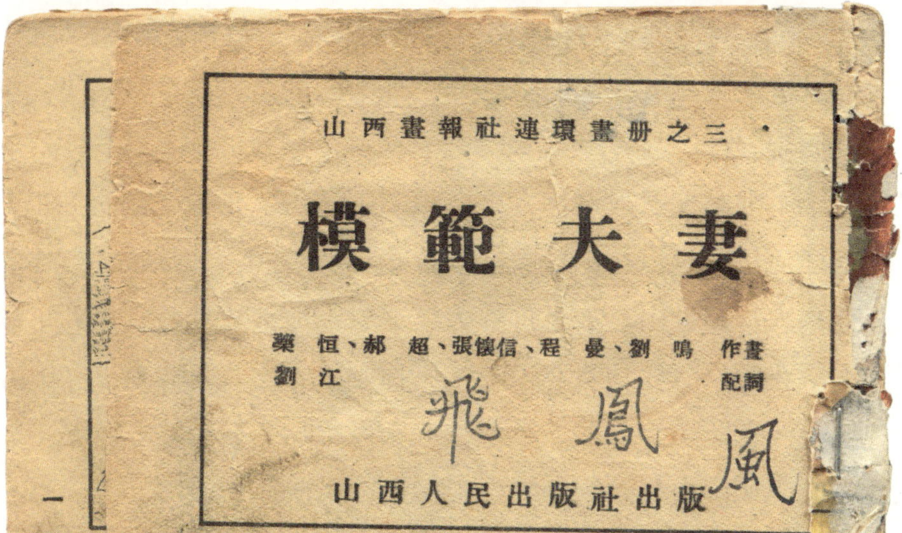
山西畫報社連環畫册之三
模範夫妻
藥恒、郝超、張懷信、程曼、劉鳴 作畫
劉江 配詞
山西人民出版社出版

连环画《模范夫妻》

会牺牲，仍然搏杀在战场上，因为他们有约定，打走日本人两人还要好好过日子。所以，腊梅信心满满，干劲不减，一如既往地加紧劳动，上缴粮食。同时还带头工作，担任了村公安员，加入了共青团，被群众推选为区上的“军属模范”“劳动模范”。

1950年6月25日朝鲜战争爆发，10月25日，中国人民志愿军赴朝作战，抗美援朝，保家卫国。这年冬，腊梅突然接到从部队发来的一封信。信中写道，韩江河奉命又要去朝鲜参加抗美援朝，在赴朝之前和家属见面话别。

腊梅将信抱在心窝，如同亲人就在身旁，热泪滚滚而下。经家人商量，决定由公公陪伴去部队看望江河。

在赶往部队的路上，沿途感受到的是全国人民抗美援朝的浪潮，看到的是各行各业建设国家的热烈场面。腊梅由衷地感到江河选择保卫国家的道路是多么光荣，更加感到自己做的还很微不足道。

7年刀光剑影的淬炼，7年风霜冷雨的砥砺，一对情人不能享受人间夫妻之爱，但默默地践行着共同的道路，兑现共同的诺言。今日之见，竟然难识“庐山真面貌”。

又是一个不眠之夜。战友们本来是想“闹洞房”，但“洞房”里是又一番景象：韩江河从背包里拿出珍藏的6枚立功奖章和参加战役的纪念章，向腊梅汇报他从太行山走出参加过抗战大反攻、淮海战役、渡江战役、围剿土匪等无数次战斗的杀敌立功受奖情况。腊梅则扳着手指汇报她7年来打了多少粮食，给前线送了多少。两人越谈越兴奋。最后，腊梅说，你从打日本人到解放全中国，从国内打到国外，保卫国家，保护人民真了不起，我还得好好向你学习，搞好生产，多打粮食。江河也说，到朝鲜打仗面对的敌人更强大，更艰苦。我更要奋勇当先，努力杀敌，保卫国家，不能给国家丢脸，要为国争光。

洞房里的情景使窗外人目瞪口呆，夫妻二人的精神深深感染了部队首长和战士们。一时间，韩江河、徐腊梅丈夫参军杀敌，妻子种粮支前的事迹广为流传，这对模范夫妻成为人们学习的榜样。

铁骨铮铮的男儿，舍身取义的儿郎。钢刀砍掉的是脑袋，精神却从腔子里喷涌而出，将这片大地染成红色，将侵略者埋葬！舍身取义，杀身成仁。向先烈忠魂致敬！

“舍身取义”匾额

李业兴

田景云，小名广生，是故城镇茅庄村人，抗日战争后期，任村民兵武装主任，1944 年在带领民兵武装进行反“扫荡”作战中牺牲。这块晋冀鲁豫边区政府为表彰抗日英烈而颁发的“舍身取义”牌匾，由当时的小学教师曹逢春书写，所用木料为杨木，长久以来一直悬挂在田景云家的大门口上方。2004 年捐赠于北京中国人民抗日战争纪念馆。

晋冀鲁豫边区政府授予田景云的“舍身取义”牌匾

1939 年冬，敌占故城、南沟和白晋线后，于 1940 年 7 月，又占领了段村，抗日武乡县政府为适应斗争需要，把武乡县分为武乡（东）、武西两县。武西县处于敌占区和接敌区，情况复杂，斗争残酷，几乎天天与敌人发生冲击、打仗，战斗是经常发生的。为与敌人顽强抗争，保卫村庄，保卫家乡，各村都成立有民兵组织。

茅庄村离敌占区南沟、故城很近，是典型的接敌区。村民兵武装主任田景云带领村里民兵坚持与敌人进行斗争，村里的民兵很勇敢，有个后生叫殷七斤，鲁莽出了名，有一次遇见敌人，拿起铡刀就拼命，从不顾及自己生命，打死打伤敌人无数，人送外号“疯七斤”，还有白崔应、田文秀都是不怕死的硬汉，村里的10多个民兵，在田景云的带领下，不分白天黑夜与敌人顽强作战，积极勇敢，遇见敌人就打，从不畏惧，打得敌人是胆战心惊，十分害怕，在周边村是出了名的最顽强、最厉害的民兵村。

敌人十分憎恨茅庄村民兵，经常偷偷袭击、围攻，想一网打尽茅庄村民兵，几次偷袭都未成功。1944年4月14日晚，南沟村据点敌人与驻扎在沁县牛寺村的敌人100多人，悄悄地向茅庄村摸进。他们这次行动非常缜密小心，怕惊动村民，暴露行踪，在过狮则沟桥时命令所有士兵把鞋脱掉，赤脚过桥，蹑手蹑脚地摸进村先把哨兵给放倒。当村民兵听见枪响已晚，敌人早已把整个村给包围了里三层外三层。聚集在哨房的民兵有十几个，其中就有田景云、田文秀、殷七斤、白崔应等。

哨房，是茅庄村民兵聚集的场所，也是商谈战事和领取任务的地方。每天村民兵有事没事都要聚集在哨房待命。4月15日，天刚放亮，哨房里的民兵听到枪响时，已发现房外有敌人的动向。从门缝往外一瞅，见有一股敌人把哨房给包围了，外面的翻译官在喊话：“里边的民兵们听着，放下武器出来投降。”

田景云小声地说：“留下两人与我跟敌人周旋、掩护，其他人从后门走，我们不能都让敌人给捕了，要保存实力。”于是，大部分民兵悄悄从后门撤走。田景云胡乱与翻译官周旋，过了一阵，敌人感觉不对踹门冲了进去，他们三人说时迟那时快，就与敌人接了火。由于敌众我寡，最终三人被敌人逮捕了。敌人把他们三人押到茅庄村松树园的一个井边，翻译官按照敌人的指示询问：“其余民兵哪里去了？说出来，皇军就不杀你们。”他们三人统一口径：“不知道，要杀要剐随便。”敌人就对他们用刑，用皮鞭抽、枪托砸、刺刀刺，弄得浑身是血，他们三人什么也不说，咬着牙硬挺，真是三条汉子。敌人见问不出什么，恼羞成怒，就命令翻译官用洋刀蘸上井水把他们三人的头给砍了下来。他们三人舍身取义的故事一直传颂至今。当时，晋冀鲁豫边区政府为表彰抗日英烈颁发了“舍身取义”牌匾。

“舍身取义”牌匾，长 2.5 米，宽 0.8 米，蓝地黄字，匾的正中位置从右到左镌刻着 4 个金色大字“舍身取义”。字的上方阳刻一方印：“晋冀鲁豫边区政府”。匾的左侧竖刻：山交编村全体干部群众敬立，民国三十五年四月十五日。匾的右侧竖刻几行字：“晋冀鲁豫边区政府奖给——英勇的广生（田景云小名）同志：你在民族革命当中，任人民武装主任，历经与敌伪斗争数载，不屈不挠，始终保卫群众利益，勇敢积极，为革命坚持到底。不幸于三十三年四月十五日被敌包围，为保护群众退却牺牲敌手，血迹垂世、英名不朽，凡革命志士踏血前进，赓续革命成功矣。”

一把木勺并不起眼，但在它的背后却记录了一段战争年代农村妇女救护伤员时催人泪下的故事。

胡春花救护伤员时用过的木勺

郝雪廷

胡春花护理伤员用过的木勺，虽然它看起来并不起眼，但记载了拥军模范胡春花在抗日战争时期救护伤员时一段催人泪下的故事。

胡春花是武乡县窑湾编村柳树烟村人，1938 年春，八路军进入武乡后，她懂得了抗日救国的革命道理，从此，29 岁的胡春花走上了革命道路，并担任武乡县窑湾编村的妇救会主任。她积极投身于抗日拥军工作，带领村里的妇女创办了拥军接待站，并且做出了突出的成绩。1941 年被选为晋冀鲁豫边区参议员，并两度出席太行区群英大会，受到了刘伯承、邓小平、滕代远、薄一波等军政首长的亲切接见，她的模范事迹，不仅广泛刊载于当时的报纸杂志，还被编成秧歌剧到处演出，胡春花成了名震太行的拥军模范。

1941 年 11 月，著名的黄崖洞保卫战打响了。战斗打响以后，八路军战士为了保卫兵工厂同日寇进行了殊死的搏斗，敌我苦战了 8 天 7 夜，我军以一个团的兵力，抗击了 5000 多名疯狂的日寇。然而就在这次战斗中，附近的民兵组织到别处去参战，战场上有许多伤员抬不下火线，胡春花听到这个消息，心急如焚。当时，她的小女儿正在发高烧。可是为了抢救八路军伤员，她毅然撂下了孩子，马上组织起妇女担架队，冒着炮火和硝烟，上了前线。

胡春花救护伤员时用过的木勺

太行山山高沟深，胡春花和妇女们抬着伤员在弯弯曲曲铺满石头的羊肠小道上艰难地走着。那个时候，妇女大多裹了脚，一双小脚在这坎坷的山道上行走不知磨出了多少血泡，鲜血和袜子紧紧地粘在一起，每走一步都钻心地疼痛，一路上不知摔了多少跤，在上山时，因为路比较滑，为了让伤员免受颠跛，她们索性跪着走，裤子破了，膝盖流出了血，但她们没有抱怨，忍受着痛苦，一趟趟地运送伤员。

当胡春花将伤员抬到了驻在泉河村的八路军太行三分区医院时，她发现那里的医生、护士忙得不可开交。连动手术换药都忙不过来，更不用说洗绷带、搞卫生了。胡春花心里想：“八路军战士在前方打仗，流血负伤，来到医院又得不到很好的护理，这怎么能养好伤呢？”她马上安顿和她一齐来的姐妹们回去，坚持村里的拥军接待站工作，并决定自己留在这里帮几天忙。

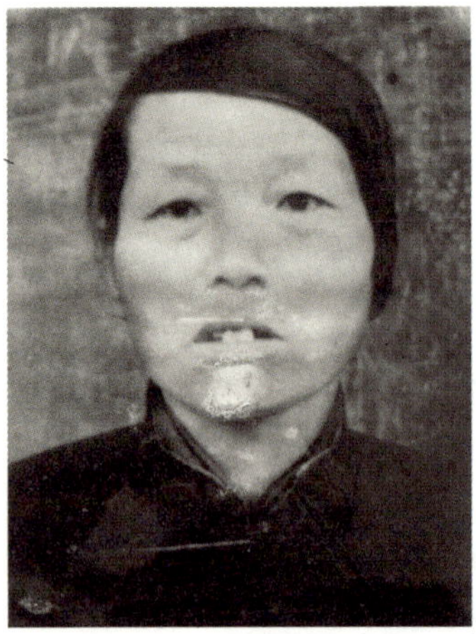

拥军模范胡春花

就这样，她成了医院的一名编外护士，洗绷带、搞卫生、看护伤员，帮助换药。有一位重伤员上下肢都骨折了，躺在那里一动不能动，别说吃饭，连汤都不能喝。这可怎么办？胡春花就到村里找了个木匠制作了这把小木勺，一勺一勺地去喂饭。她不仅给伤员洗衣服、缝缝补补、灌汤喂药，甚至端屎倒尿。就这样她无微不至地关心着伤员，把她全部的爱都奉献给了战士，看着伤员们一批批地重返战场，她的脸上露出了欣喜的笑容。

大年三十的夜里，她的男人来了，对她说孩子病得很厉害，可是她不忍心撂下伤员，便和他们一起过了年，才回到家中，然而就在这时候，她那可怜的独生女儿，因无人照料，已经病得奄奄一息了。

她见女儿病成这个样子，一下子抱起女儿痛哭起来："孩子，娘没有照顾好你，是娘对不住你呀！"村里的姐妹们闻讯赶来，都安慰她："春花姐，别哭了，给孩子看病要紧。"在大家的帮助下，她抱起女儿就往医院跑。然而实在是太晚了，孩子那孱弱的身体，已经抵不住病魔的侵袭，年仅4岁的小生命，就在去医院的途中，在她母亲温暖的怀抱里永远地离开了人间。望着女儿那紧闭的双眼、瘦小的身躯，她哭着、喊着，一遍遍地叫着女儿的乳名，久久不肯撒手……

从1940年到1945年，拥军模范胡春花一直使用小木勺护理伤员，1944年曾出席太行区首届群英会。1986年6月，八路军太行纪念馆职工王虎旺在胡春花家中将小木勺征集并馆藏。

解甲归田，铸剑为犁。赵恒茂老英雄放下功劳，荣归故里。他可以低调，放下荣耀，然而战火熔炼过的人物，史册怎么能将他落下？我们要学习他的风度，也要感受他英雄事迹中沸腾的温度。

父亲的纪念章

赵建中

赵恒茂同志

我的父亲赵恒茂，是一位曾经参加过解放战争的老兵。他一身正气，两袖清风，临终，没有留下什么遗产，只有一个红布包，里面包有他的6枚纪念章和立功证。在他走后的这些年里，我虽然搬过多次家，但始终没有忘记把红布包带在身边。这个红布包，是父亲留给我们最宝贵的精神财富。这6枚纪念章，带着时代的痕迹，记录着父亲投身革命的足迹。是父亲用热血与青春报效祖国的见证。在它的背后，隐藏着父亲多少个出生入死、浴血奋战的艰辛故事……

父亲赵恒茂，1924年4月生于武乡县南王家堖村。1947年7月，参加中国人民解放军第二野战军第三兵团。先后参加了著名的淮海、皖东、渡江等战役，战斗中荣立大功两次、三等功一次。新中国成立后，在云南边疆建设兵团任炊事班长。1953年加入中国共产党。1955年复员回乡，先后任生产队长、大队党支部书记等职。

父亲出身贫寒，只读过两年私塾，还是半耕半读，但他的算盘学得很娴熟，加减乘除样样都会，我的珠算就是他教会的。虽然现在已被计算机所代替了，但父亲教我的那些珠算口诀，永远铭刻在我的记忆中……

小时候，父亲经常给我们讲他的故事，当然，最多的还是参军参战的经历。他的部队是步兵师，行军全靠步行。一开始，一天走五六十里，之后，一天能走到一百多里。而且还要携带枪支、背包等。“当兵不当兵，先挂八十斤”，这不是传说，而是一个参战军人的真实生活。在一次行军中，父亲不慎踩到一个钉子，鲜血直流。当时的医疗条件比较差，卫生员给简单处置了一下，最终还是感染了！不能跟随部队，只好安排在河南辉县的一位老乡家住下，这位老乡姓刘，夫妻都是六十来岁，有两个儿子，老大在抗日战争中牺牲了，二儿子是个盲人。老两口无微不至地照顾父亲，采回草药，用偏方为他治伤。几天后，伤势大有好转，父亲心里想着部队，也就急急忙忙去追赶部队去了。

淮海战役的时候，每到傍晚，枪声四起，一夜不停。战役过后，满目焦土，一片狼藉，尸横遍野，血流成河。尸体就像大风刮倒的谷捆子一样，惨不忍睹！这次战役，共有 50 多万名国民党军人被歼灭或改编，我军伤亡 10 余万人，是“三大战役”中解放军牺牲最重、歼敌数量最多、政治影响最大、战争形势最复杂的战役。

还有一次，父亲和战友们在阵地执勤，距离国军只有 10 多米远，连说话都能听见。一位老兵拖着疲惫的身子向我方喊话：“共军兄弟们，给块干粮吧！”一位战士说：“没门！”话刚出口，就被连长打住了，“我们都是中国人嘛！”说完，连长将一个干粮袋抛过去。那位老兵拿起干粮袋，眼眶里涌出了感激的泪水！

最难忘的是 1948 年 12 月的一天，皖东战役进入攻坚。这天，炮火轰鸣，硝烟弥漫，飞机在空中盘旋，不时投放炸弹。突然，一弹片飞来，父亲的上衣着火了……身旁一位战士急忙为他扑打也无济于事。所幸的是，旁边恰好有一个排水沟，父亲急中生智跳下去，爬在水里……火，被扑灭了，而父亲浑身泥水。这时，冲锋号吹响了！他奋不顾身与战友们一起冒着炮火向敌人

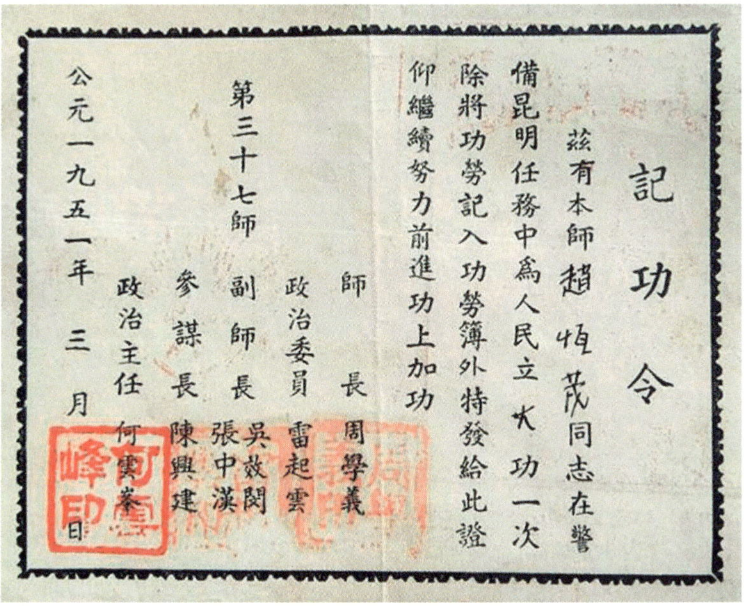

記功令

茲有本師趙恒茂同志在警備昆明任務中爲人民立大功一次除將功勞記入功勞簿外特發給此證仰繼續努力前進功上加功

第三十七師

師長 周學義
政治委員 雷起雲
副師長 吳效閔 張中漢
參謀長 陳興建
政治主任 何雲峯

公元一九五一年 三月 日

赵恒茂同志的参战纪念章和记功证

的阵地冲去……战斗结束了，父亲浑身上下冻满了冰凌渣儿。天，虽然冷，但父亲的心是火热的。我们胜利了！这次战斗，他荣记大功一次，而在右臂腋下，从此留下了一处烧伤的痕迹。

父亲是不幸的，但也是万幸的。历经枪林弹雨的洗礼，最终还是站在了幸存者的行列。有一位作者，在写战争题材的文章时，曾这样说："牺牲的是英雄，生还的同样是英雄！"父亲在8年的戎马生涯中，荣立大功两次、三等功一次。曾记得喜报上这样写道："革命军人立功喜报：贵府赵恒茂先生，为人民立功，全家光荣。"落款处盖有"中国人民解放军西南军区政治部"的红色方印章。

文化先锋

在中华民族生死存亡的危急关头，一批又一批的仁人志士从全国各地奔赴太行、进驻武乡，在这片红色的沃土上与疯狂的日军展开了殊死搏杀。在这场血与火的较量中，文化战旗高高飘扬在太行山上。

透过历史的缝隙，我们依稀可见当年的罗圈椅仍激荡着妇女解放的思潮；一盏汽灯凝结着八路军抗大六分校人的深情；一枚枚小小的毕业证章带我们回到那激情燃烧的岁月；一个古朴的妆匣见证了陈铁耕舍家抗日的历程；一个小木勺背后蕴含着的是在困难面前，依旧坚持抗战的家国思想；陈铁耕手拿那把珍贵的木刻刀在灯下挥汗如雨；年轻的伊琳提着他心爱的戏箱奔走在演出的路上；一张泛黄的奖状，记录着一个年轻演员的荣光；那方炕桌那盏灯见证了中华人民共和国财政建设的成长；穿过历史的烽烟，锈迹斑斑的铸字机依然散发着昔日的墨香；静静躺着的八路琴犹自弹奏着悲壮的国殇；旧瓶装新酒，无名战士的“战歌”还在耳边回响，而赵树理的“千字文”，仍然镌刻在太行山上；太行山剧团的那些乐器曾奏响的昂扬高亢的乐声，仿佛仍旧在耳边回响。

岁月无痕，历史有温。抚今追昔，我们向远去的烽火岁月致敬！向在苦难岁月中坚守的文化先驱致敬！向在那场战争中挺起中华民族脊梁的人们致敬！

一把残破的罗圈椅，静静地安放在当年妇训班毕业典礼的主席台上，它见证了当年如火如荼的妇女救国运动，也见证了当年轰轰烈烈的妇女解放运动。

山沟里的妇训班，种下的是希望，涌动的是春潮。

妇训班的罗圈椅

白　露

在武乡县韩北乡石圪垤村时乡殿内的正殿上，保存着一个残破的罗圈椅。椅面已不存在，只有一根半圆形木头围成的椅背和四条椅腿。椅子的连接处均被皮带钉子固定，可见已被修理过多次。抗战时期，武乡县不仅是华北敌后抗日游击战争的司令部，而且是华北妇女抗日救国运动的中心，石圪垤村正是举办两期妇女干部训练班的地方，这把椅子曾经见证了这段光辉的历史。

1940 年年初，北方局妇委在王家峪附近的石圪垤村举办了第一期妇女干部训练班。浦安修同志以中共中央北方局妇委负责人的身份，经常到妇训班来讲课、辅导，参加班、组讨论。这把罗圈椅就是她的办公座椅。

浦安修在参加小组讨论时，发现一位学员心不在焉，常常走神，偶尔还会流泪，讨论结束后，便找这名学员谈心，聊起了家常。这才得知，这位学员的父母不赞同她抛头露面干革命，还为她安排了一门亲事，而她打心眼儿里反对包办婚姻，但又不想让父母伤心难过，所以正为此事发愁。浦安修开导并鼓励她说："你现在要集中精力好好学习，不要哭，婚姻问题毕业后再考虑。"之后，浦安修非常关注她的思想动态，常常主动找她谈心，告诉她将自己所学到的党的基本知识和抗战形势讲给父母听，鼓励她开导父母接受新思想。在浦安修的帮助下，这名学员不再为此事烦恼，专心投入到学习之中，进步很快，取得了很好的成绩。三个月后妇训班毕业典礼的前一天，这名学员敲开了浦安修的门，此时浦安修正在准备第二天的毕业典礼事宜，看见她，浦安修便热情地请她坐到自己的办公罗圈椅上，这位学员满眼泪花说道："浦大姐，感谢您的帮助和爱护，就要毕业了，很舍不得离开您，舍不得离开姐妹们，但是我知道，我们的革命才刚刚开始，党和人民需要我们，我回家后会说服父母，绝不接受包办婚姻，我会以国家民族为重，争取到最

妇女训练班使用过的罗圈椅

北方局妇训班第一期毕业典礼

艰苦的地方去，贡献自己的力量。”浦安修听后非常欣慰。

北方局妇委组织了妇女工作队，浦安修同志还亲自带队到土河村协助地方开展妇女工作。在土河村，浦安修走家串户了解情况并一一记录，晚上回到驻地，就坐在这把罗圈椅上分析问题，撰写解决方案。土河村束脚妇女多，严重危害妇女身心健康，浦安修便把妇女放脚的好处编成通俗易懂的顺口溜，中间还掺杂了鼓励妇女自食其力、勇于革命的内容，再喊几个孩童天天念诵，日子久了，老乡们便也渐渐明白其中的好处，都十分欢迎浦安修同志到村里来为她们讲课。

石圪垤村中共北方局妇训班第一期毕业典礼大会上，彭德怀副总司令参加并讲了话，也是坐的这把罗圈椅。

其实，卓琳、刘志兰、康克清、李伯钊、刘亚雄等领导同志都在妇训班工作生活过，她们开设识字班，教唱革命歌曲，排练文艺节目，虽然生活艰苦，但学习氛围浓厚，学员们非常珍惜兵荒马乱的日子里这来之不易的学习机会。

在石圪垤村举办的两期妇训班，培养了一批优秀的妇女干部，她们还领导和组织了武乡的妇女解放运动和妇女抗日、支前运动。毕业的学员回到当地后，带领其他妇女不仅解放自身，更有大批妇女加入抗日队伍，参军、支前、送儿送夫上战场，为抗战胜利做出了极大的贡献。

如今，只要到石圪垤村的人都会看见这把罗圈椅，它就静静地安放在当年毕业典礼的主席台上，虽然残破，但木质光彩依旧，就像当年妇训班的思潮，仍然感染激荡着每个人的心灵。

无法想象，伊琳带着他的前方鲁艺实验剧团，在抗战最艰苦的年代是如何唱遍太行山的，而他随身携带的那只戏箱子，也不知道跟随它的主人走过多少山岭蹚过多少河水，经过多少风霜历过多少雪雨。生离死别之间，铮铮男儿也难掩清泪点点。

前方鲁艺伊琳和他的戏箱子

李丽琴

太行山千沟万壑，饱经沧桑，傲对亘古苍穹，包容来往过客。武乡县下北漳村就是坐落于太行群山深处的一个美丽村庄，这里有悠久的过往，也有神奇的传说，更有革命的热血、正义的精魂。

1939 年秋天，一支由延安鲁迅艺术学校派遣出来的文艺队出现在了下北漳的大槐树下，他们风尘仆仆，满身疲惫，然而在红军文艺家李伯钊的带领下，前方鲁迅艺术学校很快就正式成立了。

这个学校机构齐全，精英荟萃，既有校委会、编委会、教务处、总务处，也有戏剧系、音乐系、美术系，还有木刻工厂，更有赫赫有名的前方鲁艺实验剧团，而担任实验剧团团长的就是今天故事的主人公——伊琳。

伊琳，1915 年出生于广东潮州，是一个地地道道的南方人。怀着对革命的赤诚，他十几岁就参加了革命，并随着八路军队伍南征北战，几经辗转，来到了晋冀豫抗日根据地。

照片上的伊琳是秀气斯文的，可当他化身演员走进戏里时，却唱腔铿锵，英气逼人。

他最擅长演出的角色是关云长，一张俊美的脸被涂成了炭红，长髯加腮，凤眼修长，行动步调威风凛凛，雄厚唱功美誉八方。虽然是战争年代条件不

 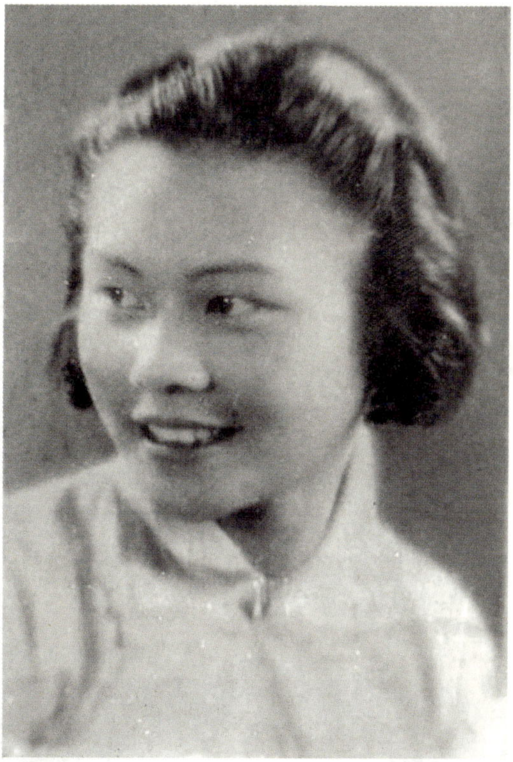

伊琳（左）和妻子龙韵（右）

够充足，但只要伊琳演关公的讯息一传出，方圆数里的老百姓就都早早地蜂拥而至，围坐在戏台下面，翘首以待。及至开戏，个个目不转睛、全神贯注，生怕错过一句台词、一个动作。

伊琳以戏剧为依托，加进了更多利于抗日宣传的成分，不仅使人物形象更为饱满深刻，而且传递出一股凛然不可侵犯的正义之气，不仅深得百姓认可，也出色地完成了抗日宣传的任务。有一次，朱德总司令观戏后激动地表扬他说："你真是一个不可多得的才艺型革命干部啊！咱们的戏响亮，抗日的宣传就响亮！"

伊琳的戏箱子是一只传统的木头箱子，深绿色的漆皮，黄铜做的圆钉，几经搬迁，虽已近斑驳，但它却是剧团的百宝箱，里面收纳着许多重要的道具。同时，它还是伊琳创作剧本、起草文件的战地办公桌。戏箱在哪里，就标志着实验剧团的核心在哪里。

而为伊琳精心守护着这个戏箱的则是他的妻子龙韵女士。龙韵，一位来自南国花城的才情女子，齐耳的短发，聪慧的双眸，在当时是一个具有轰动效应的风云人物。她不仅是伊琳志同道合的知心爱人，更是前方鲁艺的教学精英、天才编剧，还是戏曲表演的花魁。

艰难的岁月里，伊琳与龙韵相濡以沫，心心相印，革命道路上互相扶持，共同提高。这期间，龙韵联系自身感悟，结合抗日所需，就地取材，创作了著名的戏剧——《模范夫妻》，这一贴近百姓生活的剧本，一经上演便引起了巨大反响，广大人民深受启发，积极支前，影响深远。

抗日宣传如火如荼，文村伉俪书写佳话。与此同时，他们的女儿也于1940年年初降生在下北漳村。

一年后，由于前方战事紧迫，为了革命的艺术事业，他们不得不奔走于

前方鲁艺实验剧团团长伊琳使用过的戏箱子

太行山各地。然而，战时环境恶劣、情况复杂，他们只能把女儿寄养在下北漳村里的一位老乡家里。

临行之前，伊琳和龙韵委实不忍心就此离开幼小的女儿，二人一夜未眠，熬红了双眼。天亮出发前，他俩特意留下了视若珍宝的随身戏箱，为的是让它陪伴尚在咿呀学语的幼小爱女。

1941 年，八路军总部迁至辽县桐峪一带，伊琳带领剧团跟随总部转战太行山深处；而龙韵则被调往“太行剧协”战地办公。两人含泪分别，虽然偶尔在行军途中匆匆一遇，却没有了在文村时并肩工作的温馨相守。

而更大的不幸马上到来。敌人亡我之心不死，对我根据地实施了血腥“扫荡”。龙韵女士不幸于1942年被日军俘获，随后被押送至太原日寇集中营关押，在经受了残酷的审讯和非人的折磨后，龙韵在一次集体屠杀中英勇牺牲。

噩耗传来，巨大的悲痛刺痛着伊琳的心灵。几个月的紧急行军已经使他日渐消瘦，爱人的牺牲则更让他肝肠寸断……

寄养在下北漳村的爱女成为伊琳唯一的挂念，可是对置身于抗击外敌、解放全国战斗一线的他而言，与女儿见面是一件极其奢侈的事。

“峥嵘岁月欺人事，浩荡乾坤入客愁。”10 年后，伊琳终于有机会回武乡老乡家接自己的女儿。当他在下北漳村再次见到当年留下的这只戏箱时，点点清泪滴碎在了曾见证那段苦难岁月的箱子上，而箱子里，还放着龙韵亲手给女儿做的一双小布鞋……

如今，那只戏箱完好无损地保存在下北漳的太行山抗战文化纪念馆里，它不再拥有好戏开场时的忙碌开合，却在沉默之中为我们讲述着一个感人至深的真实故事。

这只戏箱讲述的是一段峥嵘的岁月！它在不断提醒我们：要倍加珍惜今天的幸福生活，珍惜这凝聚了多少先烈舍小家顾大局壮烈牺牲才换来的新时代！这个戏箱，是红色文村下北漳的骄傲，更是中国文艺界的无上荣光！

革命是大智大勇者的舞台，历史是大善大爱者的天空。让我们向伊琳致敬！向龙韵致敬！向所有曾在下北漳生活与战斗过的英雄们致敬！

80年前这台锈迹斑斑的铸字机，连接起《新华日报》的前世今生。它朴实无华，却依然散发着历史的光芒，站在它的面前，眼前就会浮现出那段战火纷飞的岁月。在计算机排版印刷早已普及的今天，我们依然能感受到它厚重的历史温度。

一台铸字机

赵秀红

1942年5月26日，延安收到一封简短电报，电报只有7个字:“彭已突围，左阵亡。”这里的彭指彭德怀，左指左权。

电报是由新华日报社电务科在太行山上发出的，短短的7个字，字字千钧，令人肝肠寸断。

1939年10月19日，新华社华北总分社在武乡县大坪村成立，担负起对外新闻发布，沟通华北与延安、重庆的新闻交流，以及国际通信机构的联络任务。在艰苦的岁月里，《新华日报》是中国人民精神阵地上一面高高飘扬的旗帜，指引着前行的方向。它将马克思列宁主义思想、国际共产主义运动精神深深地扎根于中国人民心中，带领全国人民在反抗日本侵略，巩固红色政权的道路上不断前进。同时，向全世界揭露日军的残酷暴行和狼子野心，激励和鼓舞根据地军民奋起抗争，驱逐日寇，还我河山。

抗战时期，《新华日报》高举团结救国、持久抗战的旗帜，宣传我党抗日民族统一战线政策的战略方针，成为党和人民的喉舌、宣传抗日的号角。一张报纸就是投向敌人的一枚枚充满杀伤力的炸弹，张张报纸写满抗日救亡的民族心声。

寻原料。在漫长的白晋线上，日军碉堡林立，戒备森严。一位衣衫褴褛的卖油翁沿着庄稼地，巧妙地避开敌人的卡口，挑着担子，在夜色的掩护下来到新华日报社院前，轻轻地叩击，门悄悄地开了，他闪身而进。掀开担子的最下面，露出来一些纸张和油墨。在院子的一角堆放着绿油油的松枝，还有一些麻头、破布、烂鞋子，这些都是制造油墨和纸张的原料。经过层层制作工序，为新华日报社解决了纸张油墨不足的问题。

印报纸。一灯如豆，微弱的灯光下，破旧的印刷机闲在角落，磨损的铅字摊放在一边，几个人正紧张有序地用新发明的“半铅模”印刷报纸。一把扎紧的草根，散发着干草的味道，被制作成了大刷子。粗糙的土纸板泛着淡黄色的光晕，交替的动作中，淡淡的墨香在窑洞里飘着，一沓报纸上字迹清晰，墨汁未干。不久后，八路军敌工人员穿越层层封锁带着一台铸字机来到了大坪村，印刷报纸取得了突破性进展。

1940 年，日军以铁路、公路为支柱，对抗日根据地进行频繁扫荡，推行所谓“以铁路为主，公路为链，碉堡为锁”的“囚笼政策”，为打破这一

华北新华日报社工人在野外排字

华北新华日报社使用过的铸字机

政策，冲出囚笼，“百团大战”开始打响。此次战役历时5个多月，共组织105个团20余万兵力，对华北地区河北、山西的日伪军发动进攻。这次战役共进行大小战斗1800余次，摧毁大量敌堡和据点，歼灭日伪军2.5万余人。

在炮火连天的阵地上，新华社记者蹲在一块凹地上，笔尖沙沙作响书写战况报道，交付审阅后，带上战场的油印机开工了，一条条新闻报道带着战地的火热、必胜的决心、胜利的消息飞向全国。在绵延起伏的太行山上涌动着一种勃发的力量，激荡着一个民族魂魄的雄壮和强韧，在危难中挺起了中华脊梁。

这年暮秋，日寇的“扫荡”更加疯狂，烽烟四起，血染太行，新华日报社被迫转移，这台饱蘸炮火和硝烟的铸字机完成了它的使命，被包裹起来埋在了大坪村的土地，像一名长眠于太行山上的战士。直到20世纪70年代，一位村民在开荒种地的时候，挖出了铸字机。

如今，铸字机被珍藏在八路军太行纪念馆里，无声无息散发着历史的光芒。然而每当我们站在它的面前，眼前就会浮现出那一段战火纷飞的岁月，在太行山上，战士们冒着枪林弹雨，铸字、写稿、印刷的情景，一条条消息通过报纸发往全国各地。正是这简易的宣传工具创造了一个个奇迹，记录了那一段光辉岁月，鼓舞着全国人民团结起来抗击日寇，将侵略者赶出了中国。更是这简易的印刷工具紧密地联系着前沿阵地与后方机关，联通着国共合作、国际友谊，并肩携手将反法西斯战争推向胜利。

冬闲时节，温暖的土炕上，一方低矮的炕桌上烟火家什一应俱全，一群孩童围桌而坐，听吞云吐雾的祖父讲着那过去的事情……这慢悠悠的老时光，永远留在我的记忆深处。

这方炕桌这盏灯，见证了那些烽火岁月，也将烛照我们砥砺前行。

一方炕桌一盏灯

李采荷

“这张方桌的名字叫炕八仙，这盏灯其实不是灯，就是老百姓家以前吃饭用的小陶碗……”父亲说。

地上，一张深棕色的小炕桌，高一尺，面二尺见方，榫卯结构，四条圆柱短腿支撑，四周由圆柱形横梁及横梁上面二寸宽的带简约弯曲的挡板牵扯，起稳定作用，斑斑驳驳的漆面深藏着岁月的痕迹。桌子上面，一只浅口小碗，浅褐色，带小花图案，古朴而厚重。父亲说：“在碗里倒上素油，用棉花搓一根灯捻子，就成一盏灯了。”

看到眼前的这两件父亲当宝贝的藏品，记忆拉回到从前。小时候留在记忆深处的物件——这方炕桌和这个小碗，算是印象颇为深刻的了。

每到冬闲时节，坐在暖暖的土炕上，祖父便成了最受孩子们欢迎的“故事大王”。祖父名叫李炳，1939 年，在他 24 岁的时候，加入了中国共产党，与韩壁村最早的 20 多位党员一道，成为本村抗日救亡运动的骨干力量，他们积极参与动员群众、宣传抗日、屯积公粮和组织自卫队等工作，其间，祖父曾两次担任村长，在战火纷飞的岁月中，参与和见证了韩壁村抗战时期的所有重大事件。讲故事的时候，总是在这炕桌上，摆了油灯、水烟盒，几个小孩轮流给祖父捻“烟圪蛋蛋”，小心地按在烟袋眼眼里，祖父则俯身就灯，

华北财政经济学校工作人员使用过的炕桌和灯碗

微微一吸，灯火摇晃，吞云吐雾，梆梆梆，磕磕烟袋，烟雾缭绕之间，烟草香味之中，一个个故事娓娓道来，流淌在冬日的温暖里。

祖父讲的大多是抗战时候的故事。我们家在村里称为南院，有上、中、下三个院子，弟兄几家分住，虽然不是财主，但也算是个殷实人家，耕读传家，重视教育。祖父从小读书，幼时在南寨家的私塾，后来又就读于奶奶凹高小，这可是武乡当时的名校呀。1938 年后，八路军进驻韩壁村，我们家因为房屋有空闲，祖父又是村干部，自然也就成了八路军的住所，三八五旅旅部、三八六旅旅部、总部特务团、七七二团、十三团、十四团等许多机关都在村里住过，什么王连长呀、李排长呀、武科长呀、赵指导员呀，祖父讲起来都记得清楚，而且每个人都有好多的故事。不过，最有故事的还是当年八路军的一所学校，校部首长就住我们家。祖父说他被张校长看中了，因为他读过高小有文化，还把他招进学校上了税务班。这所学校叫华北财政经济学校。

那是1940年，抗日战争进入了相持阶段，为了加强敌后根据地的经济建设，支持长期抗战的战略任务，1940 年 4 月 11 日到 26 日，中共中央北方局在黎城一二九师司令部附近的北社村，召开了有冀南、太行、太岳三大根据地的党、政、军高级干部参加的北方局高干会议，史书上都叫“黎城会议”，会议确立了“建党、建军、建政”三大任务，制定了加强统一战线、政权建设及财政经济建设等各项具体政策，对粉碎日寇扫荡、巩固和发展华北抗日根据地，起到了重要作用。决定成立冀南、太行、太岳联合办事处，统一领导党政军民工作。为了统一指导各根据地的财政建设工作，北方局还成立了华北财政经济委员会，通过管理，统一了根据地党、政、军财政政策，建立了财政经济制度，为了解决财经管理人才的缺乏问题，决定设立华北财政经济学校，为根据地培养人才。1940 年 5 月，华北财政经济学校在韩壁村正式成立。该校由中共中央北方局与八路军总部共同领导，校部设在南院，祖父李炳把几间房子腾出来，让给校部机关的首长。学校下设财政班、税务班、金融班和高级班。该校培养了中国最早的财政、税务、金融管理干部和一般工作人员，为抗日根据地的财政建设及新中国的财政建设打下了坚实的人才基础。

校长叫张慕尧，可是个了不起的人物，他是八路军总部财政经济部部长、北方局华北财政经济委员会副书记，又兼任了新组建的华北财经学校校长。张校长就住在我家西房里。就在这个小炕桌上，就在这盏素油灯下，张校长总是孜孜不倦、通宵达旦地努力工作着。祖父和家人们常常去帮他扫地、打水，帮他收拾零乱的物品，他总是说“我来吧、我来吧”。有一次打听起我祖父的经历，当知道祖父读过高小，就有意在问话中对他的知识量、对抗日的看法、对革命的观点进行了解，而且通过组织了解到他是一名共产党员的时候，便说：“你到学校来上学吧，咱们根据地需要大量的有文化的财经干部，希望通过学习能给根据地建设做更多的贡献。”就这样，祖父李炳成了华北财政经济学校税务班的一员，可惜后来因为曾祖母病重，未能到分配的工作岗位上去工作。

半年之后，也就是1940年年底，由于日军频繁“扫荡”，财政学校不得不撤离武乡。而这个小炕桌和这盏油灯也留了下来，因为与八路军的亲密接触，记载了八路军首长的不倦工作，记载了八路军根据地的艰苦与不易，祖父视为珍宝，留传下来。多少年来，一直保存着。后来家里翻修房子，家里的大炕刨了，换成了新式的床，家里的条儿、竖柜等老物件，大都结束了自己的历史使命，或送人或闲置，退出了日常生活范围，而这方炕桌，父亲却当成了宝贝，搬到了阁楼上，摆了曾祖父、祖父、祖母的遗像，逢年过节，上香祭奠，那只小碗亦成为盛放供品的器具之一。

2005年，纪录片《武乡抗战风云录》摄制组来到韩壁村，在我的老家南院录制相关片段，父亲被邀请讲述华北财政经济学校校部在我家南院驻扎的情况，拍摄完毕，相关部门向父亲提出收藏相关物件，便提到了这方炕桌和做油灯用的小碗。

历史的风尘中，一些物件被赋予了时代特定的使命，原本普普通通毫无温度的东西便有了灵性，它们承载了对革命传统、对优良家风的传承，亦承载了对亲人的无尽思念。

一方炕桌，见证烽火岁月；一盏小碗，盛放红色记忆。

一盏汽灯，映照出一段段鲜活的往事，浮现起一个个熟悉的面孔。灯下，唱不完军民鱼水情深，说不尽杀敌抗日英雄。灯光，照亮蒺藜坪人民的革命信心,给了普通老百姓苦中作乐的激情。灯已熄灭人已作古,往事却依旧如新。

一盏不平凡的汽灯

闻松竹

时光荏苒，转眼已到花甲，斑驳的记忆中往事渐行渐远，儿时很多的记忆也已褪色，但是被父亲珍藏的一盏汽灯，随时光流逝，却带给了我别样的情怀。

我家库房里，挂着一盏用蓝布包着的旧汽灯。每年除夕大扫除时，我总要把它拿下来清扫干净，别小看这盏破旧不能用的汽灯，它可是我家的传家宝。

在我父亲年轻时，就保存着一盏经过多次找配件修补、有很多斑痕的破旧汽灯。别看它是个不起眼的汽灯，它可有不寻常的经历和传奇故事。它还是我村军民鱼水情的见证“人”。它的故事还得从抗日战争的烽火年代说起。

那是 1941 年的深秋，一队有 30 多人和两匹大马驮着木箱的队伍，来到我村蒺藜坪。他们就是八路军后勤部机关和抗大六分校的学员。其中有后勤部长杨立三和罗丘营长。当时杨立三部长住在外头院闻子信家，罗丘营长和抗大六分校部分学员住西沟闻全忠家，后勤部和抗大六分校的干部和学员住村后，很快就和村里的老百姓相处得像老邻居一样了。特别是抗大六分校的年轻学员，一有空就和村里的年轻人坐在一起，有说有笑拉家常，讲红军长征和八路军打日本鬼子的故事，他们无话不说，亲密得像铁哥们儿一样。

抗大六分校师生用过的一只汽灯

抗大六分校的学员是来这里开荒的。

1942 年、1943 年正是抗日战争最艰苦的年代。党中央号召“自己动手，丰衣足食”，开展大生产运动，自己动手解决粮食问题。我们这一带山大沟深，荒地很多。抗大六分校的学员，白天上山开荒种地，晚上就在西沟教室里上课。四个学员共同使用一盏素油灯，学习几个小时下来，学员们个个让素油烟熏成黑脸包公，大家你看我我看你互相笑对方。有一天晚上，杨立三部长来到西沟学校看望学员，看见他们辛苦学习的样子，心中很不是滋味。

不知过了几天，杨立三部长就从外面带回了一盏旧汽灯，当天晚上西沟正房的教室里就挂起了这盏冒着蓝烟的汽灯，尽管冒着蓝烟又时好时坏，但比起素油灯来可强百倍。那天晚上还招来了不少村民观看说，抗大有了个灯头朝下的洋油灯，可亮了。因为汽灯用的洋油很缺，抗大的教员和学员们平时也舍不得用，只有星期天学习的人多和有重大事情时才能用它。

抗大六分校生产队在我村住一年多时间，参加生产的学员换了一批又一批，可他们都与村里的老百姓结下了深厚的鱼水深情。他们帮村里的军烈家属种田、收秋，还给村里老百姓看病。可是他们的伙食太差了，每天都是高粱米饭和盐水煮黑豆当菜吃，乡亲们看见心里过意不去，就自愿地把家里的山药蛋、豆角和南瓜等菜，送到他们的伙房里，让他们吃点蔬菜。

不知不觉一年过去了，转眼到了来年正月。这年闹红火，村里特请了抗大六分校的部分学员参观指导。因为学员里有很多有文化的人才，其中最突出的是戴眼镜的吴敬农干事。他是四川达州人，人长得帅气，博学多识，说学扮相、吹拉弹唱，样样精通。他吹一把洋声（口琴），非常好听，他会排、会编、会唱、会跳，别看他是个白面书生，他跳起舞来敏捷得像风摆杨柳，唱起歌来像娓娓的初春燕莺。他说话幽默风趣，做事稳重干净，村里人称他眼镜秀才。这一年村里的社火队就请他任总编导。

那年正月初五，天不算太冷，可纷纷扬扬地下着小雪，小雪像玉一样的润，像雾一样的轻，在空中慢慢地飘着，落在前来参加排社火人们的头上，结起了一层白霜，但这些人全不在乎这点小雪，全身贯注地听社火头和吴干事安排今年节目的内容和精神。节目由吴干事亲自编排和亲身示范，村里的演员们用心地排练，可是很多动作还不到位，但他们仍不泄气，他们白天排、晚上练，在忽明忽暗的素油灯碗下练到后半夜，回家后，一个个的脸都熏成了“黑包公”，吴干事看见村里演员刻苦的精神很是感动，于是抱着试试看的心理，向抗大六分校的领导提出借学校的汽灯让社火队用几天。校领导听后先沉默了一会儿，最后忍疼割爱地把那盏汽灯借给了吴干事。当天晚上吴干事提着那盏汽灯来到了社火队，点燃后挂在房梁上。演员们看见借来了抗大六分校的汽灯，非常高兴，心中十分感谢校领导，排练的信心更加足了。他们决心要排练几个好的节目，才能对得起抗大六分校的领导和这盏宝贝汽灯。经过多天的排练，终于排出了几个好节目，在本村演出时招来了三里五村的很多群众前来观看，并受到一致好评。

这年村里的社火队还应邀参加了蟠龙区的文艺大赛，比赛那天晚上，在蟠龙村法云寺的戏台上挂起了那盏抗大六分校的汽灯，这里的老百姓也是头一次看到这样明亮的汽灯，满脸挂着笑容，观看的人越来越多。大赛那天晚上我村社火队第一个登台表演，演出了二部合唱《揭石板》，当唱到“一块一块大石板压得我们翻不转，多亏共产党呀领导把身翻”时台下响起雷鸣般的掌声。那次大赛我村社火队获得了第一名，并授予锦旗一面。

1943 年春，八路军抗大六分校撤走时，分校领导和吴敬农干事把那盏汽灯送给了我村社火队，当时我的父亲是社火队队长，双手接过这盏灯，作为军民合作闹红火的留念。

这盏汽灯被父亲珍藏起来，父亲在世时常说：“这盏汽灯是八路军留给我们的，应该永远珍藏，你们一定要好好保管。让后辈永远记住，八路军留给我们的不仅是一盏汽灯，更是一份真情，永远不能忘记和村里老百姓一起吃糠咽菜，一起打日本鬼子的亲人——八路军。”

刻刀，凝聚着文化巨匠鲁迅和进步青年陈铁耕的珍贵友谊，一套木刻刀，连接起晋粤两地革命后人和红色文化传承者不变的初心。岁月无痕，刻刀有印，虽然烽烟散尽，但总有一些人在仰望高高的历史天空，因为他们知道，有一些人永远不能被忘却，有一些事应该永远铭记心中。

鲁迅赠送陈铁耕的木刻刀

李东兴

在我的书房里，珍藏有一套极为珍贵的木刻刀。这是一组 6 把木柄铜箍钢身的组合木刻刀具。紫红色的木柄虽已伤痕斑驳，却并未褪去典雅的色泽；木柄与刀身衔接处的全铜刀箍都已生满绿锈，钢质的刀身有的已经扭曲，甚至其中一把已经断为两截，却依然焕发着饱经沧桑的古朴魅力。

2019 年 4 月 6 日，当我再次来到当年太行山上的鲁迅艺术学校领导人陈铁耕的老家广东省兴宁市，看望他 70 多岁的儿子陈铎元一家时，陈家人将珍藏了数十年的鲁迅先生当年赠予陈铁耕的这一套木刻刀赠送给我。

历经 80 多年后，这套曾伴随陈铁耕在太行山上出生入死，并雕刻出多少抗日版画的木刻刀，终于又与抗战圣地武乡县的下北漳村紧紧联系在了一起。这套珍贵的木刻刀背后的故事也终于浮现了出来。

鲁迅是伟大的文学家、思想家、革命家、民主战士，五四新文化运动的重要参与者，中国现代文学的奠基人。他一生在文学创作、文学批评、思想研究、文学史研究、翻译、美术理论引进、基础科学介绍和古籍校勘与研究等多个领域做出重大历史贡献。毛泽东曾评价：“鲁迅的方向，就是中华民族新文化的方向。”他对于五四运动以后的中国社会思想文化发展具有重大影响，蜚声世界文坛，尤其在韩国、日本思想文化领域有极其重要的地位和

鲁迅赠送陈铁耕的木刻刀

2019 年 4 月 6 日陈铁耕的儿子陈铎元（左）向笔者赠送木刻刀

陈铁耕在太行山上

影响，被誉为“二十世纪东亚文化地图上占最大领土的作家”。

鲁迅还是中国新兴木刻运动的倡导者和先行者，他一直享有“中国版画之父”的美誉。他生前大量引进了西方木刻、版画作品，并在精神和理论等方面支持青年人学习木刻、版画艺术，不仅创办过版画学习班，自费编印了木刻画册十余种印行近万册，还将部分画册和自己购买的木刻工具赠予有潜质的木刻青年，极大地推进了现代木刻、版画在现代中国的传播与发展，为现代中国的美术事业做出卓越的贡献。

当年鲁迅在上海倡导中国新兴木刻运动时，与鲁迅先生交往最密切、创作最活跃的当属来自广东的客家人陈铁耕。陈铁耕出生于梅州兴宁市永和镇华岭村。中学毕业后，年仅 19 岁的陈铁耕于 1927 年考入杭州国立艺术院，1930 年来到上海从事木刻运动和革命文艺宣传工作，与江丰、陈卓坤等人在上海发起组织中国现代美术史上第一个革命美术团体——“一八艺社研究所木刻部”，率先投身于鲁迅发起的新兴木刻版画运动。在此期间，他与鲁迅有频繁的接触，并结下了深厚的友谊。

1931 年 8 月，鲁迅在上海长春路 319 号主办中国最早的木刻培训班“木刻讲习会”，专门请来日籍好友内山完造胞弟、暑期旅沪的内山嘉吉做讲师，义务传授木刻技法，并亲自担任翻译。陈铁耕参加了为期一周的培训及实习。

一次，陈铁耕和同伴到内山书店买木刻刀，正好碰见鲁迅先生。因七把一盒的刀已卖完，只剩下三把装的小学生用刀，铁耕二人不愿意要。鲁迅劝他们暂用为佳，他还说：“暂用小学生的工具，创作出来的决不会等于作品就幼稚了。”几天后，鲁迅先生又专门将从别处买来的几套木刻刀赠送给陈铁耕等木刻青年。

木刻讲习会后，青年木刻者创作十分活跃，但不久就为反动当局所不容，有的木刻团成员遭到逮捕，而陈铁耕因此逃离上海回到老家。然而，他对鲁迅赠送的木刻刀爱不释手，经常用它作画，并与鲁迅先生保持通信联络。他曾在信中向鲁迅索求先生与西谛合编的《北平笺谱》。对这部集 332 幅人物、山水、花鸟笺，鲁迅说："此书实不独为文房清玩，亦中国木刻史上之一大纪念耳。"而西谛则称之为晚清以来"刻的丰碑"。可是它仅印百部，即使这样，鲁迅还是特意给铁耕留出一部，亲自用小包挂号寄到陈铁耕的故乡，还寄去自己印的苏联木刻精粹《引玉集》。

由于鲁迅的关怀与器重，陈铁耕无论在哪里都一直坚持木刻创作。鲁迅每接地陈铁耕的来信和版画都热情地给他回信。如《鲁迅日记》1932 年 7 月 24 日记载："得陈耀唐（陈铁耕）信并刻泥版画五幅，夜复。"

用着鲁迅先生赠送的这套木刻刀，陈铁耕几年间创作了大量优秀的木刻作品。据后来统计，陈铁耕与鲁迅之间共有 28 次互寄作品和互通音信的交往。陈铁耕寄给鲁迅的新作，有泥版连环画《廖昆玉的故事》、丁玲小说《法网》插图和鲁迅小说《阿 Q 正传》插图等。陈铁耕的《母与子》《殉难者》等 17 幅木刻版画作品被鲁迅看中，还被先生亲自寄往法国，参加了 1934 年 3 月 14 日在巴黎举办的"革命的中国新艺术展览会"展出。而且，陈铁耕是这次展览中作品最多的作者。

1936 年 10 月 19 日，鲁迅在上海病逝，陈铁耕内心万分悲痛。他再也聆听不到先生的教诲，但他暗暗下定决心，要揣着先生赠送的这套木刻刀，沿着先生倡导的革命文艺道路坚定地走下去。

1938 年，陈铁耕带着鲁迅赠送的这套木刻刀奔赴革命圣地延安，先在成立不久的鲁迅艺术学院任教。年底，他与鲁艺部分文艺工作者一道投身于太行山敌后抗日前线。

1939 年秋冬之交，陈铁耕来到武乡县下北漳村，与李伯钊等筹办了闻名遐迩的晋东南鲁迅艺术学校（史称"前方鲁艺"），并出任该校副校长（后任代校长兼党总支书记）。在烽火硝烟的恶劣环境中，陈铁耕在担负鲁迅艺术学校领导组织工作的同时，还拿起鲁迅赠给他的这套木刻刀创作了许多抗战版画。

在日军频繁的“扫荡”中，前方鲁艺师生枕戈待旦，生活异常艰苦。每遇战斗或转移，陈铁耕就是什么都不携带，也要将这套木刻刀背在身上。

抗战胜利后，陈铁耕曾回到延安在鲁迅艺术文学院任教，后又到东北哈尔滨大学文艺学院美术系任教。1949 年他赴北京出席了全国首次文代会，50 年代执教于沈阳鲁迅美术学院，1959 年回到广州美术学院工作。这套木刻刀始终伴随在陈铁耕的身边。

20 世纪 60 年代中，陈铁耕遭迫害返乡，在儿子陈铎元（收养兄长之子）的照顾下度过最后的岁月。临终前，陈铁耕将身边仅存的几件物件托付于家人，对鲁迅先生赠送的这套木刻刀向家人做了再三叮嘱。

1970 年，62 岁的陈铁耕含冤去世，1979 年平反昭雪。数十年来，陈铁耕的家人一直小心翼翼地珍藏着这套木刻刀。因为周遭无人懂得它的珍贵价值，也不了解其主人的革命经历，所以一直藏于茅屋无人识。

2017 年夏天，我在寻找前方鲁艺老人及其后人过程中，联系到陈铁耕的后人，近年来多次专程去往陈铁耕的家乡走访……精诚所至，陈铁耕的后人深为感动，终于将鲁迅先生当年赠送给陈铁耕的这套木刻刀，欣然捐赠给了我这个当年的前方鲁艺诞生地的后人。

陈铁耕是在鲁迅先生的亲自栽培下成长起来的我国第一代版画家，是新中国美术史上留下闪光名字的木刻先驱，是抗日战火中诞生的鲁迅艺术学校领导者。这套来历特殊又承载着特殊意义的木刻刀，是我国早期木刻美术和太行山抗战文化历史的珍贵见证，是昭示历史、教育后人的独特藏品。

一个小木勺，见证了鲁艺师生在困难时期的互敬互爱、相濡以沫。他们在困难面前，不屈不挠，坚持抗战，始终保持乐观向上的朝气，这就是伟大的“太行精神”。它鼓舞着一代又一代中华儿女，不畏艰难，迎难而上，从一个胜利走向另一个胜利。

一个小木勺背后的故事

张红伟

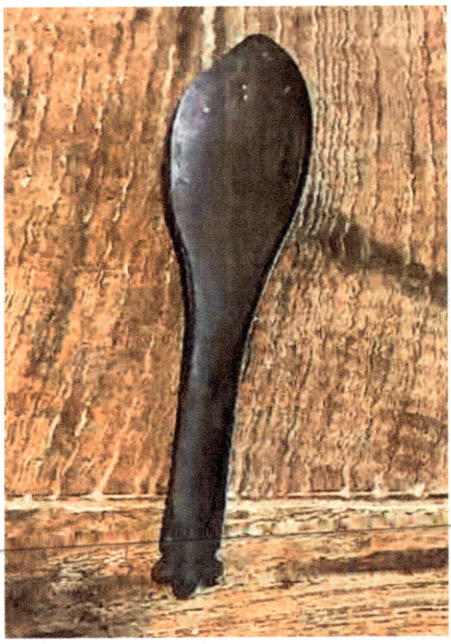
李伯钊用过的小木勺

在下北漳前方鲁艺旧址，看到一个小方桌上有一把陈旧的小木勺。这把勺子怎么会在前方鲁艺旧址，背后有什么故事呢？

原来在1938年至1942年间，正是抗日战火纷飞的年代，日本侵略者对根据地进行了严密的军事包围和经济封锁。李伯钊就是在这样的环境下，毅然奔赴太行山区，担任前方鲁迅艺术学校校长，负责党在晋东南地区的文化工作。

1939年11月，八路军总部到达武乡王家峪后，在极其艰苦的环境下，一方面要同国民党顽固派进行坚决的反摩擦斗争，另一方面还要英勇顽强地抗击日本侵略者对敌后抗日根据地所实行的囚笼政策。1940年，太行山根据地百年不遇的旱灾、蝗灾接踵而至，大家都将这种局面形象地比喻成“前门打虎，后门打狼”。根据地军民的生活遇到了前所未有的困难。跟全体八路军战士一样，李伯钊领导的前方鲁艺学校学员，平时吃粮都得自己去几十公里甚至上百里外的地方去背，烧柴自己上山去砍，创作和演出时也经常要走十几里到百多里路。至于敌人从空中袭击、扫射、轰炸更是家常便饭。

夏末秋初的一天，在下北漳村后山深处一个隐蔽的小山丘上，扒拉开洞口的草堆便是一个隐蔽的“窑洞”。此时，怀着身孕的李伯钊校长带领着部分鲁艺师生和保护他们的战士，经过漫长的漆黑雨夜，终于躲过了敌人的袭击，行军之后的队伍非常疲备。两天的反扫荡，他们已经没有什么东西可以吃了。

“饿……”一个虚弱的声音来自队伍里最小的战士，14 岁的他依偎在角落里，饿得浑身发抖。

此时，正怀有身孕的李伯钊，清楚地知道大家已经没有一口吃的了。她摸着自己的大肚子，又看看小战士，便伸手从墙角把小战士揽过来靠在她的身边，“你啊，想象一下，在你的面前有一碗刚炒出来的炒面，还冒着热气哩。加一勺白糖，搅和搅和吃上一口，好香……”说话间，周围所有人都安静地闭上眼睛，环视一周，每个人都是干裂着嘴唇、呼吸沉重，大家似乎都吃到了这一碗炒面，有的人舔着嘴唇，有的人咽下口水。他们不知道接下来会怎么办，只希望这次反扫荡快点过去，希望赶快把日本鬼子赶出中国！

“校长，我还看见俺娘给俺做的玉米面疙瘩了，黄澄澄的，还有俺娘给俺夹的酸菜，俺吃了一大口，酸菜的味道和疙瘩的味道融合在一起，甜丝丝的！”小战士打破这沉寂。

“校长！校长！看我找到什么了！”说话间，外出寻找食物的老三气喘吁吁地跑回来，只见他小心翼翼地抖抖身上的灰尘，从怀里掏出一块儿南瓜：“我找到一块儿南瓜！”

“哪搞来的？”大家惊喜地问。

老三说：“本来什么也没找到，回来的时候就听见一个很小的声音在喊我。我一看是一个老乡猫在地里，他们也藏在这附近。他看我状态不好，就问我咋了，当得知咱们没有吃的了，他就从他们的吃食里掰了一块儿南瓜给我！校长，我也知道咱们的纪律，情况特殊，我看了老乡还有吃的，所以我……不过我留下了老乡的地址和姓名，等咱挨过了这一关，我就去找他！”

一块儿南瓜，在现在看来不算什么，甚至不太新鲜的时候我们可能会把它扔掉。但是在当时那样一个恶劣的条件下，这块儿南瓜是可以救命的，它比任何东西都要珍贵！

“好！太好了！”李伯钊低头看看饿得发抖的小战士说：“娃儿，你最小，你先吃吧！”

“谢谢……”说完，小战士看了看南瓜，又看了看大肚子的李伯钊，已经张开的干巴巴的小嘴巴又停了下来：“校长，您先吃吧，您还怀着娃，他比我小，也是最需要营养的时候！”

“不用，我的身体素质很好，红军长征都走过来了，这点困难算啥！”李伯钊看着小战士不忍心的样子，又回头看向老三：“老三，要不你先吃，你找的，你空着肚子冒着危险出去给大家找吃的，你先吃！”

老三一甩袖子说：“我的好校长啊，您吃吧，身体再好也不能饿着，小娃儿说得对，现在您情况特殊。再说您是我们的领导，鲁艺的师生还等着您操劳呢！”

“您先吃。吃吧，吃完了好继续带我们去战斗！”蜷缩在窑洞里的战士们你推我挡都舍不得去吃一口南瓜，李伯钊深深地叹了一口气：“这样吧，我们一人一口，谁也别舍不得！多少次反扫荡我们都度过了，这次也一定能！老乡和战士们都还等着我们呢！”说完，她从怀里拿出了一把木勺，一勺一勺把南瓜分给了每个人，看着校长李伯钊亲手给大家分“饭”，看到她镇静而严峻的神情和慈祥的眼神，战士们谁都没作声……而就是这一块南瓜，足足让他们吃了两天。

这一个小故事，正是当时太行山革命老区文艺工作者们所经历的艰苦生活的缩影。在太行山敌后抗日根据地，还有许许多多像李伯钊这样的人。他们在困难面前，忍饥挨饿，饱经风霜，不屈不挠，坚持抗战，始终保持勃勃向上的朝气。这就是伟大的“太行精神”。它就像一条红线，始终贯穿于上党老区革命、建设和改革开放的各个时期，鼓舞着一代又一代中华儿女，不畏艰难，迎难而上，从一个胜利走向另一个胜利。

“太行山剧团是八路军，男兵女兵都一样的亲，不拿群众一针线，扫街扫院真叫个勤……”太行山剧团创建于抗战初期，该剧团沿太行山主峰进行保卫抗日根据地流动演出。演员们所到之处，村村镇镇都留下了他们昂扬高亢的歌声、矫健优美的舞姿。这对抗日根据地的文化建设发挥了重要作用。

太行山剧团那些乐器

张红伟

前段时间写了一篇《晋东南地区抗战中的文艺力量》，在查阅抗战文艺资料的时候，了解到在晋东南地区活跃着一支文艺队伍——太行山剧团。后来在籍贵先先生的藏品里看见了太行山剧团使用过的鼓、喇叭、三弦、手板、板鼓等乐器，使我对太行山剧团产生了浓厚的兴趣，想一探究竟。

1938 年 2 月，从豫北迁到陵川的华北军政干校剧团和第二战区独立游击队第一支队政治部剧团，合并组成联合剧团，4 月 23 日接到朱瑞同志的通知，让迅速赶回晋城。由“华干”毕业的鲁林、高琳带领的陵川县儿童抗日宣传队，队员大都是十三四岁的少年，也到了晋城。朱瑞指示，联合剧团和儿童抗日宣传队合并，组成“国民革命军第十八集团军太行山剧团”，简称太行山剧团。

组建时的成员为：来自联合剧团的赵洛方、王炳炎、康方印、张震亚、贾宗谊、李书零等，女同志有章文儒、章杰儒、朱烨、朱爱春、唐贵环、李蔓莲等；来自陵川儿童抗日宣传队的有鲁林、娄和南、郭保法、苏云、崔家俊、赵贵保、武石生、李五云、张尚仁、马松珍等，还有高琳等女同志；也有来自第二战区独立游击队第一支队第一大队的指导员洪荒（阮章竞），从“华干”来的董世彦，总共 25 人。

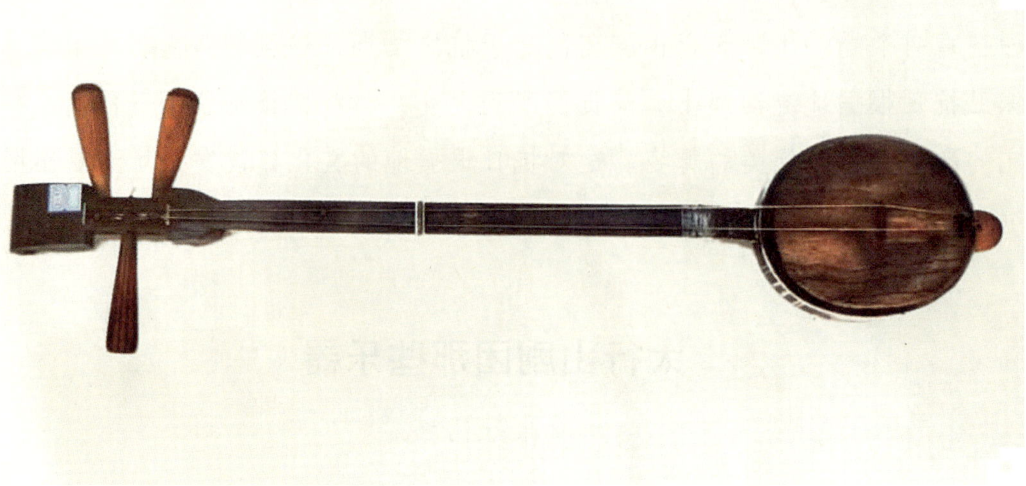

太行山剧团使用过的三弦

太行山剧团组建后，于1938年5月初开到晋东南重镇长治。八路军一二九师民运部长黄镇接待了他们，并为剧目购置了彩绸布料、汽灯、乐器等，将剧团装备起来。由洪荒亲自设计，剧团的同志制作了一幅大红软缎前幕，上面绣着巍峨的太行山图案，烘托着“国民革命军第十八集团军太行山剧团”这长长的金黄色条幅。黄镇对剧团演出的《三江好》等剧目给予了指导。他还从八路军总部“火星剧团”调来罗文英教剧团小同志跳红军时代的《儿童舞》《叮铃舞》《乌克兰舞》《高加索舞》等集体舞蹈。这些舞蹈成为剧团新添的艺术品种，每次演出首先出场的就是他们，很受欢迎。

5月中旬，剧团在长治公演了《打鬼子去》《三江好》《八百壮士》等剧目，深深地激发了群众对日本侵略者的新仇旧恨，抒发了抗日救国的情怀。也由于有布景，有幕布、道具，照明、声响效果好，这在当时十分新鲜，因而第一次演出就引起很大的反响。之后，剧团由长治继续北上，到了沁县南底水八路军总部和一二九师编辑部（中共晋冀豫区党委，驻古城村）。后剧团驻扎在徐村，任命赵迪之同志为剧团政治指导员、党支部书记。赵迪之来后，抓建党工作，在剧团首次建立了党支部，发展了一批新党员；她狠抓思想政治工作和理论学习，以此大力推动艺术事业的发展；她的领导思想中最大的优点是让艺术工作者大胆搞艺术创作，充分发挥大家的积极性和创造性，不断提高各类节目的质量和演出水平。她平易近人，以身作则，经常和大家一起抬汽灯、扛道具。

不久，太行山剧团调归中共晋冀豫区党委领导。在7月、8月，为迎接“七一”建党17周年及“八一”建军节11周年，陈沂、张柏园分别创作剧本，朱瑞也参加了创作。其中洪荒同志创作的《周年》《太阳出来了》等话剧，受到观众的好评。

1938年10月，区党委指示太行山剧团沿太行山主峰进行保卫抗日根据地流动演出。区党委非常关心这次流动演出，还特地派了一个随团通信班负责保卫工作。剧团从屯留县东古村出发后，先后经襄垣县城、下良、西营，武乡县蟠龙、洪水，辽县温城、县城、寒王，和顺县城、松烟、马陵关，邢台县路罗、浆水、将军墓，临城县郝庄，赞皇县院头、野草湾、白草坪、皇北坪，元氏县民安，昔阳县皋落，和顺县城，辽县县城、马厩，榆社县城、云簇、魏城，武乡县城，襄垣县城，屯留县东古村，转了一大

太行山剧团使用过的板鼓

太行山剧团使用过的手板

圈回到出发地。这次流动演出，历时3个月，行程2500里，到了11个县，30多个城、镇、村，举行演出晚会30多个，其中为八路军演出5个专场。

剧团这次流动演出是第一次长途行军，边行边演出，敌人“九路围攻”时，根据地的许多县城和乡镇都被烧平了。剧团到这些地方演出时，还得到山窝窝里找观众。当红缎帷幕一挂，两盏大汽灯一亮，红光照到沟沟洼洼时，群众还不明白这是怎么回事。当村干部说是八路军朱德总司令派剧团来问候大家，还要演戏闹红火时，群众才慢慢地集中到剧场来。有的老大娘、老大爷让儿女们扶着，是专门来看汽灯的，说是一辈子也没有见过这号灯，把全村的灯堆起来也比不上它亮。

剧团这次流动演出，与晋冀豫边区人民群众结下了深厚的友谊。武乡洪水，这里是民歌之乡。剧团来到这里，演出了许多优秀节目，群众唱歌欢迎、欢送太行山剧团：

太行山剧团是八路军，
男兵女兵都一样的亲，
不拿群众一针线，
扫街扫院真叫个勤。

太行山剧团是文化兵，
演戏唱歌真好听，
明晃晃汽灯两边挂，
照亮咱村子照亮心。

太行山剧团过山坡，
回头来还要摆摆手，
这回走了你们甚时回来，
可不要忘了这山沟沟。

1939年7月初，敌人集中了5万余兵力，向晋东南发动了第二次九路围攻，控制了白晋路北段，占领了长治等重要城镇。太行山剧团告别了半年来文化艺术活动盛极一时的长治，随同区党委北上到了武乡、辽县一带。

从8月到9月，太行山剧团全力为即将召开的中共晋冀豫区第一次党员代表大会准备庆祝节目。刚从艺校归来的剧团的同志，怀着对党十分崇敬的心情，夜以继日地奋战，为大会准备好了三个晚会的演出节目。洪荒同志专为大会创作了多幕话剧《红巾》，把白区地下党斗争可歌可泣的英雄形象展现出来；李伯钊同志编了一部大型集体舞蹈《国际歌舞》，并一招一式地教会剧团舞蹈队。

9月，经北方局批准，中国共产党晋冀豫区第一次代表大会准备在武乡县东堡村召开，为了慰问与会代表，区党委决定太行山剧团转移到武乡东堡附近的桥南村，为大会助兴。剧团首先到八路军总部驻地砖壁村进行汇报演出，朱德总司令、彭德怀副总司令等总部首长，观看了表演。演出结束后，首长招呼演员们下台来，把小演员们抱在怀中，连连夸他们演得好，鼓励他们继续努力。

太行山剧团使用过的铁皮喇叭

9月10日，晋冀豫区首次党的代表大会开幕。杨尚昆、彭德怀、李雪峰等领导同志在会上分别作了政治报告、抗战形势报告、区委工作报告。在会议期间，太行山剧团演出的节目有《国际活报剧》《红星旗下》《流寇队长》《人命贩子》等。当时剧团驻地在桥南村，剧团的人员每天徒步奔波于剧团驻地与党代会开会地址之间，中午没有休息的地方，吃罢饭，随便找一个什么地方坐一坐，便算是休息。特别是晚上演出时，演员们卸了装，收拾了道具，清理了舞台，时间已经很晚了，然后再步行摸索着走过高低不平的崎岖山路，回到驻地桥南村，其疲劳状况可想而知。有些同志一上土炕，便倒下身了，躺在炕上和衣而睡，呼呼地打起鼾来。尤其是担任领导工作的同志，白天忙了一天，晚上回到驻地，当其他同志已进入梦乡之时，他们还得在油灯下开会，总结一天工作的情况，研究需要解决的问题，安排第二天的工作。

虽然剧团的同志们非常辛苦，但无论是领导同志，还是一般人员，没有一个叫苦叫累的。大家总是乐呵呵的，每天早晨一起床，就开始新一天的紧张工作，有的练功，有的吊嗓子。党代会结束时，太行山剧团受到大会的表扬。会后，太行山剧团在武乡县的蟠龙、洪水等地演出。

1940年夏，为了粉碎日军对我抗日根据地的进攻和克服国民党投降的

太行山剧团使用过的鼓

危险，八路军于8月20日起，在彭德怀副总司令的指挥下，出动105个团，对华北日军展开了大规模的反击作战。这就是著名的“百团大战”。一个个胜利的捷报传来，极大地鼓舞了太行山剧团的创作热情，他们赶排了《庆祝“百团大战”胜利》活报剧和《要胜利靠自己》歌曲等文艺节目，赶赴各抗日前线演出。

10月下旬，太行山剧团在黄崖洞慰问演出时，遇到了进犯黄崖洞的冈崎大队，队员临危不惧，机智地转移到了武乡左会一带。到达左会板山山顶时，山高风大，同志们仍穿着单衣，有的同志冷得实在难忍，就把被子打开披在身上，用背包带一系当斗篷穿。正当剧团举步维艰时，一二九师师部派来寻找剧团的一个班见到了剧团的人员。剧团在这个班的带领护送下，安全到达了一二九师师部。

冈崎大队在沿黄崖洞向西进犯左会、刘家嘴，沿途烧杀抢掠，无恶不作。在前线指挥作战的彭德怀副总指挥令一二九师坚决消灭这支嚣张跋扈的日军。10月30日拂晓，我一二九师向抢占关家垴的冈崎大队发起总攻。上午，6架敌机飞来，对我军轮番轰炸扫射，这丝毫没有动摇我军消灭关家垴敌人的决心。剧团的洪荒等，跟随新十旅范子侠部，到前线去做宣传鼓动工作。其他同志也参加战地送饭、抬伤员等工作。

1941年春，在精兵简政中，一批批骨干党员输送至太行二分区剧团、前方鲁迅艺术学校和太行中学。1942年后，该团改属太行文联领导。1945年后，改为太行八分区宣传队，但对外仍称太行山剧社。自抗战初期剧团建立，至解放战争时期，太行山剧团的足迹踏遍了晋东南、冀西、豫北的高山峻岭、沟壑平川，所到之处，村村镇镇都留下了他们昂扬高亢的歌声、矫健优美的舞姿、动人心魄的戏剧表演。

残损妆匣，动荡寄深情；一代画家，木刻领风骚。让我们走近珍贵文物，了解陈铁耕夫妻伉俪情深的故事，同时感受他远离妻子，用刻刀义无反顾抗日坚忍不拔的精神。

见证陈铁耕舍家抗日的妆匣

李东兴

陈铁耕是20世纪30年代鲁迅先生倡导的新兴木刻运动前驱，是抗战初期中国共产党从延安最早派往前方的著名美术家。在太行山区极其艰苦的战斗环境中，他与何云等人创办中共中央北方局机关报《新华日报》（华北版），负责该报美术编辑工作；与李伯钊等创办了鲁迅艺术学校，先后担任训育主任、党总支书记、副校长、代校长。

由于历史原因，今人对陈铁耕的了解十分有限，更不知他舍家别妻投身抗日的壮志豪情。而我收藏的一件珍贵文物，却真实见证了陈铁耕舍别家中贤妻、义无反顾抗日救国的革命往事。

1940年2月，朱德总司令（右）与鲁迅艺术学校副校长陈铁耕（左）在武乡

2021年5月15日，我如约再次来到广东兴宁市的陈铁耕老家。陈铁耕的儿子陈铎元大哥像往常一样热情接待了我，将已准备好的陈铁耕先生部分文物，一一清点托付给我。其中，有一个沧桑斑驳的旧时妆匣。

妆匣在古代是女子的梳妆盒

和首饰盒，它主要用于梳妆打扮，存放胭脂、香粉、膏脂以及珠宝等小物品，以其便携实用常跻身婚嫁家具嫁妆之列。眼前这件大约长 28 厘米、宽 22 厘米、高 20 厘米的妆匣，竟是陈铁耕的妻子何亚禄生前使用过的遗物。

这是一个清代上等木质紫漆描金妆匣，它外表华丽、设计精美，兼具梳妆、储存双重功能。看上去它的顶部原本应有一层折叠式袖珍镜台类构件，因年代久远已残缺不全，只剩下半个凹形盒体。从正面看，妆匣通体分为上下两层，上层是左右对称的两个小抽屉，下层为一个较为宽阔扁平的大抽屉。周身外面紫漆描金，正面错落有致地勾画出几簇金色兰花，两边的侧面由横 S 连纹线包围的空间内描绘有数枝优雅高贵的竹叶。

妆匣正面颈部镶有铜质对称如意云头底搭扣，虽大部残缺，却仿佛诉说着陪伴主人的风霜岁月；三个抽屉斗的面板上原有的铜锁眼已经损坏，但仍有三四枚桃心形老铜拉手，尚在花枝乱颤；左右两旁侧面则分别安装着一个古铜弧形把手，还能让人轻轻提起。

我一时不能识别眼前的这个物件到底是什么木材，却马上联想到了它的主人及其背后不平凡的来历。尽管这个妆匣不算非常稀有，也不是特别珍贵，但我更看重的是其见证并承载着主人的婚姻、家庭往事。

陈铁耕于清光绪三十四年（1908）农历八月初三，出生于广东省兴宁县永和镇华岭村堂号为“广亿隆”的陈姓大家族。这个家族人丁兴旺、家业豪富，在当地较为著名。按照陈氏宗族辈系排序，长辈给他取名“耀唐”。

1915 年，陈铁耕虚龄 8 岁，他的父亲陈广曾按乡间习俗，将做生意结识的邻村好友家中一个 7 岁女孩迎进家中，算是给长子耀唐娶了一位童养媳。这小媳妇名叫何亚禄，比陈铁耕小一岁。

陈铁耕自幼学习用功，十几岁时就常住校，成人后只身去往上海学画。尽管他与何亚禄聚少离多，但彼此呵护备至、暗自牵挂，相敬如宾。

陈铁耕在杭州、上海等地求学和致力木刻运动的 10 余年间，何亚禄在陈家默默地承担起孝敬公婆和照顾弟妹的义务。陈家老少打心眼儿里喜爱和佩服她，都与她处得格外亲热，就连左邻右舍也都由衷地钦佩陈家媳妇何亚

20 世纪 80 年代何亚禄留影

禄的懂理懂事和勤劳能干。

陈铁耕走南闯北学画画、搞木刻，出生入死闹革命，偶尔也回老家小居。他一般不与妻子何亚禄谈论外面的事情，但是，二人在一起时相处得十分融洽。

“一·二八事变”后，陈铁耕为暂避日军侵略和反动派白色恐怖镇压，而离沪返粤。他回到离别 4 年的兴宁老家，继续传播革命思想，开展美术研究和木刻创作。家中每有志同道合的青年来访，何亚禄总是热情招待。陈铁耕动员亲友集资在村中创办“文宇学校”期间，何亚禄更是每天给忙碌在校园的丈夫送茶送饭。有时何亚禄也会同别人一起跟着陈铁耕学认字和画画。

1937 年年底，陈铁耕离开老家，只身去往延安，继而奔赴华北抗日前线。他与妻子何亚禄 10 余年未曾见面，彼此没有对方的任何信息，但各自心中都装着对方。

在延安鲁艺，陈铁耕满怀激情、义无反顾地投入革命美术教学实践；在前方抗战期间，他以共产党和八路军文化干部的身份，担当起引领敌后抗战文艺的重任。在人们的眼中，他是《新华日报》华北分社的美术工作负责人，是鲁迅艺术学校副校长和代校长，却未必知道他个人的情感和婚姻状况。

延安整风后期，由于在“抢救失足者”运动中受到错误伤害，陈铁耕一度遭遇冷落，变得更为低调内敛、沉默寡言。新中国成立后，这位早在抗战时期就已在全国享有崇高声誉的老木刻版画家、革命文艺教育家，逐渐从文艺界淡出，以至于后来连文艺圈人士都很少知道陈铁耕倥偬一生、半世伶俜，更无人知晓他还有这样一位特别贤淑的妻子。

何亚禄虽是传统妇女，但她心甘情愿地支持丈夫，恨不能为支持丈夫和他的事业而牺牲自己的一切。而陈铁耕年轻时长年在民风开化、时尚新潮的杭沪地区，又辗转各地广泛接触靓女佳丽和知识女性，却始终没有嫌弃家中的“糟糠之妻”。

1953年年底，在东北鲁迅文艺学院美术部任教的陈铁耕千里奔丧，由沈阳返乡料理父亲的后事，在老家小居月余。翌年开春，他返校时带着妻子何亚禄去了沈阳。

何亚禄这次在沈阳陪伴丈夫，并照顾他的生活起居三年多。三年后，50岁的陈铁耕身体出现状况，何亚禄又陪伴丈夫回到兴宁老家养病。

1959年夏天，陈铁耕调到广州美术学院担任版画系主任，何亚禄几乎是在广州与兴宁之间来回奔波，既要照料丈夫，又不舍老家的人情事务。

陈铁耕夫妇这种相对稳定的生活只延续了五六年，竟又遇上意想不到的祸端。1965年9月，陈铁耕在运动中被错定为“反动分子”，被开除公职。陈铁耕被遣送回乡后，妻子何亚禄以一己柔弱之躯抚慰丈夫，悉心照料他的生活起居，而丝毫没有怨言。

一年后，组织上给陈铁耕每月30元的生活费也停发了。年逾六旬的陈铁耕与妻子鹣鲽情深、相濡以沫，度过了人生末尾的最为艰难的一段时光。

晚年的陈铁耕，依然醉心于对美术的热爱和追求，每天执着地沉浸在四处写生作画的时光当中。何亚禄不仅从不干涉他画画，而且还格外用心地为他提供最好的衣食住行保障。

陈铁耕因为抗战时在太行山区反“扫荡”战斗中，受伤留下后遗症，一生未能生育。

1970年夏天，63岁的陈铁耕身患的肺病和糖尿病时有发作，他积压在心头的忧虑已不能再掩藏和拖延。他请来陈家长辈和中人，把四弟陈来良（耀贤）一家人叫到一起，按老风俗将四弟的儿子陈铎元、女儿陈燕英过继为自己的嗣子女。临终之际，陈铁耕再三叮嘱嗣子女一定要好生侍奉继母何亚禄，照料好她的晚年生活和身后事。

陈铁耕含冤离世后，嗣子陈铎元、嗣女陈燕英兄妹将他安葬在村边。此后，何亚禄就与嗣子陈铎元一家在一起生活，帮助他们操持家务、照料孩子。

陈铁耕去世 8 年后，国家政策出现可喜变化，老实巴交的何亚禄决心为夫申诉鸣不平。她与嗣子不止一次去广州，找有关部门投书求助。

1979 年 7 月，中共广东省委做出给陈铁耕平反昭雪的决定。不久，广州美术学院专门给陈铁耕的妻子何亚禄致信表示慰问。16 年后，陈铁耕的妻子何亚禄因病在陈家故宅去世，嗣子陈铎元、嗣女陈燕英兄妹又为老人家办理了后事。如果从陈铁耕去世那年算起，陈铎元兄妹照顾嗣母何亚禄 25 年。陈铁耕与何亚禄虽然从未生养，却也好人好报，算是度过了满意的晚年，也享有着逝者的尊严。

陈铁耕、何亚禄夫妇去世几十年了，陈家后人依然小心翼翼地珍藏着他们的所有物品和作品。

当我从陈铎元大哥手中接过这妆匣时，他深情地喃喃低语道：“父亲晚年念念不忘曾经长期战斗过的太行山！就让他的这些物件回归太行吧！”

陈铁耕的遗孀何亚禄（中间坐着怀抱小孩者）与嗣子陈铎元一家的合影

陈铁耕妻子何亚禄生前使用过的妆匣（残件）

方正厚重的戏箱，剥落的红色油漆，看似平常的物件，却有不平凡的故事。它们伴随白和村业余剧团不仅演出了《三女婿上寿》《刘芳卖子》《皇嫂骂殿》等传统大戏，还演出了《打马牧》《改变旧作风》等抗战题材的现代戏剧，为动员群众、宣传抗战做出了积极贡献。如今光环虽已褪去，誓死抗日的铿锵旋律依然在太行山回荡！

戏·箱

蒋亚平

在白和村的佛爷庙里，至今保存着两个古旧的戏箱，方正厚重，表面的红色油漆剥落，有的地方已经开裂，普通得不能再普通，但它们在白和村人的心里却是无价之宝。它不仅见证了白和村业余剧团从抗战开始到20世纪70年代之间近40年的风风雨雨，也见证了白和村人在宣传抗日、发动群众、鼓舞军民士气等方面的历史。

两个古旧的戏箱

1938年，八路军进驻白和村后，一方面开煤矿、建硝厂、发展军工产业；

另一方面宣传发动群众、抗日救国。在八路军和村党支部的支持下，白和村业余剧团成立了。剧团负责人是共产党员孙海清和梁尧春。导演兼师父是孙贵成，演职人员有程春娣、梁海银、武安周等30多人。

当时剧团条件极其艰苦。他们没有固定的排练场所，只好在村民家中轮流进行。设备也极其简陋，布景、乐器、服装等大都是自己制作。随着演出需要，服装、道具、乐器多起来，亟须戏箱存放物件。好在村民武安周就是好木匠，做个戏箱不成问题。两个结实的戏箱很快就做好了，其他服装、道具等也渐渐多起来。

剧团成立伊始，演出的戏曲大都是传统戏，如《三女婿上寿》《刘芳卖子》《皇嫂骂殿》等。演出吸引了十里八乡的人，这也成为宣传抗日的好机会。

为配合八路军宣传抗日，剧团及时调整思路，演出由古装戏转入表现抗战的现代戏。剧团找到了县光明剧团，取回了风靡太行的《打马牧》《改变旧作风》等抗战题材的现代戏剧剧本。本村小学教师张方唐也编了一些抗战小剧目。

演出后，人们深受鼓舞，抗日情绪高涨。全民奋起抗战，群众性抗日武装团体相继建立。有农救会、妇救会、儿童团、自卫队、游击队、青抗会等抗日团体。当时白和村的青年抗日先锋队就是一个活跃的抗日团体。1940年秋天，全县相继建立了县、区、村各级武委会，统一领导各级抗日组织。白和村在原自卫队青抗会的基础上建立了民兵组织，由村武委会统一领导，成为对敌斗争中一支重要的武装力量。

1940年，民兵们参加了关家垴战斗的支前工作，护送伤员，运送弹药。1943年，参加围困蟠龙战斗以及洪都战役中支前，都出色地完成了任务。1944年，因白和村武装工作做得出色，被评为抗日模范村。县长吴光清颁发了金字大匾嘉奖，大匾上书“全县第一”。

文化的力量是巨大的。人们不断在觉悟，在觉醒，热血青年纷纷报名参军。村中先后有孙拴元、梁昌厚、梁俊发、赵志川等16位年轻人参加了八路军。其中，梁凤英、孙金花、田秀珍三位少女集体参军被传为佳话。

1945年，张方唐根据本村青年成森积极参军的事迹，编成了秧歌剧《成森参军》，由武安周、梁二祥导演。在县、区演出后被推选到晋冀鲁豫边区政府。这两个戏箱满载着演出服、道具，奔赴河北涉县，在温村举办的文艺会演上参加演出，获得了第三名。

这次演出成功，激励了大家。演职人员的排练更加刻苦，演技也提升了。1947年，演职人员再一次带着戏箱参加了武乡县元宵节文艺比赛，又得了第一名。

白和村业余剧团名声大震了。

20世纪五六十年代，剧团发展了，演出设施得到了改善。但这两个戏箱仍然承担着它的使命，陪伴着这个剧团演出了一场又一场的戏。

1964年，村里新建起舞台，村剧团开始有了专门排练室，戏箱有了固定的栖身之地。随着时间推移，老演员退出历史舞台，新演员又崭露头角，演员换成了年青一代。此后样板戏独占舞台，有《红灯记》《沙家浜》《智取威虎山》等。一批由梁国红等人自制的形神兼备的道具又充实到剧团中，收纳于戏箱。这也是剧团发展的第二个高潮阶段。每年正月，剧团不仅在村周围演出，而且还远走榆社县和左权县演出。两个戏箱历经一路颠簸，却仍然结实如初，继续随着剧团走南闯北。

1976年，剧团停止演出，戏箱也完成了它的历史使命，被束之高阁。

从剧团成立，宣传发动群众，抗日救亡，一路的风雨沧桑，直到剧团解散，将近40年。40年里，两个戏箱陪伴着剧团人，目睹了在抗战时白和人积极参军、热情拥军的激动人心的场面；目睹了白和人不怕牺牲、奋起抗战的令人热血沸腾的英勇壮举；目睹了白和人不惧艰险、战胜艰难困苦的刚毅与果敢。此后的岁月，白和业余剧团人一次又一次地掀起演出高潮，两个戏箱也一次又一次地感受着令人欣喜的变化。

如今，它们静静地安睡于村中，一如当初的厚重敦实，虽然物是人非，但一看到它们，便令人想起那令人心潮澎湃的岁月。

1940年12月，经过8个月紧张学习的抗大六期近5000名学员毕业了，带着总司令的嘱托，他们即将踏上抗日的征程，走上抗日的战场。此刻，他们迎风伫立，目光坚毅，胸前的毕业证章在阳光下闪耀着熠熠光辉。

别了，我的抗大！别了，我的武乡！

抗大第六期毕业证章

白　露

中国人民抗日军事政治大学，简称抗大，1937年1月由西北抗日红军大学改编而成。在抗日战争中，抗大大量吸收知识青年、知识分子参加革命，促进了八路军、新四军干部思想理论、战略战术和科学文化水平的提高，曾培养出10余万名德才兼备的优秀干部。抗大这所驰名中外的“窑洞大学”，成为人民军队军政干部的摇篮，成为中国近现代教育史上的“革命熔炉”。

1939年，由于国民党顽固派的层层封锁和日本侵略者对边区的狂轰滥炸，前后方联系异常困难，学员的生活和学习以及毕业后参加战斗受到了阻碍，为了解决这些困难，根据毛泽东同志指示，中共中央决定，将抗大迁至晋东南抗日前线办学。克服重重困难，几经周折，由副校长罗瑞卿率领的几千人的抗大总校，于1940年2月26日到达八路军总部所在地武乡县蟠龙镇，校部机关驻扎在原义昌家，训练部设在镇中心的法云寺；政治部驻扎在镇北不远的白家庄村，教室设在村中天主堂。

抗大总校一到武乡，马上就开始了招生工作，招收的学员主要来自八路军和山西青年抗敌决死队、中华民族解放先锋队、山西牺牲救国同盟会等军队和一些抗日群众团体以及地方抗日民主政权，也有少量的新四军学员，本期共招生4960多人。经过近两个月的准备，1940年4月15日，抗大第六期在武乡县蟠龙镇正式开学了。

抗大第六期毕业证章

这一期的学员大多具有较高的阶级觉悟和基层领导工作经验，也有一定的对敌斗争经验，经得起艰苦斗争的考验，但由于文化程度较低，甚至有许多的文盲或半文盲，学员中有半数以上不能记笔记，即使具有高小文化程度的同志，也只能记简单的笔记。不少学员的笔记本上画着各种图形，来代表写不出的文字，这样的笔记本像天书一样，只有自己才能看懂，由此还发生了不少令人啼笑皆非的故事。

有一名学员在学习到“同仇敌忾”这一成语时，在笔记本上认真地记下了，为了加深记忆，就在旁边画了一群愤怒的中国人指着一个日本人。有一天，教官提问他这个成语，他脱口而出：“同仇敌气”，引发同学们哄笑。还有一名学员在学习“榆钱钱”时，不会写，只好画了条鱼，后面再画两个铜钱，同学们看见后调侃他说：“你是想让这条鱼生出许多钱来吗？是不是想有很多钱去娶媳妇？”像这样搞笑的事数不胜数。后来，同学们不论是劳动还是背粮行军途中，都把词语写在卡片上，挂在前面人的背后，一边走路一边记笔画和词意，通过各种手段努力学习，因而这一期在文化教育方面取得了很大成绩，基本上扫除了文盲和半文盲。

日寇对深入敌后办学的抗大十分痛恨，派出汉奸、特务四处侦察抗大的动向，声言要“消灭抗大”，甚至日军华北方面军司令官冈村宁次都声称：“宁肯用 20 个日本兵换一个抗大学员，用 50 个日本兵换一个抗大干部。”抗大随时都得做好反“扫荡”准备。为了积极参加对敌斗争，在此期间，抗大批准部分学生提前毕业，分配到决死纵队去工作，他们成为营、连级领导走上了抗日前线。

抗日军事政治大学蟠龙镇旧址

1940年8月20日，“百团大战”打响。在激烈的关家垴歼灭战中，抗大有5名学员投入一线战斗，因为他们在进入抗大前有过游击战的经验，此次他们担任了侦查与破坏任务。左权将军发出总攻命令前，敌冈崎大队长带着他的部队摸黑抢占了山背后的关家垴村，占据关家垴山头，把6挺机枪安放在山顶的坟地里，另外还派了200多人抢占了南面柳树垴高地，在窑洞外面挖好工事。夜晚3点，5名学员互相掩护，神不知鬼不觉的靠近关家垴山头，刺刀一闪，日本哨兵倒地，这时号角吹起，杀声四起，战友们冲了上来发起全面总攻，5名学员用敌方机枪扫射坟地，连珠炮般射击敌人，全连战士就在这几挺机枪的掩护下跳跃前进。激烈的战斗连续打了两个昼夜，敌我双方损失惨重，后因日军援兵大部队抵达而被迫撤围。关家垴一战，对5名学员来说，是一次实战，更是一次洗礼，他们把战斗中所见所闻以及战后的经验总结进行了系统的归纳和记录，返校后，他们的经历成了活教材，形成的文字资料充实了军事训练教材。

抗大第六期是在敌后边学习、边战斗、边总结经验中度过的，取得了较好的成绩。

1940年12月，第六期学员完成学业全部结业，学员分赴各抗日根据地。朱德总司令特为毕业学员亲笔题词：“努力工作，造成铁的干部，准备反攻。”并为他们颁发毕业证章。毕业证章为扇贝形，正中为五角星，五角星下面有数字“6”，代表第六期，上面是抗大“团结、紧张、活泼、严肃”的八字校训，底座有“毕业证章”四字，左右各有“抗”“大”二字，设计精美，制作精巧。这枚珍贵的抗大毕业证章，由我县红色文化民间收藏家梁松筠先生收藏，它记录了抗日军政大学在武乡创办第六期的真实历史，反映了抗大“从这里走上战场”的办学理念，赓续抗大血脉，培养能打仗、打胜仗的指挥员，这枚文物是最好的见证。

艺高德馨，当年太行山上的金嗓子，15岁就被授予“为人民大众服务的艺术家”，文艺是他的武器，唱演是他的刀枪，植根于太行，扎根于民众，在烽火中成长，终于淬火成钢。70年初心不改，一张泛黄的布奖状，记录着一位文艺少年的无上荣光。

一张布奖状

郝俊峰

太行山上曾经有这样一支队伍，他们在敌人的枪林弹雨里奔波，通过说唱宣传抗日，不仅鼓舞了革命斗志，而且激励了万千同胞加入了抗日队伍，这就是武乡的光明剧团。为更多地了解这段历史，也出于对武乡秧歌的热爱，年前，我赴省城太原文源巷山西广电家属院，拜访了时年85岁高龄的梁栋云先生。

在梁老的家中，首先映入我眼帘的便是这张布奖状，这虽是一张普通的奖状，它却有着非同寻常的历史意义。它的存在，不仅仅是对武乡秧歌艺人的肯定与赞扬，更是对他们蜕变为革命新文艺人最好的历史见证。注目良久，思绪万千，除庆幸自己能一睹武乡光明剧团早期的珍贵实物外，也对梁老多年来的细心珍藏而深深敬佩。自然而然，与梁老的谈话也就从这张布奖状谈起。

历史回到1944年，随着世界反法西斯战争形势的发展，中国人民的抗战也迎来了胜利的曙光。八路军对盘踞华北的日伪军展开局部反攻。同年1月18日，太行第三专署在武乡县大活庄村召开群英大会。就是在这次大会上，时在武乡光明剧团担任演员的梁栋云，被授予“为人民大众服务的艺术家”光荣称号。和同时期其他艺术家一样，梁老是在延安文艺座谈会精神的鼓舞下茁壮成长起来的一名出色的文艺干部，他70多年来坚持文艺创作，初心不变。

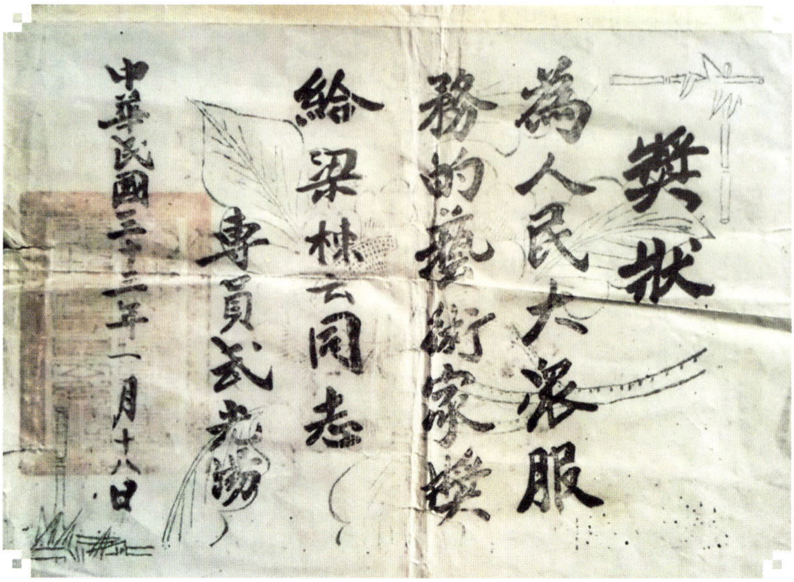
奖状

為人民大衆服務的藝術家獎

給梁栋云同志

專員武光湯

中華民國三十三年一月十八日

太行第三专署授予梁栋云同志的奖状

梁栋云，1929年出生于武乡县洪水镇王庄村。从小热爱文艺，经常参加村里的文艺活动。后考入设在洪水镇寨坪村的武乡县第四抗日高小，由于爱好戏剧，被编入学校业余剧团，并于1942年主演了由校长白玉编剧的《新三娘教子》中的三娘，代表学校参加在蟠龙镇法云寺举办的全县文艺竞赛，荣获一等奖。对于这次盛会，太行《新华日报》曾作过专题报道。

高小结业后，梁栋云被武乡光明剧团正式吸收。由于当时年龄小、扮相逼真、刻画人物细致、嗓音清亮、善于抒情等特点，他很快成为光明剧团现代剧中专演女性角色的旦角演员。那个时候的光明剧团，因日寇进犯，多年来居无定所。直到1943年冬天，才在蟠龙镇奶奶凹的三眼旧窑洞里常住下来。这期间，他先后担任《义务看护队》《地雷大王王来法》《劳动模范李马保》《血泪仇》等剧目的主演，受到观众热烈欢迎。

1945年春，剧团春耕放假。有着高小文化的他，与高介云、张万一、陈凤翔、陈弘5人进驻东沟村，共同创作新剧目。初春的天气异常不稳定，忽寒忽暖的。由于他刚刚接种了土牛痘疫苗，两只胳膊肿得非常厉害，疼痛难忍，浑身滚烫，不想吃饭，是剧团的几个老师轮流给他端水送饭，精心侍候才得以好转，让他感到了家的温暖。那时，战争仍在继续，根据地的生活非常困难，吃不饱、穿不暖是常有的事，有时候只能到地头崖边摘些刚出土

梁栋云同志

的野菜苗充饥。由于他正是长身体的时候，饭量又大，常常是捂着肚子不敢出声。一次，团长高介云以为他生病了，放下正在创作的剧本就去找医生，请来医生一看，才知道是饿坏的。正是在这重重困难下，他们以坚强的毅力创作出享誉太行区甚至全中国的武乡秧歌现代剧《改变旧作风》。

1946年，光明剧团上调太行行署，改名为“太行光明剧团”，梁老也成为太行剧团的一名演员。之后，为配合党的中心工作，适应新形势的需要，他随团四下安阳前线，深入敌后各大村镇，为军民献上了一道又一道精神大餐。同时，在太行区，又先后首演并主演了《白毛女》中的喜儿、《王贵与李香香》中的李香香、《赤叶河》中的燕燕、《兄妹开荒》中的妹妹、《夫妻识字》中的妻子、《小二黑结婚》中的小芹，以及《圈套》《两条心》《官逼民反》等剧。其中歌剧《赤叶河》，在武安冶陶晋冀鲁豫土地会议上首次演出后，轰动全场，薄一波、滕代远、张际春等晋冀鲁豫中央局领导，以及文艺界知名人士贺绿汀、赵树理、陈荒煤等都对表演给予了很高的评价，北方大学校长光未然同志，在邢台专门给主要演员召开座谈会。因此，《赤叶河》迅速传遍太行山并风靡全国，堪称中国歌剧史上具有史诗性的作品之一。

新中国成立后，梁老先后担任山西人民广播电台文艺部主任、电台书记、美术工作室主任、美术家协会党组书记等职，是山西省戏剧、音乐、美术协会会员。1989年5月，中共山西省委宣传部、文化厅、文学艺术界联合会授予他从事文艺工作46年荣誉证书。

如今梁老年届91岁高龄，虽早已离开了武乡光明剧团，但他仍念念不忘的是与武乡秧歌之间的不了情。正如梁老所说：“经历了抗日战争和解放战争的洗礼，我在光明剧团时期的许多东西都遗失了，唯独这张泛黄的布奖状始终珍藏在身边，如同我的生命一样宝贵。”

他们是一群盲人，却整日行走在太行山的沟沟峁峁，他们是一群说书人，却被称为太行山敌后抗日的文艺轻骑兵，他们就是武乡盲人宣传队。他们用自己残缺的身体，扛起了太行山敌后抗日宣传的大旗。

一段烽火连天的岁月，一段不能忘却的记忆。

八路琴

常惠斌

在抗日战争时期，在武乡县活动着一支被朱德总司令盛赞为“太行山敌后抗日文艺轻骑兵”的武乡盲人宣传队。他们在艰苦的岁月里，宣传动员全民抗战，他们演唱时用过的土制长杆月琴，被称为“八路琴”。这个红色且具有光荣历史的故事还得从头说起。

1938 年夏，为了宣传抗日救国思想，武乡县抗日政府组织了以程光明为首的鼓书团，有 80 余人，因这些说书艺人大部分是盲人，这个组织就叫“武乡县盲人曲艺队”。他们虽然身体残疾，但都有抗日救国的思想，他们默默地做着抗日的工作，自己编演了数以百计的抗日题材小段子，什么《减租减息》《屯积公粮》《打长乐滩》《百团大战》《打辽县》《打关家垴》《地主与长工》《劳动英雄王桃梅》等许多段子，至今还有人能倒背如流。1939 年 12 月，中共中央北方局与八路军总部在王家峪为朱德总司令举行 54 岁寿辰庆祝活动，武乡县盲人曲艺队派出优秀队员为朱德总司令贺寿，由指导员胡海亮打八角鼓演唱，名艺人韩庚江弹三弦、张叶青拉木胡为其伴奏。这次演出受到八路军首长的高度赞扬。这种旧瓶装新酒的艺术表演形式，在当时备受推崇。从此，武乡鼓书、武乡三弦书和武乡琴书，成为宣传抗日的有力工具。

武乡县盲人曲艺队在王家峪八路军总部慰问演出

1940年夏天，日寇占领武西重镇段村后，疯狂进行“扫荡”和搜捕杀害我地下共产党员，对我抗日根据地形成极大破坏。受我抗日政府委托，盲宣队共产党员张培胜同志带领队员王兆成、李海林和王兆成的儿子王根柱，利用自己特殊的身份，护送我抗日政府张特派员回榆社，张特派员也扮成盲人拄着棍子背着行李，一行5人来到长乐村时，正遇上日军在长乐村一带“扫荡”，他们只好躲在长乐村野外的窑洞里。中午时分，日军一队人马朝窑洞附近走来。张培胜同志怕日军进窑洞发现张特派员，不顾自己生命危险，用杂草把张特派员挡在窑洞里，他则带领队员赶快起身走出窑洞，打点行装上了路，假装要到“维持村”麻池沟一带说书。他们急急忙忙出了村，刚甩开后面的敌人，蹚过漳河，突然从西南方向又出现了一股日军。只因张培胜3人双目失明，领路的王根柱又年仅6岁，一时情况不明。敌人在汉奸的带领下迅速把他们围在中间。一个名叫王八狗的汉奸认识张培胜，就吆喝说道：“呀！这不是宣传队长张培胜吗？你们这是要到哪里说书呢？”

张培胜他们刚引开日军，保护了张特派员的安全，过了漳河，后面的敌人也没有追来，心里大意，听到有人问话，以为遇见了咱当地老百姓，就回答说：“到麻池沟，你们是哪个村的？”敌人没有回答，又问：“你们去宣传什么呀？”张培胜听了，心里一乐：“宣传什么？还不是宣传抗战，叫咱老百姓团结起来把日本鬼子赶出中国去！”张培胜不说倒好，这么一说，只听得一句骂声：“八格！”“嗖”的一下，耳边划动风声，一把凉飕飕的刀已经架到了他的脖子上。张培胜这才晓得原来周围都是敌人。心里说，

武乡县盲人曲艺队自制的土月琴

张培胜呀张培胜，你怎么碰上敌人都不知道呢？他一着急，冒出来一身冷汗，心“怦怦”直跳，随之平静下来。敌人高声喝道：“瞎子，你快说，八路军民兵在哪里？老百姓都躲到哪里去了？”

一连几声的喊叫，张培胜都昂首回答：“俺不知道！”敌人看见从他口里问不出什么来，就凶狠地开了枪，子弹穿透这位共产党员的胸膛，张培胜就这样倒在地上。敌人又用枪口顶住王兆成、李海林：“你俩愿死愿活？”王兆成、李海林强压着满腔怒火，一声不吭。敌人气得几声狂叫，向二人连开数枪……张培胜、王兆成、李海林3位盲艺人，铮铮铁骨，一腔热血，至死都在宣传抗日，不向敌人吐露半句真话，他们用自己宝贵的生命换来了我抗日政府张特派员的安全转移，表现了我抗日文艺战士坚强的斗争意志和高尚的民族气节。

汉奸把6岁的王根柱抓起来，阴阳怪气地说道：“你还给共匪瞎子领路吗？让你好好地去领！”一枪打在了小根柱的右腿上，根柱一声惨叫，昏死过去，鬼子汉奸将盲艺人所带的乐器用脚踩坏，一阵狂笑而去。一直过了3天，小根柱才苏醒过来，他将鬼子踩坏的一把破旧长杆月琴抱在怀里大哭，惊动了附近的老乡。在乡亲们的帮助下，掩埋了父辈尸体，小根柱也被我地下党联络员救下，连夜护送到当时的八路军野战医院所在地贾豁村医治腿伤。虽当时医疗条件困难，失去半条右腿，但他并未停止斗争，伤好后安上假肢，继续给盲艺人领路。这是后话。

单说那把被鬼子踩坏的长杆月琴，八路军总部的文艺工作者将它修复，后来在一次军民联欢会上，一位八路军干部学会了弹唱武乡鼓书。这年年根，日军包围了三八六旅驻地韩北村，在韩北保卫战中，三八六旅旅政治部主任苏精诚同志不幸牺牲。战斗结束后，清理遗物时，才知道这位会说唱武乡鼓书的八路军干部原来就是苏精诚同志。

盲宣队参加了苏精诚同志的追悼会，这把琴又回到了盲宣队指导员胡海亮的手中。为了纪念这位抗日将领，他们将这把琴定名为“八路琴”，一直传承了下来。

《小二黑结婚》至今仍是武乡人最喜爱的剧目之一，仍然在大街小巷传唱。赵树理所倡导的大众化、通俗化写作不仅体现在其文学作品里，也反映在其他艺术形式上。20 世纪 40 年代，赵树理在武东山区创作的抗日千字文，因其通俗易懂、朗朗上口，又契合形势，一时洛阳纸贵，为鼓舞根据地抗日军民的士气立下了不朽功勋。

《新千字文》刻印版

张红伟

一说到《千字文》，大家都会脱口而出："天地玄黄，宇宙洪荒。日月盈昃，辰宿列张……"因为它是中国启蒙教育的典范读物，具有句式整齐、词语押韵、郎朗上口的特点，是中国传统文化的精华，流传了上千年。在抗日战争时期，为了积极宣传抗战，发动群众，组织更多的人投身到抗战中，赵树理用旧瓶装新酒的办法，在武乡编写了抗日《新千字文》，作为识字读物在晋冀鲁豫根据地大量发行。

1937 年全国抗战爆发后，许多仁人志士和决心抗日的知识青年纷纷来到山西，来到太行山上，积极投身于抗日救国运动。当年秋，赵树理被分配到阳城县第四区担任牺盟会特派员，从事宣传群众、发动群众、组织群众参加抗日救国的工作，后调《黄河日报》任编辑，1940 年年初又调入新华日报社，根据报社领导安排，首先把阳城县爱国教师卫纪慰创作的《抗日三字经》进行加工、修改、润色，然后刻版印刷。

新华日报社进驻武乡后，赵树理在武乡县圪窿蛟村（后改名安乐庄），开始编写《抗日千字文》。他精选国共合作抗战近三年的典型事迹，精心编写，数易其稿，文章写成后，他们就地取材，在报社驻地老乡家找了几块棠李木、枣木板，刨光磨平，锯成同样大小的长方形木块。赵树理在薄棉纸上打上方

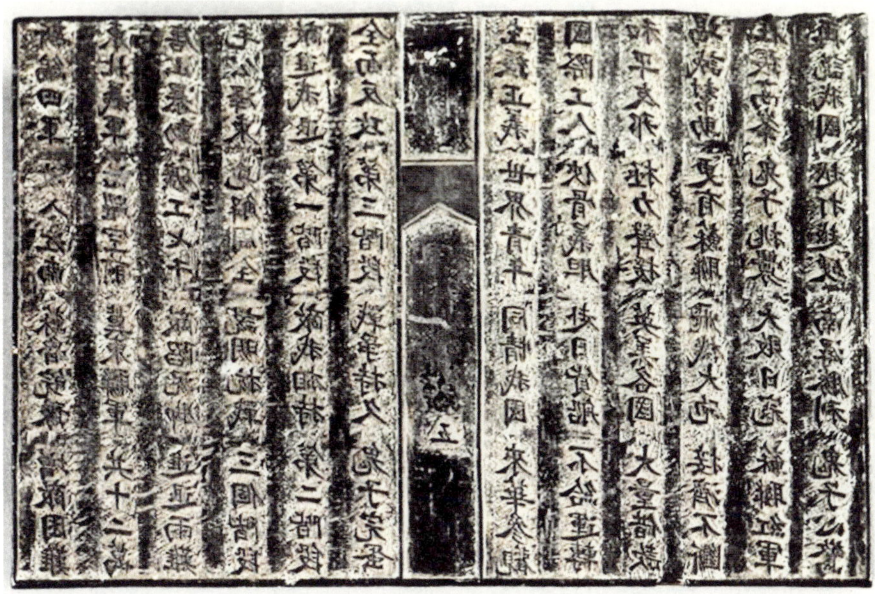

《新千字文》木刻版正面

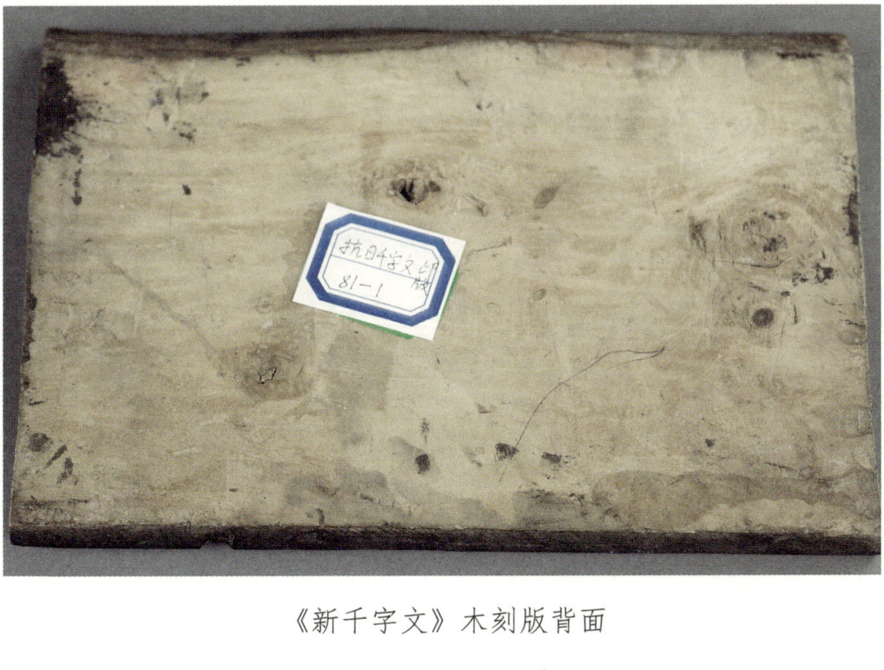

《新千字文》木刻版背面

格，再用毛笔一笔一画地把内容写到上面，然后用稀糨糊把写好字的棉纸反贴到木板上，放在太阳下晒干，由赵树理、王春等人找来平口刀、三角刀等木刻工具，亲自逐字逐句制成木刻印版，然后木版印刷，并装订成册。刻印时改名《新千字文》，竖排木刻共12页，每页6行，共计130行，每行4句，全文520句，每句4字，全书合计2080字。

这块木刻版，就是1940年赵树理等人在武乡县圪窿蛟村刻成的，为棠李木质，纵15.3厘米，横22.3厘米，厚2.1厘米，重295克。该版为小册子的第5页。现收藏在八路军太行纪念馆。几年前，长治市红色收藏协会白风鸣先生又在乡村淘到一册完整的《新千字文》印本，到目前为止再无收藏消息，故这册《新千字文》应为珍品。

荒野土埋80年的“抗大毕业”证章，让人感慨唏嘘。因为和证章埋在一起的是13名无名烈士。他们是谁？他们的家人又在哪里？但愿有一天，我们能够得知英烈的名字，让我们记住他们，记住和他们一样为了我们民族解放而牺牲的英烈们。

荒野土埋八十年的“抗大毕业”证章

武承周

2022年7月16日，武乡县退役军人事务管理局，为洪水镇拴马村大井自然村挖掘出土的13名无名烈士遗体，在八路军烈士陵园举行了庄严隆重的集中安置仪式，将他们的遗体集中安置在陵园东5台区。从此，这13名无名烈士遗体离开荒郊野林，回到了他们长居久安的陵园。

发现大井村13名无名烈士的人叫赵忠唐，是大井村人，今年77岁，是一名退休教师。2022年6月6日，他在本村北圪梁坡上砍柴时，发现一个洞坑，他趴下仔细一看，发现有一具残骸。这时，他又想起了20多年前他父亲临终前给他讲过的一段话：“孩子你记住，抗战时期咱村驻过八路军伤残战士疗养院。咱家也住过一位姓赵的连长，和咱是一家，我们相处很好。赵连长临终前说他是延安抗大毕业的，身上有枚纪念章，如果他的伤治不好的话，死后埋藏时一定给他戴在胸上。咱村有10多名烈士死后都埋在咱村北圪梁山坡上。以后政府如果要来找他们，你千万记住把他们迁走，给他们竖碑立传，让他们万古流芳。”

赵忠唐专门乘车来到洪水镇上，将他发现的情况详细报告给洪水镇军人事务管理员。管理员听到这个情况后，及时向县局有关领导进行了汇报。

很快，县退役军人事务管理局、八路军烈士陵园办主任刘晓维同志亲自来到大井村，在赵忠唐同志带领下，召集了本村十几个年轻人，自带工具到北圪梁山坡上挖掘寻找烈士遗骨。挖掘工作十分顺利，经过两天人工挖掘，13位无名烈士遗骨全部找到。而且遗骨完好无损。在挖到第三位烈士遗体时，赵忠唐突然看到遗体胸下有个东西在阳光照射下发出亮光，他很好奇，便用手细心将土拨去，发现是一个圆形的证章。

拿上来用布擦掉土锈便清楚看到证章，中间是红五星，底色为金黄色，周围清楚镌刻着“团结、紧张、严肃、活泼”8个字。红五星中间有“抗大”两大字，红五星下边中间有一个阿拉伯数字“4”。在“4”字下边有4个字，为“毕业证章”。后来又在这位烈士遗骨中，找到三颗铜纽扣和一个铜“裤掺子”。其他烈士身上一无所有。

事实证明，这位身戴抗大毕业证章的烈士，就是赵忠唐父亲赵二孩所交代的烈士——赵连长。从这枚证章能看出来，这位赵连长是毕业于抗大第四期的。1938年4月16日，抗大第四期在延安正式开学。全校学员先后编成8个大队，43个队，5562人。其中训练八路军、新四军和白区地下党派来的干部7个队，907人；男知识青年4001人，编为31个队；女知识青年

在烈士墓中出土的“抗大毕业”证章和裤带掺子

654 人，编为 5 个队。外地来的知识分子、青年学生 4655 人，占 83%。因为抗战前线急需要人，经过紧张的学习，从 8 月份开始，学员就陆续毕业，到 12 月份全部毕业。第一、二大队于 8 月 2 日毕业时，毛泽东同志亲临毕业典礼现场发表讲话，并在第四期学员毕业证上题词：“努力奋斗，再接再厉，光明就在前面。”

后来经村里一些年纪大的村民回忆：左会、拴马、大井等附近村都住过八路军伤员。而且还说：“本村这 13 名无名烈士都是 1941 年 11 月参加黄崖洞保卫战而牺牲的伤员。”又说：“听老一辈人讲，在大井村赵二孩家住的赵连长是总部特务团团长欧致富手下一位连长。”老百姓说的这些话与史实符合不符合，我们还待考证。但抗大毕业证章是真的，纽扣和铜“裤掺子”也是真的。只要有文物在，文物终究是会说话的。

抗战文艺

在中华民族存亡之际，一批文艺工作者勇敢地承担起文化人的责任，用他们的笔，饱蘸知识分子的良知和担当，为保家卫国贡献出光和热。

鲁艺的创刊号引领着抗战文化的方向，铿锵的校歌还在漳河上空回荡；《百团大战歌》充满着胜利的喜悦，闪耀着革命英雄主义和革命乐观主义的光芒；一幅木刻画，不只是抗日的武器也是人民真实生活的写照，承载着一段段不能忘却的烽火时光；一张画像已经微微发黄，但是这张画像所蕴含着的鱼水深情却是历久弥新，永远难忘。

党员教材为什么在墙缝中珍藏？《调查研究》怎么只出版过一期？一本珍贵的《鲁艺歌集》有哪些歌曲广泛传唱？一张承载了人民胜利喜悦的《新华日报》号外到底是什么样？武乡秧歌剧本《军人招待所》又是何处的故事？一个个故事、一件件往事值得我们去追寻历史真相。

历史风云激荡，思想魅力永恒。当年先辈们以笔为刀枪，宣传动员群众坚持抗战；今天，让我们一同聆听历史回响，汲取奋进力量。

80年前，在武乡县一个叫下北漳的小山村，前方鲁艺诞生了。这个聚集了当时太行山诸多文化精英的学校，一时成为太行山抗战文化战线的一面旗帜，它创办的《鲁艺校刊》，引领着太行山抗战文化的发展方向。

太行山抗战文化旗帜《鲁艺校刊》

李东兴

这是一份抗战时期创办于武乡县下北漳村的重要刊物，透过刊名“鲁艺校刊”，我们知道它就是中共中央北方局与八路军总部于1939年冬创办的鲁迅艺术学校校刊。如今，它的创刊号静静地陈列在八路军太行纪念馆的展柜之中，但它背后的故事却永远流传于大江南北。

那是1939年的秋天，中国共产党领导的八路军纵横驰骋于太行山间，抗日战争已进入非常艰难的时期，日寇对晋东南的第二次“九路围攻”刚被粉碎，国民党顽固派却掀起反共高潮，山西军阀阎锡山紧随其后，制造了“十二月事变”。

在血雨腥风的艰难时刻，为适应民族抗战的紧迫需要，中共中央北方局和八路军总部领导考虑，在华北敌后创办一所由共产党自己领导的专门培养抗日文化艺术干部的学校，以增强晋冀豫根据地发动抗敌的力量。

中共中央北方局书记杨尚昆的爱人、红军时期的文艺领导干部李伯钊，刚参加过延安鲁迅艺术学院创建工作，并担任该院党组成员兼编审委员会主任，就成为担此重任的不二人选。

经过紧张的筹备，1939年年底，晋东南鲁迅艺术学校（史称“前方鲁艺”）在武乡县下北漳村成立。该校旨在贯彻中国共产党的抗战路线方针，在前方培养更多抗日文化艺术骨干，迅速壮大党的抗战文化战线和文艺队伍。首批招收男女学员 280 多人，大多是由八路军各部队和晋冀鲁豫边区各专署选送而来。

1940 年元旦，鲁迅艺术学校正式开学。开学之日，朱德总司令来到下北漳村出席成立暨开学大会。他在讲演中指出，“我们的文艺作品不是给少数人看的，而是给中国广大民众和军队看的，我们必须认清对象，面向群众，面向士兵。认清对象，便提出一个问题——艺术的民族形式和民间形式的问题，也就是大众化和通俗化的问题……”

在场的鲁艺学校校长李伯钊听了朱德总司令的讲话，想到的是前方鲁艺举什么旗、走什么路的问题，想到的是必须创办一份刊物来阐明党的文艺思想、方针和鲁艺学校的办学理念。于是，她将创办校刊的事提上 1 月 5 日的校务会议议事日程。

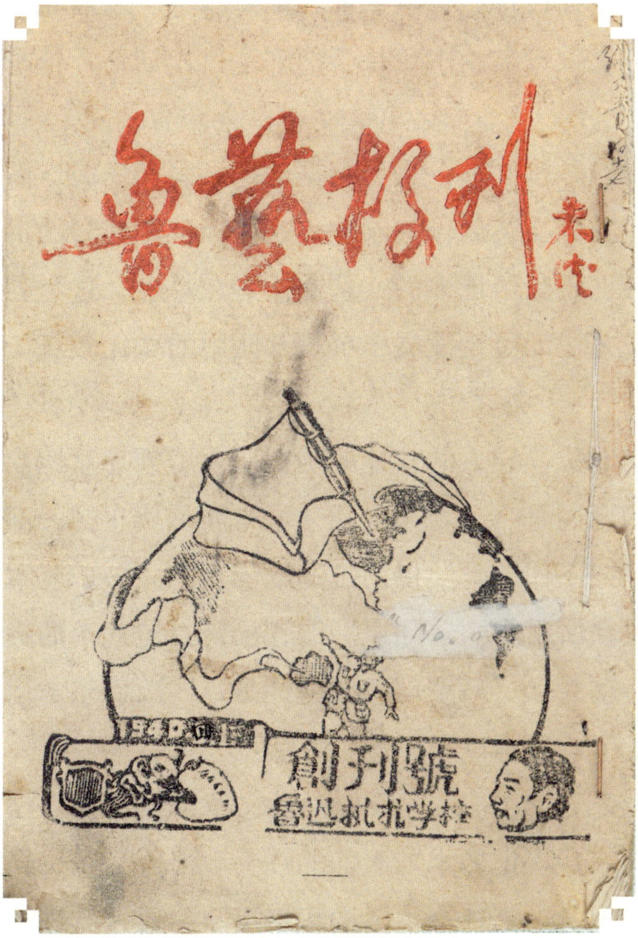

《鲁艺校刊》创刊号

为了办好这份刊物，李伯钊把八路军野战政治部驻下北漳村主抓文化工作的孙泱，根据地最有名望的作家高沐鸿、诗人冈夫，延安来的文化人陈默君、蒋弼，还有鲁艺学校副校长、老木刻家陈铁耕和教务处主任牛犇、音乐系主任朱杰民等，都邀请进校刊编审委员会。而她自己则在参与组稿和编辑工作的同时，负责与党、政、军、民各方的沟通协同工作，很快得到各方各级的大力支持和积极响应。

1940 年 4 月 15 日，《鲁艺校刊》创刊号正式出版。该刊为月刊，32 开本，油光纸刻写油印，全册 48 页。封面是白报纸，上方用红色油墨刻印着八路军总司令朱德亲笔题写的“鲁艺校刊”4 个大字，旁边印有“朱德”签名；中部刻印着由地球、旗帜和战士组合的一幅图；下方左侧印有时间，中间有“创刊号”3 个字，再下以 6 个小形字体署有“鲁迅艺术学校”校名，右下方是鲁迅先生的头像。这个封面由延安来的鲁艺木刻工作团成员、鲁迅艺术学校教务处干部兼美术系教员彦涵设计。

扉页为创刊号的目录，标明封面设计、校歌、发刊词、题字以及篇名和作者等。第 1 页登载的鲁迅艺术学校校歌，由校长李伯钊亲自作词，音乐系教员朱杰民谱曲。

第 2 页是发刊词。文中说明创办校刊：一是为根据地的巩固和发展，借以总结工作，以作鉴镜；二是为开辟文艺创作的园地；三是为补充教学的不足，将从实践中所得到的经验教训贡献给更多的文艺工作者。总之，这个刊物是为了使敌后抗日根据地的文艺运动更快发展，抗日部队中的文化教育工作更加活跃而创办的。

第 3 页至第 7 页是在前方的 5 位领导人的亲笔题词，体现了领导对该校的重视、支持和期望。彭德怀的题词是：“为人生的艺术本质是战斗的，不是拥护就是反对，别的力量是阻挠不住的。”杨尚昆的题词是：“一切艺术作品应该适合民众的需要及为民众所了解。”陆定一的题词是：“艺术的真价值在于它能以革命精神教育劳动大众。”罗瑞卿的题词是：“敌后艺术运动的推进机。”赵品三的题词是：“揣摩世事，体验生活。”

第 8 页至 12 页刊有李伯钊校长亲自写的一篇理论性文章，题目是“略讲艺术与政治生活”。该文批评一些人把艺术与人们的社会政治生活和民众运动分离开来的错误思想，肯定了艺术是社会生活的积极反映。通过有理有据的分析，进一步批判了“纯艺术品”的错误认识。号召艺术工作者投入到

晋东南鲁艺第一届毕业生在美术展览会场前合影

火热的斗争中去，创作出为抗战、为人民大众服务的好作品。

第 13 页到 19 页是蒋弼的《从一般到深化》。文章指出，在抗战三年当中，已经培养了大量的艺术工作者，创作了不少真正为老百姓喜闻乐见的艺术作品。但是，有一个提高的问题。他号召广大的艺术工作者投身到群众的斗争中，“灌注自己丰富的热情，经历战斗，了解战斗，把握战斗，在战斗中充分发挥自己，锻炼自己”，以便得到艺术的深化和提高。在这篇文章中，既讲了艺术的作用，又指出要从一般到深化提高的问题。

此外，还有朱杰民写的《对敌后歌咏的一点意见》，他首先指出歌咏的作用并不亚于戏剧，但是歌咏运动还未得到应有的发展和健全的程度。接着提出三点意见，一是缺乏“健康”的音乐工作者；二是短小精悍应时的歌子太少，多是一般的冗长的陈旧的歌子；三是歌咏工作者联系与批评工作做得不够，单独发展倾向存在。他希望各地音乐工作者应对上述问题进行讨论研究，以便对敌后歌咏运动有所帮助。

从 20 页到 25 页，有王林的通讯《冀中区戏剧运动》，报道了敌后根据地开展的轰轰烈烈的戏剧运动情况，指出当时话剧工作的特点和条件，以及它在当时推动抗日战争的历史作用和开展戏剧运动的重大意义。

第 29 页到第 34 页，是教务处主任牛犇写的《鲁艺概况》一文，还有雷力写的《鲁艺教职员生活片断》。第 35 页至第 44 页，刊登的是学员们的作品，有诗歌、通讯等，形式多样，内容充实。

《鲁艺校刊》自出版创刊号后，先后出刊 20 余期。在烽火连天的太行山上，前后共开办两年多时间。即使在 1940 年夏，日寇反复“扫荡”，李伯钊带领师生整日辗转于武乡东部与敌周旋，无法按时出刊，但当日军“扫荡”稍有停歇，她就又抓紧组织刊物编印出版工作。

1941 年，李伯钊回延安后，心中仍然牵挂前方鲁艺和《鲁艺校刊》，每见前方来人，都会询问前方鲁艺和《鲁艺校刊》的情况，时任《鲁艺校刊》编委会主任、著名诗人冈夫与《鲁艺校刊》主编、小说家蒋弼，每有新刊出版，都会托人给在延安的李伯钊捎去一本。

《鲁艺校刊》尽管只是一份普通的校刊，在当时却被誉为“太行山抗战文化战线一面旗帜”。它不仅真实地记录了鲁迅艺术学校在党的领导下成长、发展和壮大的过程，更为重要的是它正确引领了敌后文艺的发展方向，极大地推动了前方的抗战文化工作。

时光飞逝，斗转星移。《鲁艺校刊》当年因系手工刻印，份数有限。经过数十年的社会变迁，现存更为罕见，已成为不可多得的珍贵文物和宝贵史料。

透过《鲁艺校刊》，我们可以窥见“前方鲁艺”为推动太行山敌后抗战和根据地文艺运动做出的不可磨灭的重要贡献，以及对新中国革命文化艺术发展所产生的深远影响。

硝烟散去，炮火远离，在短暂的休整间隙，我们的战士拿起手中的笔，在简易的油光纸上写下这首《百团大战歌》，记录下八路军在榆辽战役中的英勇表现和取得的辉煌战果，不仅具有史料价值，而且字里行间充满着胜利的喜悦，闪耀着革命英雄主义和革命乐观主义的光辉。

《百团大战歌》创作手稿

郝雪廷

这是决死一纵队二十五团战士创作的一首歌唱该团参加百团大战的歌词。其歌词共分七段，每段都是上下两句，每段两句基本押韵，是一首典型的武乡民歌风格的歌词。《百团大战歌》以旧瓶装新酒的办法，利用武乡民歌曲调演唱。该歌词内容为：

《百团大战歌》

1. 八月二十一，下午八点半；

八路军决死队，展开百团战。

2. 破坏政（正）太路，积（疑为“截”）断平汉线；

同蒲路呀也积（疑为“截”）断，鬼子没法办。

3. 道路挖战吼（疑为“壕”），炸坏铁路桥；

这一场呀打恶战，打得也（疑为“他”）呱呱叫。

4. 英勇的决死队，走路如刮风；

人不知呀鬼不兜（疑为“觉”），来了一旅人。

5. 决死队真英勇，屏（拼）命往上冲；

一霎时呀把碉堡，围了个元（圆）盆盆。

6. 炮台上的鬼子兵，还有些化（皇）协军；

交（缴）枪不杀他不行，个个都送了命。

7. 九月二十三，天明月政（正）南；

黄（皇）军在呀敌碉堡，一黑夜就完蛋。

这件文物发现于武乡县蟠龙镇石瓮村，歌词是决死一纵队二十五团文化战士创作的，其中有一些错别字，创作时间是 1940 年 10 月，这期间，正是该团参加榆辽战役后在石瓮村休整。

歌词记录了该团从 8 月 21 日开始参战，到 9 月 23 日攻下碉堡，参加百团大战第一、二阶段的整个场面。其中第一段提到的“八月二十一，下午八点半，八路军决死队，展开百团战”，百团大战是 8 月 20 日晚 8 时正式开始的，但决死一纵队在百团大战中的首战应该是 21 日傍晚。21 日下午，40 多个日本鬼子利用“青纱帐”作掩护，偷袭一纵队二十五团团部驻地寿阳县大落坡村。该团八连官兵发现后，立即组织反击。子弹打完了，官兵就全部上刺刀，与敌短兵相接展开激烈的白刃格斗。六班一名战士在被敌人刺中腹部的情况下，死死抱住一个鬼子，用牙狠狠咬住其咽喉，与之同归于尽。经过激烈拼杀，八连官兵将敌大部

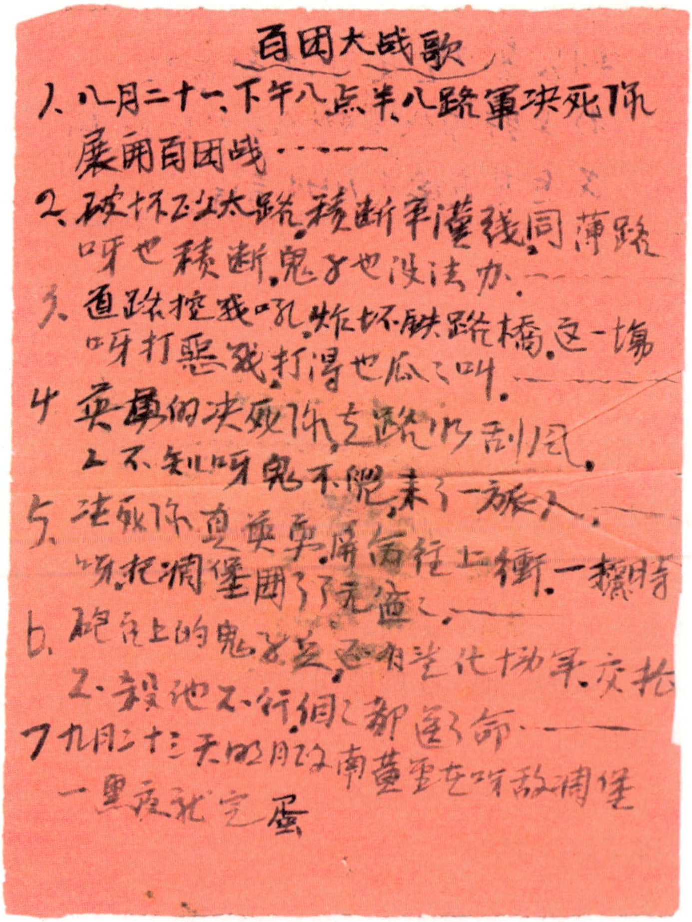
百团大战歌
1、八月二十一、下午八点半、八路軍决死队
展开百团战……
2、破坏正太路、截断平漢线、同蒲路
呀也截断、鬼子也没法办……
3、置路挖战沟、炸坏铁路橋、这一場
呀打恶战、打得他瓜瓜叫……
4、英勇的决死队、走路好刮风
又不知呀鬼不觉、来了一旅人……
5、决死队真英勇、屏宿往上衝、一瞬時
呀把碉堡团团围……
6、碉堡上的鬼子兵、[illegible]交抢
不杀他不行、個々都送了命……
7、九月二十三天明月政南、黄军在呀敌碉堡
一黑夜就完蛋

《百团大战歌》创作手稿

歼灭，保卫了上级首长和机关的安全。战后，该连被八路军总部授予“白刃格斗英雄连”荣誉称号。

第二至六段描写百团大战的战场气氛、战斗收获，以及决死一纵队的参战情况。第七段写9月23日的战斗。9月23日我军发起榆辽战役，二十五团以一营主攻沿毕，其余主力两个营位于梁山谷附近待机。当晚23时全线发起攻击，第一连在火力掩护下以勇猛迅速的动作冲过三道铁丝网，直扑外壕前沿。守敌仓皇集于碉堡内，以轻火力向我还击，并出动20余人向我反扑。由于后续部队未能跟进，一连被迫退出。当我实行第二次冲击时，守敌大放毒气，突击队大部分人中毒，稍稍后退，接着又连续组织七次突击均未奏效。这时天亮，阵地上不易立足，才将主力撤出战斗，准备黄昏再度攻击。24日18时，一、二两连改由西北方向秘密向敌接近，摸进阵地时发觉守敌外逃，获皖南炮一门。此时三连由正面突围，碉堡为我占领。榆（社）辽（县）战役，是八路军一二九师三八五旅、三八六旅、新编第十旅、决死第一纵队和太岳军区部队等部，在百团大战第二阶段的主要战役，经榆社县城、王景、红崖头，辽县石匣、管头等战斗，至10月1日战役结束，共歼灭日伪军900余人，攻克榆社县城及榆辽地区敌据点多处。战斗结束后，部队开到武乡休整。

这张《百团大战歌》创作手稿，是粉红色油光纸，32开，用小楷毛笔书写。它记录了决死一纵队在百团大战中英勇作战的场面，从中可以看出我八路军战士在战斗间隙依然保持着一种革命的乐观主义精神，他们用歌声鼓舞士气，充满胜利的喜悦。

这张《百团大战歌》手稿于2008年在武乡县石瓮村发现，现由武乡红色收藏家梁松筠收藏。

当他脱下媳妇一针一线缝纳的新鞋送给八路军战士的时候，他的精神就被置放在了高高的殿堂。军民鱼水，从来就是我们克难攻坚、克敌制胜的不二法宝，有人民做后盾，任何的狼子野心都终将被埋葬。

木刻《新鞋》

白　露

木刻与新鞋——这是两个八竿子都连不起来的内容形式。木刻是一种艺术种类，将其放置在高高的艺术殿堂，也毫不为过。而新鞋，只是我们的生活用

木刻《新鞋》

品，再怎么新，踩在脚下才是它的价值。所以，这个故事本身就非常耐人寻味。

先说新鞋，抗日战争时期老百姓的一双新鞋，布底儿，布面儿，纯手工纳制。先找来一大堆废旧的布片，在一个宽平的物器上，铺展整齐，用豆面（白面的效果更好，但抗战时期很缺乏）和水加热调成稀稀的糨糊，在布片上抹匀，再加一层布片，然后再抹一层糨糊，就这样，粘连六七层布片，在太阳下晒干，就形成硬邦邦的干布片。接着，准备一个鞋样，用剪刀把干布片按照鞋样剪成一个个鞋底，把五六个鞋底压在一起，幔一层松软的白布，然后就用穿着麻绳的针，一针一针纳出来，成为结实的鞋底。制作鞋面的时候，用简单的一层干布片，剪成鞋面样，幔一层黑布，纳在鞋底儿上，这样，一双白底黑面的布鞋就做好了。这种鞋穿着舒服，但费时费力，一般做鞋的农村妇女们，每人手上都有长久使用麻绳、锥针形成的老茧。因此，做成这样一双鞋，是非常不容易的。特别是在抗日战争期间，穷苦的老百姓得到这样一双新鞋，是一种天大的奢侈。

1943 年，蟠龙围困战打响，蟠龙附近的老百姓已经被八路军掩护转移到了安全的地带，为了给前线打仗的八路军战士及时供应吃的喝的，老百姓省吃俭用，主动拿着一些干粮、鸡蛋到前线送慰劳品。有一天，一位中年男人走在送慰劳品的队伍里。他们有的背着口袋，有的提着篮子，有的用木筲挑着米汤，和大家不一样的，是他脚上那双崭新的布鞋。这双布鞋是他老婆给他做的，转移的时候，为了不被鬼子拿走，就把这双新鞋也带走了。中年男人脚上的鞋早就烂得不成样子，但他一直舍不得穿这双新鞋。这天，要到前线送慰劳品，脚上的鞋子实在烂得穿不成了，而且上前线非常危险，就换上了这双新鞋。他已经有好几年没穿过新鞋了，乍一穿上，他还有点不习惯，走起路来小心翼翼的，生怕踩坏了一般。

中年男人跟着队伍上了前线。等到一波攻击打完，战士们都退下来进行休整，准备下一轮攻击。

老乡们的慰劳物品都送到战士的手中，就在他们准备返回的时候，中年男人忽然看见一位八路军战士光着一只脚，就问：“孩子，你的那只脚怎么光着？”战士回答：“鞋子太烂了，打冲锋的时候甩掉了。”

中年男人不再答话，他下意识地看了看自己脚上的新鞋，又看看战士那只伤痕累累的光脚。战士一瘸一拐地离去。中年男人真想将自己的新鞋脱下来给那位战士穿上，可是又想，这双新鞋可是老婆熬了多少夜一针一线纳出来的，自己都舍不得穿呢。中年男人走了几步，心想，一会儿那孩子又要冲锋，光着脚多不方便，万一因为这脚不方便而受伤咋办？万一……男人不敢再想了，他赶紧折回来，决心脱鞋给那个战士穿。刚坐地上，男人又犹豫了，这鞋是妻子量住自己的脚做的，还不知道那孩子能不能穿上呢。于是他又将鞋子穿上，准备离开，走了几步，心里又想，不就一双鞋子吗？八路军战士为了老百姓命都不顾，一双鞋子有什么犹豫的。这次，中年男子没有再犹豫，果断脱下自己脚上的新鞋子，光脚来到那位战士跟前，将鞋子递给战士。“孩子，这是一双新鞋，来，穿上它。”战士望着这双新鞋，激动得说不出话来，给大叔敬了一个军礼，穿上新鞋转身投入了战斗。男人光着脚跟着送慰劳品的队伍返回了村里。

这一幕，被战地记者华山看到，于是便有了第二个故事——木刻。

华山是我国著名的战地记者、作家、木刻家，原名杨华宁，我们在小学时读的《鸡毛信》便出自他的手笔。自19岁作为《新华日报》的特派记者奔赴抗日前线，一直到59岁对越自卫还击战时还坚持带病上前线采访，他的新闻作品，报道的都是自己亲身经历和亲自参与的事件，因此，他的作品非常具有权威性、真实性。

这天，华山同志正在蟠龙围困战的战场上进行采访，看到这一幕真实的景象，被这份军民鱼水情深深感染，他将这件事牢牢印在自己的脑海里，之后，他用木刻这一独特的艺术形式将这感人的一幕记录下来，精心创作了这幅木刻作品，于民国三十三年（1944）6月1日，刊登在延安出版的《解放日报》第四版上，并配有简要的文字说明：“新鞋，华山作。在武乡某次战斗中，一个到火线上送慰劳品的老百姓，把自己脚上的新鞋，脱下来送给冲锋的战士。”

这份珍贵的《解放日报》，目前收藏于武乡县红色文化民间收藏家籍贵先先生处，它真实地反映了抗日战争时期八路军与老百姓鱼水深情。

烽火岁月，老百姓生活艰难。但一张木刻画，既能美化生活，同时也增加了热闹喜庆的感觉，寄托着人们对美好生活的向往和追求胜利的愿望。木刻画不仅仅是人民真实生活的写照，也是抗日的武器，承载着一段段不能忘却的烽火时光。

木刻画里的烽火时光

宋　玲

抗战时期，日本侵略者不仅使用武力侵占我国领土，而且企图进行思想蚕食。他们大肆宣扬“我们都是黄皮肤，我们都是一家人”“创建大东亚共荣圈”“我们不是来占领你们的，我们是来解放你们的”等反动口号。在日方文化侵略的泛滥下，很多普通老百姓的思想发生了变化，有的人甚至认为谁统治中国都一样，只要好好种地，都是一样生活。很多老百姓还成为日本人的雇工，为他们修炮楼、修铁路等，认为只要日本人给吃白面大米、发工资，就是很不错的差事。

面对敌人发动的武力和文化双重进攻，我方积极应战，针对文化“蚕食”展开全面反击。各地迅速组成一支支以政治宣传、文化动员、艺术演出和新闻出版为重心的文化队伍，宣传抗日主张，揭发日本侵略者的狼子野心。比如，各地迅速崛起的抗战文艺演出小队。

在山西太原有牺牲救国同盟会、战地总动员委员会组织的话剧团和文艺宣传队；在山东济南有平津流亡学生组成的“流亡同学演出队”；在豫北，有沁阳学生组成的“沁阳同学宣传队”；在晋东南武乡等地有光明剧团、战斗剧团、盲人曲艺队等，除此之外在武乡轰动一时的还有鲁艺木刻工作团。

鲁艺木刻工作团的历史还要追溯到 1938 年冬。根据党中央的号召，由

鲁艺木刻工作团成员，左起依次为彦涵、华山、胡一川、罗工柳

延安鲁艺木刻研究班成员罗工柳、彦涵、华山、胡一川等发起成立工作团，推选胡一川任团长，由北方局宣传部长李大章同志率领，于 1939 年 1 月到达了太行山根据地，和本地美术工作者结合起来，全力以赴地投入文化抗战工作。

1939 年 10 月，木刻工作团来到武乡，住在果烟崁村。为了更好地把木刻艺术作为抗战的武器，他们经常到下合村野战政治部联系工作，还与华北《新华日报》联合，创办了副刊“敌后方木刻”。特别是 1940 年八路军总司令朱德在《三年来华北宣传战的艺术工作》讲话中指出：“敌人在宣传工作中重视利用艺术”“敌人善于利用大幅的宣传画和小型的漫画宣传品”，并“特别注意到中国形式。如用司马温公破缸的故事，画‘日本救中国’的大幅宣传画。如利用年历表画年画，就成为宣传品”。朱德号召包括美术在内的广大文艺干部，必须加强艺术的战斗性，给敌人以有力的反击。他同时提到，“我们的笔杆必须认真赶上枪杆，对敌战斗到底。要做到这点，必须继承发扬我民族民间的优秀传统，创造为人民所喜闻乐见的富有民族特色的新文化艺术。”他号召广大艺术工作者，积极投身于这场宣传战中，“在文化运动和宣传战中战胜日本，要靠你们。创造光辉灿烂的新民主主义的艺术，也要靠你们”。之后，武乡木刻画工作组改变思路、结合本地群众的欣赏习惯，克服过去木刻中用黑白对比组织画面，一时不易为群众所接受的弱点，采用我国水印木刻单线平涂的方法，使画面简洁、朴素、明朗、鲜艳。一时间，木刻画的创作如雨后春笋般破土而出，对日寇思想侵略进行重重回击。

当时木刻画广泛流传风靡一时。1940 年春节来临之际，制作的一批军民生产生活的年画，作品有《军民合作》《破路》《开荒》《实现民主政治》《织布》《春耕大吉》《保卫家乡》等，特别是《军民合作，抗战胜利》的门神画，非常受老百姓的欢迎。在武乡，过年有贴门神的习俗，人们将门神像贴于门上，寓意辟邪驱鬼、卫家宅、保平安、助功利、降吉祥等，门神也是民间最受人们欢迎的保护神之一。

相传，早期的两尊门神分别是神荼与郁垒，《山海经》《风俗通义》《重修纬书集成》等典籍都有记载，随着时代的前进，将秦琼与敬德、萧何与曹参、关羽与张飞等有名的文臣武将尊奉为门神。为了宣传抗日，美术工作者采取旧瓶装新酒的办法，利用旧门神的画风，把秦琼与敬德改为积极抗日的军和民，既有原始风味，又有抗日内容。

这些新年画在印制过程中，村里的煤窑工人、农民、过路行人都跑来看新鲜，而且有人要买几张带回家里去，还有人把贴在村里的新年画揭走。特别在农历腊月二十三那一天，是民俗祭灶的日子，村里人叫过小年，胡一川和杨筠两位同志，亲自带着这批年画去赶集，到蟠龙集市上摆摊叫卖，几千张新年画在不长的时间里被争购一空。第二天，又有许多老百姓赶几十里地来买年画的，有人在集市没有买到还直接跑到木刻工作团驻地果烟垴村去买年画。这样的情景，使大家深受感动。木刻创作上这一新的发展，是一次大胆的尝试，更是一次重大的突破，既密切了美术创作与群众的关系，也教育了美术工作者，使大家进一步体会到了尊重群众的欣赏习惯，认真向民间美

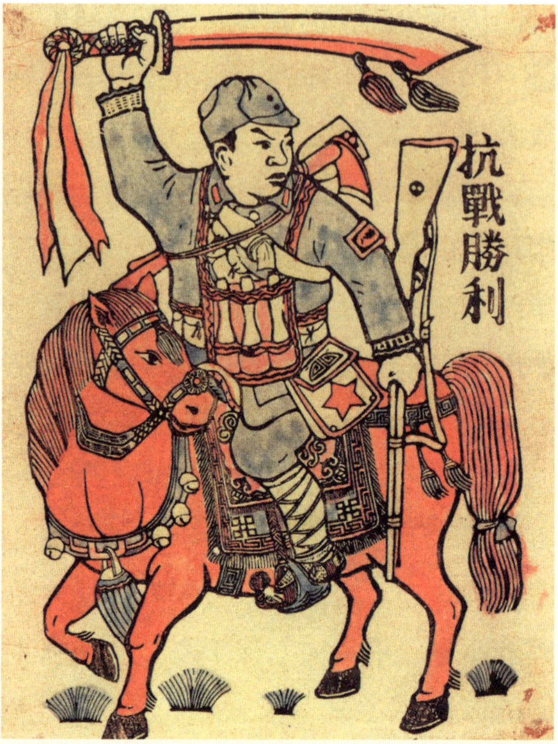

鲁艺木刻工作团创作的新年画《门神》

术学习的现实意义。

第一批新年画在武乡县果烟垴村刻印，最初印了 8 种。内容主要是表现战斗和生产、参军、支前。在形式上学习了民间年画的形式和表现方法。如《保卫家乡》《春耕大吉》（门画，彦涵作）、《送子弹》《军民合作》（胡一川作）、《一面抗战，一面生产》（罗工柳作）、《抗日军民大团结》（陈铁耕作）、《织布图》（杨筠作）。

鲁艺木刻工作团的这次尝试得到朱德、彭德怀等领导的高度赞扬。彭德怀还让他的夫人亲自到木刻工作团要了一些年画，并于 1940 年 2 月 7 日写信给木刻工作团，信上写道：“这次你们的勇敢尝试，可以说是已经得到了初步的成功。许多艺术工作者口喊大众化，实际上并没有真正做到，而你们则已向这方面走近一步了。”信中还说：“我们马克思主义者认为，脱离了时代要求，不反映革命现实的作品，是没有而且也不会有艺术价值的。目前中国艺术工作者的主要任务在于加紧的批评的接受与发展民众的艺术形式，充分的反映抗战中人民的要求，成为动员民众一支强有力的力量。”

出自武乡的这批木刻画，用农民喜闻乐见的艺术形式，向农民进行宣传，

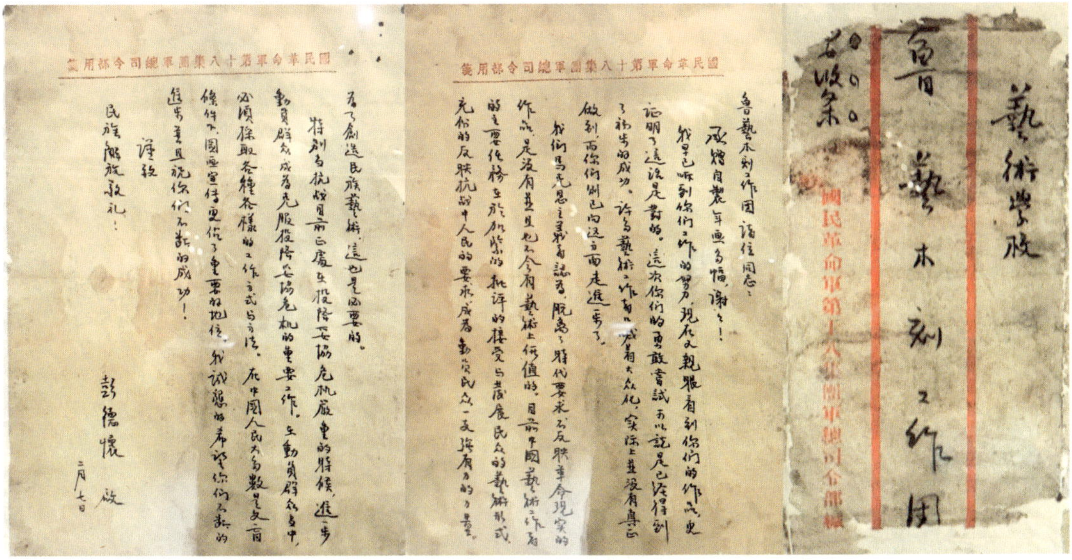
國民革命軍第十八集團軍總司令部用箋

鲁艺木刻工作团诸位同志：

承赠自制年画多幅，谢谢！

我早已听到你们工作的努力，现在又亲眼看到你们的作品，更证明了这说是对的。这次你们的勇敢尝试，可以说是已经得到了初步的成功。许多艺术工作者口喊大众化，实际上并没有真正做到，而你们则已向这方面走近一步了。

我们马克思主义者认为，脱离了时代要求，不反映革命现实的作品，是没有而且也不会有艺术价值的。目前中国艺术工作者的主要任务在于加紧的批评的接受与发展民众的艺术形式，充分的反映抗战中人民的要求，成为动员民众一支强有力的力量。

國民革命軍第十八集團軍總司令部用箋

为了创造民族艺术，这也是必要的。

特别当抗战目前正处在投降妥协危机严重的时候，进一步动员群众成为克服投降妥协危机的重要工作。在动员群众中，必须采取各种各样的工作方式与方法。在中国人民大多数是文盲条件下，图画宣传更占了重要的地位。我诚恳的希望你们不断的进步，并且祝你们不断的成功！

谨致

民族解放敬礼！

彭德怀 启

二月七日

彭德怀副总司令写给鲁艺木刻工作团的信

比如，将家家户户过年要张贴的门神（秦琼和尉迟公）改为手持大刀长矛的战士和老百姓，色彩明亮、线条流畅，既喜气洋洋又寓意明确，深受大众欢迎也取得了良好的抗日宣传效果。

其实无论在什么时代，人们都是爱美的，屋子里贴起一张木刻画，室内气氛便马上改观，顿时增加了热闹，欢愉，喜庆的感气氛，既起到了美化生活的作用，也表达了人们对美好生活的向往和追求胜利的愿望，木刻画不仅仅是抗日的武器，也是人民真实生活的写照。一幅幅精美的木刻画承载着一段段不能忘却的烽火时光。

普通的酸枣核，热腾腾的小米粥，是老乡的一片情。精神矍铄的房东大娘，炯炯有神的双眼，是艺术家的丹青妙笔。看似不相干的事，在抗战的烽火岁月，书写出了一段质朴的故事，道出了军民鱼水情深，不用渲染，却很感人……

画像里的故事

李丽琴

在武乡县下北漳村里，存留着一张珍贵的画像。画像的主人不是别人，正是多年前已经去世的村民郝来焕。她是一个普普通通的农村妇女。那么，为什么说这个画像是珍贵的呢？这要从它的来源说起。

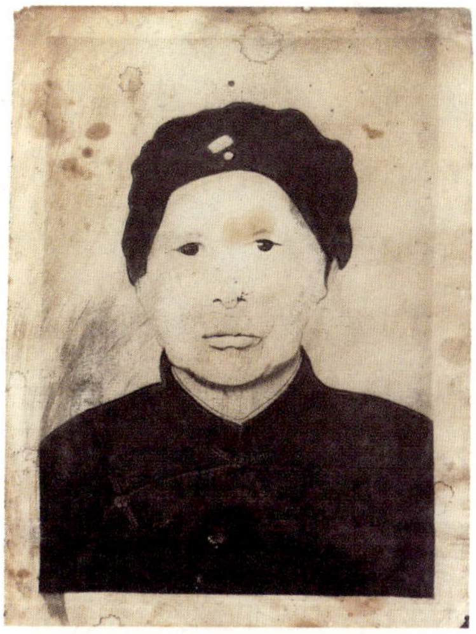
鲁艺艺术家留下的画像

20世纪三四十年代，中国正处于抗战时期，全国都掀起了反抗日本人的高潮，地处太行山区的下北漳村也不例外。相距8里之遥的王家峪村是当时八路军的总部所在，所以以王家峪为核心，周边各个村落都驻扎部署着八路军的各级团体组织与办事处。

1940年1月1日，前方鲁迅艺术学校在武乡下北漳村成立，校长为李伯钊，下设教务科、后勤科、军备科等机构，拥有美术、音乐、戏剧等多个系别。短时期内，众多来自延安、重庆和祖国各地的著名文化艺术界人士纷纷来到下北漳村，积极投身到根据地的抗战文化运动中。在他们中间，就有一位著名的画家——杨角。

杨角（1916—1998），别名杨力森，字立生，黑龙江绥化人。是一位高学历的优秀人才，他于 1935 年在北平美专绘画系学习，1937 年毕业于上海美专西洋画系。他擅长油画，画风独特，是当时不可多得的绘画专家。他热爱祖国，一心追随共产党打天下。

1939 年年底，风华正茂的杨角同志背着铺盖卷儿远道而来，纯朴善良的下北漳村人民热情欢迎他，把他的住所安排在前方鲁艺学校的附近，也就是画像中郝来焕的家。

初来乍到，下北漳村山清水秀的自然风光吸引了杨角的视线，工作之余，他就对着野外的风景开始写生。与东北的严寒酷冷不同，太行山四季分明，花红柳绿，杨角感觉自己深深迷恋上了下北漳村。

在他心中，下北漳村的人民是可亲可敬的。房东大娘郝来焕总是把他当亲儿子一样看待，经常送来可口饭菜，还关心他的衣食住行，无微不至，照顾有加。杨角觉得她虽然只是一位普普通通的农村妇女，但是深明大义，通情达理，对所有的鲁艺师生都非常尊敬，又呵护备至，尤其对自己，更是天天挂在心上。

1940 年春天，时任鲁艺美术系主任的杨角生病了，发高烧，说胡话，躺在破旧的棉被里浑身无力。郝来焕知道了情况，马上就让自己的儿子去请村里的老中医。老中医开出了药方，药引子是酸枣核。郝来焕知道后，挎上竹篮子就出了门。村里的小河还结着冰，她只好挽起裤腿蹚了过去，刺骨的冰冷瞬间遍布全身，但是郝来焕咬紧牙关，步履蹒跚地走着，没有一点点退却的意思。过了河，又爬上近山，找到野酸枣树，扒拉开地上还没有发绿的枯枝败叶，埋头捡了起来。等她回到家时，双脚已经冻得如膨胀一般，又痒又痛，好几天恢复不过来。

杨角同志喝了中药，逐渐好转起来，可是胃口不大好，食欲不振，什么也吃不下去。房东大娘看在眼里，急在心中，就向邻居借来小米，点燃灶火，熬制了一碗热乎黏稠的小米粥。杨角同志端在手中，感动得说不出话来，颤抖的双手捧紧了饭碗，滚烫的泪花在眼里闪烁不已。

因为他知道，这是老区人民对于八路军战士的满腔真诚。在缺衣少穿的艰苦岁月，老百姓们自己吃糠咽菜，也总是先满足战士们的需求；老百姓自己流离失所，也总是无私地帮助八路军战士们做好后勤。眼前的房东大娘身形憔悴，可是她坚韧博爱，相当于是自己的再生父母。这份鱼水深情，杨角同志深深地记在了心中。

前方鲁艺学校是积极宣传抗战思想的文化传播中心，美术系承担的任务主要是制作墙体漫画、印制图文并茂的宣传单等，工作量很大，且具有很大的挑战性。身为系主任的杨角是非常忙碌的，一方面要指导学校的学生学习，另一方面还要安排各种抗战事务，所以他的身体一恢复健康，就立马投入到了紧张忙碌的工作中。

过了几天身体渐有好转，他特意请房东大娘坐在一张板凳上，并且挺直腰杆坐好，然后他展开白纸，拿起画笔，时而看向房东大娘，时而低头作画，又反复涂抹，不大工夫就画出了房东大娘的肖像。画像中的房东大娘精神矍铄，表情庄重，双眼炯炯有神，头戴黑色绒帽，身穿黑色偏襟夹袄，夹袄上的手工盘扣都被画得清清楚楚。房东大娘越看越高兴，不住地向杨角同志说谢谢，又小心翼翼地收藏好画像，特意放进了房梁上悬挂着的吊篮里。

后来，杨角同志跟随鲁艺学校转移到了辽县（今左权县），又随革命队伍转战四方，但经常牵挂着房东大娘一家人，每当遇到下北漳村里的人们，总是要打听一下房东大娘平安与否。后来，还托人给他们捎回了几张抗战年画，可惜由于时间长久都未留存下来。

只有这幅画像被房东大娘悄悄珍藏在最隐秘的地方，也就被保存了下来。历经战火纷飞，岁月更迭，画像的纸张已经微微发黄，但是这张画像所蕴含着的鱼水深情却是历久弥新，代代传承。村人细心珍藏着画像，视若珍宝。

这，就是这幅画像告诉我们的故事。当年的当事人都已经先后离世，但他们拥军爱民的伟大精神将永远光耀史册。

这本书是1940年4月，中共武乡实验县委教育各级基层党员干部的教材，是在敌人扫荡的危急之中，群众受重托藏于裂缝中保存下来的珍贵书籍。书的纸质、印刷都很低劣，但反映出我党无论环境如何恶劣，都坚持加强党员干部的理论学习，用革命的理论指导对敌斗争，彰显我党始终不渝地坚持的优良传统。

墙缝中珍藏下来的党员教材

刘东萍

2020年7月的一天清晨，接到久未谋面的老同学电话，想让我帮忙联系拜访郝雪廷老师，说有件东西想让郝老师看看。

上午10点，我们一起来到郝老师办公室。老同学神秘而郑重地从包里拿出一个塑料袋，又从塑料袋里取出一个报纸包，打开之后呈现在我们眼前的是一本泛黄的小册子。看上去，小册子长不到20公分，宽10多公分的样子。封面上隐约能看到列宁的画像，轻轻打开是书名。书名的背面几行小字，清楚而详细地记录着书名、出版时间、编辑者、定价、发行社及地址等信息。

这本书保存比较完好，打开第一页就清楚地写着《什么是列宁主义》，下面括弧标注：列宁主义研究者之参考材料。第二页清楚显示出版于1939年6月，编辑是文维城，出版者是“胜利社”，当时这本书是初版，一共印刷了800册，每册定价一角二分。紧接着就是目录、编者声明。从编者声明的信息中可以读出，作者当时写这本书的目的就是为了给研究列宁主义者提供参考资料，目的很显然，就是为了传播马克思列宁主义。再打开，印入眼帘的是毛泽东同志关于学习马克思列宁主义的一段话：“如果中国有一百个至二百个系统地而不是零碎地、实际地而不是空洞地学会了马克思主义的同志，那将是等于打倒一个日本帝国主义。同志们，我们一定要学习马克思主义。”这段话的上面用大号字特别醒目地注明“仅以此献给学习理论的干部同志”。

从全书的字体来看，很明显是多人参与刻板，各种不同的字体，显然是几个人分工合作共同完成后装订在一起的。我注意到，这泛黄的纸张是很薄很薄的粉连纸，有红、黄、绿、白四种颜色。郝老师讲，当时非常困难，纸张短缺印刷条件有限，所以只能是有什么纸算什么纸了，顾不上考虑书的整体性、一致性以及是否美观了。想想，1939 年，那是全面抗战时期，国家正处于最为艰难困苦的时刻，可想物资何等短缺，印刷条件何其艰难。

说话间，郝老师突然停下，问起书的来历。老同学说，知道郝老师是研究八路军历史专家，而且对他特别地信任，所以就实话实说了。

原来，这是他父亲留下的。前几年他们家翻修旧窑洞的时候，在窑洞里间墙皮裂缝中挖出来的。当时父亲年岁已高，思维不是很清晰，对于这本书的来历讲得不是很清楚，但是从父亲的讲述中得知，这是当时他们村的一个干部学校用过的书。

好像说是有一天，突然枪声响起，鬼子进村了，学校的老师和学员们一方面要去掩护群众，一方面又要收拾东西，有的还要去参加战斗，慌乱中，有位老师跑进院子把这本书交给父亲，并且千叮咛万嘱咐，一定要保管好，不要告诉任何人。父亲情急之下就用破布包好塞进了窑洞里间的墙皮里，又用放粮食的瓮靠墙挡住。

鬼子走了，逃难的村民陆续回来了，可是那个老师再没有回来取书，他也不知道那个老师哪儿去了，究竟发生了什么事情。因为有交代，不让他告诉人，所以父亲没敢打听，更没有把书交给别人。不久之后，那个学校就离开他们村了，这件事也就搁下了。一开始，父亲还惦记着，但是不敢往外拿，慢慢的天长日久他便把这件事忘了，如果不是翻修旧窑洞，估计没有再见阳光的日子了，估计会随着岁月的流逝、随着房倒屋塌而沉寂、而悄无声息地埋葬。

说到这里，郝老师眼前一亮询问道，你刚才说你老家是哪个村？如果你

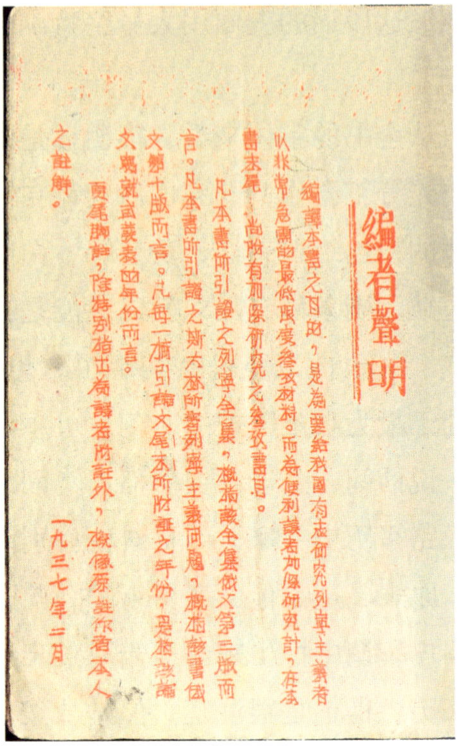

編者聲明

編譯本書之目的，是為要給我國有志研究列寧主義者以非常急需的最低限度參考材料。而為便利讀者加深研究計，在本書末尾，尚附有加深研究之參考書目。

凡本書所引證之列寧全集，概指該全集俄文第三版而言。凡本書所引證之斯大林所著列寧主義問題，概指該書俄文第十版而言。凡每一篇引證文尾末所附註之年份，是指該論文寫成或發表的年份而言。

頁尾腳註，除特別指出為譯者附註外，概係原著作者本人之註解。

一九三七年二月

《什么是列宁主义》书影

父亲在世今年多大年纪了？

老同学说他是沿土凹村的，父亲 87 岁那年去世，如果在世今年应该有 97 岁了。

郝老师的脸上立刻露出激动的笑容，他说，“这就对了”。边说边打开自己的电脑，打开文件夹，让我们看了一段文字。

原来，1940 年 4 月，中共武乡实验县委为了整顿各级党的组织，转变党的工作作风，在创建实验县的同时，开办了实验县委党校。当时的校址就在沿土凹，只是不久便迁往姚庄、大有、横岭等地了。当时由苏光任校党委书记，陈平任校长。党校教员有从晋冀豫区党委党校派来的吴江涛、吴锋、彭淦等，也有中共晋冀豫区党委特地派来的陈光华（朝鲜人），他来武乡就是协助创办党校的。实验县委党校先后举办过 3 期基层党员培训班，学员大约有 1500 人。学校主要培训党员、区村干部，当时培训的主要内容就是党的基本知识、党风问题与战争动员等。据记载，当时学习条件非常艰苦，没有专门的教室，学员们只能是晴天在树下、打麦场上学习，阴雨天就在老乡家里、屋檐下讨论。没有课桌没有板凳，学员们就坐着石头、树墩听课，笔记本放在膝盖上，或者干脆用树枝在地面上写字。特别是当时的学习资料也非常的紧缺，学校的老师还专门去太行三地委（当时就在大有、东沟）找学习资料。这本书应该就是从那里带回来的最珍贵的学习资料。由于事发突然，那位老师又要去完成任务，所以就将书本托付给老乡保管了。

到这儿，这本书的来龙去脉基本就清晰了。再次端详，突然觉得增加了分量。书中随处可见用笔轻轻勾画的痕迹，这应该是老师们在学习时画出的重点，当时，因为得来不易，所以读书人倍加珍惜，小心翼翼，如获至宝。

据郝老师介绍，这本书的作者文维城，是个化名，他的真名叫何克全，也就是著名的革命家凯丰，江西省萍乡人。早年在萍乡中学读书，受进步思想影响，参加学生运动。1927 年年底赴莫斯科，到中山大学和少共国际团校学习。1930 年秋奉派回国，同年 12 月由共青团转为中共党员。先后任两广团省委书记、团中央宣传部长、团中央书记。1934 年 1 月，被增补为中央政治局候补委员。长征中任军委总供给部政委，出席著名的遵义会议。长征到达陕北后，任中共中央宣传委员会负责人、军委政治部兼红一方面军政治部地方工作部部长、团中央书记兼中央团校校长、中共中央宣传部部长等。凯丰同志长期战斗在党的宣传理论战线上，曾担任党中央宣传部门的主要负责人，对党的理论宣传工作做出了重要贡献。他编写过《抗日民族统一战线教程》《什么是列宁主义》《马克思与中国》等文章，大力宣传马克思列宁主义。

《什么是列宁主义》最早于 1937 年在延安出版。这本书共三编，分三册印刷。现在看到的这个小册子，实际上是第一册，内容是第一编：列宁主义是在帝国主义和无产阶级革命时代的马克思主义，分为三章讲述列宁主义之定义和列宁主义之主要点；列宁主义之历史根源；列宁主义是马克思主义发展之新阶段，斯大林同志之继续发展列宁主义。

这本书先后有不同出版社出版不同版本，但在太行区出版的版本还是第一次发现，而且印刷时间较早，印刷数量极小，也说明其是非常珍贵的。

伟大的革命实践，需要伟大的理论指导。这本珍藏的书可以说明，重视对各级党员干部马列主义的学习，将马克思列宁主义与中国革命实际相结合，是我们党取得中国革命伟大胜利的法宝。

在武乡县档案馆里，珍藏着一份书页已经泛黄，四周已经有点残损的《调查研究》杂志创刊号。这本书发行于1942年5月1日，由彭德怀题写刊名、张衡宇负责创办、中共中央北方局调查研究室编辑出版。可惜，这本充满时代气息的红色刊物，刚刚问世，便因张衡宇的牺牲和其他原因成为终刊号。让我们翻开书页，穿越到战火纷飞的年代，去领略共产党人艰苦卓绝的斗争精神与坚持敌后工作的不易。

《调查研究》是只出版过一期的珍贵刊物

郝雪廷　韩卫忠

习近平总书记指出："研究、思考、确定全面深化改革的思路和重大举措，刻舟求剑不行，闭门造车不行，异想天开更不行，必须进行全面深入的调查研究。"为深入学习贯彻习近平新时代中国特色社会主义思想，全面贯彻落实党的二十大精神，党中央决定，在全党大兴调查研究，今年3月，中共中央办公厅印发了《关于在全党大兴调查研究的工作方案》，并发出通知。

重视调查研究，历来是中国共产党的光荣传统。

中国共产党的酝酿和成立过程，就建立在党的创始人对当时中国社会深入的调查、深刻的理解之上。陈独秀穿梭于农村城市遍查民间疾苦，李大钊深入工厂进行调查研究。

毛泽东同志更是调查研究的行家里手。他用大量时间深入工人、农民中进行调查，写出著名的《中国社会各阶级的分析》《湖南农民运动考察报告》等调研报告，成为调查研究的经典之作。

1930年5月，毛泽东在《反对本本主义》中，鲜明地提出："没有调查，没有发言权。”从此，调查研究成为中国共产党一以贯之的优良传统，是谋划工作、科学决策的重要依据。从建党、新中国成立到改革开放，这一优良传统一直贯彻始终。

全国抗日战争开始后，八路军、新四军开辟了广阔的敌后战场，放手发动群众，壮大人民力量，建立巩固的敌后抗日根据地。八路军总部在建立太行抗日根据地的过程中，总部首长就发现：要在太行山建立抗日根据地，对太行山一切具体情形如不了解，制定出来的政策就会是“闭门造车”，以想象代替实际，这是非常危险的。1939 年 3 月，八路军总部与中共晋冀豫区委在山西省襄垣县南丰沟召开工作会议，也专门讨论了要开展调查研究的工作，但是日军的不断“扫荡”，加之诸多工作影响，调查研究工作做得并不理想。

在国际国内都处于战火纷飞的环境下，在中国共产党内政治路线、思想路线、组织路线尚未高度统一的情况下，毛泽东在《改造我们的学习》一文中就强调：“向全党提出系统地周密地研究周围环境的任务。依据马克思列宁主义的理论和方法，对敌友我三方的经济、财政、政治、军事、文化、党务各方面的动态进行详细的调查和研究的工作，然后引出应有的和必要的结论。为此目的，就要引导同志们的眼光向着这种实际事物的调查和研究。就要使同志们懂得，中国共产党领导机关的基本任务，就在于了解情况和掌握政策两件大事，前一件事就是所谓认识世界，后一件事就是所谓改造世界。就要使同志们懂得，没有调查就没有发言权，夸夸其谈地乱说一顿和一二三四的现象罗列，都是无用的。例如关于宣传工作，如果不了解敌友我三方的宣传状况，我们就无法正确地决定我们的宣传政策。任何一个部门的工作，都必须先有情况的了解，然后才会有好的处理。在全党推行调查研究的计划，是转变党的作风的基础一环。”

为使全党充分了解国情、社情、党情，更好地开展各项工作，在毛泽东等领导同志的大力倡导下，党内兴起调查研究之风。1941 年 8 月，中共中央做出《关于调查研究的决定》和《关于实施调查研究的决定》。中共中央设立调查研究局，各中央局、区委、省委或工委也成立相应的调查研究机构，调查研究作为党的一项重要工作制度被确立起来。从此，将调查研究工作常态化、制度化，成为中国共产党区别于其他任何政党的重要标志。调查研究成为中国共产党的一项重要的工作制度，调查研究在党内蔚然成风。

中共中央北方局书记杨尚昆，于 1941 年 11 月上旬奉中央指示离开太行山返回延安。此后，八路军副总司令彭德怀实际上全面担负起华北敌后党军政民团结抗战的领导重任，兼任中共中央北方局代理书记。为了加强调查研究工作，1942 年春，在代理书记彭德怀的主持下，中共中央北方局也设立了调查研究室，由张衡宇担任研究室主任。

张衡宇是山西省忻州人，他 18 岁时曾以全省第一的成绩，考入太原进山中学读高中，后毕业于北京师范大学。北京读书期间，在进步教授和同学的影响下，受到马列主义的教育，走上了革命道路，1933 年加入中国共产党。全国抗战开始后，他先后任山西省第六专署秘书主任、中共中央北方局党校教员、中共中央北方局政权部秘书。在讲课中，他兢兢业业，深入浅出，讲解得生动具体，颇受学员欢迎。在工作中，他认真贯彻执行中国共产党的政策，十分准确地掌握对国民党既团结又斗争的原则，对当时的政权建设起到了积极的作用。与杨秀峰、岳一峰一起被誉为“北方局三君子”。而且经常撰文发表于《党的生活》和《新华日报》上，由此可见，他是调查研究室主任的最佳人选。

调查研究室成立后，为了把调查研究中发现的经验、教训和问题提供给各级领导同志，以促进工作的更好开展，张衡宇积极筹备创办《调查研究》杂志。经过短短一个多月的筹备，1942 年 5 月 1 日，《调查研究》正式创刊出版。

在武乡县档案馆里，珍藏着一份中共中央北方局调查研究室编辑出版的《调查研究》杂志创刊号。尽管这本杂志的书页已经泛黄，书的四周已经有点残缺，但当我们翻开书页，不禁让人穿越到战火纷飞的年代，去领略共产党人的艰苦卓绝与坚持敌后斗争的不易。

《调查研究》杂志的出版，无疑对根据地建设是极为重要的一项工作。

八路军副总司令、中共中央北方局代理书记彭德怀对此高度重视，他不仅为《调查研究》创刊号题写刊名，还亲自撰写《对症下药》一文，作为杂志的发刊词。彭德怀在文章中写道："坚持敌后斗争，创造抗日根据地，已快到五年了。在这五年当中，社会各阶层究竟起了一些什么变化？如何变化的？在这方面具体的调查研究，做出抗战前后及五年抗战中变化的精确调查，直到今天还是凤毛麟角。有，也是个别根据地。"这对调查研究工作的重要性提得相当尖锐，也提出了加强调查研究工作是当前最重要的工作。

在彭德怀的文章后，是中共中央北方局秘书长张友清就刊物的性质与任务写的《几点说明》。接下来就是几篇重要的调查研究文章，以中共中央北方局青年委员会署名刊发的《青年工作调查研究提纲》，中共中央北方局宣传发行科长赵守攻用"公素"的笔名发表了《敌寇在华北所施行的经济统制》，中共中央北方局交通科副科长郑思远用"思远"的笔名发表了《敌占区谁们发了财——太南潞城县 ×× 村的调查》，还有从事情报工作的人员撰写了未署名的文章《对敌货币斗争的几点经验》。特别是中共中央北方局调查研究室主任张衡宇专门撰写的《略论调查工作》，重点阐述了调查研究工作中存在的主要问题及正确的态度与方法，以及调查中应注意的几个具体问题。他还写了《妇女与婚姻》，以"衡宇"之名发表。

刊物的结尾处，设有《广播室》栏目，对晋察冀、山东、晋西北、晋冀豫、太岳、冀南、冀鲁豫等抗日根据地的调查研究工作开展情况分别进行了一分为二的点评，以此推动全局工作。

《调查研究》的创刊，对根据地党的建设起到了非常重要的作用，通过深入调查研究，改变了自以为是、主观主义、形式主义的作风，切实做到去粗取精、去伪存真，把握事物的本质与规律。不幸的是，这本充满时代气息的红色刊物刚面世，便遭遇日军 5 月大"扫荡"。

1942 年 5 月，日军集结 3 万重兵"扫荡"太行山区，张衡宇等人正在辽县（也就是今天的左权县）农村调研。他积极协助地方工作，组织群众转移，伺机打击敌人。可是调查研究室机关被日军团团包围，张衡宇冷静指挥大家突围，在转移过程中，勤务员受伤未能突围，他不顾个人安危，返回原地背起勤务员连夜突围。黎明时，突然遭遇日军搜山，他将勤务员隐蔽起来，自己拔枪射击敌人，吸引日军离去，不幸中弹牺牲于辽县大山中。这次突围战，对于中共中央北方局调查研究室是一个历史性的灾难，他们由于缺乏武器弹药，拼尽全力，最后还是全部遇难。

反“扫荡”结束后，中共中央北方局重组调查研究室，继续着前人未竟的事业。但因人员、稿源、经费、纸张等因素影响，《调查研究》杂志终究没能复刊。这期创刊号便成为终刊号，虽然它只是昙花一现，却把一种精神长留人间。

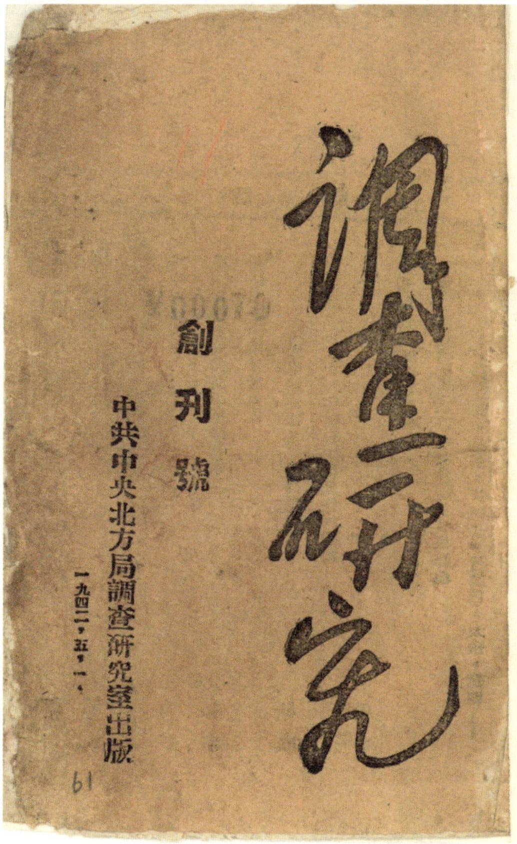

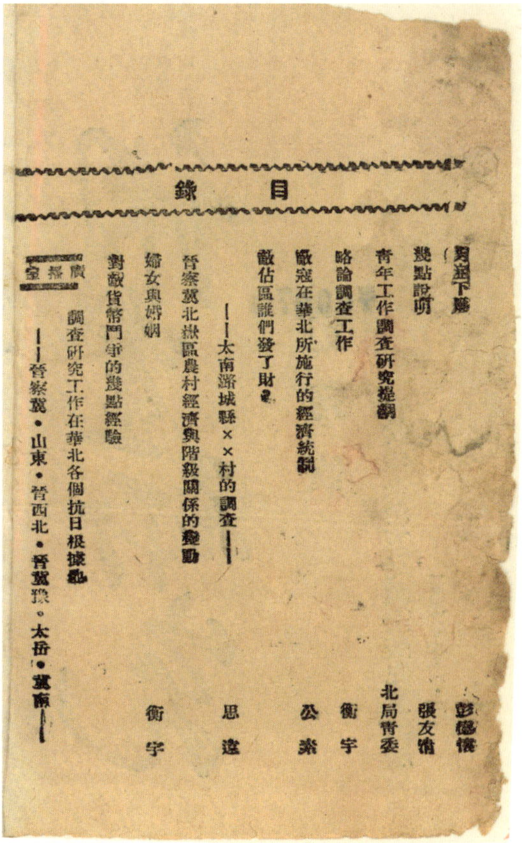

目錄

彭德懷
幾點說明 張友漁
青年工作調查研究提綱 北局青委
略論調查工作 衡宇
敵寇在華北所施行的經濟統制 公素
敵佔區誰們發了財？——太南潞城縣××村的調查—— 思遠
晉察冀北嶽區農村經濟與階級關係的變動
婦女與婚姻 衡宇
對敵貨幣鬥爭的幾點經驗
廣播室
調查研究工作在華北各個抗日根據地——晉察冀·山東·晉西北·晉冀豫·太岳·冀南——

《调查研究》杂志书影

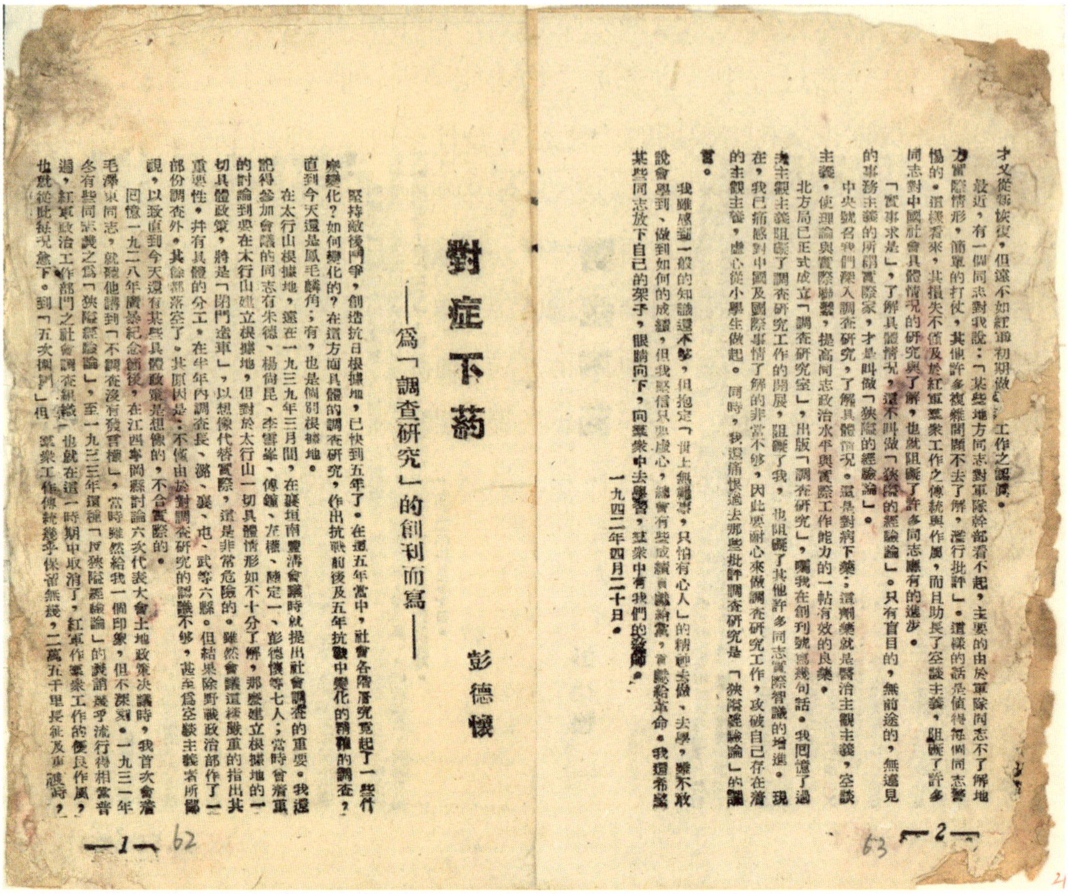

對症下葯

——爲「調查研究」的創刊而寫——

彭德懷

堅持敵後鬥爭，創造抗日根據地，已快到五年了。在這五年當中，社會各階層究竟起了一些什麼變化？如何變化的？在這方面具體的調查研究，作出抗戰前後及五年抗戰中變化的詳細的調查？直到今天還是鳳毛麟角；有，也是個別根據地。

在太行山根據地，還在一九三九年三月間，在襄垣南豐溝會議時就提出社會調查的重要。我還記得參加會議的同志有朱德、楊尚昆、李雪峯、傅鐘、左權、陸定一、彭德懷等七人；當時會着重的討論到要在太行山建立根據地，但對於太行山一切具體情形如不十分了解，那麼建立根據地的一切具體政策，將是「閉門造車」，以想像代替實際，這是非常危險的。雖然會議這樣嚴重的指出其重要性，并有具體的分工。在半年內調查長、潞、襄、屯、武等六縣。但結果除野戰政治部作了一部份調查外，其餘都落空了。其原因是：不僅由於對調查研究的認識不够，甚至爲空談主義者所鄙視，以致直到今天還有某些具體政策是想像的，不合實際的。

回憶一九二八年廣暴紀念節後，在江西寧岡縣討論六次代表大會土地政策決議時，我首次會着毛澤東同志，就聽他講到「不調查沒有發言權」，當時雖然給我一個印象，但不深刻。一九三一年冬有些同志譏之爲「狹隘經驗論」，至一九三三年還種「反狹隘經驗論」的議論幾乎流行得相當普遍，紅軍政治工作部門之社會調查組織[illegible]也就在這一時期中取消了，紅軍作羣衆工作的優良作風，也就從此每況愈下。到「五次圍剿」但[illegible]羣衆工作傳統幾乎保留無幾，二萬五千里長征及[illegible]這時，

—1—

才又從新恢復，但還不如紅軍初期做[illegible]工作之認眞。

最近，有一個同志對我說：「某些地方同志對軍隊幹部看不起，主要的由於軍隊同志不了解地方實際情形，簡單的打仗，其他許多複雜問題不去了解，濫行批評」。這樣的話是值得每個同志警惕的。這樣看來，其損失不僅及於紅軍羣衆工作之傳統與作風，而且助長了空談主義，阻礙了許多同志對中國社會具體情況的研究與了解，也就阻礙了許多同志應有的進步。

「實事求是」，了解具體情況，這不叫做「狹隘的經驗論」。只有盲目的，無前途的，無遠見的事務主義的所謂實際家，才是叫做「狹隘的經驗論」。

中央號召我們深入調查研究，了解具體情況。這是對病下藥；這劑藥就是醫治主觀主義，空談主義。使理論與實際聯繫，提高同志政治水平與實際工作能力的一帖有效的良藥。

北方局已正式成立「調查研究室」，出版「調查研究」，囑我在創刊號寫幾句話。我回憶了過去主觀主義阻礙了調查研究工作的開展，阻礙了我，也阻礙了其他許多同志實際智識的增進。現在，我已痛感對中國及國際事情了解的非常不够，因此要耐心來做調查研究工作，攻破自己存在着的主觀主義，虛心從小學生做起。同時，我還痛恨過去那些批評調查研究是「狹隘經驗論」的謬言。

我雖感到一般的知識還不够，但抱定「世上無難事，只怕有心人」的精神去做、去學，雖不敢說會學到、做到如何的成績，但我堅信只要虛心，總會有些成績貢獻給革命。我還希望某些同志放下自己的架子，眼睛向下，向羣衆中去學習，羣衆中有我們的先生。

一九四二年四月二十日。

—2—

《调查研究》杂志书影

你知道这是一本什么样的书吗？它的页面比如今常见的32开还要小些，皆用过去北方老式彩色纸张，手刻油印，粗线简装，全册不足百页，以不同颜色的纸张分类间隔，共印有88首歌曲。它就是为敌后抗日文艺运动奠定了基础的《鲁艺歌集》。

一本珍贵的《鲁艺歌集》

李东兴

你知道抗日战争时期太行根据地军民都广泛传唱哪些歌曲吗？

你知道当年令日伪顽闻风丧胆、惶恐难安的都是哪些歌曲吗？

你知道曾经唱响太行山乃至华北大地的抗日歌曲都是出自哪里吗？

你知道抗战时的鲁迅艺术学校都谁创作了哪些气壮山河的歌曲吗？

……

这些“历史奥秘”都藏在80多年前于下北漳村编印出版的这本《鲁艺歌集》里。

1939年2月12日，晋东南第三、五专署与第二战区联合成立了民族革命艺术学校，该校是在晋东南联手创办的带有统一战线性质的抗战文艺学校。该校虽然只存在了半年多时间，但为后来共产党独立领导敌后抗日文艺运动奠定了基础。

民革艺校开学不久，活跃于太行山区晋东南的音乐界同人朱杰民、沈虹影、林簃、洪荒、袁小萍、袁靳、海啸、傅秉友、傅辛X、赵子岳、龙韵、苏策等十数人，联名发起筹备组织中国歌咏总会晋冀豫边区分会。一个月后，中华全国歌咏抗敌协会晋冀豫边区分会筹委会在长治成立。

由于“晋西事变”致使统一战线在前方遭遇挫折，共产党领导的八路军

1940 年春，鲁迅艺术学校在下北漳村编印的《鲁艺歌集》封面

文化人，陆续转移来到武乡县下北漳村，筹备创办了鲁迅艺术学校。鲁迅艺术学校是中国共产党领导的八路军在太行山抗战前沿创办的培养文化艺术干部的组织机构，是晋冀豫根据地乃至华北敌后以文化艺术形式开展抗日宣传动员的“龙头”和“旗舰”。

为给根据地的八路军和决死队，以及广大进步民众，编印一本合乎形势、顺乎民心的歌曲本子，以便平时学习传唱，1939 年冬至 1940 年春，鲁艺组织本校音乐方面的教员，在教学、创作和宣传演出之余，编印了这本极其珍贵的《鲁艺歌集》。经过 80 多年时光洗礼，这本歌集如今仅发现有一册存世。

尽管已经揉搓得不成样子，但是其封面及其内页仍清晰可辨。

封面是早期乡间常用的粉色纸，其上黑墨刻印“鲁艺歌集”四字，下方刻有“鲁迅艺术学校编印”落款，中间刻印着一个外加圆圈的小“1”字。右上角手写着“D.005”和横杠标线下标注的“M”字样，看上去好像是这册歌集的编号和发放对象代号。

封面中间靠下方的空白处，能看出用黑色钢笔手写的“马萍”“晋东南”“1939—1940 年”等字样，极有可能是歌集主人留下的字迹。经查阅资料和多方找寻，了解到马萍是 1940 年 2 月由太行南区的新中国剧团，调到鲁迅艺术学校的一名女青年。当时鲁艺学校成立了实验剧团，她与毛烽、李青、段方、张洛等一起调来鲁艺。他们既是参加学校学习的学员，也是参加实验剧团排练演出的团员。据说当年 8 月，她就调离前方鲁艺实验剧团。新中国成立后，马萍一直生活在北京。

让我们来看看这本歌集——它的页面比如今常见的 32 开还要小些，皆用过去北方老式彩色纸张，手刻油印，粗线简装。全册不足百页，以不同颜色的纸张分类间隔，共印有 88 首歌曲。

第一部分是黄色纸张，印有 11 首歌曲。依次是：①《生产抗战》（生产运动大合唱之一段）塞克词、星海曲；②《春耕曲》李伟词、李伟曲；③《上山开荒小调》海啸词、海啸曲；④《春耕曲》文元词、白平曲；⑤《春耕忙》（冀西小调）；⑥《春耕小调》依克词、依克曲；⑦《春耕曲》范艺词、范艺曲；⑧《加紧生产》孙泱词、海啸曲；⑨《春耕曲》映影词、辽县小调；⑩《生产小调》安波词、安波曲；⑪《开荒耕种小调》孙泱词、海啸曲。

第二部分是粉色纸张，印有 10 首歌曲。①《敬颂中国共产党》——又名庆祝中共成立十八周年纪念歌（未注明词曲作者）；②《我们是抗日的先锋》吕骥曲；③《反帝国主义战争》（三部混声合唱）张朝词、江林曲；④《反扫荡》（二部合唱）李伟词、李伟曲；⑤《勇敢的战斗员》桑夫词、桑夫曲；⑥《反对摩擦小调》李伟词、李伟曲；⑦《新阶段》车明、海啸；⑧《骂汪小调》（未注明词曲作者）；⑨《改革村政》云深；⑩《××小组歌》依克。

第三部分是绿色纸张，印有2首歌曲。第1首:《Maxim·GorKy马克西姆·高尔基》蒋弼词、林簃曲；第2首：《中国共产党十九周年纪念》（四部合唱）默君词、林簃曲。

第四部分是印在第二组黄色纸张上，只3首歌曲。①《蒲风晚歌》林簃；②《再上战场》绿汀作曲，向隅和声——此两页是双折合订，页缝中有太行山艺术学校印字样红油墨；③《中华民国国歌》（四部谱）。

第五部分是印在第二组绿色纸张上，有2首歌曲。①《战斗吧太行》（四部合唱）杰民改编；②《冀南》朱丹词、林簃曲。

第六部分印在第三组黄纸上，共6首歌曲。①《保卫上党》（四部合唱）林簃；②《游击小组歌》依克（这首歌歌谱与第二部分第10首一样）；③《祖国的儿女》清化；④《五月》（二部合唱）清化；⑤《炬火》（二部合唱）林簃；⑥《壮丁上前线》（四部合唱）伯钊、吕骥。

第七部分是第三组绿色纸张，只印有1首歌曲《五四纪念歌》冯文彬词、吕骥曲。

第八部分是第三组黄色纸张，有2首歌曲。①《乡村自卫军》（二部合唱）林簃；②《游击小组》令炎、杰民。

第九部分是印在第四组绿色纸张上的歌曲，分别是：①《斯大林歌》（四部合唱）苏联歌曲，般X木译词；②《民主政治》雷铿、杰民合作；③《促进宪政》（四部轮唱）苏格兰民歌谱，杰 民配词；④《守着祖国的地方》晓达、彦夫；⑤《纪念高尔基》志伟；⑥《抗战三周年纪念》（二部、四部合唱）白苏、杰民；⑦《打倒汪精卫》（二部合唱）星海曲；⑧《再上战场（慰劳伤兵）》（二部合唱）林簃；⑨《做鞋送给抗日军》林簃曲。

第十部分是印在第四组黄色纸张上，共20首歌曲。①《一月间》（二部合唱）文映、杰民；②《拥护朱彭总司令》新雨作；③《鲁艺校歌》伯钊词、杰民曲；④《国际歌》（四部合唱）；⑤《模范兄弟》季纯词、林篠曲；⑥《打倒汪精卫》（四部合唱）杰民；⑦《反妥协》（武乡民间小调）许里词；⑧《国际歌》；⑨《团结歌》（四部合唱）冈夫词、林篠曲；⑩《民族抗战》（合唱与四部轮唱）林篠；⑪《反对投降内战》蒋弼词、海啸曲；⑫《血债》巩廓如词、刘流曲；⑬《囤粮》蒋弼词、林篠曲；⑭《怨谁呢》海谈词、晋德曲；⑮《百团大胜小调》蒋弼、杰民；⑯《百团大战进行曲》默君、杰民；⑰《我们的好政府》洪荒词、依克曲；⑱《迎接一九四一年》冈夫词、杰民曲；⑲《新妇女》杰民曲；⑳《新四军死难烈士挽歌》蒋弼词、苏民曲。

第十一部分是印在第二组粉色纸张上，共6首歌曲。①《大大小小一齐》新华记谱；②《酸枣刺》（生产大合唱之一）塞克词、星海曲；③《打东洋》李湘洲词、刘流曲；④《我们的土地》徐明词、徐曙曲；⑤《难女曲》陕北小调、左江曲；⑥《世界妇女小调》史轮、劫夫。

第十二部分是印在第五组绿色纸张上，共3首歌曲。①《山歌》光未然词、星海曲；②《蒙古小夜曲》高阳、今也；③《蒙古人也要去战斗》田开配词、劫夫记曲。

第十三部分是印在第三组粉色纸张上，共4首。①《新四军进行曲》星海曲、杰民改词；②《驱逐亲日派》吕骥曲、杰民配词；③《抗议茂林事件》兰州小调、杰民词；④《悼新四军死难烈士》燕烽词。

第十四部分是印在第五组黄色纸张上，共2首。①《团结歌》（混声合唱）冈夫词、林篠曲；②《幸福靠自家》高鲁词、林篠曲。

第十五部分是印在第四组粉色纸张上，共2首。①《把鬼子赶出鸭绿江》（男声三部）林篠曲；②《茂林血案》蒋弼、苏民。

第十六部分是印在第六组黄色纸张上，共1首：《庆祝百团大胜利》（四部合唱）林篠。

第十七部分是印在唯一一页白纸上的1首歌：《抗战要胜利》（轮唱）洪荒词、林篠曲。

第十八部分是印在第七组黄色纸张上的1首歌：《武装同志春耕曲》（男

声二部）白苏词、林簃曲。

最后，是印在封底的绿色纸张上的 1 首歌：《日语喊话（歌）》。

综合整册歌集，共刊载歌曲 88 首。因第二部分第 10 首《 × × 小组歌》，与第六部分第 2 首《游击小组歌》重复，实为 87 首歌曲。

其中，林簃即鲁迅艺术学校音乐教员张林漪，他独立作曲 19 首，为歌集中作品最多者；杰民即鲁迅艺术学校音乐教员兼实验剧团音乐指导朱杰民，他创作的歌曲占 15 首，除改编、配词外，单独作曲 10 首，也属收录作品较多的一位。

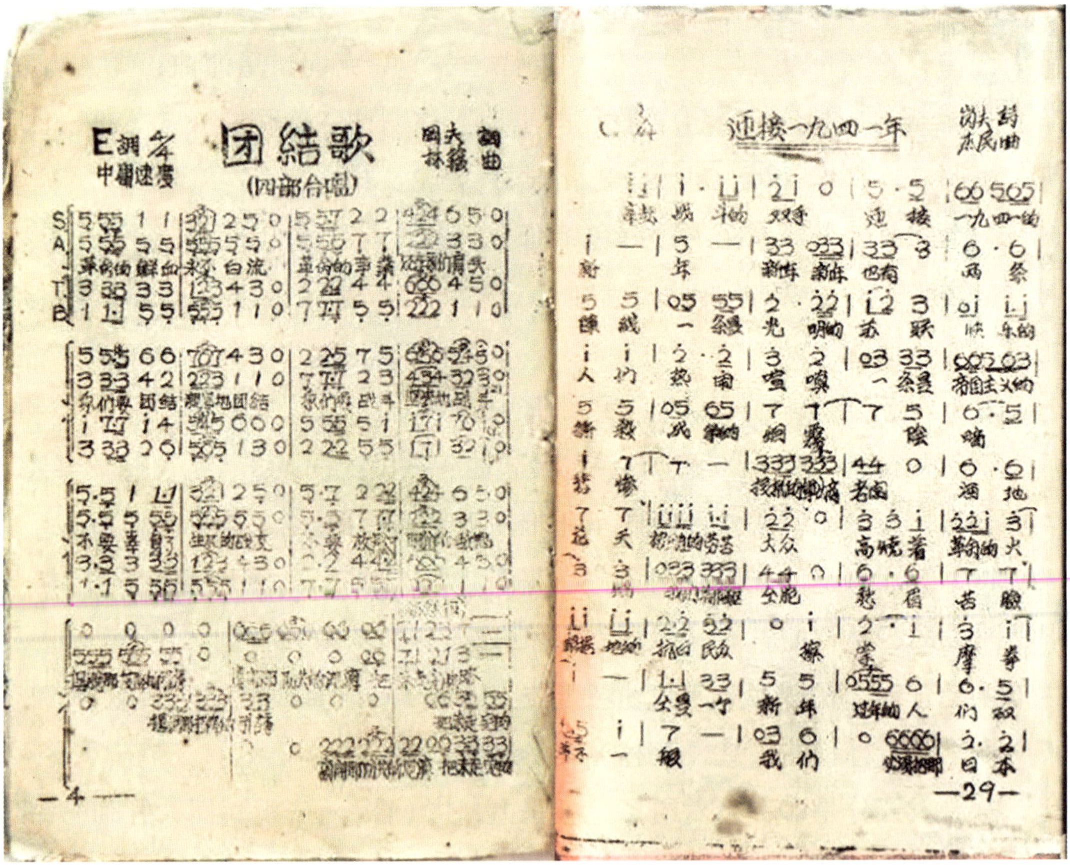

《鲁艺歌集》中的歌谱片段

《苏联对日宣战》从这里发出，《日本接受投降条件》从这里报道，《朱德总司令发布命令》在这里刊登，《庆祝抗战最后胜利》在这里转载。它是战斗的檄文，是冲锋的号角，是承载人民胜利喜悦的《新华日报》（太行版）号外。

一张承载了人民胜利喜悦的《新华日报》号外

郝雪廷

自 1943 年秋以后，敌后战场形势发生重大变化，在中国共产党的正确领导下，根据地军民浴血奋战，敌后抗日根据地不仅度过严重困难时期，而且逐步得到恢复和发展。1944 年华北敌后军民开始对日本侵略者发动局部反攻。

1945 年，抗日战争进入最后阶段。8 月 9 日，毛泽东发表《对日寇的最后一战》的声明，号召“八路军、新四军及其他人民军队，应在一切可能条件下，对于一切不愿投降的侵略者及其走狗实行广泛的进攻”。8 月 10 日，中共中央要求各地立即布置动员一切力量，向敌伪进行广泛的进攻，迅速扩大解放区，壮大人民军队，并须准备于日本投降时，能迅速占领所有被我包围和力所能及的大小城市和交通要道。朱德总司令连续发布关于受降和对日展开全面反攻等七道命令：要求各解放区抗日武装部队向其附近的日、伪军送出通牒，限令敌伪在一定时间内向人民军队缴出全部武器，对拒绝缴械投降的敌伪军予以坚决消灭。

中共中央和延安总部的命令下达以后，各解放区立即展开了全面猛烈的反攻。太行军区司令员李达、政委李雪峰、副政委兼政治部主任黄镇，于 8 月 11 日发布第一号令：命令太行军区全部指战员、民兵、自卫队员“迅速全力出动，向当面敌伪发出最后通牒，限期使敌军缴出全部武装，使伪军伪组织投诚反正，否则坚决消灭之。我民兵及自卫队尤应紧急动员，积极参加此最后胜利的行动，保卫与扩大解放区，收复沦陷区”。太行区党政军民立即总动员，坚决实行对日伪军大反攻。

迫于巨大的国际压力和中国抗日战场的大规模反攻，日本天皇于8月15日发表了《终战诏书》，宣布无条件投降。9月2日，在东京湾的美国军舰“密苏里”号上，日本代表在投降书上签字。中国人民经过14年艰苦卓绝、英勇顽强的浴血奋战，终于迎来抗日战争的最后胜利。在此期间，我国新闻媒体纷纷加出号外，向人们迅速报道这一喜讯，也记录下全国人民欢庆胜利的情景。

《新华日报》太行版于两天内出版了3个号外，10日出刊以“苏联对日宣战”为题的号外和以“日本接受投降条件”为题的号外，11日出刊以“朱德总司令发布命令”为题的号外。3份号外如战斗檄文，向日伪下达最后通牒；如战斗号角，号召我军民夺取抗战最后胜利。

1945年9月3日，是一个让所有中国人既扬眉吐气又黯然神伤的日子。中国人民经过长达14年艰苦卓绝的斗争，取得了抗日战争的伟大胜利，这场战争却让中国付出了巨大的牺牲，造成了3500多万人的伤亡。虽然战争已经远去，但这段苦难人们依然要铭记，勿忘历史、珍惜和平。

9月5日，延安各界两万余人集会于延安南门外广场，举行庆祝抗战胜利大会。喧闹的锣鼓，欢呼的人群，此起彼伏。每个人的脸上都流露着经过艰苦卓绝斗争所换取的欣愉。同日，延安《解放日报》发表社论《庆祝抗战最后胜利》。

《解放日报》社论电讯稿传到太行山后，《新华日报》太行版于9月10日又编发号外，进行了全文转发。

第一版用多半版的篇幅转登9月5日《解放日报》社论。社论指出：我们中国人民，半个世纪以来受尽了日本帝国主义的侵凌欺压……1937年七七以后，日寇进一步进行大规模的侵华战争，蹂躏我国土，屠杀我同胞，

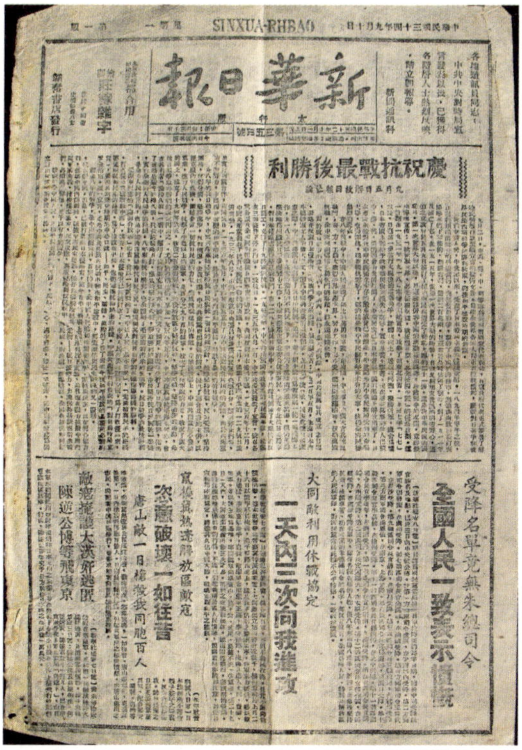
新華日報

慶祝抗戰最後勝利

受降名單竟與朱總司令

全國人民一致表示憤慨

一天內三次向我進攻

恣意破壞一如往昔

新華日報

關於精通馬克思——列寧理論

《新华日报》号外

兽蹄所至，庐舍为墟。日本帝国主义给予我中华民族的损失和耻辱，实在是书不胜书。现在这个万恶的敌人，已被中、苏、美、英的联合力量所打倒了。中华民族已从日本帝国主义的压迫下解放出来了。日本帝国主义对我中华民族独立生存的严重威胁已被消除。半个世纪以来，我中华民族所受的奇耻大辱，血海深仇，现在报仇雪耻了。这的确是我中华民族百年未有的大事，值得全国同胞的热烈庆祝。对于抗日战争的伟大胜利，中国共产党做了巨大的贡献。在抗日战争中，中国共产党始终坚持抗日民族统一战线的总方针，始终坚持抗战，反对妥协；坚持团结，反对分裂；坚持进步，反对倒退。在敌后战场上，中国共产党放手发动群众，进行人民战争，抗击了半数以上的敌军及 95% 的伪军，壮大了人民军队的力量，收复了广大的国土，建立了 19 个解放区，收复 200 个县城。敌后解放区是坚持抗战、坚持团结、坚持进步的模范，是抗日战争取得胜利的决定因素之一。社论最后说，让我们全中国人民在和平、民主、团结的大纛下，万众一心，迈步前进，扫除一切障碍，把中国建设成为独立、自由和富强的新民主主义国家！

第一版下半部分载有 4 篇文章，分别是《受降名单中竟无朱德总司令，全国人民一致表示愤慨》《大同敌利用休战协定，一天内三次向我进攻》《窜扰冀热辽解放区敌寇恣意破坏一如往昔，唐山敌一日枪杀我同胞百人》《敌寇掩护大汉奸逃匿，陈公博等飞东京》。这几篇文章表明，虽然日本政府已经签署了投降文件，但国民政府无视共产党、八路军在抗战中做出的贡献，居然不让八路军在所解放区域受降。而这时在大同、唐山等地残留日军依然我行我素，不仅没有放下武器，而且还要向我解放区军民进攻。日寇还把大汉奸陈公博接往东京。

第二版主要文章为《关于精通马克思——列宁理论》，加里宁著；还有一篇小报道，《突击组长朱洪礼，撇下一条胳膊也要拼！》。

《新华日报》太行版是在《新华日报》华北版的基础上改版而成，1943 年 10 月，根据中共中央指示，中共太行分局与北方局合并，中共晋冀豫区党委改为太行区党委，《新华日报》华北版改为太行版，成为太行区党委机关报。由史纪言任社长兼总编辑，铅印，四开四版，隔日刊。后又增加为六版。在抗战进入大反攻后这一段时间里，由于抗战胜利的消息很多，也迫切需要即时传播，报社打破常规，增加期数，几乎是天天有报，或四版，或两版。这张《新华日报》太行版，是为转载《解放日报》社论《庆祝抗战最后胜利》一文而出刊的，有着特别的意义。

一个剧本牵出一段往事，一段往事让人看到了“军队人民一家人，血肉不分离，你也帮助我，我也帮助你”的朴素的军民鱼水深情。白和村妇女们开办的“拥军招待所”不仅仅是她们力所能及地为八路军做了自己想做的事，更重要的是带动了一批人。此后“拥军招待所”在华北抗日大地上如雨后春笋般相继诞生，有力支援了全国抗日战争和解放战争的全面胜利。

武乡秧歌剧本《军人招待所》

孙俊堂

癸卯仲夏的一天，接到武乡县红色收藏家籍贵先先生电话，他最近又花大价钱收获了一件红色藏宝，涉及我的村庄。我喜不自禁，放下手里工作立即跑到籍先生办公室。

籍先生从他的收藏册里小心翼翼地将一本薄薄的麻纸装订的书放在我的眼前。书的封面名称是《军人招待所》《李双奎回家》和一组木刻画，落款是韬奋书店出版发行，简单的红色套印。书的扉页色彩比较明朗，内容是两个剧本。一个标明是秧歌剧《军人招待所》，由联合剧团集体创作，李亦晟执笔；另一个是小调短剧《李双奎回家》。出版发行时间是1945年6月。《军人招待所》的标题清楚地标注剧本唱腔是武乡秧歌。剧本通过两个军人在招待所“丢失”军衣的一件小事，反映“军队人民一家人，血肉不分离，你也帮助我，我也帮助你”的朴素的军民鱼水深情。

见到红色藏本心情无比激动，因为想得到此剧本是我梦寐以求的。

2016年，我在编纂《白和村志》时，文友让我看到一本《我们战斗在前哨》的书，是原太行第三军分区前哨剧团的老文艺工作者们写的回忆录。

《军人招待所》书籍封面

其中有一篇是李根源写的，在书里他这样回忆：

《军人招待所》是前哨剧团李亦晟同志创作的一个优秀剧本。1943 年春节过后，亦晟同志到武乡洪水一带出差，在白和村受到了“军人招待所”两个妇女的热情接待。对“军人招待所”，他还是第一次接触。经打听，原来该村地处武乡通往左权县的路上，因为八路军总部驻在左权县麻田一带，所以经常有军人从这里通过。该村妇救会主任动员妇女办起了这个招待所，专门接待过往军人。服务内容包括茶水接待、缝补衣服、给零散军人派饭和安排住宿等，很受过路军人欢迎。亦晟同志紧紧抓住这一新生事物，以他高度的政治敏感和艺术感受力，用太行区群众喜闻乐见的秧歌剧形式，很快地完成了《军人招待所》剧本的创作。

《军人招待所》写出后，于1943年×月×日在武乡县××村首场演出，部队和地方的同志看完戏后反映很好。认为剧本情节起伏跌宕，有矛盾但不对立，有争执但不记恨，误会在一定范围内展开，又在一定范围内解决，轻松愉快，富有情趣，是个好剧本。

以后，这个戏一直成为前哨剧团的保留节目，久演不衰。还通过以下几个渠道，在晋冀鲁豫边区广泛流传：（1）1944年秋天，太行山地区在涉县（当时属河南省）举行第一次戏剧会演，李亦晟同志帮助一个地方剧团排好此剧后在大会演出，受到好评。（2）在会演期间，太行新华书店出版了这个剧本，公开发行。（3）1944年秋天，一二九师政治部调我们前哨剧团和五分区奋斗剧团以及师部先锋剧团组成联合剧团，排练了苏联多幕话剧《前线》，于当年12月到1945年8月连续到太行军区8个军分区巡回演出。每到一地，除演出《前线》外，其中就有《军人招待所》。（4）1944年下半年，冀南军区和冀鲁豫军区集中一部分干部在太行第七军分区辉县一带整风，其中还包括两个军区剧社的全体人员，联合剧团专门去作了一次慰问演出，除《前线》一剧外，《军人招待所》也演了。通过这几个渠道，《军人招待所》这个小戏不但流传到太行各个地区，而且还传到冀南、冀鲁豫和太岳地区。很多群众在看戏以后，也自发地办起了"军人招待所"，使这一新生事物得到推广。

通过这篇文章，我了解到我们村妇女在抗战时期曾有这一创举，便向村上老年人进行了深度调查，挖掘出珍贵的故事资料。

白和村地处武乡至左权县的交通要道。1942年随着抗日战争进入相持阶段，日军对我太行抗日根据地实行了残酷的"扫荡"，加紧"围剿""蚕食"。八路军总部和主力部队转战于左权麻田一带与敌人周旋，展开反"蚕食"反"扫荡"艰苦卓绝的斗争。当时部队的流动性很大，战斗也异常激烈，

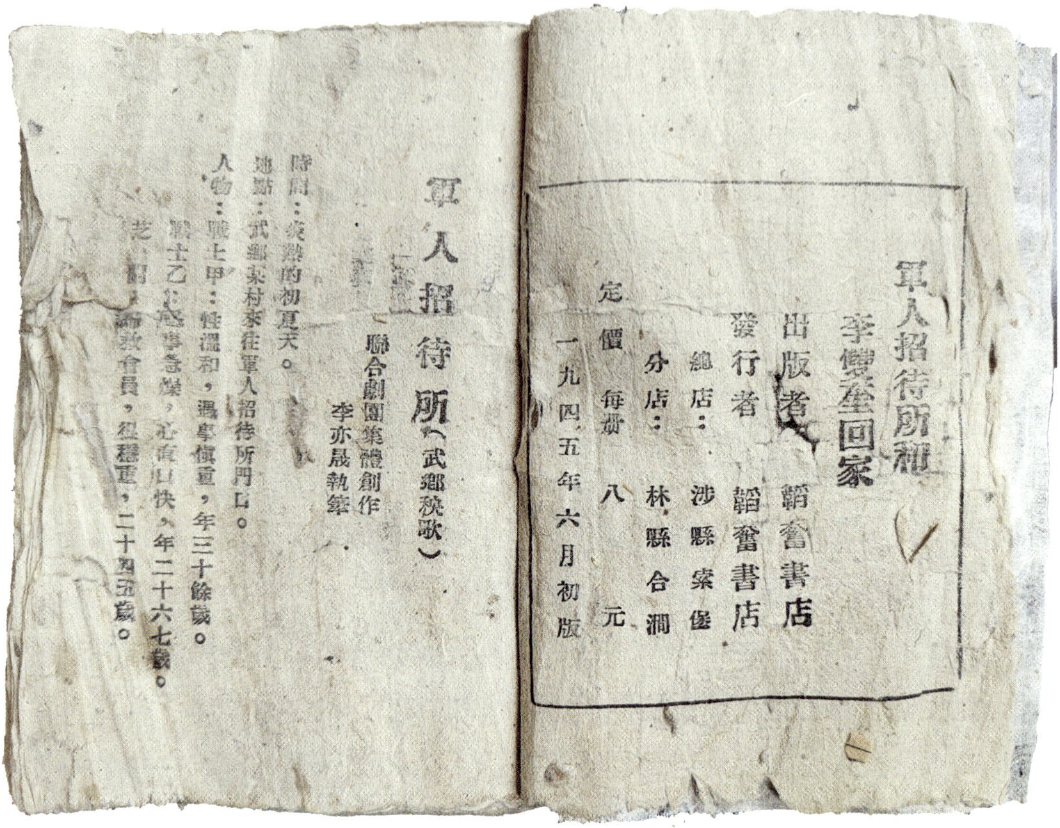

《军人招待所》正文首页

部队不断地从村中通过，伤病员转运的任务也很繁重。看到八路军战士们衣衫褴褛、面容憔悴、嘴角开裂、疲惫不堪的样子，妇女们都心疼不已。我们应该为他们做点啥事，才能够帮助他们解解疲乏呢？

时任村妇救会主任的李人孩和女共产党员张桂香、梁锁娥、史文英、李娥花、梁淑珍、孙银莲等共同商量，决定在部队通过的时候，组织大家送水、送饭进行慰问。一个时期之后他们发现这样下去不是个办法。一是不能掌握部队通过的具体时间，要么部队来了才烧水做饭，等做好了部队已经赶路走了；要么烧好了水，做好了饭，部队却不通过。二是姐妹们每天要准备招待八路军，又要种地搞家务，不知该做哪样，搞得人很疲劳。经过一番思考讨论，大家认为应该选择个固定场所，轮流值班，既可以保证随时接待，又避免了时间人员的浪费。

说干就干。通过观察考虑，决定在本村店上路口处设一招待所，专门服务过路的八路军。共产党员、时任武乡区抗日区长的孙培绪将自己祖传染布坊30多平方米的三间房屋让了出来，妇女们从自己家中拿来锅碗灶具、被褥，动手垒起了灶火，盘好了土炕，仅那口用来烧开水的大铁锅就可容纳300多斤水。在门口搭起了凉棚，支起石桌、石凳。一切准备就绪，起个什么招牌名称呢？村支书孙天元思索了一会儿说："既然咱们是接待服务咱八路军部队的，那就叫拥军招待所吧！"木匠武千锁很快做好了"拥军招待所"的木牌子，并挂在了大门上。至此，"拥军招待所"开始了为过往八路军部队服务的招待工作。

妇救会将全村35岁以下、18岁以上的妇女分为14个小组。其中负责"拥军招待所"接待工作的10个组，负责救护转送伤员工作的担架队4个组。每组4人，由一名党员或积极分子担任组长。"拥军招待所"的4人分工是两人负责烧水，打扫卫生，为战士们洗衣服和缝补衣服；两人负责站岗放哨，为零星过往的战士派饭。担架队是负责对新村转来的伤员进行简单救治，然后再送至洪水村。

"拥军招待所"的妇女实行值班制，每天有一个组，周而复始，24小时坚守岗位，保证开水不间断、服务不间断、转运伤员不间断。在八路军攻打左权红部据点时，她们接到中午有140多名八路军将士需在村吃午饭，全村妇女总动员，家家拿出最好的粮食、蔬菜招待。第二天据点被攻下，全村人高兴地载歌载舞欢庆胜利，都为自己为抗战做出贡献而兴奋。一次，妇女担架队的李云花、冯桂莲、孙拉弟、段月梅负责往洪水转送一名伤员。当时天寒地冻，她们抬着伤员在河冰上慢慢走着。孙拉弟一不小心踩透冰凌，双腿陷入寒冷的冰水中。但孙拉弟死死将担架举在胸前，生怕河水浸湿伤员。在众人的帮助下，她艰难地从冰窟里爬出，而裤腿已经湿透，站在地上双腿冻得打战，就这样她仍然咬咬牙硬是完成了任务。

白和村妇女们的"拥军招待所"坚持数年从无间断，接待了一批又一批八路军，送护了一批又一批伤病员，让过往战士能有个歇脚地方，身体能够得到短暂的休整。同时八路军与白和的村民也建立了深厚的感情。他们在短暂的停留中，总要抽出点时间为村民担水扫院，帮助干农活，教唱抗战歌曲。让村民更难忘的是，部队医疗队主动为村民看病。那时村上人得疖疮病的很多，孙邦元、孙孟祥、李新祥等人尤为严重。医疗队为他们用秆草熏烤，送他们草药，大家一个个慢慢地康复起来。李二焕老人背上生着大疮，整天脓水不断外流，久治不愈，十分痛苦。医疗队送给她一瓶膏药，没有几天就痊愈了。在白和村民眼中，八路军就是自己真正的亲人。

在当时，白和村“拥军招待所”的建立和出色的工作并不仅仅是本村妇女为抗战事业做出了积极贡献，它更大作用在于影响和带动了无数个“拥军招待所”。“拥军招待所”在华北抗日大地上如雨后春笋般相继诞生，有力支援了全国抗日战争和解放战争的全面胜利。

后勤保障

兵马未动，粮草先行。后勤保障一直是军队作战的首要条件。

在太行山区红色武乡的纪念馆里，有许许多多后勤保障方面的特殊纪念品。它们有的是一张薄薄的奖状，有的是一页小小的收据，有的是一方简单的烟标，有的是一份清晰的工作报告，有的是一个陈年的捣药罐，有的是一个木质袜楦子，有的是一颗沉默的手榴弹，还有的是一门来之不易的迫击炮……或轻或重，或大或小，但无不凝聚着一个个感人至深的抗战故事。

折戟沉沙，史迹难忘。我们今天在对历史遗物的品读里收获着一份份感动，收获着一次次精神的成长。

那时的岁月是艰辛的，那时的条件是恶劣的，但是人民的力量是伟大的，他们克服种种困难创造了历史的奇迹；那时的物质是贫乏的，那时的生活是单一的，但是人民的斗志是昂扬的，在军民鱼水情深的支撑下，托起共和国自由幸福的天空。

今天的我们，通过一个个藏品小故事，向他们致敬！

黄沙百战穿金甲，不破楼兰终不还。农民出身的王化南用毕生精力，研制出我军最佳手榴弹。眼前这个做了纪念品的手榴弹，是高兴自己被陈列出来受世代瞻仰，还是遗憾自己没有被装进弹药在战场上轰然炸响呢？

王化南与韃山手榴弹

程树宏

偶然的机会，观赏到了籍贵先先生的红色收藏品。一枚枚不同种类的手榴弹映入眼帘，勾起了我记忆中关于王家庄村王化南的一些往事。因为八路军军工事业离不开太行兵工，太行兵工也绕不开王化南这个历史人物。

王化南，1910 年生于上司王家庄村一个贫苦的地道农民家庭。由于生活难以为继，在 1926 年过罢大年后，15 岁的王化南离开了从未离开过的小山庄，经亲戚层层托关系走进了阎锡山军人工艺实习厂，求得一份能够糊口的职业。从学徒工开始，先后从事酒精、乙醚、硫酸和火药等生产工作，通过刻苦努力，学得一手精道的生产工艺技术，成为太原西北化学厂骨干，深受厂长魏绍所赏识。他还在平民中学学习文化知识，在技术和知识的理论实践上得到了较大提高，在中原大战后重组裁员时，不仅没有被辞退，反而得到重用。1935 年在太原西北化学厂被考核录取为公务员资格的配药师，从此成为西北化学厂生产骨干和技术管理员。

七七事变后，日寇把侵略的魔爪伸向山西，整个华北形势岌岌可危。西北化学厂内人心惶惶。太原沦陷不可避免。1937 年 8 月，王化南考虑对敌形势的严峻和家人的生命安全，带着妻子程素珍和孩子，回武乡避难。

回到武乡后，王化南陪妻子去娘家所在的县城看望岳母，见到沿街刷出了宣传抗日救亡的标语，妇女抗日救国会已经公开活动，程素珍报名参加。丈夫王化南当然是大力支持，因为他实际上在太原已经参加了牺牲救国同盟会。现在妻子积极投身抗日，有些话他也就敢公开说了，有些事也就敢公开做了。同年9月，在武乡牺牲救国同盟会的具体领导下，王化南参加了工人抗日救国会的组建工作，并且担任了工抗会副主席，协助主席杜生旺和贾志厚、常贵生一起组织工人参与抗日救国斗争。由于抗日战争形势紧急，中共武乡县临时工委书记、抗日武装自卫大队大队长王玉堂，与工抗会主要领导杜生旺、王化南、贾志厚组织建立了武乡抗日武装自卫队铁工厂（鼙山工厂），可是武乡在当时的现实困难很多，没有现成的原料，没有浇注所用的化铁高炉，人员奇缺，生铁的来源非常缺乏，所以，首先得解决原料的问题。

王化南便组织和他从太原西北化学厂一起回来的李盘明、籍三满和魏福珍等人，想方设法，因陋就简，招募能人，其中以河南林县在武乡游走制作铁器的郭大海、郭二海弟兄为主的铁匠多人，就加入了鼙山工厂的初始建设中。他们采购废旧生铁，自制小型炼铁炉，翻沙工艺利用土办法，模具也是粗糙的本地坩子泥，化铁即是铁匠铺的手拉风箱加热加温。由于工艺落后，生产中遇到了不少难题。可大家热情不减，怀着满满的激情加班加点，争取为八路军抗日战争多提供一些武器装备。轰轰烈烈的鼙山工厂，开始了制备大刀、生产手榴弹的运动，就这样生产出了粗笨的手榴弹。这批手榴弹，鼓舞了广大抗日军民

鼙山工厂生产的手榴弹

军工技术人员王化南

士气，同时也引起了日伪侵略者的嫉恨，在人员密集的地方张榜公布悬赏捉拿王化南的布告。一次，王化南借姐姐家儿子姚金山结婚机会征集铁制品物资时，被汉奸告密，多亏姐夫姚中正急中生智，及时把王化南就近藏入破旧菜窖才逃脱抓捕。

由于原材料无法供应，后来工厂迁到建有铁厂的柳沟村。这时，八路军总部兵工科为扩大生产，兼并了鼙山工厂，王化南又担任了八路军总部柳沟铁厂副厂长，主管生产。一次，一个刚刚招进厂的农民，加装弹药时不慎引燃，正嗤嗤冒烟，即将爆炸。正好被管理生产、紧盯生产岗位的王化南路过发现，及时把那个新人扑倒并按在身下，才避免了一场人命事故。此后，他就想如何能让工厂安全生产。最后想出一个土办法，在厂房里挖井，危险作业的工人坐在井口操作，一旦出现问题，一撒手，手榴弹就掉入井中，这样，能保证工人安全脱险。

王化南，后来曾担任八路军军工部复装枪弹厂厂长、硫酸厂厂长、军工部化学厂副厂长、军工部第七兵工厂副厂长、第七药厂厂长等，新中国成立后，曾任七七五厂厂长、山西省农电局局长、二四五厂厂长等职。王化南从事人民兵工事业40载，用自己毕生的精力和聪明才智，为火炸药生产、建设做出了重大的贡献，被毛泽东主席、周恩来总理及彭德怀等国家领导人设宴款待，多次受到党和国家的表彰与奖励。1954年，王化南当选为第一届全国人民代表大会代表。

一口朝天的迫击炮，一段岁月的记录者。从绘图构想开始，到多次装弹实验，直到改进工艺，再到反复修改……点点滴滴，都倾注了一个人的碧血丹心。他，就是那个永远屹立于炮筒身旁的郭大海。

第一门迫击炮

李文英

1939 年 11 月 7 日，日寇蒙疆驻屯军最高司令官兼独立混成第二旅团旅团长阿部规秀，这个双手沾满中国人民鲜血的刽子手、恶贯满盈的敌酋，葬身在了“黄土岭战斗”中。阿部规秀是抗战中我军击毙的日军最高将领，而击毙阿部规秀的，正是一门迫击炮。

迫击炮也叫掷弹筒，我们八路军太行纪念馆也珍藏着这样一门迫击炮，它是柳沟铁厂工人郭大海手工试制的第一门迫击炮，总长 85 厘米，口径 6 厘米，支架 25 厘米，铁质。现在看来这尊大炮做工粗糙，打击精准度也不高，可在抗战时期它却是非常难得的武器，在打击日寇的战斗中起到了很重要的作用。

那时，我军武器装备极为简陋，不要说迫击炮，就是土手枪、橛把子、手榴弹、榆木炮也都是稀罕的武器。为了更好地打击敌人，武乡县工抗会早在 1937 年 10 月就创办了小型兵工厂，生产武器。郭大海就是这个时候来到了兵工厂。

郭大海是河南林县人，生就一副典型的河南“侉的”模样，“前崩后凸”，脑袋瓜儿十分聪明，是方圆一带出了名的能工巧匠。他从小随父以打铁为生，是个祖传的打铁高手，只要有一个样品，他就能照着打制出来。他不仅打造的农具锋利耐用，打造的花器更兼具传统工艺和现代美学设计理念。他每打造一件铁器，每个步骤都很讲究，选料、切铁、取样、开板、烧火、捶打、成型、淬火等一个步骤不放松；最后还要对铁器一遍遍加工、修改、优化，最终打造出理想的铁器。

由于河南屡屡遭灾，他带着两个兄弟二海、三海逃荒，翻越太行山来到武乡，落户在岭头村。武乡成立兵工厂后，找到他，请他来当技术工人。郭大海一听说请他到兵工厂工作，二话没说，一口答应："我带着我的两位兄弟到兵工厂工作，没有别的要求，有我们的饭吃就够了。"就这样，郭大海三兄弟成了兵工厂的工人，他们在松庄村的一个破庙里生起一爿铁匠炉，利用从群众中收集起来的废铜烂铁，开始打造兵器。后来兵工厂又搬迁到柳沟村，改名为"八路军总部柳沟铁厂"。

郭大海是一个肯动脑子的人，边打制大刀、长矛边想：八路军总部号召"开展革新创造，制造最新最有威力的武器"，可咱们的兵工厂还在生产这些落后的武器，根本无法与日本人的先进武器较量，要是能想办法搞些日军

柳沟兵工厂试制的迫击炮

的武器回来，研究一下，咱也能打制出来。

1940 年夏，机会来了，部队正好从前线缴获了一门日本制造的五〇小炮——掷弹筒。为了仿制这个先进武器，军工部长刘鼎亲自绘制了图纸，郭大海拿到图纸，把这个任务接受下来。他围着掷弹筒左看右看，再测一测、量一量，琢磨了好久。心想，如果能生产出我们自制的迫击炮，这对我们在战场上争取主动性将起到至关重要的作用。

迫击炮试制立即开始进行。刚开始，郭大海就遇到两大难题，一是筒身制作难，他们的五〇小炮，炮筒里有来复线，而我们没有拉来复线的设备；二是无法做出紫铜弹带，炮弹是与来复线配套的紫铜弹带的平底底“光屁股”弹，我们却没有紫铜。迫击炮试制陷入了僵局。

郭大海和技术人员从实际出发，经过很长时间的研究，发现有种方法可以使迫击炮的操作使用变得简单，那就是对五〇小炮的结构做局部更改，将炮筒里的来复线取消，变有膛线炮为滑膛炮，同时将炮弹的紫铜弹带取消，在弹体本身上车出弹带。在发现并瞄准目标后，将迫击炮弹从炮口滑进炮管，依靠其自身重量使炮弹底火撞击炮管底部的撞针；或者依靠其自身重量滑至炮身底部，待射手操作释放撞针后，撞击炮弹底部底火。底火被击发后点燃炮弹尾部的基本药管，随后捆绑在弹体外面附加药包内的火药亦被点燃，弹体外部的闭气环形成极大的膛内压力，推动炮弹出炮膛并飞向目标。

理论上想法成立，郭大海他们立即进行生产实验。试验结果，炮弹出膛后在空中栽了跟头。迫击炮试制失败了。郭大海和有关技术人员又开始研究分析。找资料，找专家，通宵不眠不休。

后来发现了问题，迫击炮局部更改后，炮弹不能与炮管紧密贴合，因此不能依靠膛线使炮弹产生旋转以稳定其飞行方向。受到古代箭的启发，他们决定给炮弹安装四片尾翼，使用尾翼稳定装置来保证其飞行姿态。这种炮弹运到前方，在作战中发现有飞行不稳定、命中率不高的缺点。思索寻找原因，发现迫击炮是曲射炮，主要是对付步兵、散兵，射击精度受地形、风速、风向、温度、炮弹及装药重量的限制，所以射弹散布大，很难直接准确地命中单体目标。后又经多次研究，将尾翅由 4 片增加到 6 片，把引信外皮加厚，并增加了定时空中爆炸装置。这样，基本上保证了飞行稳定性，爆炸率由 60% - 70% 提高到 90%。

困难处处有，日本生产的炮弹使用的原料，我们根本不能满足供应，如果生产不出自己的炮弹，迫击炮生产出来也等于零。军工部部长刘鼎了解情况后，专门安排了化学专家用土法就地取材生产硫酸，试制了无烟火药，解决了炮弹的炸药问题；又利用太行山区盛产的白口生铁做发射榴弹的弹体，解决了炮弹生产的难题。

郭大海他们夜以继日地认真攻克着每一个难关，设备不足就用手工打制，想尽一切办法，克服一切困难，经过几十次的试制，终于制造出了第一门迫击炮，经试验威力很大。由于郭大海在试制中适当增加了迫击炮筒身的长度，既保证了射击精度，有效射程也大大增加。我们兵工厂生产的迫击炮及炮弹，源源不断运送到抗日前线，使八路军有了与日军相抗衡的步兵重武器。日军惊呼，八路军现代化兵工厂，拥有先进设备与外国专家。

1940 年，在劳模大会上，八路军总部大力表彰郭大海自制迫击炮所做的贡献，并奖给他一张布奖状，上书“奖给郭大海同志，创造能手。十八集团军总司令部赠”。

百团大战时，我们自制的迫击炮在敌群中满地开花，把敌人的轻重机枪都炸成了一堆废铁，敌军伤亡前所未有的惨重。

抗战胜利后，这门柳沟铁厂生产的第一门迫击炮，这门凝聚着太行儿女智慧和热血的迫击炮，这门曾为中国抗日战争立下赫赫战功的迫击炮，终于完成了它的武器使命退出了战争舞台，被原柳沟铁厂工人李克志精心保存下来。20 世纪 60 年代，这门迫击炮被征集回来，陈列于武乡革命纪念馆。1988 年调拨给八路军太行纪念馆，继续履行它新时代的光荣使命，作为文物，教育着一代又一代的中国人：“牢记初心，不忘使命，砥砺前行。”

郭大海是我军抗战时期的炮弹制作高手。为了研制成功，他夜以继日，废寝忘食，全身心投入，攻坚克难。他一生的功劳，都凝聚在这张光荣的布奖状上。

一张特别的布奖状

张　宇

柳沟兵工厂是抗日战争时期八路军总部在武乡创办的一个著名的兵工厂，坐落在蟠龙镇东南方的柳沟一带，在这长约 8 华里的山沟里有河不凌、柳沟、窑申脚、庄底、马岚头等村庄。这个兵工厂，原来是抗战之初由武乡县抗日政府筹建的一座小型兵工厂——鼙山工厂。后来与当地三家地主创办的铁厂开源公司、成城铁厂和永恒铁厂以集资入股的办法，合股生产。工厂合办不久，几家地主不愿合股生产，抗日县政府就将资产买了过来。1939 年 4 月，经朱德总司令亲自到厂视察和协商，为了加强兵工生产，决定由八路军总部军工科接管鼙山工厂，改名为“八路军总部柳沟铁厂”，委派高原任厂长，张先进为教导员，留任王化南为副厂长。工厂在八路军总部的直接领导下，有了很大发展，先后添置了大批先进设备，动力机械有蒸汽机、发电机、锅炉等，机床有冲床、钻床、刨床、车床等 80 多部。柳沟兵工厂发展一个机械化的炮弹厂，每天可造 22000 发炮弹，成为华北敌后根据地最大的军工企业。

说到这个兵工厂，有我们不得不了解的一位生产骨干，他叫郭大海。

郭大海是河南林县人，从小随父以打铁为生，是个祖传的打铁高手，抗战前一直以开铁匠铺为生，由于河南累累遭灾，他带着两个兄弟二海、三海逃荒翻越太行山，来到武乡。武乡成立兵工厂后，为了寻找技术工人，就找到了这个铁匠。郭大海一听说请他到兵工厂工作，他二话没说，一口答应："我带着我的两位兄弟到兵工厂工作，没有别的要求，有我们的饭吃就够了。"就这样，郭大海三兄弟成了兵工厂的工人，他们在马岚头的一个破庙里生起一盘铁匠炉，利用从群众中收集的废铜烂铁，开始打造兵器。

1939年秋，八路军总部号召"开展革新创造，制造最新最有威力的武器"。郭大海心想，日本鬼子武器那么先进，可咱们的兵工厂还在生产长矛、大刀，根本无法与之较量，我们为什么不能生产先进的武器呢？郭大海的想法，得到军工部首长的支持，这时正好从前线缴获了一门日本的掷弹筒，郭大海仔细分析了掷弹筒的结构，认为我们完全可以仿制出来，就提出了仿制掷弹筒的请求。郭大海的请求很快被军工部批准，并且八路军总部首长也十分重视，如果能生产出我们自制的掷弹筒，这对我们在战场上争取主动性将起到至关重要的作用。

掷弹筒也叫轻型迫击炮，它的操作也十分简单，在发现并瞄准目标后，将迫击炮弹从炮口滑进炮管，依靠其自身质量使炮弹底火撞击炮管底部的撞针；或者依靠其自身质量滑至炮身底部，待射手操作释放撞针后，撞击炮弹底部底火。底火被击发后点燃炮弹尾部的基本药管，随后捆绑在弹体外面附加药包内的火药亦被点燃。虽然炮弹与炮管之间有一定的间隙以保证炮弹滑落，但是弹体外部的闭气环仍能形成极大的膛内压力，推动炮弹出炮口并飞向目标。迫击炮的这种发射原理决定了迫击炮弹不能与炮管紧密贴合，因此不能依靠膛线使炮弹产生旋转以稳定其飞行方向，转而使用尾翼稳定装置来保证其飞行姿态。因此，所有的迫击炮弹均带有尾翼。典型的迫击炮弹在结构上除尾翼外，还包括引信、传爆管、炸药、弹体、闭气环、基本药管、附加药包和底火等零部件。

根据掷弹筒的发射原理，对于弹膛的技术要求并不很高，我们兵工厂目前的技术应该可以达到。在军工部首长的支持下，郭大海开始了掷弹筒的试制。这项工作主要有两大难题，一是筒身的加工，二是炮弹生产。不能同时

八路军总部奖给郭大海的布奖状

研制出炮弹，掷弹筒生产出来等于零。根据这一情况，军工部部长刘鼎专门安排了化学专家用土法就地取材生产硫酸，试制了无烟火药，解决了炮弹的炸药问题；又利用太行山区盛产的白口生铁做发射榴弹的弹体，解决了炮弹生产的难题。而郭大海夜以继日地认真攻克着每一个难关，设备不足就用手工打制，想尽一切办法，克服一切困难，经过几十次的试制，终于制造出了第一具掷弹筒，经试验威力很大。由于郭大海在试制中适当增加了掷弹筒筒身的长度，既保证了射击精度，有效射程也大大增加。当我们兵工厂生产的掷弹筒及掷榴弹源源不断运送到抗日前线，使八路军有了与日军相抗衡的步兵火力。日军惊呼，八路军现代化兵工厂，拥有先进设备与外国专家。

1940 年，在总部召开的劳模大会上，为了表彰郭大海的功绩，奖给郭大海一张布奖状，上书“奖给郭大海同志创造能手。十八集团军总司令部赠”。

这张布奖状，成为八路军太行纪念馆的珍贵文物。

革命队伍是一个庞大的团体，既有冲锋杀敌的决死队勇士，也有高唱战歌的文工团女生。她们的双脚在黄土地上来回奔走，鞋袜一次次地被磨破。因此，那个乡亲们送来的袜楦子是多么贴心，多么重要。

一个袜楦子的故事

安志伟

太行山腹地有一个不大的小山村叫牛家岭，看似平常的小山村却有不平凡的经历。抗战时期，抗大文工团曾经驻扎在这里。为了解更多关于文工团的故事，2018 年 10 月的一天，抗战文化研究专家郝雪廷带着一群抗战文化爱好者，来到了这里……

1940 年，抗日军政大学总校曾经在蟠龙村驻扎，抗大文工团就驻扎在距离蟠龙村只有二华里的牛家岭村。在此期间，文工团曾经在蟠龙演出过话剧《沉冤》、歌剧《农村曲》、快板剧《群丑会》、京剧《四郎探母》和一些结合抗战形势编写的自创剧目。由抗大总校文工团集体回忆、李蒙执笔的《太行山上的戏剧劲旅——忆抗日军政大学总校文艺工作团》一文中对这段历史有着清晰、准确的记录。至今，村中的一些老年人还能回忆起当初文工团在村里的院子里、打麦场上排演节目的情形。

后来成为陈赓同志夫人的傅涯当时在文工团工作，住在房东大娘郝拉弟家中。现在这个院子已经无人居住，闻讯而来的村民打开了保存完好的东房。房子里面的陈设还是几十年前的样子，许多物件一看就有些年头了。突然，郝雪廷老师拿出一个长长的木质用具，问大家："你们知道这是个什么东西？"大家都面面相觑，胡乱猜测了起来。几个年纪较长的人说："看着

抗大学员使用过的袜楦子

像是袜楦子！”“对，就是袜楦子！”郝雪廷老师接过了话头：“看大小这是补女人袜子时用的。这东西可有些年头了！”旁边一位70多岁的村民说：“那可不！这个东西我小时候就有点印象，我家没有，还专门来他家借过几次呢！”

“那么久的东西？那抗大文工团的女演员也可能用过呢！”参与调研的一位小姑娘高声说。

“什么是可能用过呀，那肯定用过的！而且是专门为她们做的。”这位70多岁的村民笑一笑，说：“我爹娘以前就给我说过，村里头住过抗大文工团，那个时候他们经常在村里的院子里和打麦场上排练节目。那些演员用带子绑着裤腿，穿着布鞋，来来回回排练，要在场地上排练一整天，很晚才休息。节目排好以后，到蟠龙去演出还要步行来回。村里的路都是山路，以前我们村人下蟠龙的小路一路都是沙子、石头，特别费鞋、费袜子，谁的袜子一年还不补个三两回！文工团的队员们跑得袜子破了，都是自己动手补，可就是补不平，郝拉弟家正好有个木匠在干活，那木匠就找了点边角木料给做了这个袜楦子，这样队员们补起来就顺手多了。俺村小，村里头就没几家有袜楦子，她家又是离这个打麦场最近的。文工团的队员们在打麦场排练，从蟠龙回来总要在打麦场整队，袜子坏了都到她家来借袜楦子，顺路！”

听着他们的谈话，我的脑海里浮现出了一幅幅的画面：穿戴整齐的文工团女兵，排着队从蟠龙通往村里的河沟里走了回来，脱下鞋看了看袜子，上面有了几个大小不一的破洞。她们干脆把袜子脱下来，光脚穿着鞋，走上斜坡到了郝拉弟大娘家，高声喊着大娘，举着一双破了洞的袜子。大娘看看破袜子，不禁笑了起来，走进东房去拿出袜楦子来。女战士把自己的袜子套在袜楦子上，大娘在旁边一边看着一边指点，不一会儿几个破洞就补好了。

后来，抗大文工团和前方鲁艺合演《黄河大合唱》，演职员们经常步行30华里到前方鲁艺的驻地下北漳村排练节目。步行时间长、路途远，把袜子和鞋磨破那更是经常发生的事情了，袜楦子发挥作用的机会就更多了！

在调研中，村民们纷纷把上一辈、上两辈人口中得来的关于文工团的故事讲给来访者，大家听着、记录着，不禁为文工团演职人员和村民们之间的军民鱼水情感动着。当时，村里人把家里窑洞和房子让给文工团居住，还把门扇、门框、水缸等值钱的东西都拿出来让文工团使用，而这个专门为抗大文工团制作的袜楦子，更是直接记载了八路军与老百姓的鱼水深情。听着村民们对往事的诉说，我们相信他们是真诚的，他们的讲述是可靠的。虽然在这里驻扎时间不长，但小村庄的每家每户、一草一木，都已经留下了文工团的印迹！

抗大文工团员在牛家岭村合影

一方水土养一方人，一株仙草治一种伤。拙朴古雅的小药罐在战时特殊年代里，发出了最动听的捣药声。它的药不仅能医治战士们身体的患处，更能激发战士们心灵的斗志。

捣药罐

张慧萍

生在武乡，长在武乡，耳边从来就不缺乏革命故事、民族精神和英雄传奇，那些看似了解，却说不出所以然的英雄故事，军民情怀，妇孺、儿童、老者一并抗日的事，总是无时无刻不在激发这片土地上的儿女。然而，关于一个捣药罐的事，却是在一次偶然的机会，听八路军纪念馆专家郝雪廷讲起。

1939 年春，抗战进入了相持阶段。我晋冀豫抗日根据地由于交通不便，部队的药品供应十分困难。遵照党中央关于“建立以太行山为依托的抗日根据地”的指示精神，为了坚持持久抗战，八路军野战卫生部建立了前总卫生部制药所，利用简陋的生产设备，开始生产党参膏、补力多、党参丸等几种中成药。同年 7 月，八路军总部转战到武乡东部山区，这让制药所的同志们眼前一亮，这里的大山上居然遍地是宝，有着丰富的中草药资源，黄芩、柴胡、连翘、猪苓、车前子、蒲公英、马兜铃……于是，制药所很快扩编为卫生材料厂，生产的药品品种增加了十几倍。

尽管这样，生产的药品仍然不能满足前线需要。当时，八路军野战卫生部、总部医院和卫生学校等机构，驻扎在土河村真如寺内及附近群众家中。军民同吃同住，同甘共苦。一边开荒种田，一边上山采药，用村里的石碾碾碎，用竹筛筛选，然后搓成药丸，制成预防中暑、感冒、治療跌打损伤的药，

八路军野战医院使用过的捣药罐

临床疗效明显。然而，因日军频繁“扫荡”，伤员众多，医护人员和村民常常抬着伤员东躲西藏，无法煎药，不能及时医治。而且对枪伤、骨折来说，口服中药止血缓慢。只能随身带上捣药罐，有时不止带一个，把一些外伤常用的草药也带在身边，或随时采摘，如地榆、槐花、侧柏叶、大蓟、白茅根、艾叶、灶心土之类的，捣烂敷在患处及时止血、消肿，达到抢救生命的目的。

当时，本村民间医生申大保，不仅积极投身救治伤员，还参加卫生学校培训，学习了大量医学知识和急救技能，成了野战医院的编外医生。后来由于战事紧张，八路军野战医院转移走了，走得匆忙，好多物件没来得及带走，包括当时医治伤病员无数的两个捣药罐，依然留在土河坪真如寺内。申大保发现后，及时保存起来，并在他以后多年的行医生涯中，始终不离不弃，依然用它们来捣药，用他的医学知识服务村里人和韩北一带的乡里乡亲。直到 1979 年 6 月，武乡县文管所在土河坪村考察卫生部旧址时，申大保才说明原委，并将两个捣药罐交给文管所，如今保存在八路军总部砖壁旧址纪念馆。

一大一小的捣药罐，大的 1050 克，小的 300 克，看上去锈迹斑斑，小药罐罐口残缺，民间医生申大保也已去世多年，但小小的捣药罐，见证了太行山抗日战争的伟大历程和英雄儿女不屈不挠的斗争精神。民间医生申大保所传承的，不仅是抗战时期卫生学校传授他的医学知识，更说明我国中医药文化的渊源流长。

你我今天看到的只有两个捣药罐，可留存在这片红色热土上的捣药罐，又何止两个？经历过烽火年代，救生命于水火的物件又何止捣药罐呢？

虽然军民深情，是一笔算不清的大账，然而所有的财物过往仍然要借用收据明晰登记。某年某月，我曾经帮助过你，但是无须感谢我，因为我帮助的是中国革命，而中国革命的胜利既不是你的，也不是我的，它是属于我们大家的。

一张给八路军捐鞋的收据

宋　玲

抗战时期，八路军长期在武乡驻扎，武乡人民出粮、出兵、出干部，有力地支持了抗战，涌现出了许多感人的支前故事。今天，我就看到了这样一张给八路军捐鞋的收据："今收到南背捐鞋一双。协助员（盖章）十月十六。"这张收据字迹分明，印章却已模糊，我一次次将模糊的笔画排列，似乎这样可以让一个人复活，几次三番终究没有拼凑出一个完整的名字。我凝望着，反复问自己：还能怎样，我应该说些什么？

目光又回到这里。

一张泛黄的报纸；一个斩钉截铁的收据；一双带着体温的布鞋；一段沾满泪水的记忆。只是多看了一眼，那嵌入空气里的三言两语，就喊来了战火纷飞的岁月。扬起风沙、搅动人影、打开时空，唤醒朴素的热腾腾的故土，我的双眼仿佛被细细的声音蜇了一下，薄薄的眼皮一如千斤，眼底早已电闪雷鸣，大雨倾盆。

我到底能说什么？耳边只回响着亲切的乡音："俺孩，换上吧！"

眼前只看见大爷正把一双新鞋塞到准备上战场的年轻战士手里。我多想知道他是谁，多想听他们再多说一句话，可是没有。只能沿着这段时光去寻找。于是，我拼命地翻阅，不放过每一个字眼。然而，关于他们的记录实在太单薄，只有那份浓厚的军民鱼水情，火辣辣的，让我无法呼吸。

对！我就顺着这双鞋和脚下的方向，就顺着他们在这片土地上的足迹，就顺着留在时光里无声的语言，摸索着，去寻找，终于一二九师撑开了我朦朦胧胧的眼睛。仿佛看见苍茫的天宇，一群大雁驮着沉重的土地朝一束光的方向飞翔，我想，我知道该说什么了，关于我看见的这些鸿雁。

一二九师于 1937 年 11 月进驻太行山。在进入山西之初就以几次漂亮的战役一振军威。夜袭阳明堡、伏击娘子关、两战七亘村等都让他们士气大振。在进入和顺石拐后全师化整为零，组成工作团和游击支队分散到晋冀豫广大地区。当时晋东南由师政治部副主任宋任穷、组织部长王新亭、宣传部长刘志坚率工作团进入沁县、长治、武乡、襄垣、平顺等地开展工作。刘伯承师长曾说：“晋东南是毛主席选定的下棋的‘眼位’，我们一定要把这个眼做起来。”

本着这样的信念，一二九师迅速在晋东南地区扎实开展工作。在这里，我走入时光的深处、更深处，听到了令这片土地颤抖的炮火，听到了他们

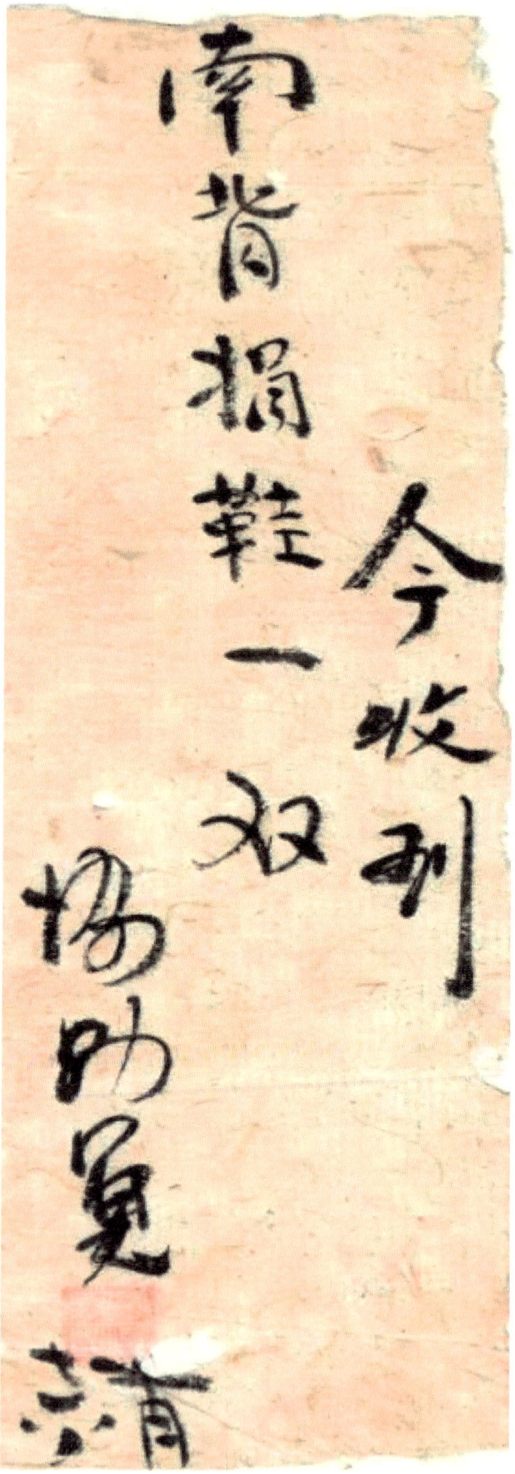

给八路军捐鞋的收据

面对日军侵略满腔的愤怒，听到了风雨中一声声微弱的沉默的嘶吼。一场毫无征兆的飓风席卷，英雄们一个个穿膛而来。

是的，我要说关于这次战争，绝不能让英雄死于遗忘。

1938 年 4 月初，日军以第 108 师团为主力并纠结第 16 师团、20 师团、109 师团、116 师团和酒井旅团各一部共 3 万多人实行所谓“广大广大地展开，压缩压缩地歼灭”的“九路围攻”计划。妄图将我八路军消灭在辽县、榆社、武乡地区。面对如此大规模的进攻，我武乡人民和八路军同仇敌忾，坚决粉碎日军“九路围攻”的阴谋。

一场轰轰烈烈的战役就此拉开帷幕。烈火总是这样，要么撕去浮于人性表面的虚伪，要么铸就丰碑。就像那刻，这愤怒的土地、这沸腾的人民、这朴素的奉献在战火中铸就的一个个不朽的灵魂、一座座永恒的丰碑。

历史不应该是哑巴，不应该沉默，我绝不允许它在某个角落毫无声响地叹息。历史应该成为见证人，应该告诉后人真相。他们平凡的生命不应该淡忘，不应该被时间吹散。

所以，我还得说，还得从他们走过的战争中说起。

深入武乡作战的日军 117 联队，在榆社遭遇“空城计”之后狼狈不堪，士气低落、军心不稳，据史料记载，当时日军官兵写信回家流露出厌战情绪。我方得知此情，立刻做出作战部署。即日，刘伯承师长命令部队抢在日军之前到达武乡，寻机歼敌。无奈日军抢先，但武乡人民团结一致，坚壁清野。日军因粮草缺乏气急败坏，放火烧毁具有 1500 年历史的武乡古城后向襄垣方向退走。我方得知军情后，命七七二团、六八九团与七七一团分左右纵队平行夹击，欲将其消灭在浊漳河河谷。随后，我方又制定巧妙的战略部署，将日军包围在长乐村以西的长达 10 华里的浊漳河谷，成为瓮中之鳖。随着陈赓旅长一声令下，马庄到长乐村一线炮火连天，全线冲锋，嘶喊声连成一片，把几天前被我军称为“袋中鼠”的日军彻底变成了“瓮中鳖”。

然而，胜利在望，危机却也四伏。

已走过长乐村的日军主力得知此情后，迅速调集 1000 多兵力掉头解救。

武乡村民给八路军送军鞋

就在这片热土上的十连勇士们同十倍于自己的日军浴血奋战4个多小时，终因寡不敌众，全部壮烈牺牲。时至今日，当地百姓提及此事，无不义愤填膺、热泪盈眶。

我亦然，可谁又能不呢！都是血肉之躯，都有妻儿娘亲。这些勇士在战火中以死亡祭奠信念。他们永别了亲人却活在人们的心里，活成不朽的丰碑，活成我们眼里流不完的泪，活成我们心头的一尊佛。我摁住心底的悲伤继续探寻，捧着更加赤诚的心。

关于他们的故事。关于这片热土上生长过的浴血岁月。

据史料记载，战事到达紧要关头，这里的人民和八路军同心协力和敌人展开殊死搏斗，一次又一次进攻，一次又一次溃败。反复七八次之后终于夺回阵地，为十连牺牲的同志们报仇雪恨，完成了阻击任务。最终，长乐之战，八路军共歼灭日军主力108师团2200多人，战马500~600匹，对粉碎日军“九路围攻”起了决定性作用。

此刻，我终于可以将这段时光轻轻合上。我多希望能用我眼里的泪水为他们洗去一身的尘埃。从此，武乡人民与八路军犹如鱼水，为了支援抗战，出兵出粮出干部，仅军鞋一项就捐献49万双。用我笨拙的文字将它们留在这里，让以后的每一个人、每一个在这片热土上生长的灵魂都能听到他们的心跳，都能看见捐出的那一双双军鞋背后，有多少妇女在素油灯下熬夜缝纳，收据上写下那清澈的翰墨时，双手捧着的则是万众一心。

无论昨天、今天、明天。

点一支八路军生产的甜烟吧！它生产自太行山下上北漳村，烟丝经过熟炒，还特意上了糖。再凝视这一方小小的烟标纸，图文并茂，多色套印，分明饱含了当时人民对于胜利果实的甜蜜渴望。

一枚烟标背后的故事

郝　伟

太行山浊漳河畔，有一个村庄叫上北漳。这个村庄看似普普通通，其实它特别不寻常。很小的时候，奶奶就多次说咱村里住过八路军的卷烟厂。过年时，他们都要给房东送一盘烟过来，咱楼上就存放过烟厂的糖和蜜。加了糖和蜜的烟特别的甜，咱村里做的烟叫甜烟。也许是听多了奶奶的话，碰到长辈们抽烟时，我就会闻闻他们的烟甜不甜，是加了糖？还是加了蜜？说来也成了习惯，现在在合适的吸烟场合，尽管我不抽烟，有时也会拿一支烟过来闻一下它的糖分如何。“抽烟品香，闻烟识甜”，这是我从多年闻烟中得来的经验。

历史往往有许多回环和交织，想不到多少年后，我竟然要用几年时间，去追寻那支甜烟的袅袅余韵和晋冀鲁豫边区贸易总局大兴烟草公司第一烟厂在我们村里的那段历史。

2017 年秋天，我帮助村里收集资料申报国家古村落项目期间，第一次见到了老辈人口耳相传甜烟的烟标图片。这是一张发黄的长方形纸张，中间用红色与绿色两种颜色，采用镂空、反白套印技术印出的 4 色烟标。左边的绿框内的红字是：武乡县上北漳。右边的绿框内红字是：大兴烟草公司。中间的主图用反白居中，从左上向右下倾斜印出两个大字：甜烟。两字间是一颗红色的五角星。最下边落款：第一烟厂出品。背景为：右上角是半轮太阳；竖排的 4 支红色香烟上一缕烟气飘出；烟气中间也有一颗红五角星。这枚烟标上的字是繁体。参考今天的香烟包装，可以想象，这张烟标纸，通过折叠、粘贴，再装入卷烟，一盒包装好的甜烟就生产出来了。

为找寻到大兴烟草公司第一烟厂在上北漳村的历史痕迹，这几年来，走访了一些直接、间接了解烟厂情况的老年人，日渐积攒起烟厂的一些细枝末节、一鳞半爪。特别是近日，通过王老师，联系到了他远在天津的表兄，作为当年大兴烟厂在上北漳的见证人，已 92 岁高龄的张鑫镇老先生，通过电话交流，从他清晰的记忆和健谈的讲述中，大兴烟草公司第一烟厂在上北漳的时空图像，终于有了一个基本的轮廓。

1945 年冬天，随着“上党战役”的胜利，中国革命解放事业拉开了新的序篇。在新的形势和战略需要下，隶属于晋冀鲁豫边区贸易局的大兴烟草公司第一烟厂，决定将厂址搬到更利于发展的地方去。几经选择，它们从襄垣城的文庙迁到武乡县上北漳村。这里交通便利，水源丰富，党组织发展早，群众觉悟高，方便各项工作的开展。尤其是 1939 年中共北方局党校驻扎太行期间，就选在这个村北头的 10 多所郝氏院落里。院落相连，房间众多，完全可以满足烟厂 100 多人的工作、生活及大批货物来往存放保管的需要。

大兴烟草公司第一烟厂在上北漳村时生产的烟标

1946 年的春天，18 岁的张鑫镇随着烟厂搬迁也来到了上北漳村。上北漳村距他老家禄村仅 10 多里路。张鑫镇父母早亡，5 岁时就到了舅舅家生活，在舅舅一家的抚育下长大。已长成半大小伙的他，在亲戚赵书云的带领下来到烟厂上班，成了一名红色根据地的烟厂工人。张鑫镇记得他们当时住在上北漳的村顶上，门墙相连各个院子，就是烟厂的车间。每个院里都有人，每个院里的人都在忙碌。

做出一支烟要经过拣烟叶、抽烟筋、洒水浸润、整理打捆、压制、推丝、炒丝、调制、卷烟、包装等 10 多道工序。当时，他负责炒烟，一口大铁锅和一把特制铁钎在他的熟练的操作中，一锅锅干湿适宜、烟香四溢的烟丝就被推到下一道工序中。劳动间歇，擦着头上的汗水，他会哼几句“解放区的天是晴朗的天，解放区的人民好喜欢……”一曲唱完他就感觉浑身有使不完的劲儿。一个苦水里长大的孩子，有幸投身到轰轰烈烈的民族解放战斗中，能不是一件幸福的事吗？

上北漳村 86 岁的退伍军人张玉生，还记得他 12 岁那年，烟厂搬到了村北头的书房院。用毛驴、骆驼驮来的烟叶就存放在坡地、毕油坊的厦棚里，用时几个年轻人就抬起一大包烟叶，爬上石坡送到书房院，放在中间的院子里开始喷烟叶、拣烟叶，进行生产。他说，卫生堂的正楼上是打好捆烟叶的存放处，每天吊上来、吊下去，窗台下的砖上都用草绳磨出拉痕，现在还能看出来。卷烟包装在书房院的后院里，工人们一人一个收音机那么大的卷烟包装箱，烟丝随着一个模具放进去，几次翻转就卷到纸的中间，再刷糨糊粘好，一条一尺多长的卷烟，就变戏法一样从箱子里掉出来了。然后，到下一道工序裁开，移到包装台上，用简易的包装机械和手工进行包装。包装纸是在村南头韩成功的字号里印刷。包好的大包甜烟会扛到上油坊的库里，然后用毛驴、骆驼驮送到前线和后方。当然，甜烟也向当地的乡亲们出售，以物美价廉受到人们的赞扬。

1946 年以后，晋冀鲁豫边区军民的生活得到了较大的改善，在张鑫镇的记忆里，小米干饭是能经常吃上了。依然是供给制，发一些零花钱。烟厂里有好多武乡人，会计李二胡是吴村人，采购员是窑头村人，有门头沟的尚三木、上司村的赵四维等几十个人。还有大兴烟草公司的经理，老家四川巴山人，年轻的红军干部周广才。和他一起炒烟的是龙湍村的郝三孩，尽管郝

当年卷烟厂的工人在上北漳留影

三孩大他5岁，但两人很快成了好朋友。厂里放假期间，他就和郝三孩相跟着去龙湍，每次去郝三孩的家里，他的家人总会给他做好吃的。他们一直到新中国成立后还相互往来。郝三孩去北京的弟弟家时，都要去天津看他。

上北漳人记得，1947年村里有三个姑娘，分别嫁给了烟厂里的三个年轻人。以后，三个新组建的家庭，也都融入了解放新中国的伟大事业中。

1948年后，大兴烟草公司第一烟厂接上级安排，整体搬迁到了河北省涉县县城，淘汰掉了手工操作，全部用上了大型机器。原大兴卷烟厂的100多名干部工人，有的因家庭原因留在了本地，有的选择上学、参军，大部分技术人员随烟厂去了涉县。经过烟厂的几年锻炼，这些星散四方的年轻人，逐步成了国家的有用之才。

享受正县团级待遇、从天津虹桥区中国银行分行党委书记位置上退休的张鑫镇老先生，今天依然记着半个世纪前烟厂里的旧年往事和一个个精神饱满的同事战友。他说我是人老了，但过去我们并肩作战的生活不会老。

今天，从一枚烟标回望历史，可以追寻到我们的来路和创造；从一件历史信物开始，我们应该思考如何做好初心到初心的交接。

一组数字、一份报告，事关重大，牵动全局。招待朋友的必然是美酒，迎接敌人的只能是猎枪。麻纸书中，我们听到了子弹呼啸而来的声音。

武西独立营《军械工作总结报告》

张　慧

这是一份由武西独立营于 1943 年 12 月 25 日写作的《军械工作总结报告》。报告用麻纸书写，共 8 页。该报告从枪支的管理制度、枪支的统计情况、全年的收支情形、发生过的不良现象、其他等方面写给太行第三军分区的汇报，直接呈报于分区军械主任张、干事李。呈报人是武西独立营副营长涂学忠、副政委李文清、军械员王冠英。

1940 年年初，为便于集中地方武装配合八路军作战，当时的太行区武乡县在县抗日自卫队基干队的基础上，组建武乡独立营，成为晋冀豫军区第四军分区领导的正规武装。由史昭青任营长，县委书记李九友兼任教导员。同年 6 月，由于日寇打通白晋铁路，对晋冀豫根据地形成分割，八路军总部与中共中央北方局决定将晋冀豫军区撤销，同时成立太行军区与太岳军区。同时，日寇还占领了武乡西部重镇段村，将武乡东西部的联系形成分割，根据这一实际情况，为方便对敌斗争，新设立的太行三地委指示，对武乡的行政区划做了较大更改，本县以段村附近的关河、涅河为界，分为武乡（东）县、武西县。武乡（东）县委辖 8 个分委（一至八区），武西县委辖 4 个分委（九至十二区）。武乡（东）县、武西县均归新设立的太行第三地委、第三军分区领导。中共武乡实验县县委书记温建平，副书记李友九，县长王捷

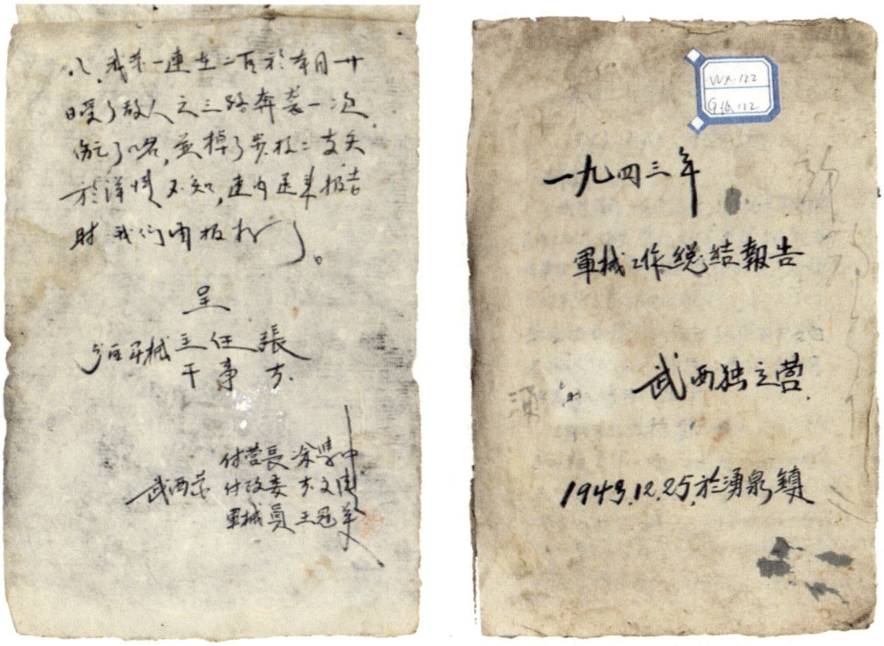

《军械工作总结报告》

三。中共武西县委书记谷景生，副书记王宗琪，县长宁运程。同时，决定将原武乡独立营划归武西县委领导，改名为武西独立营，营长白正戈，政委谷景生兼任。武西抗日自卫大队并入武西独立营。

同年 7 月，为统一党政领导，太行三地委、三军分区决定，武西独立营营长由县长兼任，政委由县委书记兼任。该文物《军械工作总结报告》产生的时代，即 1943 年 12 月，当时的武西县县长兼独立营营长为任时，武西县县委书记兼独立营政委为贾步彬；独立营的日常工作就由副营长涂学忠、副政委李文清主持。所以这份报告就以武西独立营副营长涂学忠、副政委李文清、军械员王冠英的名义上报。

涂学忠（1916—1976），安徽六安人，1930 年加入中国共产主义青年团，同年参加中国工农红军，1933 年转为中国共产党。土地革命战争时期，任红四军第十师二十八团排长、连政治指导员，参加了长征。抗日战争时期，任八路军一二九师三八五旅连长，太行军区武西独立营副营长。解放战争时期，任晋察冀军区第三纵队八旅二一二团副团长、团长，第二野战军三兵团十一军三十二师副师长。中华人民共和国成立后，任中国人民志愿军师长，中国人民解放军师长，副军长。1964 年晋升为少将军衔。1938 年至 1945 年，先后任七六九团排长、连长，武西独立营副营长等职期间，长期在武乡生活战斗，特别是在武西独立营任营长长达两年。

李文清（1921—2014），陕西西安人。1938 年参加山西青年抗敌决死队，同年加入中国共产党。1941 年他随决死三纵队进驻武乡，曾任决死三纵队队连指导员。1943 年 2 月任武西独立营副政委、营政委。到 1945 年 9 月，武西独立营与武乡独立营合编为武乡独立团，又担任武乡独立团政委，同年 8 月独立团编为二分区四十团，仍任团政委，一起调离武乡。晋冀鲁豫军区团政委，第二野战军团长。1952 年后，他任云南军区分区副政委、副师长兼参谋长，昆明军区作战部部长、军政干部学校校长、军区参谋长。中共十一大代表。他参加过百团大战和渡江、西南等战役。

印钞版给人直观的视角，设计了名胜古迹、自然风光、生产劳动、浇地灌溉、粮食丰收、交通运输等图案。这些图案反映了根据地的自然风貌、经济建设状况。但印钞版背后发生的故事，却是步步惊心，运筹帷幄，突破封锁。这件印钞版见证了艰苦奋斗的峥嵘岁月，经历了战争烽火的历史沧桑，是我党我军抗战时期金融发展史的有力证据。

弥足珍罕的冀南银行印钞版

郝雪廷

为改善人民生活，保证抗日部队的给养，以坚持持久抗战，达到最后胜利的目标，第一二九师提出成立比较统一的地方银行。作为中国人民银行前身“冀南银行”就在这个历史背景下诞生，也被誉为新中国金融的摇篮。

抗日战争爆发后，为发展根据地经济，1938 年 10 月，毛泽东在中共中央六中全会上指出: 要有计划地与敌人发行的伪币及破坏法币的政策作斗争，允许被隔断的区域设立地方银行，发行地方纸币。1938 年年底，一二九师决定在河北省南宫县成立冀南银行，但因日军“扫荡”和国民党顽固派的阻挠和破坏，只好改变计划，把冀南银行的机构、人员、设备转移到太行山上。经过紧张的筹备，1939 年 9 月 16 日，冀南行政公署以财字 17 号令，宣布正式成立冀南银行，并要求银行肩负“培养抗战经济的摇篮，保护人民利益的堡垒”的使命，10 月 15 日在山西黎城县小寨村和河北南宫后索泸村同时成立，成立于太行山的叫路西行（平汉路），成立于南宫的叫路东行。总行设在黎城。

冀南银行分为总行、区行、分行、支行四级管理。首任总经理高捷成。为了密切山地与平原之间的配合关系，加强对敌斗争力量，建立行政上的统一领导机关——冀南、太行、太岳行政联合办事处，简称“冀太联办”。联办成立后，冀南银行即划归联办直接领导。因战争年代日寇“扫荡”频繁，冀南银行为取得军队保卫，靠近八路军总部，1939 年年底，冀南银行总行迁至武乡县蚜蚄庙村的蚜蚄庙内，不久又先后迁至大坪村、烟里村，1940 年 10 月，日军“扫荡”武东，总行跟随八路军总部转移，后迁至河北省邢台县英谈村。

冀南银行自 1939 年 10 月开始发行冀钞，直至 1948 年 12 月 1 日中国人民银行成立，冀钞停止印制，先后印刷与发行了 10 枚面额不同的铜元券，以及壹角至伍角、壹元至伍元、拾元至伍拾元、贰佰伍拾元、伍佰元、壹仟元、贰仟元和本币贰佰元、伍佰元、壹仟元等纸币，共计 56 种。因边区内各地区不相统一，为便于管理，故在冀钞上加盖“太行”“太岳”“平原”“鲁西”等字样，分区流通使用。

冀南银行刻制的铜印钞版

钞票是一种特殊的印刷品，在印刷技术和质量上要求特别严格。印刷厂的技师和工人边学边干，严格设计，精心印刷，做到一丝不苟，精益求精。限于当时印刷水平，一开始以石版雕刻石印，再加上纸张、油墨质量差，印制技术落后，防伪手段简单，给制贩假币提供了可乘之机，日寇为了破坏根据地经济建设，大量制造假币投放到根据地市场。

针对敌伪的阴谋，根据地军民多管齐下，采取各种措施，开展了坚决的反假币斗争。为提高冀钞印刷质量和产量，与敌展开金融战争，一二九师设法从天津三棱洋行购买了电动铜版印刷机，运回根据地。

有了铜版印刷机，铜质印钞版就成了关键，冀南银行在天津聘请了具有高超雕版技术的工艺师，来制作铜版。这块铜质5元印钞版，就是使用电动铜版印刷机后，制作的印钞版，其是专供太行区流通的“太行”版。为使票面美观，并加强防伪功能，设计风格采用当时民国纸币比较流行的对称式和平均式，简单大方，符合审美要求。票券背面还设计了名胜古迹、自然风光、生产劳动、浇地灌溉、粮食丰收、交通运输等图案。

这件印钞版可谓国宝级文物，它见证了艰苦奋斗的峥嵘岁月，经历了战争烽火的历史沧桑，为我们研究根据地金融史提供了珍贵的实物史料。

历经80余年风雨洗礼的冀南银行纸币，曾经保证了军需民用，为创建华北地区的金融事业乃至支持全国的解放战争做出突出贡献。如今，它们作为历史的见证，被太行山这片红色的革命胜地永恒珍藏，为进一步研究当年太行山革命根据地在经济战线上的斗争情况，提供了宝贵的实物资料。

太行冀钞诞生记

王义澎

巍巍太行，层峦叠嶂，历来为关山锁钥、三晋屏障。1939年10月15日，冀南银行在晋东南抗日根据地的黎城县小寨村正式成立，并在太行区和冀南区设立了机构宣布营业。由于斗争需要，冀南银行于1939年年底迁至武乡，先后在蚜蛎庙村、大坪村、烟里村驻扎，延续了10个多月。由新华日报社石印厂负责印刷发行的冀南钞票，在保证军需民用、为创建华北地区的金融事业乃至支持全国的解放战争中做出突出贡献。

当时大坪村的支书张金腾是乡公所发展的第一批党员，他对党忠心，对工作负责，不拿架子，与村民关系甚好，深得民心。当八路军领导来找他谈话，准备在本村开办印钞厂时，他毫不犹豫地答应了下来，并派村民将村里10余间房屋腾出来，供工人们办公、休息使用，给了印钞厂极大的支持。副村长兼治保主任由索玉珠担任。

索玉珠受父辈影响，从小学得了一门银匠手艺，他继承父业，挑担走乡串户，专给人打造金银手镯、耳环等首饰。那时穷人多，用不起金银，他就试用锡与铅或熟铁把首饰打造好，再镀上层金粉或者银粉，因价格便宜，生意倒也红火。自打日寇侵华后，他几乎停业了。

当八路军领导找村里的几个主要干部，说冀南银行的一个印刷车间要在村里驻扎，索玉珠心里就痒痒的，特别想参加打制印钞的版面图案，可这心事却一直没敢透露，所以常以村干部的名义，到蚜蚄庙里去查看工作，特别是在他看到厂长张裕民因为缺乏花纹铜板原料而发愁时，他主动提出他是银匠出身，有这方面的手艺和经验，并告诉张裕民说可利用锡、铅来代替铜板，而且锡和铅质地柔软、易雕刻、光泽度好，还不易起变化。

张裕民听罢，很是吃惊，他没想到，这穷乡僻壤的地方，竟有这样的人才，便拉索玉珠坐下来，拿出自己的烟袋，装了烟叶，递给他，虚心请教。索玉珠也就不客气，席地而坐，边吸烟边与张裕民探讨起了雕刻工艺。

两人越谈越投机，最后当索玉珠听说，银行一时间采购不回锡与铅

冀南银行石印版

的原料时，又马上跑回家，拿出了自己珍藏多年的锡，拿给工厂做制版原料。

第一次试制却失败了，又因为一时采购不回来锡和铅的原料，两人只好在涂了药水的麻纸上一笔一笔绘图案，再经过精雕细刻，分出阳文阴理，然后裁剪下来，拼凑在一起，小心地印压到石板上。

一切就绪后，张裕民找来两个工人试印，他在身边盯着，一个工人负责掌油滚，一个工人摇摇把，二人密切配合，第一张两角票样终于印制出来了。这时也有了铅原料，省了好大力，也能连续地印刷许多版而不坏，不用一张张地蘸着药水印刷了。

冀南银行发行的货币

钞票印出来了，但是还没有经理印章，张裕民便又手绘经理印章，绘好后再套印一次，几经周折，张裕民设计的第一版两角冀币试印出来了。紧接着壹元、贰元、伍元、拾元、贰拾元等冀钞，原版试印成功，武乡印制的冀钞诞生了！

别看一张小小的冀钞，需用的材料却多达一两百种，而对印钞来说，最困难的也是原材料的采购、保管和贮存。印钞的很多设备和物资，太行根据地没有，所以必须到敌占区购买。为了躲避敌人的盘查，印钞设备和材料的采购，也都是秘密进行。在采购中，有多种渠道，有的是通过八路军总部的情报系统购买；有的是通过边区政府在敌占区开办的地下货栈、商店采购；有的是委托爱国商人购买；有的是银行派遣工作人员，化装成商人，直接到敌占区采购。

为了防止敌人发现，采购印钞材料时，也是分开地区购买后运送到太行根据地。有的人就是在采购中不幸被捕牺牲。

采购的物资五花八门，有印钞主要设备石印机、铅印机、小号码机、大石板、小铜板等；有制钞用的各类钞票纸和各色油墨；有用于辅助的煤油、汽油、香油、酒精、盐酸、硝镪水、松香、桃胶等。印钞中，用量最大的是纸张和油墨。很多材料采购回来后，被隐藏于崇山峻岭中那些不被人注意的岩洞里，根据需要，银行安排人员通过背驮肩扛，运到武乡蚮蚄村印钞地。

由于受当时印钞能力的限制，纸币质量参差不齐，差别较大。当时的印刷设备比较简陋，印钞机多是从敌占区得到的石印机、圆盘机。没有钞票纸，就用土纸、竹纸、毛边纸等来代替，所以纸张的厚度不统一。油墨牌号不一，给印刷套色带来了很多困难。没有水印，票面颜色较为单调，票面上冠字、编号与行长、副行长章多为手工加盖。

冀南银行纸币版式、币值单位不统一，有“枚”也有“圆”。这主要与当时战争环境下无统一货币单位有关。纸币票面设计大多比较简单，图案多以反映当时工农业生产、自然景色、建筑风貌为主，如火车、轮船、提水、收割、高塔、牌坊、寺庙等图景。票面图案层次分明，渗透着民间版画、年画的民俗风格情趣，虽然简单，但生动形象，立体感强，很有欣赏价值。这些纸币看似普通、简单、平凡，但实际上具有不可再生的特色。

经过 80 余年风雨洗礼，这些冀南银行纸币能够保存至今实属不易。它们作为革命文物，为研究当年太行山革命根据地在经济战线上的斗争情况，提供了宝贵的实物资料。时至今日，冀南银行钞票作为历史的见证，被太行山这片红色的革命胜地永恒珍藏！

“提灯夜行上榆社，骑驴雨天下潞城。”窦氏一门几代人，医术高明、医德高尚，在周边沁县、潞城、榆社、和顺等地皆有口碑，就是河北、河南也有许多病人慕名而来。他们总能让人抱病而来，满意而去。对穷困患者更是关怀备至。抗战期间，窦家成了八路军战士的民间医院，窦医生成了随军的“军医”。布包斑驳，刀具生锈，岁月远去，故事却依然清晰。

一包红色“手术刀具”的故事

郝　伟

农历三月的太行山，正是郁李花、杜梨花开遍山崖峭壁的时节。

中共北方局党校旧址武乡县上北漳村，73 岁的窦俊如，在家里接受了几家电视台记者的采访。他是中医世家庭房院的第四代传人。

话题从他老爷爷当年为八路军看病说起。采访中，他从自己出诊的包里拿出了一个包裹，层层叠叠的布包打开后，映入眼帘的是闪着光亮的药刀、药勺、剪刀、镊子、药鼓子及药瓶等组成的“手术刀具”。窦俊如告诉大家，这套“手术刀具”就是他老爷爷抗战时期为八路军治病用过的传家宝，传到他手上已是第四代了。

几位记者像发现了宝贝一样，轻轻用手抚摸摩着这几件历史的证物，想从这亲密的触摸中，感受当年战斗在抗日救亡前线、军民一家同舟共济的那段艰难岁月。

庭房院是窦氏的居所，人们以院落称呼表示对他们一家的尊敬。清末以来，窦氏一门就以治疗疮科著称。在抗生素引入中国之前，身体生疮是一个普通的大众病。因没有特效口服药物，许多人患病后因医治不及时，往往发

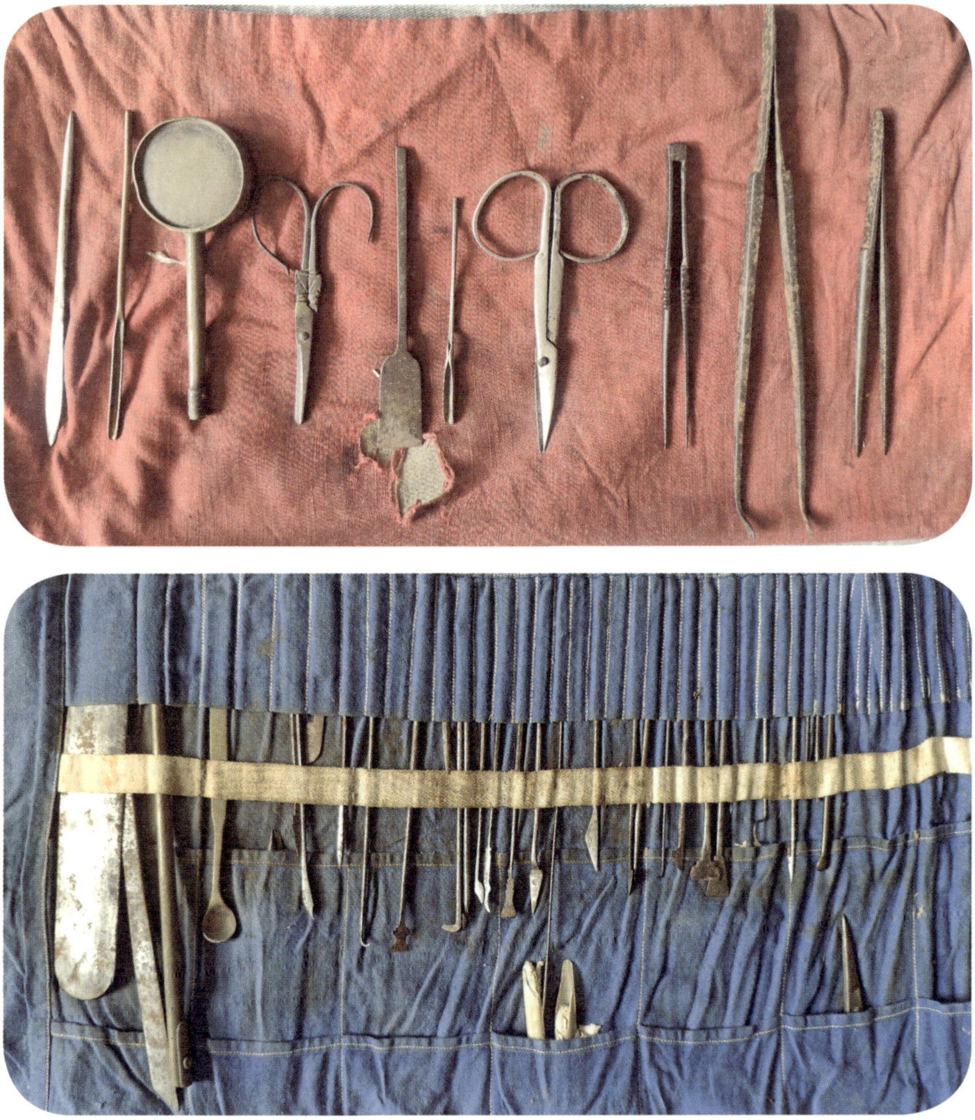

上北漳村老中医为八路军治病用过的手术刀具

展成更大的病症。窦氏疮科的独特性就在于通过外科手术，用刀具将病人身上的臃肿、溃烂等病变割除，注入自己配制的祛除腐肉、病毒的白降丹、红降丹等药物，待病情得到控制，再打入生肌散等能促进肌肉恢复生长的药物。经过几个疗程，病人即可痊愈。

“提灯夜行上榆社，骑驴雨天下潞城。”窦氏一门几代人，不仅医术高明、医德高尚，在周边沁县、潞城、榆社、和顺等地皆有口碑，就是河北、河南也有许多病人慕名而来，他们总能让人抱病而来，满意而去。他们对穷困患者更是关怀备至。

黎城山上有个贫苦的农民，有一年患了病疮久治不愈，爬山越岭找到了庭房院。了解到他的困难后，窦俊如的老爷爷非但不要他一分钱，还送了一包外用内服的药。病好后为了感谢老先生，他将自己在山里抱回的一只狍子送到了庭房院。长大后的狍子很有灵性，每有病人来，狍子总能把客人带到主人的诊房。村人说，庭房院不仅能看好人的病，就是动物也能调教出礼数来，这家人德行好。久而久之，“狍子迎客”成了人们对庭房院的美谈。

1937 年，华北风云突变。图谋中国的日本侵略者，发动了震惊中外的卢沟桥事变，开始大举侵华。

在中华民族危急存亡关头，北上抗日的中国共产党人，带领红军主力，东渡黄河，将抗日的前线推进到太行山上。几个农家小院成了抗日根据地的指挥部。

滔滔蟠洪河在村前奔流而下，东岸山后的王家峪村是八路军总部所在地，西岸河畔就是中共北方局党校所在地上北漳村。同时，八路军总部的各个机关、部队，也星罗棋布地分散在周边的几十个村庄里。此时的民族精英集聚到太行山上，在前仆后继的战斗和牺牲中，孕育着新中国的新生。

“伫马太行侧，十月雪飞白。战士仍衣单，夜夜杀倭贼。”咏诵朱德总司令的这首《寄语蜀中父老》五言绝句，依然能感受到老一辈革命家和八路军将士“愿拼热血卫吾华”的豪迈情怀，为民族存亡的使命担当。

临河而居的庭房院也打破了往日的安静，那时坐堂看病的是窦俊如的老爷爷窦天毕，人称窦毕儿。长着雪白胡须的窦老先生，总是把患病的八路军战士迎进家里来，以自己娴熟的医术，为他们看病、上药、包扎。有时也会运用自己的刀具，为一些在战场上落下伤口、有皮肤病或跌打损伤的战士进行治疗。由于他家的药效好，战士们的身体都能很快得到恢复。

窦俊如的父亲在世时曾给他说,你的老爷爷多次给八路军的首长看过病。首长来时都有警卫员陪着，但他从不向家人讲首长的情况，并告诫家人出去不要乱说话，战争年代要保护好为国家打江山的人。从中，我们可以体会到一个传统老中医的品格和觉悟。

因此，庭房院究竟给哪位首长看过病，也成了一个历史的秘密。可以佐证的是为了感谢他们一家给八路军看病的付出，当时的总部派人到上北漳放了一场电影。上年纪的老人们记得，那时的电影没有声音，放映地选在禁山下的树林里，村里的好多人说那是他们第一次看电影。

八路军总部转战太行山期间，庭房院就成了八路军战士的民间医院。大家来来往往都像一家人。在一次“扫荡”中，庭房院被日本侵略者放火烧毁了，他们依然在借来的房子里坚持为战士们看病。

后来窦俊如的老爷爷把医术传给了他的爷爷窦禹玉。他的爷爷在新中国成立后，拿到了当时人民政府县长王维屏签发的行医证，子承父业继续为老百姓看病。

窦俊如的父亲窦秀生也继承了祖上的绝学，为周边的乡亲看病开药，受到人们的尊敬。

在父亲的影响下，窦俊如也走上了祖辈的路，用自己的医术为患者解除痛苦。这些年，来看疮科的人少了，看皮肤病的人倒是多了。他说，这和环境污染、人们的饮食变化有关。现在“手术刀具”还是经常使用，一年能治疗好多人。

采访中记者们拍了好多照片、视频。他们想通过新的传播方式，把寻找到的、邂逅相遇的、依然在使用的这包红色“手术刀具”和背后的故事，讲给更多的人们。

残缺不全的账簿，历经战争的洗礼、岁月的更迭，记录了太行纸厂在烽火硝烟中发展壮大的过程，记载了太行纸厂为《新华日报》宣传抗战、动员群众所做的特殊贡献。苏峪村太行造纸厂在抗战史上留下了浓墨重彩的一笔，铸就了辉煌的历史。

残存的旧账簿

郝俊峰

在苏峪村村民李怀玉的家中，保存着几十张从光绪九年（1883）至公元1951年其先辈留下来的契约文书。在这一堆契约文书中，发现有一小页残缺不全的账簿，经与户主交谈并仔细辨认，才得知这竟然是80多年前，他家先辈开办太行纸厂的账簿。该账簿历经战争的洗礼、社会文明的变迁，竟还能传之于世，真是意外之中的惊喜。虽残缺不全，却弥足珍贵。

该账簿为纸厂自产麻纸，12厘米长，5厘米宽，长方形结构，从右至左，繁体竖写，传统苏州码计数，纸张下部有残缺但不影响阅读。

如下：

十月初八

取纸3去（区）

收绳16斤

初十

取纸三去（区）

收绳15斤

……

这页账簿从某年十月初八开始记录，逢双日记一次，到十月二十四，共

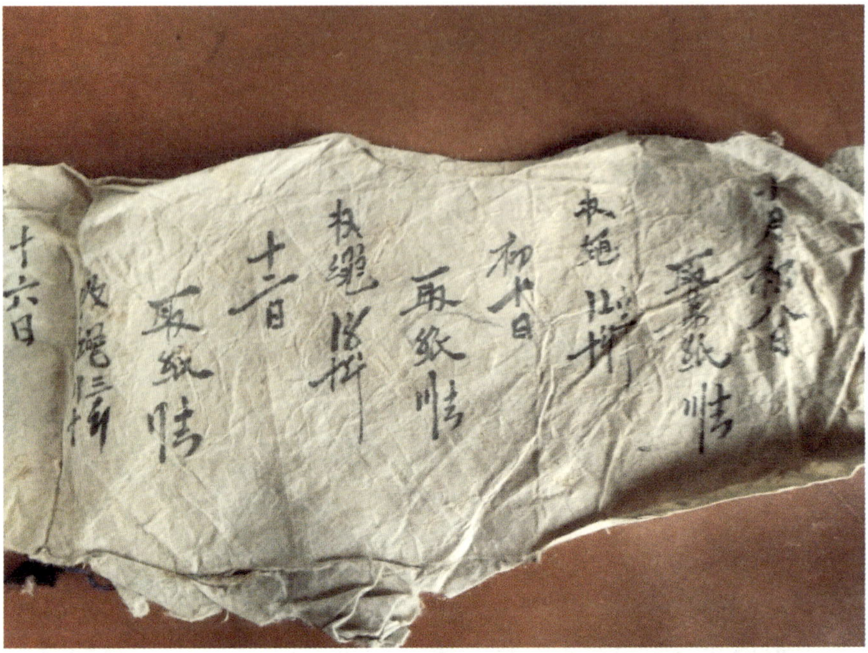

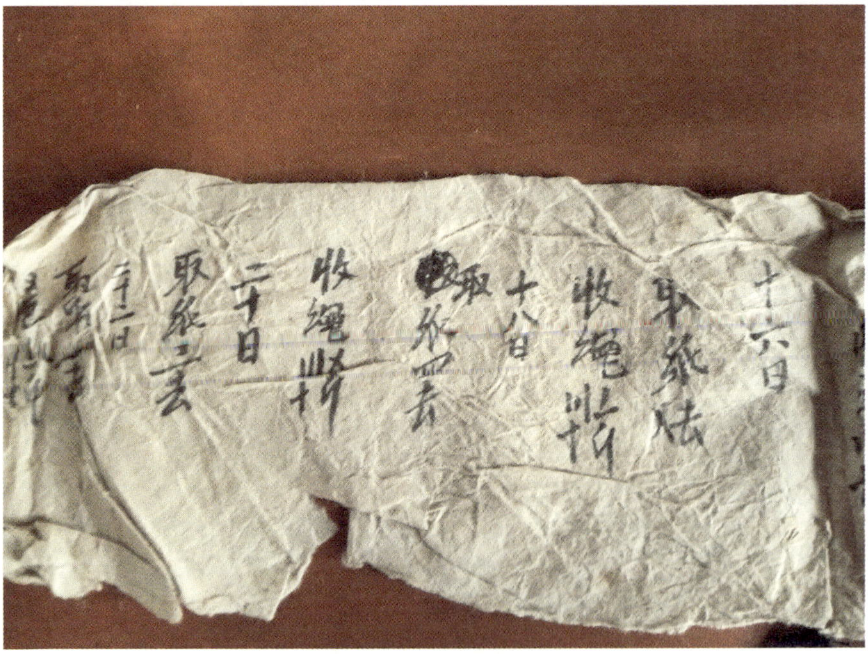

太行造纸厂留下的旧账簿

16天8次记录。从账簿记载可以看出，16天内共收绳160斤，取纸20去（区）（每区200张，每捆20区），也就是说每半个月，产纸一捆4000张。以此类推，年产纸500~800区。

据李怀玉介绍，太行纸厂原本叫“万生祥”纸坊，是他一个叔伯祖父李德明于民国10年（1921）创办的。民国十一年（1922），又在“万生祥”之西靛则口创办“顶和艺”纸坊，两座纸坊一东一西，隔河而望，民间又俗称东、西纸坊。纸坊设备全是手工制作，自制纸池、白锥、纸廉、纸架等土工具，用麻头、绳缋、破布为原料，工人有二三十个，年产纸400余刀（两刀为一区）。新纸一上市，大大满足了市场需求，还远销榆社、辽县（今左权）等地，供不应求。

抗战前夕，李德明于悲愤中猝然离世，其子金登子承父业，继续将纸坊经营到抗战爆发。也就是在这个时候，李怀玉的伯父李堂英、父亲李堂贵、叔父李三孩及堂伯叔李海珍、李海珠、李海安等先后成为纸坊工人，见证了太行纸厂在苏峪的点点滴滴。那是1938年4月，日寇“九路围攻”晋东南，侵占武乡，沿途烧杀抢掠，无恶不作，苏峪村到处是残墙败垣，一片萧条，东纸坊也遭敌人焚毁，被迫停产。值此民族危亡时刻，为发展根据地经济，共度经济灾荒，太行区抗日民主政府做出重要指示：积极团结地方士绅，尽量恢复工厂、作坊正常运转，与敌人展开市场经济的生死博弈。

由此，太行三分区劳动部职工联社的耿万青、王国祥、赵丑孩、郝耀（苏峪人）等同志受分区领导委托前往苏峪村进行收购纸坊事宜。因郝耀是本村人，便于开展工作，他回村后首先找到时任村党支部书记族叔郝忠，又通过共产党员李堂贵（金登堂弟）的关系，才与李金登先生接上了头。为了不引起别人的注意，选择在相对隐蔽的陈背沟进行秘密洽谈，深明大义的金登先生当场表示愿为抗战尽绵薄之力，最终将自己名下的两座纸坊交由抗日政府管理。

1938年秋，纸坊正式更名为“太行纸厂”。厂部办公室设在苏峪村南背上纸坊院里头院，职工会主席为李福祥，党支部书记兼厂长马俊住正房，副厂长王国祥住东房，会计刘全富住西房，南房为职工宿舍。外头院为厂房和东、西库房。苏峪太行纸厂实际为八路军太行纸厂三分厂。总厂在黎城县源泉村。太行纸厂共有8个池，职工30多名，大部分来自栗家沟、张庄一带，也有部分苏峪村人。领作杨政兴，原料工李九华，抄纸工刘书文，还有晒纸能手刘大山。工人有刘书琴、刘书奇、李堂英、李堂贵等。生产方式仍为纯手工操作。生产的白麻纸主要供应驻在洪水镇的太行三地委、三分区各机关单位，以及县牺盟会创办的《大众力量》杂志。

1939年，由美国留学归来的造纸专家杨十三，辗转来到太行山，投身革命运动。他对传统造纸进行改良革新，纸厂工人经几个昼夜的反复实验，终于成功制出两面光的报纸，专门供应此时进驻武乡安乐庄村的华北《新华日报》社。与此同时，抗日战争风起云涌，八路军大部分机关进驻武乡，纸张需求量迅猛增长。为了在一定程度上满足需求，三分厂又在武乡县的栗家沟、前张庄、活庄等地新建三座纸厂。1939年至1940年长达一年多的时间里，《新华日报》太行版印刷纸张均由太行三分厂生产。从苏峪村到安乐庄村，再从安乐庄到整个太行区抗日根据地，形成了宣传救国产业链，在抗日的烽火中发挥了不可估量的作用。

1940年冬，日寇对太行山抗日根据地进行疯狂“扫荡”，华北《新华日报》奉命紧急转移，《大众力量》被迫停刊，太行三分厂旋即停产。大部分职工奉命调回太行纸厂总厂，新中国成立后又随着总厂部调往大城市工作，后有刘书奇等人不愿离乡，回武乡后参与创建了武乡县关河纸厂。三分厂在苏峪期间，全体职工满腔热血投身革命工作，夜以继日战斗在生产一线，为保障报社及政府机关纸张供应做出了不可磨灭的贡献。纸厂职工李堂英后到新华日报社参加了工作，在河北邯郸送报途中惨遭敌人杀害，年仅34岁。

1942年，经过时任武乡县工会主席耿万青同志的多方努力，闲置两年的太行纸厂再次恢复生产，行政上划归武乡工会领导。由杨贵堂（兑九背人）接任厂长，张富田（张庄人）任副厂长兼会计。领作李堂贵，原料李九华，抄纸刘大山、张海龙，工人有刘成富（栗家沟人）、李拐则（韩登人）、王来成（小活庄人）等，学徒工有李海安、郝金林、韩根儿、叶根尧等，约50余名。月产纸240区，月工资45元左右。直至1952年工厂彻底停产。大部分职工调往中村或长乐纸厂，后调回武乡参与组建武乡关河纸厂，如杨贵堂、张富田等即是关河纸厂的创始人。纸厂工人李海安于1946年到太行《新华日报》造纸厂参加工作，新中国成立后调入太原造纸厂，后调国营保定造纸厂，曾任该厂工会主席。

苏峪造纸厂的出现，开创了武乡造纸业之最。这是历史的选择，也是一种巧合，如若不是李德明先生当年的高瞻远瞩，如若不是刘家兄弟的潜心学艺，如若不是共产党八路军的接管，就不会有闻名根据地的太行纸厂，更不会有苏峪村在战争时期的鼎盛辉煌。历经31年风雨沧桑，苏峪纸厂结束了它的历史使命，从此消失在历史的尘埃之中。如今，驻足东、西两座纸厂遗址处，再难一觅昔日的风采，有关它的印记，也只有这页残存的账簿，向世人诉说 着它非同寻常的过往。

为了满足一些膏制、酊制药品的包装，他们还专门制作了瓷药罐，成立玻璃厂生产玻璃瓶、安瓿等。它见证了八路军野战卫生材料厂对抗战的特殊贡献。

一个瓷药罐

郝雪廷

1939年春，国民革命军第八路军（第十八集团军）野战卫生部，遵照党中央、毛主席关于“建立以太行山为依托的抗日根据地”的指示精神，在山西省潞城县南村，建立了第十八集团军野战卫生部制药所，所长刘英桂，政治指导员王志良。野战卫生部部长孙仪之明确指出，制药所的具体任务是自力更生，制备军用药品，并对太行山区的丰富药材进行开发研制。当年夏天，制药所转移到山西省武乡县刀把嘴村。该所借用农家的石碾、铁锅、陶缸以及竹筛等物，因陋就简地生产膏、丸、散等中药制剂。为了满足一些膏制、酊制药品的包装，他们还专门制作了瓷药罐，成立玻璃厂生产玻璃瓶、安瓿等。

由于日军多次骚扰，制药所曾移驻武乡县笛子角、安乐庄、烟里村。1940年夏天，制药所改称第十八集团军野战卫生部卫生材料厂，张其榜任厂长，温萱任教导员。该厂除生产中药制剂的丸散膏丹外，还用土法制作纱布、脱脂棉和急救包等卫生材料用品。

抗日战争时期，八路军总部及师长刘伯承、政委邓小平率领的八路军一二九师，驻防太行山区。1939年春，为解决军民防治疾病的需要，该师卫生部部长钱信忠从卫生部与野战医院中抽调管理干部王业其带领老中

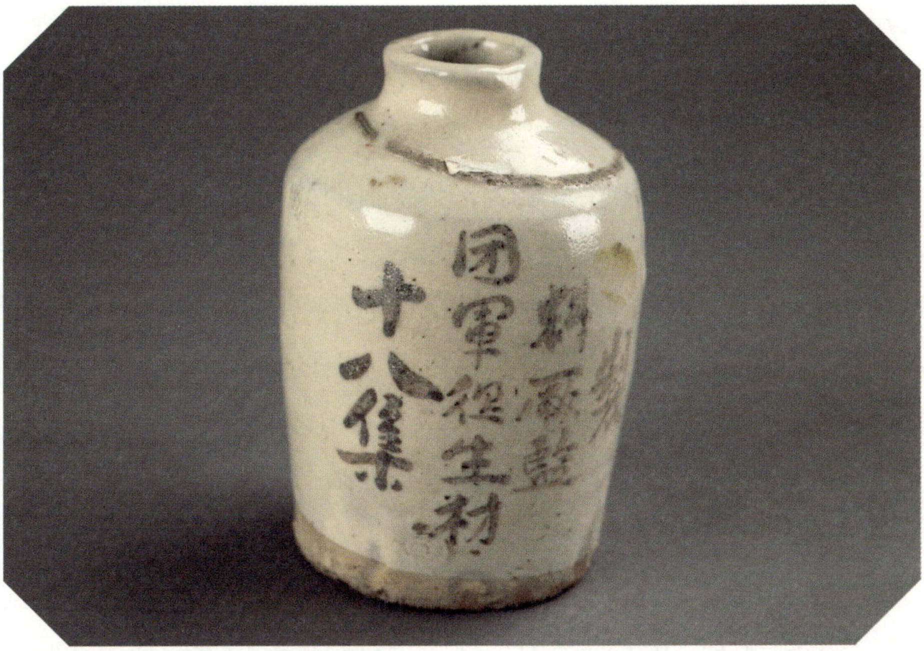

野战卫生材料厂特制的瓷药罐

医、警卫员和炊事员，并带一匹骡子在山西省黎城县背坡村一庙内，创办了一二九师卫生部制药厂。王业其为该厂行政负责人。同年8月，自学中医药的伤残军队干部韩刚，调来该厂为技术负责人。制药厂利用当地中药材，加工制备了紫草膏等数种中药制剂，因其疗效显著，受到了伤病员的好评。

1940年夏，发生了流行性感冒和疟疾，这对前方战士行军打仗影响很大。根据当地中草药资源的分布情况，号召医务人员上山采集柴胡，熬成汤药给病号服用，虽然收到了很好的疗效，但不方便服用和携带。为此，一二九师卫生部长钱信忠建议，将柴胡进行蒸馏提取制成针剂，并由卫生材料厂研究室主任韩刚设计方案并牵头研制。

中医西制，这可是开天辟地头一次，科研人员开始了柴胡注射液的研制工作。要制造针剂，首先要提取挥发油。由于当时没有专用的蒸馏设备，负责试制的大学生李昕经多次试验，并邀请兵工厂工人用白铁皮焊成水蒸气装置，把蒸汽通到放有柴胡的罐中，再连接焊接的冷却器装置收集蒸馏液。由于柴胡油稳定性差，容易发生变色、混浊，在技术操作层面有相当大的难度。

几次试验，都因液体混浊、漂浮浮油，结果不理想。韩刚想，如果进行二次蒸馏，或许可以解决这个问题。经过多次试验，终于蒸出了透明的柴胡液体，成品终于试制出来了。经过临床观察，反复做了退热试验，证明该药治疗疟疾及一般热病，其镇痛退热效果显著，且没有明显的毒副作用。至此，中医药史上具有划时代意义的供肌肉注射的第一支中药注射液终于研制出来，并命名为“瀑泼利尔”。1941 年 5 月 1 日，该药受到晋冀鲁豫边区大会的奖励，发明人韩刚被八路军卫生部授予“创造发明家”的称号。后来，正式将这种针剂命名为“柴胡注射液”，柴胡针剂曾以每月 10 万盒以上的数量投入生产，为根据地将士重返前线提供了强有力的医疗保障。

1940 年冬，为响应党中央精兵简政的号召，由野战卫生部部长孙仪之主持机构整编工作会议，将野战卫生部与一二九师卫生部合并。同时，一二九师卫生部制药厂并入野战卫生部卫生材料厂。根据制药生产与卫生材料的需要，卫生材料厂先后设立了 5 个分厂：制药厂设在安乐庄，师劲夫任

野战卫生材料厂工人在翻晒药材

厂长。玻璃厂设在温庄，张浩任厂长。酒厂设在温庄，王永昌任厂长。牛奶饼干厂设在岭则村，宣心愚任厂长。绷带材料厂设在辽县，石天心任厂长。

1941 年 10 月，为适应战争形势的发展，卫生材料厂将 5 个分厂改编为制药所、制造所和绷带材料所等 3 个生产单位。年底，又合编为制药所与制造所两个生产单位。制药所设在龙洞沟，所长韩刚。制造所设在温庄，所长宣心愚。

1942 年 3 月，野战卫生部决定：卫生材料厂所生产的药品除供应部队外，尚应考虑解决地方缺少医药的燃眉之急，将制药所、制造所合并恢复卫生材料厂，对外称“利华制药厂”，由温萱任厂长，商钦、王永庆任协理员，厂部搬迁到烟里村。利华制药厂为帮助地方解决医药的困难，于 1943 年，在襄垣县西营开设“利记药房”，在黎城西井开设“华记药房”。药房对外应诊，并出售疟疾片、调经片、疥疮膏、克梅尔、戒烟丸、痢疾丸以及救急等药品，受到群众的欢迎。直到 1945 年年初，随着战争形势的发展，配合部队有计划地转移，卫生材料厂迁往黎城县北委泉村。此时，生产条件也有了较大的改善，产量大幅度上升，并进行了氯化钙、葡萄糖、碳酸氢钠、锻制镁等多种原料及其制剂的研制与生产，因而新产品逐渐增多，如吗啡、可待因、黄连素等药品也相继投产。

卫生部卫生材料厂在山西省武乡县安乐庄期间，刀把嘴村的阎柴通在该厂负责运送药材原料。因为战乱，条件十分恶劣，早上只能吃点黑豆和野菜充饥。在送药材途中晕倒，恰好彭德怀副总司令到厂视察遇到，他吩咐警卫员把阎柴通抬回厂部，从一个瓷药罐里取了药让他服下去，并将这罐药品送给他治疗。阎柴通感激彭德怀副总司令的关怀，把这个药罐保存了 46 年。1987 年，八路军太行纪念馆筹建时，工作人员到刀把嘴村征集文物，阎柴通将自己精心保存下来的心爱之物捐赠给了八路军太行纪念馆。

八路军的后勤生产，是在既无资金设备，又无生产经验的基础上开展的。同志们发扬了“自力更生、艰苦创业”的太行精神，想尽一切办法，克服一切困难，既要备战抗击敌人，又要坚持生产支援前线，虽然条件极为艰苦，但工人们还是研制出了特殊的生产工具。

特制的铁火炉

郝雪廷

1939年春，晋冀豫抗日根据地由于交通不便，部队的药品供应十分困难。遵照党中央、毛主席关于“建立以太行山为依托的抗日根据地”的指示精神，朱德总司令约见了前总卫生部部长孙仪之，要求建立自己的药品生产基地，以保证军队的需要。孙仪之部长立即从卫生部医训班抽调了人员组成前卫制药所，具体任务是自力更生制备军用药品，并对太行山区的丰富药材进行开发研制。

建厂之初，既无资金设备，又无生产经验。同志们发扬了“自力更生、艰苦创业”的精神，既要备战抗击敌人，坚持生产支援前线，又要开荒种地渡难关，条件极为艰苦。全厂人员为了党的制药事业，历尽艰辛，开拓前进。他们不畏艰险跋涉于崇山峻岭，用麻绳将人悬空在峭壁之间，采撷珍贵药材乌灵脂。他们不顾炎热酷暑、天寒地冻想方设法采集、收购中药材，开辟药源，制备药品。他们用手搓成药丸，用筷子插在无底的弹壳里压成药片。直到1940年，在长治买了一台单冲压片机，开始是手摇，后改脚踏。从此，片剂产量才有所增加。为能增加品种，制备其他制剂，他们将汽油桶改装成酒精馏器和生药浸取器，及时地供应八路军部队的需要。

1940年夏，制药所改称第十八集团军野战卫生部卫生材料厂。该厂除生产中药制剂外，还用土法制作纱布、脱脂棉和救急包等卫生材料用品。根据制药生产和需要，卫生材料厂先后设立制药、牛奶饼干、绷带材料等分厂。为了研制针制、酊制药品，还开设了玻璃分厂、酒精分厂。这两个分厂设在武乡县温庄村。这个村住着八路军军工部创办的太行工业学校，有得天独厚的技术条件，同时也靠近军工部柳沟铁厂，部分原材料使用方便。在研制生产玻璃、吹制安瓿的过程中，经常需要加热试验，为了节约焦炭，方便试验，柳沟铁厂的技术人员专门小批量铸造制作了几个铁火炉，供卫生材料厂生产试验使用。这批小火炉为八路军卫生材料厂生产、科研立下了汗马功劳。

八路军卫生材料厂使用过的铁火炉，质地为铸铁，火炉面为 23 厘米 ×22 厘米，高 30 厘米，炉膛直径粗位 16 厘米、细位 12 厘米。这批小火炉是专门铸造给卫生材料厂使用的，后来卫生材料厂迁址就留在了温庄村，本来批量就小，在 1958 年大炼钢铁时，又都被砸碎回炉。这只火炉因梁天宝的旧窑洞坍塌被埋在里面，才得以保存下来，1998 年 9 月，八路军太行纪念馆干部郝雪廷在武乡县温庄村梁天宝家征集，成为当今仅存的一件。

八路军卫生材料厂使用过的铁火炉

兵工厂为野战卫生材料厂特制的铁火炉（上部）

抗战功臣

时光流逝，冲洗着历史的铅华；岁月积淀，凝聚着红色藏品的精华。一双破旧的草鞋，一把锈迹斑斑的东洋指挥刀，一块斑驳的“抗战功臣”牌，一块厚重的“为民谋利”功德匾，一封珍贵的嘉奖令……每一件红色藏品背后都有一段可歌可泣的抗战故事，每一位抗战功臣背后都有一曲荡气回肠的悲壮赞歌。这些故事荟萃成了中国广阔的抗战历史风景，绘就了中国壮丽的抗战历史画卷。

红色藏品在时间隧道中穿行，经过了时间的滤镜，变得更加阔大、清晰。让我们细数一件件藏品，走近一位位抗战功臣，去追寻他们曾经走过的足迹。

“出师未捷身先死，长使英雄泪满襟。”英雄团长叶成焕，攻如猛虎，守如泰山，百战百胜，却把他年轻的生命永远定格在了浊漳河岸；而他脚上那双破旧的草鞋，永远封存在了八路军太行纪念馆，闪耀着历史的光芒。

叶成焕和一双草鞋

刘东萍

叶成焕，这是一位英雄团长。他的名字在武乡可以说是妇孺皆知。八路军初上太行山不久，在武乡的长乐村附近打了一次大仗，史书上称为长乐急袭战。这一仗打得非常漂亮。八路军从浊漳河两岸的山上，将日军一一七联队，包围在河谷里，经过 10 个小时的激战，歼灭日军 2200 人。这是八路军在整个抗战中单次作战消灭日军最多的一次战斗。不过，也留下了最大的遗憾——英雄的八路军团长叶成焕，把他年轻的生命永远定格在浊漳河岸，把他唯一的一件遗物封存在武乡的历史档案里。

根据县委宣传部的要求，为挖掘武乡县红色藏品故事，县文联、作家协会等单位组织业余作者调查、采访、编写藏品背后的红色故事，我突然想起多次在八路军太行纪念馆参观，每次听到讲解员深情讲解叶成焕团长的草鞋，都会为之落泪，便想把这个故事记录下来。为此，我查阅了大量资料，对叶成焕将军的生平有了初步的了解，又与部分文友结伴，在长乐村民王存良的引导下，来到了型庄村顶的山坡上调查，这里就是当年叶成焕的指挥所。70 岁的王存良介绍了当年叶团长在这里指挥战斗的情景，介绍了叶团长牺牲的经过，介绍了长乐村自卫队员、参加支前抬担架的董来旺珍藏这双草鞋的故事。在这一切准备工作就绪后，我梳理思路，记下这些文字。

叶成焕，1914 年 10 月 19 日出生于河南省光山县（今属新县）一个贫苦农民家庭，1929 年加入中国共产党，1930 年参加中国工农红军。他凭着对革命的无限忠诚，刻苦学习，不断进取，由一名普通战士逐渐成长为一名出色的军事指挥员，先后任排长、指导员、营政委、团政委、师长、师政委等职。

全面抗战爆发后，红军主力改编为八路军，叶成焕由红军九十三师师长兼政委就任一二九师三八六旅七七二团团长。他率部先后参加了七亘村、黄崖底、广阳、西辽城等战斗，特别是长生口、神头岭、响堂铺之战为该师在抗战初期的“三战三捷”做出了重大贡献，是刘伯承师长、邓小平政委麾下一名年轻有为的优秀战将，也是陈赓旅长的得力助手。“攻如猛虎，守如泰山，百战百胜”，这是全师上下对七七二团的高度赞誉，也体现了战士们对叶成焕团长的无比爱戴。

1938 年春，日军在神头岭、响堂铺等战斗中遭到一二九师打击后，穷凶极恶的日寇纠集 3 万兵力，分 9 路向晋东南地区进行围攻。日军所到之处，烧杀掳掠、无恶不作。日军的凶残摧不垮抗日军民的意志，更加激起八路军全体将士保卫晋东南、捍卫民族尊严的复仇火焰。4 月 14 日，在辽、涉交界作战的七七二团接到命令，要求尽快向武乡一带集结，于是全团指战员以一夜百里的速度到达指定地点。战前，叶成焕团长正患肺病，多次吐血，陈赓旅长对他的病情非常关切，劝他说：“成焕啊，你病成这样子，这次战斗就不要参加了，现在就派人送你到后方治病去。”叶成焕一听急了，执着地说：“没事，我已经习惯了，还是让我打了这一仗再说吧！”陈赓旅长见他态度坚决，只好由他去了。战士们得知叶团长带病指挥作战，更加鼓舞了他们的斗志。

1938 年 4 月 15 日夜，侵入武乡的日军精锐部队一〇八师团一一七连队，对武乡县城残酷烧杀后，弃城沿浊漳河向东而撤，刘伯承师长当即命令七七二团和七七一团沿浊漳河两岸山地实施平行追击。16 日晨，武乡长乐滩附近的河谷，车尘滚滚、人喊马嘶，全副武装的日军辎重部队正旁若无人

叶成焕烈士穿过的草鞋

地向东南行进。八路军在两岸山上疾驰而追，先头部队追过长乐村头，将敌大部包围起来，叶团长果断地摇响了师部的电话："师长，下命令吧，不然到口的肥肉就跑了。""好，打！"对面传来刘师长的回话。听到命令，七七二团所有的官兵立即开火，顷刻间，机枪、炮弹、手榴弹疾风暴雨般飞向敌群。战士们的喊杀声、刺刀碰撞声震天动地。战斗进行到下午 5 时，长乐村一带的山崖被炮火烧红了，长乐滩 5 公里长的河谷里，尸横遍野，血流成河，敌人丢下的武器辎重堆积如山。"痛快！太痛快了！"叶成焕团长望着眼前的情景，脸上露出少有的微笑。这时通讯员报告："团长，师长来电话，3000 多敌兵赶来增援，命令我团立即撤离战场。""什么？你再说一遍！"似乎没有听清通讯员的报告，叶成焕又大声地问。军令如山，撤离战场必须执行了。

日军的援兵已步步逼近，叶团长看见战场上到处是敌人遗弃的枪支弹药，想到这批武器能装备我们多少兵力啊！他忘记了生死，仍站在山坡上，用望远镜观察着日军的动态，考虑有没有可能消灭来援之敌，尽快打扫战场夺取武器。

“团长，危险，赶快撤吧！”通讯员提醒他。

“团长，跟我们一块走吧！”走在队伍最后的八连连长尤太忠也过来说。

“你们先走，我随后就下去。”他仍然站着没动。

“不好了！团长挂彩了！”就在八连刚走出没多远，突然听到通讯员大声地喊。当战士们折回身子的时候，叶团长已倒在了血泊之中，日军的一颗子弹击中了他的头部。

特务连的战士们抬着叶成焕急速向山下撤退，一路上血迹斑斑。他的神智时而清醒时而模糊，“哎，队伍，队伍呢？”这是大家听到他唯一的一句话，也是他临终前留下的最后一句话。由于出血过多，叶团长被抬到山西榆社郝壁村的第二天就牺牲了。长乐村自卫队员董来旺，是抬着叶团长一路从战场上撤下来的支前百姓，在整理遗物时，看见叶团长还穿着一双破旧的草鞋，赶忙把自己脚上那双九成新的布鞋脱下来，穿在叶团长的脚上，并将这双草鞋保存下来。

“出师未捷身先死，长使英雄泪满襟。”刘伯承师长得到叶团长牺牲的消息后，三步并作两步奔到七七二团。他一看到平躺在担架上的叶成焕，颤抖着俯下身子用力将他抱在怀里，连声呼唤：“成焕哪，成焕！”悲痛的泪水洒在叶团长苍白的面颊上。刘师长失去了他的爱将，战士们失去了他们敬爱的团长，中华民族失去了一个好儿子。他牺牲得太早了，我们还有更多的工作需要他去做，有更重要的事业需要他去担负。而现在这一切都已晚了。面对着苍茫的太行群峰、如血的残阳，叶成焕同志永远地闭上了眼睛。他为太行大地洒下了最后一滴血，为中华民族的解放事业献出了自己宝贵的生命。

1971年，武乡县委办公室副主任兼外事办主任、武乡革命纪念馆负责人李彦南征集到了叶成焕团长牺牲时穿过的这双草鞋，陈列于武乡革命纪念馆，1988年3月转交八路军太行纪念馆。从此，这双草鞋便一直陈列在这里，向人们昭示着一位不朽的英雄。

俗话说“铁证如山”。魏名扬缴获的日本军刀，虽已锈迹斑斑，却是他崇尚武术、救国救民的证据，更是日本侵略军杀害中国人民的铁证。

军刀的故事

魏　巍

在八路军纪念馆，陈列着这样一把军刀，它是抗日战争时期太行山有名的游击队长魏名扬从日本侵略者手中缴获的。70 多年过去了，随着岁月的流逝这把军刀虽已经是锈迹斑驳，却成了日本侵略军杀害中国人民的铁证。

魏名扬是山西武乡县人，自幼习武，技艺超群，1937 年创建名扬游击队，曾先后 6 次率游击队集体参加八路军，为八路军输送兵源 3400 余人。而他的游击队也在抗战中越游越大，越游越强。

1943 年 6 月，日伪军占领了武乡东部的蟠龙镇。为巩固其占领地，日军在蟠龙附近的李家坪、侯家垴、奶奶凹、胡峦岭等村庄，修建碉堡，构筑工事，增设哨卡，安插特务。其中胡峦岭村因地势险要、沟壑纵横、易守难攻，日军便将主要兵力放在了这里。小林支队长还让自己的心腹干将湿泽角荣任小队长兼军事顾问，全权负责胡峦岭日伪军的军事要务及战事指挥。湿泽角荣占领胡峦岭后，开始在周边村庄进行猖狂的“扫荡”。所到之处烧杀抢掠，一时间胡峦岭一带数千名无辜群众陷入了水深火热之中……

为保护百姓，消灭盘踞在胡峦岭的日伪军，太行三分区准备攻打胡峦岭。胡峦岭地势险要、易守难攻，为了减少伤亡，先派熟悉地形且武艺高强的魏名扬侦察摸底，之后再集中兵力一举歼灭。

名扬游击队骨干培训班成员合影

魏名扬曾多次独闯敌营，截军火、捉汉奸、盗物资，打得敌人焦头烂额，日军曾悬赏5000金票缉拿他。魏名扬接到命令，挑选了两名武功高强的游击队员趁黑摸进了敌营，详细了解敌人的情况。魏名扬见有两名伪军巡逻，到了隐蔽之处，趁他们没有戒备，突然来个猛虎扑食，出其不意将两名伪军擒拿，抓了“舌头”没多久就把情况都搞清楚了。

根据魏名扬提供的情况，三分区司令员鲁瑞林制定了攻打胡峦岭的作战方案，命令十四团三营与名扬游击队配合作主攻。营长钟明锋与魏名扬曾多次合作，先后进行过小辿湾、犁塘滩等战斗，这次合作攻打胡峦岭自然也轻车熟路。他们按计划向胡峦岭之敌发起猛攻，经过三多个小时的激战，将日伪军全部歼灭。

在清理战俘时，钟营长一直未发现湿泽角荣，于是他派游击队长魏名扬与队员赵振旅迅速返回村里搜寻。突然在一家农户的牛棚里，发现有个人正钻在牛槽下换穿老百姓的衣服。魏名扬给赵振旅使了一个眼色，赵振旅立刻会意，用日语大声喊道："湿泽角荣！"听到叫声的湿泽角荣不由自主地站起来，惊恐地盯着他俩下意识地向后退了两步。

魏赵二人断定这个家伙就是湿泽角荣。于是迅速扑上去，抓捕这个双手沾满中国人民鲜血的大恶魔。但湿泽角荣也绝非等闲之辈，他哪甘心束手就擒？反扑过来弓步蹲身，摆出架势，与二人对打起来。

只见湿泽角荣一拳打来，魏名扬拳头虚晃接应一下，飞快转身，先飞起左脚，踢中湿泽角荣小腹。湿泽角荣双手护裆，蹲下了身；魏名扬转过身来，再扬起右腿，一脚正中他的脑门。湿泽角荣感到比武并非魏、赵二人的对手，乘其不备，迅速从牛槽底下取出自己的军刀准备剖腹自杀。

魏名扬眼疾手快，正当湿泽角荣双手举刀的一刹那，他一个箭步上前，踢中其腹部，军刀应声落地。魏名扬活捉了恶贯满盈的湿泽角荣，缴获了这把军刀。在纪念抗战胜利60周年之际，他的儿子魏保留将这把军刀捐赠给八路军太行纪念馆。

魏名扬缴获的日本军刀

一幅老照片，一把血泪史，一段爱国情。在日寇的屠刀下，在民族危亡时，以史鉴古先生为代表的一批批仁人志士，宁死不屈，保持着坚定的民族气节，挺起了民族的脊梁。这种大无畏的精神，影响着一家人走上革命道路，鼓舞着一代人追求自由和光明，激励着千千万万的中国人昂首挺胸阔步向前！

从一幅老照片看一户革命家庭

孙俊堂

史鉴古先生

在武乡的一位民间收藏家的图片册里，我看到一幅老照片。经收藏家介绍，照片上这个目光坚毅、风度翩翩的人叫史鉴古，是一位思想进步、深明大义、具有民族气节、铁骨铮铮的开明士绅。因为我家与史家不远，史鉴古一些故事我也早有耳闻，这幅照片便引起了我的极大兴趣。于是，我又顺着这个线索，对这位开明士绅与他的家庭进行了采访。

史鉴古，字稽先，武乡县丰州镇史家垴村人。出生于 1893 年。史鉴古弟兄三人，他排行老三。家境较殷实，自幼读书，1919 年，毕业于山西省警官传习所。毕业后，先后任沁县、武乡、榆社、辽县、沁源 5 县警察稽查委员，后曾任屯留、浮山警佐，代县、解县、翼城、平鲁等地公安局长。他为人正直、为官清廉，治家严谨，很重视对后代的教育，所得俸禄除供养家庭生计外，主要用于供自己的子女和侄儿们读书，成就了革命家庭、英雄人家。他乐善好施、热心捐助，当时的省政府为其颁发义赈奖章，是武乡县著名的开明士绅。

史鉴古具有爱国热情和进步思想。1937 年 11 月，日寇占领太原，国民党军一败涂地，望风而逃。史鉴古对国民党军的不抵抗政策很是气愤，便将他管辖的警察局的全部枪支弹药交给当地共产党领导的抗日队伍，他也返回武乡。1938 年春，他的侄子史怀璧任沁县抗日县长，在其邀请下，他出任沁县抗日县政府秘书，加入抗日救国的行列。1939 年 9 月，日寇占领沁县并控制白晋线，抗日政府即时建立了路东办事处，史鉴古又出任路东第一任办事处主任。

誓死不当卖国贼，铮铮铁骨堪称民族风范。1940 年春，史鉴古因病不能坚持工作，遂返回老家史家垴。本年夏，日寇占领了段村，设立据点。为长期盘踞段村对付我抗日武装，日军筹备建立敌伪政权武乡县维持会。在会长人选上日军颇费心机，物色在当地有学识、有影响、声望高的人担任。通过汉奸的举荐，日本人找上门采用各种方式威逼利诱，让史鉴古出任武乡县维持会会长。他以身体有病为由，据理力争，誓死不从，后偷偷走出家门躲避起来。

1942 年年初，史鉴古不幸被日军抓捕，被关入段村敌据点的洪部监狱。狱中，无论敌人怎样施于残酷暴行，他始终坚贞不屈，视死如归，宁死不当汉奸，保持着坚定的民族气节。5 个多月中，他受刑无数次，本已虚弱的身体又受到严重摧残，敌人看到他奄奄一息，才让抬回家中，不久去世。

史鉴古的家风家教深深影响了他的后代，6 个侄子女都走上了革命道路。史怀璧（1913—2001）、史进贤（1915—2002），早期参加革命，是武乡革命运动的先驱。史怀璧是中共武乡县党组织的创始人之一，抗日战争、解放战争时期曾任辽县县委书记、沁县抗日县长、太岳第三专署专员、临汾专署专员、北平市民政局副局长。新中国成立后在多地任职，1978 年任国家民政部副部长，1993 年离休，是全国政协第六届、第七届委员。史进贤，在武乡党组织第一次遭受破坏后，继续从事地下活动。抗战开始，他投身于抗日救国洪流，历任区长、宣传部长，新中国成立后在山西、青海等地的交通建设和新闻部门担任主要职务，后曾任青海省人大常委会副主任。铁峰（1914—1999），原名史怀玉，早期在太原铁路参加工作，1938年入党，回到家乡任牺盟会特派员、县自卫队指导员等。他之后调河南、河北工作。新中国成立后，他一直从事铁路建设和机车研制工作，是四方机车厂研究所首任所长，1979年任所党委书记。

史云（1923—1992），原名史爱珍，是史鉴古的长女，16岁参加革命，1939年入党，先后在沁县、黎城、榆社县任工作队员、妇救会主任、区委书记、县委宣传部长等职。新中国成立后，她曾任邯郸市委常委、工业部长、市委书记，天津市经委副主任、工交部副部长等。

史淑珍，1926年出生，1943年参加革命，曾任中央高级党校教务处副处长。

史慧珍（1928—2020），1945年参加革命，曾任天津市建委科研所书记。

史素珍（1935—2018），曾任邯郸市医药管理局办公室主任。

此外，史怀璧夫人王善玲（1919—1986）。史进贤夫人赵海平（1929—2010）。史云丈夫郝田役（1919—1989）。以及史淑珍丈夫刘怀钧、史慧珍丈夫王培仁（1916—1988）、史素珍丈夫苏恩喜都是早年参加革命的有功之人。

更为可贵的是，这家还有两位革命烈士：武素清（史进贤第一任妻子），1917年出生于武乡县段村，1938年参加革命，同年加入共产党，是一位出色的抗日妇救干部。1944年春，在武乡八区石科一带她被敌围追，面对敌人刺刀威逼，宁死不屈，奋然跳下深沟，后被敌人乱刀刺死，壮烈牺牲，年仅28岁。萧流（史淑珍第一任丈夫），1925年出生于榆社县鱼头村。1939年6月年仅14岁就加入了党组织，先后任榆社县抗日青年救国会的常委和儿童部长、太行三地委襄垣县三区区委副书记，1945年调汤阴县三区区委书记兼政委。1947年11月的一个晚上，区委驻地遭当地地主、特务纠集的暴徒包围袭击，他为掩护战友突围而英勇牺牲，时年22岁。

面对这幅老照片，我们可以看到武乡有多少爱国乡绅，他们为抗战捐粮捐款；有多少爱国乡绅，以民族大义为重，誓死不做汉奸；有多少爱国乡绅，培养出优秀的人才，为中华民族独立解放和新中国的建设奉献了一生。

一场战争，虽给赵大爷脸上留下了一道骇人的伤疤，却让他不仅赢得了妻子明媚、骄傲、钦佩的目光，更换来了沉甸甸的抗战功臣匾。革命文物在历史长河中熠熠发光，英雄的太行精神在这方土地上永远传承！

抗战功臣

梁松筠口述　梁红玉整理

武乡是著名的革命老区，抗战时期八路军总部、中共中央北方局等重要的首脑机关长期驻扎在这里，留下了光辉的足迹，也留下了许多值得珍藏的宝贵文物。

记得那是 2018 年冬天，我开始筹备第九届八路军文化旅游节红色藏品展。为了使更多遗落在民间的藏品能被展出，我托人四处寻访，加快了寻找红色藏品的脚步。一天，我接到藏友的电话：石门村村民赵顺英家保存着一块“抗战功臣”牌匾，那是抗战时期武乡县召开群英会颁发的。

得到这个消息，我第一时间就赶到了石门村这户姓赵的人家。在我说明来意之后，赵家人的脸色却渐渐有些不好看了。赵顺英疾言厉色地对我说：“这块匾是我父亲当年冒着生命危险在枪林弹雨里摸爬滚打换来的。我们虽穷，但老一辈这来之不易的光荣，却不能让你们这样的文物贩子拿几个臭钱换去！”

听了她的这番话，我心头突然涌上一阵悲凉，原来在不熟悉的老乡眼中，我竟然是一个只为牟利的文物贩子。他们不知道，近十年来，我在上班之余辗转全国各地，收集红色革命文物，尤其是关于家乡的革命文物，目的只是想尽办法收藏保护红色文物和红色文化。

只要是有一点红色文物的消息，无论多远的地方，我总是第一时间赶去；但凡我收藏到的红色文物，无论我多缺钱，都不会再转手卖掉，我要精心保存起来，希望用自己这些微薄的力量，为保存家乡的红色文化尽一些绵薄之力。

既然这样，我又何必把别人的误会放在心上？想到这些，我调整好情绪，带了一些营养品和米面油之类的生活用品，第二次踏进石门赵家，后来又多次去，真诚地向他们解释我的目的和初衷。在多次接触后，赵家人看到我的诚意，态度和言语终于温和了下来，答应给我看看这块牌匾。

当赵家人把用碎布一层层包裹起来的牌匾给我拿出来的时候，我还是被震撼了。这是一块实木制成的牌匾，匾上原本的黑色油漆，在岁月的流逝中已经渐渐剥落，露出了原本木材的颜色。正中间是四个遒劲有力的大字——抗战功臣。旁边一侧刻着“武乡县政府奖给荣退军人同志”，落款为“县长武光清，副县长李玉田，民国三十四年十一月十八日”。

我抚摩着这块已经褪色的老匾，思绪万千，在这件具有深刻历史意义的文物背后，会是怎样一个让人热血澎湃的抗战故事呢？

赵顺英仿佛看出了我的心思，把我带到了她母亲居住的屋里，在烧的暖烘烘的火炕上，赵家老大娘拉着我的手，向我徐徐道来了这块匾的来历。

“俺当家的叫个赵文明，是河北省邯郸市彭城镇人，在他刚刚16岁那年，就参加了咱八路军了，编在八路军一二九师三八六旅，小小年纪跟着部队四处打仗。俺老汉在世的时候时常和我念叨，威县战斗、香城固战斗、彭城战斗、百团大战这些有名的战斗啊，都参加过。几十年了，常听他说这些，说的我这耳朵都起了茧子了……”

说到这儿，赵家老大娘的眼睛里，仿佛绽放出年轻时候那种明媚而骄傲的光芒。我不禁好奇地问道：“大娘，既然大爷那么年轻就参军了，也不是咱们这里人，为什么留在这里和您成家了呢？”

大娘柔柔地笑了，缓缓地从枕头下面拿出了一张小像递给我看，照片中是一位60岁左右的老大爷，戴着一顶火车头帽子，沟壑纵横的脸上一个骇

“抗战功臣”匾

人的伤疤清晰可见。虽然照片上的人已经老去，但是从他那犀利的眼神中隐约可见年轻时候的英勇刚毅。“这就是你赵文明大爷。”，大娘眼角挂着笑容，用她那双已经满是皱纹的手轻轻地摩挲着这张小像。

那是 1943 年，八路军总部及太行军区部队与辽县、武乡、黎城等地区民兵，全面展开粉碎日军对抗日根据地腹地“扫荡”的战役。赵大爷他们连队受命埋伏在襄垣五阳岭附近，准备对附近的一小股伪军进行伏击。可当伪军远远地走来时，大家都傻眼了，来的不止伪军，居然还有七八十个荷枪实弹的日本鬼子。

情报有误，撤退已经来不及，形势危急，大家都望着连长。连长果断地比画了一个手势——开枪。一声令下，赵大爷和埋伏的兄弟们一起射击，密密麻麻的子弹毫不犹豫地朝路过的鬼子和伪军扫射过去。

鬼子和伪军在毫无准备的情况下，被打了个猝不及防，日本鬼子人虽不多，但是装备精良又异常狡猾，连忙调整了作战部署，向我军反扑过来，瞬间战争形势严峻起来。连长在炮火掩护下，正准备占据一个有利的位置时，赵大爷突然看见一个小鬼子把枪对准了连长。说时迟那时快，赵大爷一把推开了连长，那颗子弹从他的脸颊横穿过去……

等赵大爷再次醒来的时候已经躺在太行三分区设在石门村的野战医院病床上，脸上裹满了厚厚的纱布。那场战斗艰难地胜利了，连长只是受了轻伤，而赵大爷却在脸上留下了永远的伤疤。

由于伤势严重，上级决定让他提前退伍。那时候他的老家还是敌占区，政府就把他安置在了石门村。再后来他就遇到了赵大娘，在石门村成家生子，落地生根。

老大娘说到这儿的时候，脸上不自觉地挂上了一抹骄傲，看得出来，赵文明大爷在大娘的心目中，是一位真正值得敬佩并且托付终生的英雄。

“那，那块匾呢？是怎么来的？”我迫不及待地问赵大娘。

“那块匾的事情啊，那已经是抗战胜利后的事情了。当时武乡县城光复。为了纪念这场战争的伟大胜利，也为了表彰为抗战流过汗流过血的老革命们，那年的 11 月 8 号，咱武乡县委、县政府，在监漳镇会仙观召开了抗战功臣表彰大会，你赵文明大爷在这个大会上被授予‘抗战功臣’称号和金字大匾一块。那么大的一块匾，你大爷是用他那副肩膀硬生生的从监漳扛着回石门村的。回来之后，你大爷那副肩膀上都是被匾压下的血道道，一个多月还没有消掉呢！”

说到这儿，老大娘看着我的眼睛认真地说道：“小伙子，我见过你几次，懂得你对这块牌匾的热爱，对你大爷他们那些为国家出过力的老人们的感情。这块匾在俺家放着也保护不好，大娘今天做主了，你扛走吧！你要放在咱纪念馆里好好展览，让现在的年轻人都能知道知道，那些老一辈抗战人受过的苦、流过的血！”

我接过老大娘手中的这块沉甸甸的牌匾，仿佛看到了赵文明老大爷在战场上浴血奋战的画面。心中暗暗发誓，一定要尽我所能把这些珍贵革命文物保护好，让革命文物背后尘封在历史长河中的先辈英烈故事熠熠发光，让太行精神在这方土地上永远传承！

魏名扬，对敌人毫不留情，打得他们抱头鼠窜；对百姓，掏心掏肺，帮他们修房盖屋重建家园。军爱民，民拥军，军民鱼水一家亲。“为民谋利”碑，是百姓给魏名扬的最高荣誉。

木匾的故事

武红梅

在八路军太行纪念馆的展厅里，陈展着一块陈旧的木匾。木匾右上角写有“赠给魏名扬同志”，中间是“为民谋利”四个烫金大字，落款是南上合村全体干部群众同赠，时间是民国三十四年（1945）八月二十五日。

南上合老百姓为什么要给魏名扬赠送木匾呢？魏名扬儿子魏保留向我们讲述了木匾背后的故事。

那是1943年农历腊月，驻扎在蟠龙的日伪军，趁老百姓正在准备过春节的时机，四处“扫荡”，一方面破坏根据地百姓的生存条件，另一方面抢劫物资为他们过春节准备年货。腊月十四这一天，日伪军纠集120多人，在汉奸带领下，从柳沟经侯家垴一带直扑南上合村，进行了一次最残酷的年关大“扫荡”。接到敌人“扫荡”的消息，村里百姓只好拖家带口，在寒冷的日子出门躲反。凶残的日伪军进村后，找不到老百姓，就疯狂作虐，见房子就烧，见粮食就抢，见牛羊就赶，见人就杀，整个南上合村到处火光冲天，大哭小叫，老百姓四处逃散，乱作一团。

得到这个消息，太行游击队队长兼韩壁二区区委副书记的魏名扬，马上派人联系十四团三营营长钟明锋，带领三营的八路军战士向南上合村火速急进，解救遇难群众。魏名扬又组织游击队战士，急忙赶往南上合村的道岔沟，

游击队长魏名扬

堵住敌人退路，配合八路军主力消灭入侵之敌。八路军与游击队从南北两面向敌人夹攻。钟营长指挥沉着，战士们越打越猛，魏名扬配合有力，民兵们越战越强。经过 3 个多小时的激战，将敌人多数歼灭，剩下一小股日伪军被我八路军赶下沟底，狼狈逃窜，正好落入窑上沟民兵班布置好的地雷阵中，顿时枪声、手榴弹声、地雷爆炸声，声声巨响，把逃窜敌人炸得像无头苍蝇四处乱跑。最后八路军又从北面山上俯冲下来，同民兵游击队形成强大夹攻之势，将来犯之敌打得抱头鼠窜。

战斗结束后，魏名扬没有返回韩壁，而是带了 10 多名游击队员直接住进南上合村。进村后他同村干部及党员组成重建家园领导组，一方面帮助死难者入葬，另一方面帮助死难者家属及房屋被烧毁的老弱病残者修理房屋，重建家园。同时，还组织专人为军烈属户备办年货。魏名扬亲民爱民的行为，深深感动了南上合的全体群众干部，不少群众称他为救命恩人。魏名扬离村走时，全村老百姓都一起到村口为他送行。第二年开了春，魏名扬又组织游击队员，到南上合村，找来了木料，帮助百姓把敌人烧毁的房子修好，使他们能够居有定所。老百姓非常感激，要给他们钱，他们不要。就是在村里干了几天活，吃了几顿饭，走的时候也给老百姓留下了米票。

1945 年 8 月，日本天皇宣布无条件投降，南上合村百姓们无不欢呼雀跃。他们想起魏名扬帮助他们打日寇、修房子、建家园，心里有说不出的感激之情。百姓们为了表达他们对魏名扬的敬意与拥护，自发组织起来，给魏名扬刻了一块木匾，然后在区委秘书王国真带领下，敲锣打鼓将木匾送给区委副书记、游击队长魏名扬同志。

魏名扬视这块木匾为一生中最珍贵的东西，精心珍藏，悉心爱护。直到 1989 年八路军太行纪念馆开馆后，他才将此匾捐赠馆藏。

南上合村送给魏名扬的木匾

他是神枪手，一枪狙击一个敌人；他是投弹王，投弹数量数第一；他是英勇的抗战功臣，却很久没得到落实。幸好，历史没有忘记，人民没有忘记。

二娃的抗战功臣奖章

李丽萍

二娃，姓程名志珠，因在弟兄间排行老二，小名就叫二娃。在部队，兄弟们多叫他二娃，只是在向他报告什么事的时候，才正规地喊他："连长！"

1940 年 8 月 20 日 22 时，正太线破击战正式打响。次日，决死第一纵队二十五团接受任务，破坏寿阳至榆次铁路段。

在进攻敌人的一个据点时，敌人把一个窑洞改成了碉堡。身为机枪连连长的程志珠，虽已经带着战士们冲杀了一次，却眼看着战士们一个个中弹倒下，伤亡惨重，仍没能拿下。

稍作调整后，马上组织第二次进攻。二娃怒眼圆睁，"往上冲！"战士们一个个都打红了眼。突然一个战士喊道："二娃，你挂彩了！"二娃根本没感觉到疼，低头一看，血已经流到裤管里。前面的碉堡里，敌人的机枪手还在肆无忌惮地猛烈向外射击。

二娃跑到团长面前。团长深深地看了看他，又看了看碉堡的火力，拿出三颗子弹，放到二娃手上："我见识过你的枪法，现在我命令你！用这三颗子弹，干掉那两个机枪手！"

二娃知道，碉堡里的两个肉中刺不拔掉，将直接影响整个战局。当即一激灵站直，咬着牙根高喊："是！"转身即走。团长在他身后喊："尖刀班

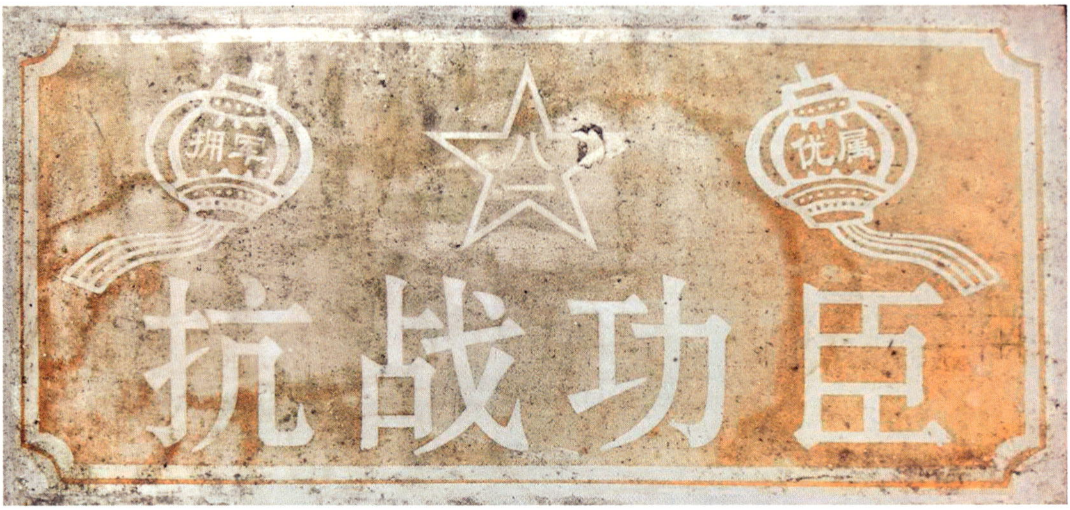

“抗战功臣”奖章

掩护你，你必须正确把握时机！”“炸药包！跟上！”

碉堡里的火力终于被压下去一个空隙。二娃跑到了大约 30 米处的一棵树后面，不行，还得近点。第二次接近目标后，二娃在火力间隙向外闪了一下头，终于看到了两个机枪手头部的前后位置，只是不太真切。

二娃看准了另一个射击位置，机枪手两个人头基本在一条线上，连发三颗子弹应该差不多，只是那里太容易暴露了。为了更大的把握，他准备铤而走险。

火力组立刻懂了他的意图，交替掩护。做好准备，迅速隐蔽，射击，低头，得手。二娃两枪结束了两个机枪手。

携带炸药包的战士已经冲上去。接着就是“轰——”一声炸响。碉堡在起飞，整个部队在向前扑。

决死第一纵队二十五团，在百团大战第一阶段的破击战，迅速端掉寿阳马首车站，破坏铁路数十里，切断了敌人的运输线。这次战斗，程志珠立下首功。

程志珠，1918 年出生于武乡县故城镇阳公岭村。这里背靠白马山，颇受白马山的庇佑。父母生育了八九个孩子，但活下来的仅有 3 个，大他 8 岁的哥哥，小名丑娃；小他 15 岁的妹妹，小名贵香。二娃 17 岁时，父亲去世，哥哥又体弱多病，他成了家里的顶梁柱。1937 年春，二娃被阎锡山部队强征入伍。到了阎锡山的部队，根本不能按时吃上饭，甚至部队有时外出，抢夺老百姓的物品。这点更让耿直的二娃心生厌弃，不能同流。二娃有心计，他一边佯装积极表现，一边收罗自己的弟兄。终于在阎锡山部队往晋南调动时，在沁源郭道村附近顺利逃脱。1938 年 3 月率领 16 人加入了决死队。1940 年，他的部队整编为第二十五团，二娃还当上了机枪连连长。

在百团大战打到第三阶段时，关家垴战斗打得异常艰难，二娃再次负伤。这次比上回重得多，腿部的肉被削掉一大块，骨头里留下了弹片。多年以后，小外孙要看他伤残的部位，12 岁小外孙程洲的拳头，放到疤痕处，仍不能填平。

战斗中，因为子弹不多，很多时候只能靠手榴弹取胜。二娃扔手榴弹时，习惯把手榴弹的拉环套在手腕上，战斗结束时，战士们比看谁的拉环最多。在一次结束战斗后，和弟兄们一起数自己的拉环，一边数一边报数，二娃的数量足足有 168 个。二娃也自豪地喊：这还不说丢掉的！

抗战中，最大的问题还是缺子弹。枪法好的，才能得到几颗，枪法不好的一颗、两颗，怕浪费掉。日本人的装备精良，白刃战是常有的。二娃说："砍得虎口震破，不觉疼。放刀的时候，手指是僵硬的，想放也放不开。刀刃上都砍得有了豁豁（豁口）。"

村志中记载着；程志珠在决死纵队二十五团，先后任过班长、连长，在战斗中负伤，三等乙级。1949 年 6 月 8 日，加入中国共产党。在八年的抗日战争和三年解放战争中做出了贡献……

1950 年，组织找程志珠谈话，看他要不要留在北京。二娃惦记家中的一家老小，退役返乡。因他走时参加的是阎锡山的部队，村里对投诚起义的事毫不知情，按规定不属于军属，不能享受村里发的救济粮。直到好多年后，才得到落实，原来二娃早就参加了八路军。

2001 年左右，二娃从县里领回这个"抗战功臣"的牌子，郑重其事、颤巍巍地对妻子、女儿说："包好！"

2005 年，程志珠在家中煤气中毒，不幸离世。

这是阮光华留下来的三枚勋章和勋章证书。他英勇果敢，屡立战功。在革命战争年代做出重大贡献，因此被授予二级八一勋章、二级独立自由勋章、三级解放勋章。透过这些金灿灿的奖章，我们看到了和冉营长一样的无数革命先烈在敌人面前冲锋陷阵的大无畏精神！

英雄冉营长

武承周

这是阮光华同志留下来的三枚勋章和勋章证书。共和国勋章，是中华人民共和国最高荣誉勋章，由全国人民代表大会常务委员会决定授予共和国勋章和国家荣誉称号。1957 年 6 月，时任晋中军分区司令员的阮光华在革命战争年代做出重大贡献，被授予二级八一勋章、二级独立自由勋章、三级解放勋章。

阮光华，是武乡独立营营长，因为南方人口音与咱武乡话有差异，都以为他叫冉光华，那时候大部分人是文盲不识字，久而久之，就都叫他冉营长。

冉营长是湖北省黄安县（今红安县）七里坪地区阮家湾村人，出生于贫苦的农民家庭，14 岁就参加了中国工农红军，不久加入中国共产党。曾在红军中任警卫员、班长、排长、连长、副营长、营长，参加了长征。红军改编为八路军后，任七七二团特务连连长。1939 年 9 月，为支持地方武装的发展，调任武乡子弟兵大队队长。

1940 年 6 月，原武乡独立营调归武西县以后，根据形势需要，1941 年 6 月，太行三分区决定，武乡县再组武乡独立营，调阮光华任营长，张向善任政委，辖两个连、三个区游击队。

1940 年，经魏名扬介绍，冉营长与枣烟村武银旺的女儿武桂英结为夫妻。

阮光华的勋章

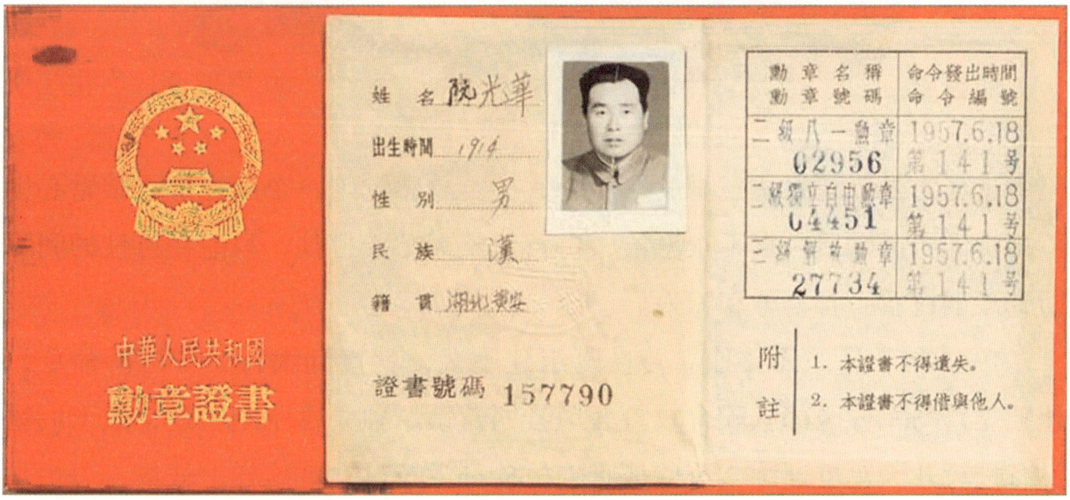

中華人民共和國
勳章證書

姓名 阮光華
出生時間 1914
性別 男
民族 漢
籍貫 湖北黄安

證書號碼 157790

勳章名稱 勳章號碼	命令發出時間 命令編號
二級八一勳章 02956	1957.6.18 第141号
二級獨立自由勳章 04451	1957.6.18 第141号
三級解放勳章 27734	1957.6.18 第141号

附註
1. 本證書不得遺失。
2. 本證書不得借與他人。

阮光华的授勋证书

阮光华一家在武乡留影

但由于当时受传统封建意识的影响，武桂英总感觉与一个南方侉子结婚心里不踏实，所以婚后一直不很融洽，冉营长整天忙于打仗，只能在打仗的间隙回到枣烟村看一看妻子和家人。

1941年7月，武乡独立营恢复组建不久，就接到太行三分区的命令，让独立营与军分区部队配合攻打襄垣县西营镇。独立营刚刚组建，战士们还没有进行几天军事训练，有些战士连枪栓都没拉过，就这样上战场，恐怕是非常不利的。怎么办？为了能迅速应战，又不至于过多伤亡，冉营长对新战士进行了紧急整合。曾在民兵、游击队中打过枪的战士，编为突击队，发放枪支，每人10发子弹；没有使用过枪的战士，每人发5颗手榴弹，并训练了手榴弹的投掷方法；同时，简要讲述了隐蔽、冲锋、曲线跑步等要领，加强自我保护意识，减少在战场上的伤亡，以保证战斗取得胜利。

西营战斗开始后，冉营长冲锋在最前线，特别是他带的都是新兵，战斗中他不仅要操心指挥，而且还要操心保护战士们的安全。战斗进行得非常激烈，我军的前沿阵地不断向前推进，正当他们推进到西营镇时，敌人布置在二线的一个机枪火力点封锁了道路。

“给我炸掉它！”冉营长指挥从主力部队调过来的先锋排李排长，让他带三个人组成爆破组，去炸掉这个火力点。李排长立即带三人抱起炸药包冲了上去，只见他们一会儿匍匐蛇行，一会儿弯腰小跑，在火力掩护下，很快就冲到了机枪点的屋下，抡起炸药包塞进了枪眼里。

随着一声巨响，冉营长指挥战士们迅速冲锋。就在这时，敌人不知从什么地方打过一颗炮弹来，说时迟那时快，冉营长立即高喊“卧倒——”，可是，有一位新战士没有经验，不知道冲锋中间为什么还要卧倒，只管向前跑，冉营长一个箭步冲过去，一把将他按在地上。敌人的炮弹响了，战士们都趴下了，只有冉营长为了救新战士，还半猫着腰，来不及卧倒，炮弹的碎片一下从身上飞过，将冉营长的肚子拉开一个大口子，肚肠都露出体外……

营长负伤的消息传出去，前线救护员急忙跑过去，先将肚肠塞进体内，又用一块大白布包裹起来，然后叫担架过来，要抬他下去。冉营长坚持着喊：“我是指挥员，把我抬下去战斗还怎么打？抬我继续往前冲。”就这样，冉营长在担架上坚持到战斗胜利结束。

当时独立营并没有医疗队，只好到军分区医疗队将伤口处理。妻子武桂英听说丈夫负了伤， 而且伤势很重 ，心里不由得内疚起来。老冉为了打日本鬼子，现在伤这么重，这回说什么我也要好好照顾他。于是，她就跑到医疗队整天为他护理，没几天医疗队要转移，武桂英就把冉光华接回家里，并把家里唯一的母鸡杀了给他补养身子，还上山找来草药，煎了为他清洗伤口。

在妻子的精心照料下，一个多月后，冉营长的伤口终于好利落了。这养伤的一个多月里，两人的感情也有了很大改善，在妻子的眼里丈夫高大英勇；在丈夫眼里妻子贤惠善良。

冉营长后来一直在武乡作战。1945 年 9 月，抗战胜利后，随着行政区划变更和对敌斗争需要，中共武东县委、遵照上级党委和军分区的指示，将武乡独立营与武西独立营合并整编，组建了新的地方武装——武乡独立团，冉光华任团长，李文清任政委。同年 10 月 6 日，据侦察员探报，盘踞在武乡南沟的阎伪军（阎锡山部队）准备出动抢粮。于是冉团长迅速带领部队，兵分两路，分别由二营营长李军和三营营长安政国率领，埋伏于高台寺、邵渠、信义、岸北一带，伏击阎军。上午 10 时，战斗打响后，经过两个钟头激烈战斗，打得阎伪军丢盔弃甲。除少数逃窜外，其余大部分被俘。这次战斗共缴获马车 15 辆，步枪 100 余支。

事后，武乡独立团荣获太行第三分区奖旗一面，并冠以“老虎团”英雄称号。直到 1946 年年初，武乡独立团升编为主力部队八路军第四十团。阮团长任团长，率部走上解放战争的前线。

硝烟已经散去80年，但这张巴掌大的薄纸，这仅有的百十余字的一道通令，却还被完好收藏于武乡县收藏家籍贵先手中。因为它是一个英雄群体及其一段战斗往事最权威的证据！

下北漳村民兵英勇杀敌嘉奖通令

李东兴

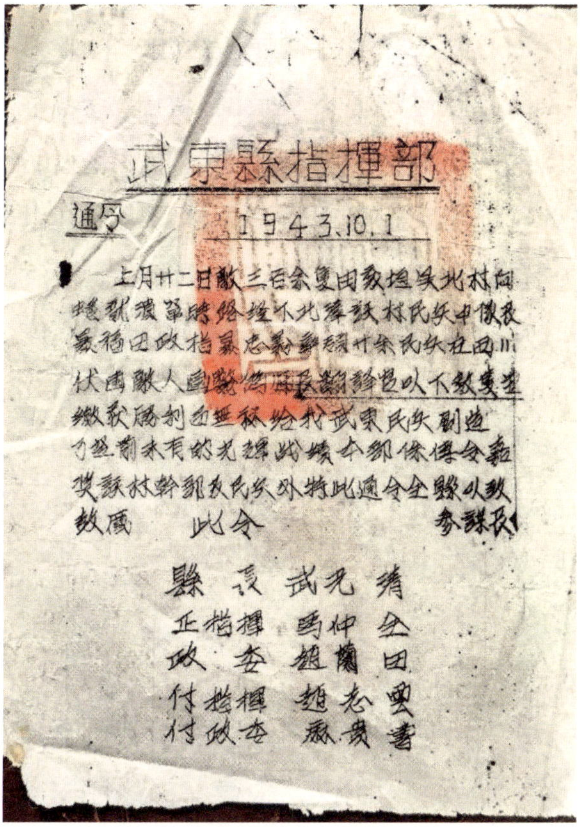
武東縣指揮部
通令
1943.10.1
此令
縣長 武光清

抗战时期，武东（乡）县指挥部关于下北漳村民兵英勇杀敌获嘉奖的通令这是一道关于下北漳村民兵中队英勇杀敌获得嘉奖的通令。

它的颁布单位是抗战时期的武乡（东）县指挥部，发布时间为 1943 年 10 月 1 日。

虽然已经过去了整整 80 年，但如今它还被完好收藏于武乡县收藏家籍贵先手中。这道百十余字的通令，虽只是一张巴掌大的薄纸，却是一个英雄群体及其一段战斗往事最权威的证据！

抗日战争时期，下北漳村民兵一边从事生产，一边进行战斗。他们创造了一项又一项可喜战绩和辉煌荣誉。这道通令，是他们许多荣誉中的一项；其中记录的战斗，也仅是他们众多战例中的一例。

下北漳村地处武乡县东乡，位居浊漳河北源和蟠洪河交汇处，是武乡、襄垣两县交界地带。这里自古以来民风彪悍、文风激荡。据历史考证和民间相传，古代该村是官道通衢及驿塘差役住所之地，百姓素有崇文尚武风气。清代后期，村中李、暴二姓村民喜集于宗祠村社学武习拳。著名士绅李方华三子李壬澍曾结缘山东武林高手彭金彪，还远赴河北大名府拜师学武，于道光年间荣膺武举并获授都司头衔。村里李氏林璧门十九世李全衡自幼习武，武艺高超，曾在村中开设拳房，携领本族子弟研武练功、强身健体。民国时，本村窑窠暴氏柏树院众子弟自发组织起来，操演武艺、修炼功夫，行侠好义保境安民，守护家园。

抗日战争爆发后，下北漳村年轻男子组成的自卫队，跃然成为方圆三五十里内战斗力最强的游击力量。这支自卫队的领头人李尚春早年参加了县牺盟会，带头参与筹备县区两级农民抗日救国会，曾亲自担任县武装委员会主任。

1938 年 4 月初，侵华日军纠结 3 万余兵力，对晋东南抗日根据地大举进攻，企图合击驻于这一区域内的八路军总部、一二九师和部分国民党军，摧毁抗日根据地。为粉碎敌人的阴谋，朱德、彭德怀连夜调兵遣将，指挥八路军在武乡县长乐村一带发起急袭战，歼灭日军 2200 余人。在这场战斗中，下北漳村民兵自卫队全员参战，圆满完成了抢运物资和转送伤兵的任务。

1939 年夏秋之际，下北漳村一带成为八路军总部、中共中央北方局和 129 师机关、部队的重要驻扎地；该村成了总部直属的抗日文化组织，以及来自全国各地的文化艺术和教育界精英汇集的核心区。

“这里是敌后方，是从敌人手里抢过来的一块土地，而现在是我们的抗日根据地！是支持华北抗战的一个重要据点！这里离最近的敌人不过三五十里，他们在四周包围着我们，并且时刻准备着进攻，而我们就屹立在这里！”这是 1939 年 11 月 28 日，在下北漳村召开的中华全国文艺界抗敌协会晋东南分会成立大会上，中共北方局文委委员兼宣传部文艺科长李伯钊发表《宣言》时如此说。

当时，晋东南文化教育界抗日救国总会就驻在下北漳村；鲁迅艺术学校已在该村紧锣密鼓地筹备组建之中；朱德总司令专门来到该村，针对敌后抗日战争的严峻形势，亲自部署了政治宣传战。

为了击溃日寇的“包围”和“进攻”，挫败敌人的“扫荡”和“争夺”，下北漳村民兵自卫队以血肉之躯筑就了一道守护共产党、八路军，誓死反击日寇侵略暴行的安全屏障。

1940 年初春一天，日军窜到下北漳村“扫荡”，鲁艺校长李伯钊得到情报时，敌人的距离已经很近。她急忙率领师生和民兵一道组织群众转移。村里的民兵们充分发挥熟悉地形和地道的优势，为学校隐藏了一时无法转移的物资，帮助不便快速行军的伤病师生和村民躲藏了起来。

为了给驻在村里的八路军领导和文化人创造相对安全的工作环境，下北漳村民兵自卫队日夜严密组织警卫执勤。他们在村前村后的交通道路和制高点，都设置了轮班值守岗哨，使鲁艺学校和各会的文化人尽管置身敌后前沿，活动在敌人的眼皮子底下，却能够放心大胆地顺利办学，正常开展各种文艺工作和宣传活动。

1940 年 8 月，八路军“百团大战”拉开帷幕。下北漳村民兵按照上级部署，积极参加了这场盛况空前的抗击日寇重大战役。10 月 13 日，驻在武东蟠龙的敌人由北南下向西营开进，企图与来自武乡县城和黎城上遥的敌人在西营会合，以图重兵“扫荡”八路军首长机关砖壁驻地。为迟滞敌人的行动，上级命令下北漳村民兵配合决死第一纵队三十八团一部，在本村河滩一带尾追袭扰由型塘向西营行进的敌人，以阻止敌人东进。三十八团官兵与下北漳村民兵依托蟠洪河滩的有利地形，紧紧咬住敌人不放，经过约两小时的激烈战斗，彻底打乱了日军的野心和部署，胜利完成这次反“扫荡”的阶段性任务。

10 月下旬，日军从多路向武乡、辽县和黎城三县接壤地域进犯，彭德怀副总司令在关家垴地区摆下战场，亲自组织打响敌后抗战史上打得最为惨烈的关家垴战斗。在这次威震敌胆的战斗中，下北漳村民兵出色地完成了支援战场和抢运伤员的任务。

经历了“百团大战”等实战锻炼的下北漳村民兵，到 1942 年前后，已成为活跃在武乡、襄垣接合部的一支特别能战斗的抗日武装。此后，他们利用浊漳河和蟠洪河汇流地域山峦环绕、重林迭翠的地理环境，打了不少漂亮仗。

1942 年 10 月 21 日，敌人由襄垣北犯至下北漳村，因村里的民兵已组织老百姓坚壁清野，敌人“扫荡”半天却颗粒未获，就在村里肆意屠杀百姓和牲畜，到处放火焚毁乡亲的家园。埋伏在村边山梁上的下北漳村民兵队伍，配合十四团指战员迂回至村边，在村南的塘儿庙至石佛沟一带，狠狠地打了敌人一个伏击。向南逃窜的敌人被打得晕头转向，丢下二三十具尸体仓皇而去。

1943 年 9 月 23 日，日伪军 300 余人从襄垣县龙王堂、吴北村一线，窜至武乡县下北漳、西川一带“扫荡”抢粮。下北漳村民兵中队长暴庆堂、指导员暴忠义，闻讯迅速组织自卫队员，在村西浊漳河畔的鱼儿拐附近摆阵设伏。当敌人经过这里时，民兵们突然发起猛烈攻击，趁敌人来不及蹚水渡河撤退，又找不到掩体防护之机，将敌参谋长、翻译官及数十名敌人击毙，缴获一批武器装备和军用物资。

这一仗打得非常漂亮，极大地激发了武乡民兵抗日杀敌的英雄气概，展现了太行山根据地人民保家卫国的决心与威风。太行军区和三分区首长接到

曾任下北漳村民兵中队长的暴庆堂

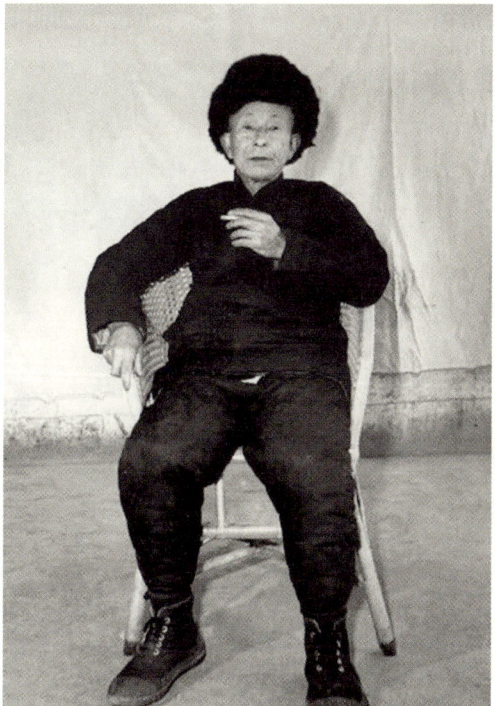

曾任下北漳村民兵中队指导员的暴忠义

捷报大加赞扬，特令武乡县指挥部对下北漳村干部和民兵予以嘉奖，并“通令全县以致鼓励”。这就有了本文开头的这道《嘉奖通令》。其中，称下北漳村干部和民兵“给我武东民兵创造了前所未有的光辉战绩”。

在战火纷飞的抗战时期，下北漳村民兵中队创造了许多出色战绩和光辉荣誉，也涌现出了一批英雄模范个人。比如，带头参加清河游击队的大小孩两兄弟；为鲁艺学校挑运土墨，途中冒死守护材料而英勇献身的李碾锁；孤身赤胆凭一把菜刀杀出敌营，抢获日军枪支后凯旋的“菜刀英雄”李庆和；杀敌英雄李二苟、暴金水……

漫长岁月掩藏了太多往事，也淡化了人们的记忆。透过这道珍贵的英勇杀敌嘉奖通令，使后人真切地看到前辈们在外敌入侵、国难当头之际，所创造的革命事迹和英雄传奇！

老红军马福寿爬雪山、过草地，从四川随红军来到陕北，并转战太行投入抗日洪流。在部队里，他不怕牺牲、英勇杀敌，负伤转业到地方勤勤恳恳、互助生产，没有惊天动地的事迹，但闪耀着一名共产党员无私奉献的光环。

退伍老红军与一把小锄

梁宏玉

我家有一把小锄，虽然锈迹斑斑，但几次搬家父亲总舍不得丢弃，一直珍藏着。在前年的城建改造中，我家被拆迁了，搬家时扔了不少半旧的物件，只有这把小锄，父亲还要带着。我说让收废品的拿走吧，父亲白了我一眼，不行，那是你老姨父用过的，留下来有个念想。

老红军马福寿用过的小锄

我的老姨父是父亲的姨父，名叫马福寿，是一名退伍老红军，1915 年，他出生在四川理番县三齐番卡窝寨（今属茂县）一个贫困的羌族农民家庭，从小过着饥寒交迫的生活。家里仅有 6 亩旱地，因欠寨王地主的高利贷，被强迫以土地顶高利贷，家里便一无所有，父亲为还债从成都背大米、盐巴、布匹、茶叶等物资到松潘，累死在松茂古道上。

1935 年红军过茂县时，带领羌族人民打土豪、开展土地革命、建立苏维埃政权。与其在家吃苦受累，不如跟着红军闹革命，他的大哥马福堂、二哥马福龙跑去北川参加了红军。不久大哥、二哥领红军 60 多人，来到他们村，他也跟着一起参加红军，编入红三十一军九十三师特务连。在长征中两个哥哥先后牺牲。马福寿跟着红军部队爬雪山、过草地，先后担任副班长、班长、排长，历尽艰辛到达甘南，后到陕北。1936 年 6 月，马福寿加入中国共产党。

抗战时期，马福寿编入八路军一二九师三八六旅七七二团，任机枪班长，开赴华北抗日前线与日寇作战。抗大短期学习后又任团民运干事，三八六旅民运干事、旅警卫连连长等。1938 年，被派任榆社工作队队长做地方工作，之后回主力部队任警卫连指导员。从参加红军到百团大战马福寿先后负伤 7 次。

1940 年秋天，老姨父奉命带领 42 名八路军战士在榆社县组建“七县指挥部”，马福寿任副指挥长参加华北百团大战。接到的任务是破坏榆次、太谷段敌人交通线，拔除敌人据点，袭击和阻击敌人。不久，马福寿返回部队，接受的第一个任务就是配合 16 团主力，摸清正太铁路榆次至太谷段及芦家庄站的沿途碉堡个数及兵力布置情况。芦家庄站是正太铁路上一个很重要的站，敌人有很多兵力在此把守。但是组织给了马福寿两个排的兵力，要把榆次至太谷的铁路全面破坏，再把沿途敌人的部署情况摸清，这个任务无疑非常困难。但是，马福寿还是向组织立下了军令状，保证完成任务！

铮铮誓言如同磐石，重重放在了马福寿和他带领的同志们心上，战士们群情激昂，对即将到来的战斗充满了期待。马福寿作为指挥员，要全面统筹指挥战斗更是严阵以待。他决定兵分两路，首先派出两个班的兵力，乔装到芦家庄站附近，侦查敌人的兵力部署情况，同时，安排剩下的战士们乔装打扮到铁路线沿途的村庄，向老百姓们宣传破坏敌人的铁道对抗战的重要作用，并号召老百姓拿起锄头去破坏敌人的运输线，为我们的抗日战争做贡献！

很快，派去的两队战士们都有了可喜的收获，在百团大战打响第一枪前，正太铁路榆次至太谷段在我们军民夜以继日地努力下已经被破坏得差不多，而另一队战士经过详细摸排，了解到芦家庄是日军在正太线上的一个重要据点，地理位置重要，位于榆次以东约 15 公里的地方，是一个有 50 多户人家的村庄。村南有一条河流，河上有一座铁道桥。村东就是火车站，驻守着日军的一个中队。日军修筑了一些碉堡，并设有外壕和铁丝网。敌人吹嘘，据点固若金汤，八路军武器装备那么落后，肯定不可能攻打下来。老姨父立马把得到的情报汇报给作战指挥部。

马福寿接到命令：配合第 16 团 20 日夜攻芦家庄车站！

战士们士气高涨，尤其是刚刚参军还没有真正上过战场的小战士们，在临行的前一天夜里坐在他们的营房里，一个个把自己的武器擦得锃亮。有的小战士没有枪，就拿着仅有的几颗手榴弹别在腰间，随时准备着和敌人同归于尽。我们的弹药不够，战士们就用地里的秸秆截成子弹的长度，作为假子弹，塞满子弹袋。黑暗中，低沉而雄壮的军歌从一间营房飘出，渐渐连成一片。

王七斤是跟着马福寿参军不久的一名新战士，那年才 17 岁，武乡韩北村人，总是爱跟在我老姨父屁股后边，让老姨父教他枪法，给他讲红军长征的故事。他活像一个跟屁虫，烦得紧了，马福寿就会假装板起脸来训他几句，七斤就满脸委屈巴巴地消停一阵，但是用不了一个小时，就又会死皮赖脸地缠着马福寿。

每天天还不亮，七斤总是早早地起床，把马福寿宿舍的水缸挑得满满的，把马福寿换下的衣裳洗得净净的。马福寿也孜孜不倦地教七斤枪法，教他文化。别人都说，马连长看着经常对七斤凶，其实是拿他当亲兄弟呢。

就算是上战场的路上，七斤也一直跟着我的马福寿，兴奋地拍着胸脯说："一会儿上了战场，我要多杀几个鬼子！"马福寿看着眼前第一次上战场的七斤，慈爱地摸了摸他的头，又给他讲起了各种注意事项。

几颗信号弹划破寂静的夜空，带着呼啸的声音，拖着长长的尾巴，宛若绚烂的流星。各连队按照计划向芦家庄站发起了总攻。日军的据点瞬间变成一片火海。有的鬼子被炸死在碉堡里，有的仓皇逃窜。

“滴答滴答滴答滴”，随着冲锋号的响起，战士们的士气达到了前所未有的高涨。“冲呀，杀呀”喊杀之声响彻云霄，我的老姨父带领战士们，朝车站的营区冲去，七斤紧紧地跟在马福寿的身后一步不落。

狡猾的敌人躲进了营区的房间，战士们就往窗户里扔手榴弹。有的敌人躲在了厕所，我军战士就从厕所的矮墙上跳下杀敌人一个猝不及防。我军战斗顺利，士兵们的情绪达到了空前未有的高涨，一鼓作气就把敌人们杀得四处逃窜。在搜索日军营区时，还发现了一个敌人的弹药库，里面堆满了枪支和弹药。部队的每一个新战士都配上了缴获的枪，并配了满满的子弹，大家欢呼着、雀跃着。

马福寿开始组织战士们清理战场，一转眼，发现七斤不见了，连忙大声呼唤他的名字。“哎，马连长，我在这儿呢。”我老姨夫回头一看，只见七斤从鬼子厨房的方向跑了出来，手上抱着一个木桶。木桶里面装满了鬼子们吃的肉罐头。七斤一边跑，一边嘿嘿笑着对我的老姨父说：“马连长，瞧瞧我找到了啥好东西，这些罐头都够咱一个排的弟兄们开荤了，看我厉害吧，这桶也能让咱提水呢！”

我的老姨父看着满脸黢黑笑容洋溢的七斤，严肃的脸上也露出了不易察觉的微笑。这时，马福寿突然发现七斤的背后寒光一闪，凭着多年军人的职业敏感，他连忙大喊七斤趴下，但是由于距离比较遥远，七斤还是乐呵呵地问我老姨父：“连长，你说啥？”“我说让你趴下！”但是已经来不及了。随着一声枪响七斤倒在了血泊中，几乎在同时，马福寿也掏出手枪击毙了偷袭七斤的那个鬼子。但是七斤却永远地闭上了眼睛。据说，那天我铁骨铮铮的老姨父对着如同他亲弟弟一样的七斤遗体泣不成声。

不久马福寿又在武乡参加了关家垴战斗，他任七七二团一连指导员。在

老红军马福寿

冲锋的时候，连长冲在最前面不幸牺牲，马福寿两眼直冒火星，他大声地喊着“冲啊！”带着战士们冲了上去，由于地势对我军不利，敌人的火力又很猛，这次冲锋也没能成功，他跑到最前面，不幸负了重伤。在武乡养伤的时间里，他一直想着上战场，不等伤愈，他又几次要求上战场，归队后，调到太岳山区作战，不幸的是在晋家山战斗中又一次负伤致残。

伤愈后，上级考虑他身体残疾不能再留在部队，就转业到武乡县工作，落户在我们村——北上合村。老姨父先是担任北上合村党支部书记，同这里的人民一起参加了互助组大生产运动，男耕女织，支援前线。当时他在我家院住着，经常拿着这把小锄帮助村里没有劳动力的人家锄草、种地，村里人对他非常敬重。在北上合工作的时候，老姨父认识了我漂亮的老姨，一来二去就成了姻缘。

1943年3月，日军占领武乡县的蟠龙和侯家垴等地，日军的哨所（炮楼）设在陈家垴，与北上合村相距3里路程，中间无沟无坎，一袋烟的时间就可到达。他带领北上合、窑上沟的民兵与陈家垴的日军相持了8个月，把敌人搞得精疲力竭，后来日军因损失过大而撤走。虽然马福寿的伤口还未完全好，但他同民兵一道参加战斗伏击敌人。蟠龙镇就张贴着重金悬赏缉拿他的告示，村里群众冒着生命危险掩护他，不为敌人重金悬赏所动。

后来马福寿又先后担任武乡县财办秘书、县委办主任、副区长、区长、县农工部副部长、县委委员等职。老姨父马福寿参军以来，参加长征期间、抗日战争期间和解放战争期间的大小战斗共360余次，成为一名久经沙场的革命战士、基层武装干部，负伤无数次，被评为三级甲等残疾，4次受到嘉奖。1957年，老姨父马福寿为孝敬母亲离开武乡回家乡茂县工作，先后担任农工部部长、县委副书记、县长等职。

在茂县期间，我的老姨夫马福寿虽然“文革”时期受到了严重的迫害，但是他始终一心向党。

马福寿回了四川茂县，但他用过的物件留了下来。一位老红军与武乡北上合之间亲密的关系，就通过这件文物永远紧紧地联系着。

一张陈旧发黄的老照片，一个头戴虎头帽的小娃娃。在纪念馆里看到这样的照片，观众不禁好奇，这个小孩子怎么会陈列在纪念馆里？随着讲解员的介绍，原来背后还有一个非常动人的故事。

一张照片背后的故事

郝雪廷　史铭一

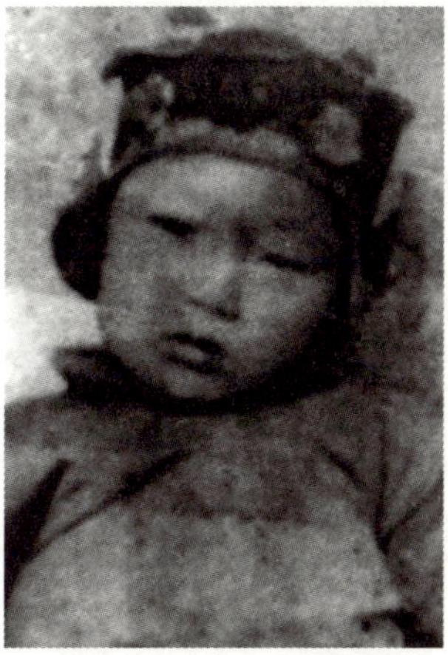

彦四年（小名白桦）

在王家峪八路军总部旧址纪念馆，陈列着一张发黄的老照片，画面上是一个头戴虎头帽的小娃娃。这样一个小娃娃的照片为什么会陈列在这里？观众不禁好奇。随着讲解员的介绍，原来背后还有一个非常动人的故事。

1941年春节过后，天气一天比一天暖和起来。

夜深了，北上合村的百姓们都睡了。在村中河坡儿（地名）的一户姓梁的农家窑洞里，油灯还亮着，微弱的灯光下，女人高焕莲对男人梁二成说："把灯拨亮些，人家来了黑灯瞎火的。"梁二成听了，添了些油，把捻子拨了一下，灯光比刚才亮了不少。

是谁要到他们家来？时间不长，就听到了脚步声渐渐而近……

"来了，来了！"焕莲的男人说。

高焕莲说："你快出去看看，如果不是……要是……"她没有说下去，梁二成很理解她的意思，如果是坏人，或者？他心里有数。刚开大门，第一个见到的就是村妇救会主席李爱莲，她说："孩子抱来了，准备好了吗？"

“准备好了。”高焕莲的男人低声地回应着。

李爱莲一挥手，三个八路军就在她身后出现了，很快他们就同时进到屋里。这三个八路军，二男一女，除班长外，一个是彦涵，另一个是彦涵的妻子白炎。

高焕莲马上从白炎手里接过孩子，放在热炕上，拖过被子盖好。大家都坐下来了，李爱莲在他们中间站着进行见面介绍：彦涵和白炎是从延安来到太行山的一对青年，在鲁艺校长李伯钊和太行剧团团长赵子岳的帮助下，1940年春在武乡县下北漳举行了婚礼。婚后，彦涵的工作更加繁忙，他要筹建鲁艺图书馆，又到国统区重庆办事，路上不仅艰难而且非常危险。白炎惦念着彦涵常常夜不能眠。这时，白炎已经怀孕，呕吐厌食，人也消瘦了许多……

十月怀胎，一朝分娩，白炎多么希望她生孩子的时候，彦涵能在自己的身边。生孩子对女人说来也和上战场一样都是生命攸关，有男人在就好像在壮胆和加油。可是她没把他等回来，孩子就出生了。万幸的不是难产，哇哇几声哭叫，一个鲜活的小生命就降临到这个世界上。

不久，彦涵回来了，当大家告诉他这个消息，他就发疯似的跑到白炎的住处，路上还摔了一跤，直扑到白炎和孩子的床边，他说：“请你原谅我吧，我没能及时赶回来陪伴你，实在对不起！”白炎笑着说：“别说这些了，快给孩子起个名字吧！”

白炎谅解了彦涵，他在儿子的小脸上亲了一口，然后抬起头来想了半天说：“我看就叫白桦吧。”此时正是百团大战的激战阶段，彦涵的木刻作品纷纷问世，如《奇袭阳明堡机场》《纷纷建立根据地》等20多幅木刻汇成一册《八路军华北抗战》，这些作品极大地鼓舞了八路军将士抗战的英雄精神，并产生了极其深远的影响。

但是斗争越来越严酷，要在工作和战斗中抚育孩子是十分困难的。在这种情况下，彦涵夫妇商量要给孩子在当地找一个奶妈抚养。于是通过抗日政府和当地党组织帮助寻找，很快就找到了。北上合村妇救会主席李爱莲帮助找到本村的高焕莲来抚养。因为高焕莲人品好，和李爱莲相处得也不错，找她放心又可靠。说好以后，孩子很快就送来了。双方认识后，又谈了相关的一些情况，彦涵夫妇就离开了北上合，在夜色中回到下北漳村他们的驻地，不久又因为工作回到延安。

小白桦在高焕莲家住了下来，为了避免意外情况，给孩子换了姓名，因为高焕莲已有三个孩子，小白桦排行老四，所以叫梁四儿。

1942 年和 1943 年，武乡遇到了最困难的年代，每到四五月间，就到了青黄不接的时候。她家是穷人家，当然也面临这种情况，秋粮没有了，小麦没有成熟，夏粮接不上。当时农村不少人家过着糠菜半年粮半年的日子，高焕莲总想让孩子吃饱，但她发现，小白桦 3 岁了，由于营养不足，有些瘦了，心里实在过意不去。这怎么办呢？她想给孩子补充些营养，吃点儿鸡蛋也行。可一想老母鸡早就不下蛋了，于是她用老母鸡去跟邻居换了一只能下蛋的鸡，又给人家补了些钱，才把鸡抱回家里来。小白桦在奶妈家里第一次吃到了鸡蛋，笑得脸上像开了花儿似的，在屋里跳着走。好在她的孩子们没在家，如果发现了，会为这一个鸡蛋争得打起架来。以后她总是把家里的孩子哄出去，才给小白桦煮鸡蛋吃，但她后来还是说漏了嘴，这下把高焕莲难住了，她灵机一动说：“这是人家爹妈送来的，咱们家里的鸡，早就不下蛋了。等下了蛋，妈妈也煮给你们吃。”这样才把孩子们应付过去。

小白桦的身体也不是很好，当然也免不了要生病，有一次发烧得厉害，她想把这个情况告诉小白桦的父母，当时农村缺医少药，让从部队叫一个军医来。但一打听，他们随部队外出，高焕莲的丈夫梁二成只好空返回来。于是便采用民间土方法刮疗，相当于现在的刮痧疗法，然后熬些柴胡、黄芩、杏仁、甘草等祛风清热，这样病情缓解，她才长出了一口气。这时候她冥冥之中就认为这孩子是她生的。农村有一个说法，吃谁家饭，孩子长着长着就跟这家人的相貌相似了，初看。那小嘴小眼，就跟她的儿子一样了，生人真的分辨不出来。

1943 年 6 月，日伪军大肆向我根据地进攻，占据了武乡东部重镇蟠龙。

北上合村距蟠龙镇仅有 2 公里，就在敌人的眼皮底下，他们三天两头出来“扫荡”，抢粮食，拿东西，拉牲口，杀人放火。高焕莲常常带着孩子们东躲西藏，不是跑到山沟里，就是在逃难窑洞里，有时一天连一顿饭也吃不上。但她无论到哪里都紧紧抱着小白桦，一分钟也不让他离开身边，生怕有个闪失。

7 月的一天，村口的消息树倒了。不好，敌人要来了，村里的人们乱成一窝蜂，有的往东，有的往西，大多数人往炉凹沟跑，高焕莲一家被冲乱了，一家分成几拨儿，她的丈夫和她的公公、婆婆、二弟，还有叔伯一家跑在一块儿，高焕莲抱着白桦，还有她的小儿子来庆在一块儿，由于行动不便，跑到了老虎墒沟，那里有个窑洞，便钻了进去。

敌人进村抓了一些老弱病残，但不死心，这么大的村就这么几个人？他

小白桦生活过的老房子

们压根儿不会相信，因为汉奸告密，还有留下来的八路军地方工作人员、家属子女、民兵、共产党什么的，便分散开来进行大面积拉网式搜山。在那一边，高焕莲的丈夫家里人在往窑洞跑的路上，被敌人机关枪扫射着，她的公公、叔叔、丈夫，还有她的二儿子，都倒在血泊中。她婆婆钻进草丛里，得以幸免，但她亲眼目睹了家里亲人们的惨状，担惊受怕，又咬着牙，仇恨记在心里！

高焕莲的这一边，山洞里已躲进了不少人，都是些妇女儿童，大人们捂着孩子们的嘴，生怕发出哭声，把敌人引来。只以为躲过去了，敌人就不会到这里来，但是他们不会放过每一个角落。一伙日本鬼子和伪军，还是摸向这里来了，最前头的是一个汉奸，一边走一边吆喝着："皇军友善啦，出来吧，谁能说出八路军、民兵、共产党、村干部，皇军大大地有赏，知道不说，通通死拉死拉地……"在山洞里的人们屏住呼吸，一点儿声音都没有。有个伪军说，咱们走吧。那个汉奸说："有这么多新脚印子，我就不相信这个洞里没有人！"

汉奸的话，在山洞里的人几乎都听到了，人们害怕得打着颤，高焕莲在人群中紧紧地抱着孩子，不能说她没有害怕，但她的内心开始刚强起来："我要用生命保护这个孩子！而且要镇定、要从容，不能慌手乱脚。"

敌人果然发现了他们，几个伪军进去把人都赶出来。

汉奸逼问："村里有没有八路军？村干部民兵在哪里？只要你们说了，皇军就会放了你们。"

大家说："我们是普通老百姓，什么也不知道。"

汉奸盯住了高焕莲和她怀中抱着的孩子："这是你的孩子吗？"

高焕莲说："是我的孩子！"

"听说有个八路军的娃就养在你们村里，我看这个孩子就是。"

高焕莲拼命地抱着白桦，"这是我的孩子！"汉奸一口咬定了，抢过来就要摔死。高焕莲拼死地抱着白桦，大声说："这是我的孩子！"又把她的小儿子来庆推到前面，你看看他俩一样不一样？一方面是以假乱真，另一方面是必要时让自己的儿子代替白桦，确实从相貌来看，他俩就真的一样。高焕莲用仇恨的眼睛直逼汉奸，她要做拼死一决。汉奸害怕了，慌忙告诉日本小队长："这是她的孩子，这是她的孩子。"

就在这时，不远处传来激烈的枪声，武东二区武装大队和敌人交上了火，这一股敌人仓皇地离开了。这一次敌人"扫荡"，村里死了几十个人，高焕莲一家就死了三个人。全家人沉浸在无限痛苦和仇恨之中。这血泪斑斑的惨状，使起初反对高焕莲、不同意代养八路军孩子的婆婆，也开始站在了高焕莲的一边，不但改善了婆媳关系，而且对高焕莲在各方面都积极支持。

抗战胜利后，彦涵、白炎留在武乡县北上合村。在高焕莲家里，夫妻二人见到了日思夜想的儿子。几年不见，孩子长高了，小白桦正和高焕莲家的孩子玩得热乎，用玉茭秆做的一支枪，在院子里走着，他说他当小八路，要冲锋打日本鬼子！一见来人，他怔住了，躲在高焕莲身后。高焕莲告诉小白桦："你不是天天让我给你讲那一对八路军的故事吗？就是他们，他们是你的亲生父母，我是你的奶妈。"白桦摇了摇头："不，我不认识他们，你是我的亲妈！"彦涵夫妇不让孩子难为情，他们很理解这一切，对孩子说："她是你的亲妈，我也是你的亲妈，都是亲妈，好吗？"听到这里，白桦笑了。

彦涵夫妇感谢高焕莲一家，由于那时部队还没有实行工薪，把唯一攒下来的津贴送给了高焕莲，作为一种补偿。高焕莲拒绝了，她说："共产党、八路军为了我们老百姓，流血抗战，根据地人民还感谢不过来，咱们更是一家人，你收起来吧，我们心领了！"

彦涵夫妇要走了，高焕莲一家把他们送出了村外，虽然有些难舍难分，但全国还没有解放，解放战争才刚刚开始，他们还要到前线去，在此握手告别。高焕莲一家目送他们消失在山坡拐弯处看不见了才往回返。

小白桦跟随父母以后，为了纪念太行奶娘对他养育四年的恩情，便改为"彦四年"。

2011 年，彦涵在生命垂危时，吩咐家人无论如何要回太行山老区，看

四年（左）与奶哥合影

望高焕莲一家。2012 年他的长子白桦身体不好，由二小子千里迢迢来到了太行山，在八路军纪念馆同志们的帮助下，找到了武乡县北上合村，看到了高焕莲家的后人，但养育白桦的太行奶娘已经入土为安了。

岁月留痕

一件藏品背后是一段难忘的记忆，一段记忆深处是一抹沧桑的岁月。

一柄蕴藏寒光的断刀、一把带血的刺刀，诉说着抗战英雄的悲壮；一杆红缨枪、一辆独轮车，书写着抗战历史的荡气回肠；珍藏多年的合同书、精心保存的连环保状，无不承载着历史沧桑。

一只陶罐、一把搬手、一个特别的钱包、一则振奋人心的标语，甚至一枚枚马蹄、牛蹄印都浸染着历史的风霜。更有那颗未爆炸的航空炸弹，见证了日本侵略者劣迹斑斑的罪恶，也见证了关家垴战斗的惨烈和辉煌！

战争已经远去，但记忆永远不能忘却！

在历史的长河里打捞渐渐远去的记忆，让苦难后的辉煌永远记住岁月的伤痕，在前行的征程中时刻铭记来时的路……

王尚元烈士用过的一柄残缺的断刀，让人仿佛看到一幕幕刀光剑影。英勇的王尚元凭一己之力，开枪投弹，掷石挥刀，阻挡了鬼子的偷袭，为乡亲们安全转移赢得了时间。而他，却永远离开了人们。从此，“皮烟村”更名为“尚元村”。英雄已经远去，但英雄的故事值得后人代代传唱。

王尚元烈士的断刀

史志锋

人们常说八路军用小米加步枪打败了小日本。可谁知道，其实很多的战士和民兵连步枪都没有，只能用大刀、长矛与敌人拼搏。在武乡县红色革命文物民间收藏家籍贵先先生的博物馆内，我就看见一柄断去三分之一刀身的大刀。

此刀为熟铁打造，刀身二尺有余，三寸左右宽度。刀柄七八寸，刀环上系着一根泛旧的红绸。断口处并不整齐，是一个大概 150° 的钝角。尽管年代久远，刀身残缺，但我还是能够隐隐感觉到，这把刀蕴藏寒光，杀气逼人。

因此，作为本故事的讲述者，我赋予这件藏品一个极富故事性且具有武侠风范的名字——王尚元烈士的断刀，尽管它原本完好如初。

抗战时期，八路军缺乏枪支弹药，武器装备极为简陋。大刀锋宽刃长，在使用中具有较强的杀伤力，普遍用于八路军开展的白刃战中。他们依靠这种冷兵器，勇敢与日寇搏斗。七一六团独臂团长贺炳炎，雁门关一战，他左手持刀冲入敌阵，面对鬼子锋利的刺刀，身形如蛟龙入海，大刀在手中灵活翻飞，砍杀鬼子酣畅淋漓似入无人之境。电视剧中，李云龙出其不意截击并全歼日军战地观摩团 20 名少佐以上级别军官（其实在历史原型人物王近山的战斗事迹中，全歼日军战地观摩团军官人数为 120 人左右），手挥大刀与鬼子贴身搏斗。原本打算在战场上抱着胜利姿态看热闹似的想目睹我军败仗，不料他们自己却成了李云龙及其部下战士的刀下之鬼。

中国，历来崇尚文治武功，中国武乡更是如此，这个县名的来历，就是以尚武之乡而取。作为华北抗战重地、八路军总部所在地，在武乡这片土地上作战的八路军战士、各种民间抗日团体，在这种刀的运用上，可谓发挥到了极致。因此说，这种刀不是一两个形式出现，而是八路军抗战武器史的一个代表，是大范围使用的一个缩影。

然而，提到这柄王尚元烈士的断刀，不得不说到抗战时期武乡县一位杀敌英雄，王尚元。

王尚元，男，武乡县蟠龙镇尚元村人，出生于1921年，1943年殉国，时年21岁。他自幼丧父，孤儿寡母相依为命。他10岁便给地主家放牛，12岁跟着大人来回走10多里的山路，去外村挑煤，吃尽苦头，练就一副结实的身骨，摸爬滚打一身本领，也练就一手好飞石。

1941年，王尚元同志经过多次申请，19岁的他终于成为民兵队伍中的一员。1943年6月，王尚元参加了区民兵队的警戒组，担任放哨任务。他每天吃住在山上，担任警戒任务。深秋时节，乡亲们夜里都趁着鬼子不注意，回去抢收庄稼，王尚元一个人在山上警戒，为乡亲们站岗放哨。

一天深夜，鬼子悄悄摸上来准备搞突然袭击。王尚元发现的时候，敌人已经非常近了。王尚元迅速冷静地分析了当下的形势。自己要是跑，凭他对

王尚元烈士用过的断刀

这一带地形的熟悉程度，绝对能无影无踪，不会被敌人发现。边跑边鸣枪报信，也不可行。深更半夜，乡亲们还在地里收割庄稼，回家拖儿带女根本来不及转移。王尚元抱定必死之决心，一不做二不休，子弹上膛，大刀擦亮，与鬼子决一死战，拖住鬼子前行的脚步。

王尚元趁着鬼子还没发现他，率先开了枪，几个鬼子冷不防被撂倒。鬼子开始还击。没过多久，王尚元的子弹打光，又扔出仅有的一颗手榴弹，之后便用飞石朝着鬼子投掷。鬼子很快扑上来，王尚元从后背拔出大刀，对战鬼子的刺刀。王尚元凭借一身武功、锋利的大刀和敏捷的身形，左右开弓砍杀鬼子。

乡亲们听见枪声，迅速组织转移，鬼子偷袭计划落空。

当时的情景无法真实还原，但是，当乡亲们在一个山沟里找到他的时候，见到这样惨烈的一幕：王尚元同志倒在地上已经牺牲。身上被鬼子用刺刀捅了七八个窟窿，窟窿里的血已经凝固，两根断指悬在手上。木制枪托在与鬼子打斗过程中被砸烂，大刀拦腰断裂，剩下的半截，刀刃磕掉两个凹槽。周围躺着足足十具鬼子的尸体。

无法想象王尚元同志经历了什么，但眼前这具布满致命伤口的躯体、残缺的步枪、断毁的大刀和敌人的尸体，一幕幕刀光剑影、钢铁咆哮的情形在脑海中浮现，令在场所有乡亲心中震颤不已。王尚元同志凭一己之力，开枪投弹，掷石挥刀，阻挡了鬼子的偷袭，为乡亲们安全转移赢得了宝贵的时间。而王尚元同志因敌众我寡，在斩杀 10 余名鬼子之后，壮烈牺牲。

1944 年，王尚元同志被晋冀鲁豫边区追授“杀敌英雄”称号。1946 年，乡亲们为了纪念王尚元同志，向县政府申请将村名“皮烟村”改为“尚元村”。在村西路边的土丘上修起一座纪念碑，上面镌刻着民兵英雄王尚元的名字。

请大家记住这个村，记住王尚元这个英雄的名字，记住这把隐藏着寒光的王尚元烈士的断刀。

一杆红缨枪，兄长传给了弟弟再传给后人，保家卫国的豪情也在这个家庭代代相传。

红缨枪是一把枪，也是一种责任、一种使命。在抗战时期的太行山上，家家几乎都有过红缨枪。正是这背后的故事，换来了今天的幸福安宁。

家传的红缨枪

王俊利

红缨枪，又叫长枪、长矛，武乡土语叫茅子枪，冷兵器时代号称百兵之王。历史上，杨家枪、岳家枪，白马长枪赵子龙，长坂坡张飞单枪匹马喝退曹军 80 万等，有关红缨枪的故事精彩纷呈、数不胜数。

亲爱的朋友，今天你如果走进武乡县八路军太行纪念馆，这全国唯一一座全面反映共产党八路军组织发动人民群众坚持敌后抗战历史史实的博物馆，那么，你就会看到馆中展出反映当年军民同仇敌忾、坚持抗战的件件实

武乡民兵使用过的红缨枪尖

物，有长枪、手枪、机枪，有手榴弹、地雷、大炮，有各式各样的枪炮武器，当然也有著名的红缨枪。

红色武乡，是八路军的故乡、子弟兵的摇篮。抗战年代，武乡村村驻过八路军，户户出过子弟兵。在武乡，共产党八路军组织发动广大人民群众抗日救国，不仅成立了决死队、游击队、民兵、自卫队等各种群众武装，成立了牺盟会、青救会、妇救会、工会、农会等各种群众抗日救亡组织，还成立了抗日儿童团。母亲叫儿打东洋，妻子送郎上战场，群众紧跟八路军，拿起了棍棒镰刀、红缨枪，同穷凶极恶的日本鬼子进行了 8 年之久的生死博杀，终于一雪百年耻辱，赢得了中国抗日战争的伟大胜利。

战争不分男女老幼，八九岁、十二三岁，甚至六七岁的少年儿童们都被组织起来了，抗日儿童团员们一手拿抗日识字课本学习，一手拿红缨枪，放牛放羊，站岗放哨查路条，给八路军、游击队送情报。红缨枪、儿童团在抗战中做出了巨大的贡献，也做出了巨大的牺牲，王二小、李爱民……一个个少年英名流芳百世；红缨枪、鸡毛信……一段段抗战故事荡气回肠。

太行山上的红缨枪、白杨树，和八路军的小米加步枪一道，已经成为这场伟大战争的胜利标志和历史象征。

在武乡，可以这样说：家家都曾有过红缨枪，人人都能讲一段和红缨枪有关的历史。关于红缨枪的故事，三天三夜也说不完。

亲爱的朋友，如果你感兴趣，下面就分享一个关于我家红缨枪的故事给你听。这个故事还是从我爷爷那里听来的呢。

那是 1938 年，武乡和榆社、辽县交界的大山里，有个叫蒲堙的地方，方圆几十里人烟荒芜。有爹娘领着弟兄姊妹 7 个，一家人住在蒲堙种山地。

7 月的一个晌午，记不清是哪一天，反正五黄六月的，天真叫个热，毒毒的日头晒得地上快要冒烟，狗儿热得直吐舌头，牛呀羊呀都躲在树凉荫底下光喘气，不吃草。正是人们歇晌的时候，老大悄悄叫上老二，走出土窑，相跟着来到打谷场上。

见老大手里拿着红缨枪，老二有点纳闷，这是要练枪吗？以前总是早晚两趟，从来没有大晌午教过，反常。

老大离弟弟丈把远立定，说：老二，你瞧仔细了！

只见老大凝神聚气，身形拔直，忽地纵身一跳，半马步扎住，吐气开声，“嗨”声未落，前手把，后手送，五尺长的红缨枪从腰间笔直向前刺出，猛似打雷，快如闪电。紧接着，前手寸摆，后手腕一抖，“唰、唰、唰”枪头疾点，红缨撒开，半空扎出碗大一朵梅花。老大左挑右拦，撤步转身，突然一个回马枪，红缨枪画个半圆，脱手飞出，扎到牛棚栅栏杆上有半尺多深，枪杆不住地颤动。

老二看得又惊又喜，这是中平枪、回马枪呀！中平枪，枪中王；回马枪，神难防。以前怎么央求老大，老大总是推脱说，你基本功还没练扎实，等练扎实了再教你吧。今儿是怎么啦？两绝招一齐教。

老大说：老二你瞧清楚了没有？红缨枪，百兵王，枪法精，万人敌。练枪好比做人，大枪勇冠三军，做人堂堂正正。师父领进门，修行在个人。我教你的就是这些。今后大哥不能陪你练枪了，自己琢磨吧。

老二一听，心里惶惶，一迭声问道：怎么啦，大哥？你是不是嫌我调皮捣蛋，不好好练枪？还是嫌我贪耍，不好好放牛，常惹爹娘生气？是不是，大哥？我今后一定改，你别生气，好不好？大哥！

老大拍拍老二的肩膀，又摸了他头一下，说：你个二愣子，我今天和你说的是正话，不是生你的气。咱家住在这深山沟里，你也听说过日本鬼子的事情吧？

老二点点头。

老大看着老二眼睛，说：日本鬼子早就想灭亡咱中国，大清光绪二十年（1894）甲午战争割了咱台湾；民国20年（1931）“九一八”事件，霸占了咱东北；去年卢沟桥事变后就打进了咱山西，到处杀人放火，今年春上鬼子把咱武乡县城也烧了，说不定甚时就打到家门口呀。

老二一听，忙问老大：这可怎么办呀？咱就在山沟里躲着吧？

老大回答说：鬼子已经打到家门口了，光躲光藏不是个办法，鬼子步步紧逼，能躲藏到哪里去？咱中国人多，团结起来力量大，得联合起来和鬼子打。国民党靠不住，只有共产党八路军是真心打鬼子的。我已经参加了八路军，今天下午就集合。

老大接着吩咐：去了队伍，家里就顾不上了。咱弟兄姊妹 7 个，哥走了就数你大，爹娘上年纪了，弟弟妹妹们都还小。老二呀，家里你得多操心。

老二听了老大的吩咐，问：大哥，这事你告诉咱爹娘了吗？

老大拽着老二的胳膊往场边紧走几步，回头看看离窑洞远了些：嘘，小声些。叫咱爹娘听见了，他们能舍得让我去吗？咱天天练枪为什么？你看看，杨家枪、岳家枪，哪家枪不是保家卫国的忠良。二弟呀，这是正事情，你得明白哥的良苦用心。

老二听了点点头：大哥，道理我明白。可心里舍不得你离开家，离开我。

老大从牛棚上拔出红缨枪，递给老二：这杆枪你拿着，好好练，就像哥天天陪伴你。以后放牛碰到狼，不要怕，也不要慌，狼是铜头铁尾麻杆腰。你先看地势，靠墙站好，平端枪，对准狼，用枪扎，要稳准狠，动作不要大，它就扑不过来。狼还怕火，怕锣鼓响器。

老二接过大哥的红缨枪，觉得沉甸甸的，心里发酸，眼泪一下涌了出来。老大上前一步，紧紧搂住了老二安慰道：老二呀，男子汉大丈夫，流血不流泪，不哭，不兴哭啊。哥是参军打日本去，用不了三年五载，也许明年，说不定后年，等打跑了鬼子就回来呀。

老大松开老二，大步向村口走去。走出五六步远，老大回过身来，对着老二挥了挥胳膊，坚定地说：我走了你再告诉爹娘，抗战胜利了我就回来。

然后，老大大步流星地走了。他参加了八路军，再也没有回头。

老二捧着红缨枪，呆呆地站着，像是傻了一般。好大一阵子，他忽然回过神来，发了疯似地沿着山路向老大追去。老二跑出村口，跑到山梁上，老大已经走远了。老二越追越远，远远望去，老大人影已经变成了一个黑点。慢慢的，那个黑点转过一道山坡，看不见了。

老二只好返回家，他走在路上跌跌撞撞的，像是喝醉了酒。爹娘看见老二失魂落魄的样子，问他怎么了。老二哭着把老大背着爹娘参加八路军的事告诉了爹娘。娘一听，当场也哭了。爹吸着烟袋，长长地叹了口气，埋怨道：唉，这个老大，当兵是保家卫国，这么大的事，怎能瞒爹娘呢？

后来，爹拗不过娘的再三央求，还是搭黑走了30里山路，走到三教村、洪水镇一带打听，只是听说有八路军队伍集合朝西走了，谁也不知道去了哪里。

没有找见老大，爹只得闷闷返回。

从此，娘嘴里常常念叨。天冷了，娘说老大穿上棉袄没有？下雨了，娘又说老大走也没拿上伞，该不会淋湿了吧。一群弟弟妹妹七嘴八舌地也来掺和。爹呢？他嘴上不说，只是吸烟袋吐出的烟雾更长了，他心里其实也是很想的。这时，老二看看爹娘，不知该怎么安慰，低下头赶紧出门去挑水。

老二记着老大的嘱咐，每天练枪、劳动，后来成了共产党员。他为党工作，代老大照顾着一年比一年老去的爹娘，也照顾着一天比一天长大的弟弟妹妹。直到爹娘下世，直到抗战胜利，老二和弟弟妹妹们都土改翻身，回了祖籍下黄岩村定居，但是，老大还是没有回来。

直到全国解放，新中国成立，时间过了很久很久。有一天，忽然听人说老大牺牲在了沁源，他的英名就刻在树辛村的烈士纪念碑上。老二和弟弟们赶紧跑到树辛村，一看，果真革命烈士纪念碑上刻着老大的名字：下黄岩村王富荣，决死队战士，1946年沁源作战中牺牲。

老二和弟弟们去沁源县查访，一直没能找到老大牺牲的确切地点。

故事中的老二就是我亲爷爷。他给我讲这个故事的时候，我很着急：爷爷，你们为不什么不把大爷爷找回来？他一个人埋在离家老远老远的地方，孤零零的多可怜呀。

当时，爷爷回答了一句话，我记忆犹新：哪里黄土不埋人，毛主席的大儿子毛岸英牺牲了，就葬在朝鲜。不光你大爷爷，好多革命烈士的姓名还没留下，咱们心里记住他们就行了。

爷爷把一个生锈的铁枪头递给我，说这是咱家祖传的红缨枪。

我接过这个锈迹斑斑的枪头，懵懵懂懂的，似懂非懂点了点头，表示记住了。

后来，我央求爷爷找来一根长木棍安上铁枪头，裹上红麻丝，就成了一杆威风凛凛的红缨枪。我扛着红缨枪和一群小伙伴在村里疯跑，扮儿童团，打鬼子，每天玩得不亦乐乎。红缨枪陪伴我度过了美好的童年。

时光飞逝，我离开家乡，读书成长，参加工作，红缨枪就留在了家乡的老屋里。

人到中年，爷爷们那代人都已经化作了昨天的故事，但红缨枪的故事依然清晰。

在武乡的每一座村庄，在太行山的每个角落，在中国那段历史上，家家都有过红缨枪，家家都曾发生过红缨枪的故事。正是这一杆杆红缨枪背后的故事，才换来今天的幸福安宁。

时代在变，精神永恒。在我们这个英雄的国度里，因为有了伟大的共产党，有了强大的人民军队，保家卫国，我们再用不着拿红缨枪、大刀去和敌人的飞机、导弹、大炮血肉相博了。但是，亲爱的朋友，我们什么时候都不能忘记历史，都不应该忘记红缨枪的故事。

这把扳手是武西独立营1940年在破击白晋铁路时所用的工具。一把普通的扳手，记录了“百团大战”波澜壮阔的画卷，展示了八路军将士、地方武装、民兵队伍团结一心，破敌交通线，粉碎日军“囚笼政策”的坚强决心。之后，这把扳手转到南关、分水岭、岩庄民兵组成的“铁道飞行军”手里，继续在破击敌铁路交通线中发挥作用。

破袭白晋线所用的扳手

白　鸽

这是一把铁质单头扳手，黑色，长49厘米，宽13.2厘米。

自1939年冬以来，华北日军对抗日根据地进行频繁“扫荡”，不仅隔断了太行与太岳区的联系，也企图割断太行与冀南、晋察冀等战略区的联系，推行所谓“以铁路为柱，公路为链，碉堡为锁”的“囚笼政策”。八路军总部决定发动交通破击战，重点破袭正太铁路、同蒲路北段以及白晋路、平汉路等，给日本华北方面军以有力打击。

八路军的进攻战役首先从正太铁路发起，因此开始称为正太路战役。1940年7月22日，八路军总司令朱德、副总司令彭德怀、副参谋长左权联名下达《战役预备命令》，规定以不少于22个团的兵力，大举破击正太铁路。同时要求对同蒲、平汉、津浦、北宁、德石等铁路以及华北一些主要公路线，也部署适当兵力展开广泛的破击，以配合正太铁路的破击战。8月8日，朱德、彭德怀、左权下达《战役行动命令》，规定：晋察冀军区破击正太铁路石家庄至阳泉（不含）段；一二九师破击正太铁路阳泉（含）至榆次段；一二〇师破击忻县以北的同蒲铁路北段和汾（阳）离（石）公路，并以重兵置于阳曲南北地区，阻击日军向正太铁路增援。要求各部在破击交通线的同时，相继收复日军占领的一些据点。在这些地区和交通线上，驻有日军3个师团全部、2个师团的各2个联队、5个独立混成旅团全部、4个独立混成旅团的各2个大队、1个骑兵旅团的2个大队，共20余万人，另有飞机150架和伪军约15万人。按八路军总部原来规定，参战兵力不少于22个团。但战役发起后，由于八路军广大指战员和抗日根据地民众痛恨日军的“囚笼政策”，参加破击战的积极性非常高，因此各部投入了大量兵力，共105个团20余万人，还有许多地方游击队和民兵参加作战。所以战役改称为“百团大战”。

百团大战打响后，不仅大量的主力部队参战，各军分区的地方部队、游击队也都参加了破袭。在百团大战第一阶段，太行第三军分区所属武西独立营也参加了破袭战斗。

1940年年初，为便于集中地方武装配合八路军作战，在县抗日自卫队基干队的基础上，组建武乡独立营，成为军分区领导的正规武装。1940年6月，武乡县分为武乡、武西两个，因武乡东部有八路军主力部队活动，将武乡独立营调归武西县，更名为武西独立营，由白正戈任营长，县委书记王宗琪兼任教导员，辖三个连，领导各区游击队。百团大战开始后，武西独立营

八路军破击白晋铁路用过的扳手

积极出动，对白晋铁路进行打击和破坏。民兵们用铁扳手拧开道钉和夹板，把铁轨一截一截地扒起，再把枕木一根一根搬开。后来他们就几十人一排一排站在铁道一旁，把枕木下面挖空。然后人人肩扛枕木，手把道轨，指挥者号令一下，几十个人一起用力扛起枕木，几十米长的铁轨就来了个大翻身。就这样，敌人白天修路，民兵晚上破路，经过半个多月群众性的大破击，日寇苦心经营一年之久的白晋线，被破坏得像一条遍体鳞伤的“死蛇”一样，瘫痪在那里。

这把扳手就是武西独立营在破坏白晋铁路时使用过的。他们带着铁镐、铁扳手、铁锤等工具，破路基、扒铁轨、炸桥梁、打火车。广大军民共计破坏铁路 100 余里，取得了白晋北段破击战的胜利。

在此后几年中独立营经常破坏铁路，也一直使用这把扳手。后又交给武乡县南关、分水岭、岩庄一带的民兵组织的“铁道飞行军”使用。当年曾经参加破路的武乡县岩庄村民兵崔贵熬将自己用过的铁质单头扳手一直珍藏家中。1997 年 5 月，崔贵熬亲自将这把铁扳手捐赠给了八路军太行纪念馆。

1942年，抗日战争进入艰苦时期，敌人血腥屠杀群众的嚣张气焰弥漫于抗日大地。在党的领导下。人民群众自发组织签订抗战合同。申良沟这份抗战合同书代表了根据地人民坚定抗战，不被敌人强暴而屈服的决心，凝聚了民族精神和打败侵略者的必胜信念。

一份特别的抗战合同

白国清

武乡县民间收藏家籍贵先创办的武乡抗战博物馆内，收藏了一份特别的抗战合同。

该合同签立于民国31年（1942）十月二十一日，由武乡县申良沟群众代表王云魁、禹树堂负责组织，禹富全负责书写。合同是一整张麻纸，为从右至左竖写格式。在左下角又粘贴了宽为麻纸四分之一、长为二分之一的纸条，上面共签写了42户群众的签名。

据收藏人讲，当年签立这纸合同时，由共产党员、村干部王云魁、禹树堂组织村民共同签立。来到会场的村民纷纷表示同意签名，共立合同，谁家如有汉奸、投敌行为，愿以全家性命担保。书写人禹富全观察到场人员，估计一张纸可以写完合同。但在书写过程中，还有不少群众陆续赶来，把一张纸后面的签名位置写满，还有许多人家要签名，只好另拿一片纸签名，然后用糨糊粘上去。这样，这纸合同，全村42户人家全部签名，而且签名人都代表全家，也就是全村200余口人全部参与签立了这份合同。

申良沟群众为什么要组织签立这份合同呢？故事还得从那个艰难凶险的抗战年代说起。

1941年，世界法西斯势力空前猖獗。日本帝国主义为实现其独霸亚洲和太平洋的野心，发动了太平洋战争，把中国变成进行扩张战争的后方基地，一方面在占领区加紧殖民统治和经济掠夺，以求“以战养战”；另一方面集中兵力对共产党、八路军领导的抗日根据地进行大规模“扫荡”，实施残酷的“三光政策”，企图摧毁抗日军民的生存条件。1941 年至 1942 年，日寇接连不断疯狂“扫荡”，出动兵力超万人的“扫荡”就达 8 次之多。这对根据地形成很大破坏，群众情绪受到了很大打击。受害群众不了解八路军由于主力部队外出作战，因而埋怨政府和军队没有保护他们；一些坏人则趁机散布谣言，说“八路军不打日本光开会”“八路军游而不击”，致使部分群众有不自觉地“怨八路”，掩盖了“恨日军”的思想。为此，中共武乡县委号召各村党支部向群众宣传强调：在敌人强大的情况下，我们只能用游击战打击敌人，宁死不当亡国奴，只有我们团结起来，才能打退日寇的进攻。并在群众中进行民族气节教育，大力宣传日寇屠杀武乡群众的血的事实，使广大群众认识到帝国主义妄图对我亡国灭种的实质。

1942 年的初冬，朔风凛冽，太行山格外寒冷，日寇的残酷“扫荡”，让这片土地愁云惨淡。这是敌后抗战极为艰难的一个冬天。然而，在党的领导下，抗日的怒火早已熊熊燃烧，日寇的淫威无法阻止太行军民的反抗。

申良沟村，是一个隐藏在太行腹地很不起眼的小山村，不到 200 口人，散居在沟壑纵横的窑洞里。这几天，驻段村的日军派汉奸到村里来，一边宣传受日本人的维持有什么好处，一边用恐吓的口气说，如果不搞维护，皇军就会把全村人杀光。面对日寇的淫威，面对根据地极为艰难的状况，村子里的抗日骨干们正在酝酿一个大胆的决定，“咱们村绝不搞维持，咱不当汉奸，绝不当汉奸，咱村也不能出汉奸。”

1942 年农历十月二十一日深夜，全村每户都派一个代表，集中在一个窑洞里，正在签一份庄严的合同。窑洞很小，昏黄的油灯下，一个个坚定而沉着的面孔盯着伏案书写的文书禹富全。合同写好了，禹富全特意用大字在合同上写下这样的誓词：

“响应党的号召，激发爱国热情，依靠群众基础，凝聚民族精神，团结有生力量，动员全民皆兵，大打人民战争，夺取抗战胜利。”

这誓词仿佛刺破黑暗里的利剑，照亮了每个人的心底。窑洞里的人群情激奋。

村民代表王云魁捧起合同，低声朗读起来：

立合同申良沟村。今因凶恶敌人残酷的来烧我房子，抢我资财，杀我头颅，破坏我根据地，夺我们的粮食，破坏我们的（抗）战。我们为了保卫自己，保卫家乡，保卫根据地，遂一致奋起，团结一心，对付敌人，所以能牺牲自己不暴露窑洞，不泄露资财，在战争时不暴露军队，不暴（露）咱们民兵，平时爱护军队于民兵，爱护干部，肃清全村坏人和汉奸。如有一家投敌，代表一个人负责；如有一个小偷，按群众纪律，实行枪决！恐口无凭，立合同文约为证。

代表：王云魁　禹树堂

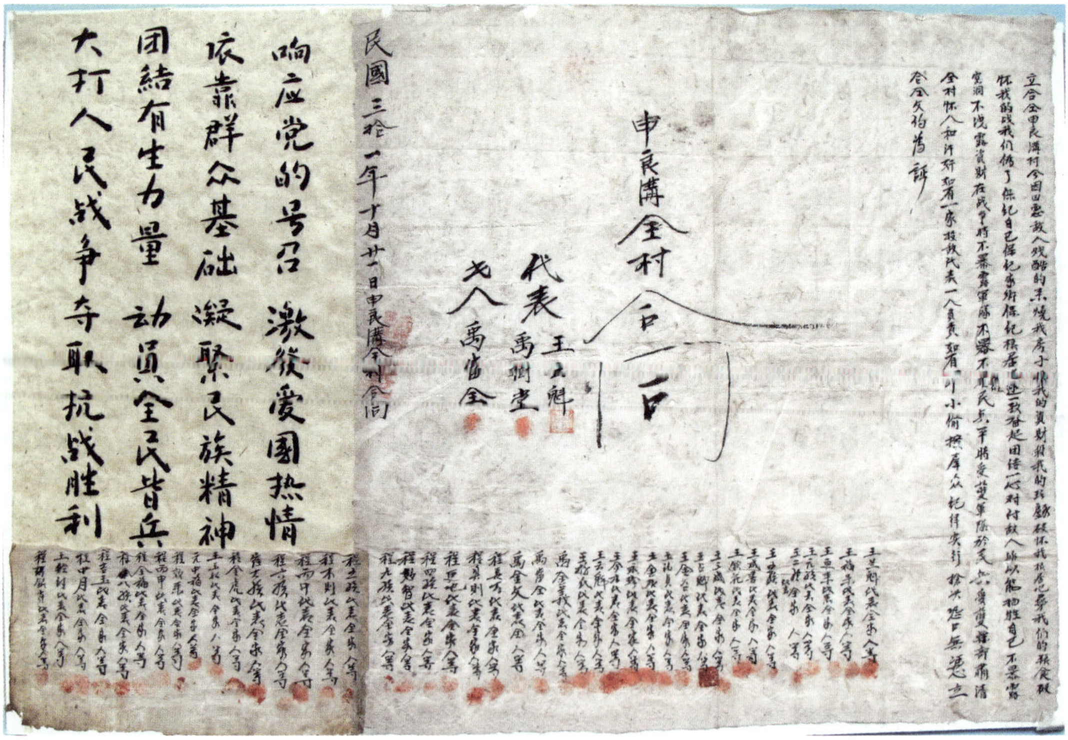

申良沟村村民签订的抗战合同

书人：禹富全

民国三十一年十月廿一日申良沟全村合同

读完了，王云魁目光炯炯地扫了大家一眼。

“每户派一个代表签字，户内出现汉奸代表负责。大家都听清楚了吗？”

“嗯，宁死也不当汉奸！”

于是，王云魁首先代表全家人第一个按下了庄严的红指印，禹树堂、禹富全也按下了红指印。接着，王兰魁、王福呆、王更来、禹金义、程臭则等42位村民代表全家人等，庄严签下名，按下了红指印。这是一份投名状、是一份生死文书，更是全村人对党的忠诚，是一个有血性的中国人的铮铮宣誓。他们用一种原始而又纯朴的方式，把对祖国的热爱、对党的忠诚化作了这一庄严的许诺。

一诺千金。从那一刻起，在那段墨黑如漆的峥嵘岁月里，这个村庄的男女老少坚守信念，严守秘密，兑现合同，一次又一次粉碎了日寇的“扫荡”，用行动诠释了老区人民的铮铮铁骨和高尚风范。

老区人民就是用这样的坚毅与执着，百折不挠，万众一心，度过了最为艰苦卓绝的困难时期，夺取了抗日战争的最后胜利。

如今，时光荏苒，70多年过去了，那些在合同书上庄严按下指印的纯朴百姓都已作古，无一存世，但他们与广大太行军民共同铸就的伟大的太行精神，却历久弥新，永放光芒。激励着一代又一代的武乡人民不忘初心，牢记使命，朝着富裕幸福的目标奋勇向前！

1942年，李峪村的自卫队队长王来发用学到的爆破技术，先后造出石雷、木雷、瓷雷等20多种地雷，设计了梅花阵、凤凰阵10余种阵法，有效杀伤日伪军。用羊蹄、马蹄伪装道路，迷惑敌人的战法，让敌人晕头转向，胆战心惊。王来法用地雷杀死120多个敌人，战绩显赫，荣膺“太行地雷大王”称号。

马蹄、羊蹄的妙用

白国清

在八路军太行纪念馆的展厅里，陈列着一些马蹄和羊蹄。其中马蹄通长20厘米，蹄面长10厘米，宽8.6厘米；羊蹄通长26厘米，蹄面长3.5厘米，宽3.3厘米。这些马蹄和羊蹄是怎么来的？又是干什么用的呢？纪念馆讲解员会给你娓娓道来：

“这些马蹄和羊蹄是抗战时期武乡县李峪村的王来法和民兵埋地雷用的。王来法和民兵们在大路上埋完地雷后，他把挖出的新土倒进河里，再从较远的路旁找来浮土，撒在雷坑上，印上牲口蹄子印，再撒上牛马粪，伪装得和原来的地面一模一样。然后埋伏起来，等待鬼子送上门。”讲解员的生动介绍，让游客仿佛置身于那段烽火岁月当中。

在那艰苦的抗战年代，八路军和太行根据地军民同仇敌忾，共同抗倭。武乡人民创造和运用了麻雀战、地雷战、窑洞战、围困战、破袭战、联防战、攻心战等各种巧妙的战术，机智灵活地运用了人民游击战争这一克敌致胜的法宝，取得了一次又一次伟大的胜利。武乡县李峪村的王来法，就是一个典型代表。他和李峪村民兵在日寇盘踞的蟠龙镇和段村镇沿线大摆地雷阵，仅

1942年至1943年两年间，炸死炸伤日、伪军120多人，成了名震太行的“地雷大王”，他的事迹至今被人们传颂。

王来法祖籍是河北沙河县。1914年，年仅7岁的他随家人逃荒来到武乡县，生父病死，就跟了李峪村里的一王姓人家。1938年，日军入侵武乡，他的养父惨遭杀害。王来法怀着国仇家恨，毅然参加了村抗日自卫队。同年7月，加入中国共产党。从此，开启了一段传奇的抗日历程。

1942年春，担任抗日自卫队队长的王来法参加了县武委组织的爆破技术学习班，很快掌握了装雷、埋雷技能。学习完毕，王来法赶回村，把所学技术传授给民兵们。

当年5月3日，李峪村的民兵向王来法报告，段村的敌人第二天拂晓要来“扫荡”。王来法听后说：“来得正好，咱们给他几个‘铁西瓜’尝尝！”说完，马上唤来暴丑小和刘贵堂等民兵，背上3颗5斤多重的土地雷，带着步枪和铁锹，蹚过浊漳河，跑到敌人必经的长乐村，埋设踏板雷。第二天，天刚蒙蒙亮，王来法和民兵们看到远远的公路拐弯处有像毒蛇一样缓慢移动的黑点，日军排着行军纵队向这里走来。100米、50米、20米、10米，渐渐接近了雷区，只听“轰、轰、轰”三声雷响，腾起三股几丈高的烟柱，敌人东倒西歪地躺下一大片，长蛇队立刻变成了一盘散沙。

这次胜利让王来法和民兵们看到了地雷的威力。此后，王来法拿出更多时间精心研究和反复试验，成功地试制了石雷、木雷、瓷雷、子母雷、连环雷、天雷、回头雷等20多种地雷，在阵式上设计了梅花阵、凤凰阵、楼上楼阵、蛇形阵、开门大吉阵、群体欢送阵等形式多样的阵法。但是，经过几次挨炸，敌人也学精了，走路不再那样趾高气扬，而是小心翼翼，发现有新土就派工兵检查起雷。为了对付敌人，王来法与民兵们认真研究，大家你一言我一语，终于想出了办法——做伪装。于是，他们准备下羊蹄和马蹄掌等物品，埋好雷后就用这些蹄子印盖在上面，敌人以为牲口都走过了一定没有地雷，结果又挨了炸。

1943年6月15日，王来法从区上开会回来，得到了敌人出动的情报。

李峪村民兵进行地雷战时伪装用的羊蹄（上）和马蹄（下）

第二天凌晨，他就带领民兵扛着雷箱，抬着雷板，拿着铁锹，揣着羊蹄和马蹄掌，身背铁链、铁丝，许多妇女、儿童也跑来帮忙，他们在要道上、树下、井口、门上、窗户上设下了真雷、假雷、明雷、暗雷和诱敌地雷……

半前晌时分，数十名日伪军从段村出发，沿着公路开过来，他们怕挨炸，都猫着腰，踮着脚，竖起耳朵，走一走，停一停，又弯下腰摸一摸地面，简直走得比老牛还慢。当敌人走至距李峪村二里处的公路上时，一个走在前面的伪军突然发现有地雷的痕迹，尖声一叫："啊！这有地雷！"这一喊不打紧，所有的敌人全趴下了。此时，敌人的神经高度紧张。鬼子的一个军官命令几个伪军把雷取掉。伪军猫着腰，浑身打战地躲在一块大青石后，其中一人抓起一块石子朝雷痕一扔，可是并没有爆炸，当他们一起跑到青石后边的时候，只听"轰"的一声巨响，伪军们被炸飞了。原来雷痕是假的，真雷埋在大青石后。第一颗雷爆炸后，鬼子慌了神，继续逼着伪军去探雷。第一个伪军费了半天劲，结果扒出一顶破钢盔；第二个伪军担惊受怕地扒了许久，最后扒出一只破鞋子；第三个伪军扒了良久，最后扒了一手狗屎。鬼子的军官见地雷都是假的，就命令士兵赶快开路。谁知没走多远，"轰""轰"两声，鬼子又踏响了母子雷，炸翻了好几个敌人。王来法和民兵们一直在观察敌人的行动。当敌人走到李峪村，离真雷区还有 30 米时，王来法对民兵们说："快打！把敌人引进雷区！"民兵们赶紧朝鬼子的队伍开枪。顿时，敌人乱作一团，冲进了雷区。刹那间，地雷像山崩地裂一样爆炸了，炸得敌人四处逃窜。但跑到东边，东边响，拐到西边，西边炸，他们闯进了王来法布下的蛇形阵。这次战斗，来犯之敌几乎被全歼。王来法研制的各种各样的地雷和综合阵形给敌人以重创。

就地取材，因地制宜，是民兵制胜的法宝之一。抗战时期，物资匮乏，武器十分紧缺，但是智慧的武乡人民没有被困难吓倒，他们将身边的资源巧妙地变成敌人意想不到的武器。王来法的羊蹄、马蹄等伪装工具就是这样来的。这些普普通通的牲口蹄子，在艰苦卓绝的抗战年代，发挥了巨大的作用。

"其实，王来法的地雷战之所以能百试百灵，最大的诀窍，就是他常常使用羊蹄印、马蹄印等盖在埋过地雷的浮土上，把地雷巧妙地伪装起来，迷惑敌人，使敌人上当中计。”讲解员兴奋地说。

在 1942 年至 1943 年间，王来法带领李峪村民兵到处大摆地雷阵，配合主力部队，粉碎敌人上百次“扫荡”，先后毙敌 120 多人。1944 年，王来法应邀出席“太行区首届群英大会”，获得了“太行地雷大王”的光荣称号，晋冀鲁豫边区还授予他“抗战柱石 建国先锋”的锦旗。因为他好动脑筋，作战顽强，屡战屡胜，武乡县抗日政府赠其“杀敌功臣”金字大匾。

1988 年 6 月，王来法的家属将羊蹄、马蹄等伪装工具捐赠给八路军太行纪念馆。1999 年 5 月，经国家一级文物鉴定组专家鉴定，被评为国家一级革命文物。现陈列于八路军抗战史陈列馆内。

王来法给李峪村留下了宝贵的财富，也给红色武乡注入了耀眼的色彩。通过这些马蹄、羊蹄的实物，地雷大王王来法的故事被一代代传下去。红色记忆，光耀千秋！

坐落在李峪村的王来法纪念馆

日寇侵略的“人祸”，连年大旱的罕见“天灾”。老百姓怎么生存?《活路报》给我们指出了道路，一边“团结民众，围困敌人”，打响蟠龙围困战，一边“节食生产，度过灾荒”，组织群众积极备荒度灾。泛黄的《活路报》，给我们展现出80年前太行军民面对强大而残暴的日本侵略者，面对百年不遇的惊世灾荒，义无反顾地进行艰苦卓绝的斗争场面。历史已经远去，留给我们的教训却值得铭记……

团结奋斗出“活路”

王　刚

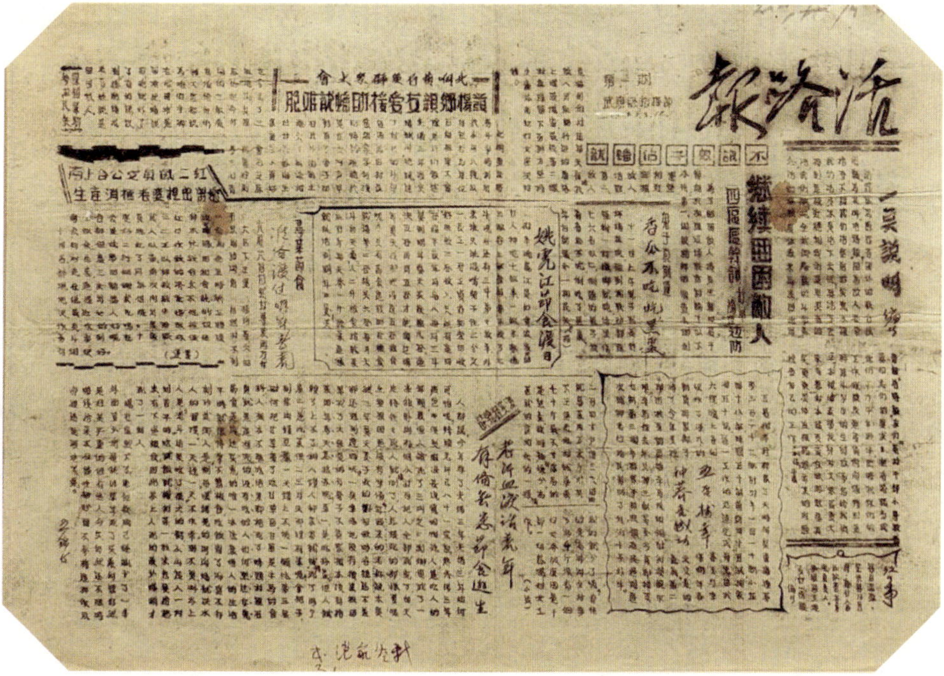
活路报

武东县指挥部创办的《活路报》

早就听说梁松�先生收藏了一份《活路报》，机缘差错，一直未曾得见。在“武乡县红色藏品展”上，终于得以见到。这张《活路报》长 26 厘米、宽 35 厘米，诞生在抗战最艰难的 1943 年蟠龙围困战时期。看着她泛黄的沧桑面容，80 年前太行军民面对极其强大而残暴的日本侵略者，面对百年不遇的惊世灾荒，义无反顾地进行艰苦卓绝的斗争场面，仿佛在眼前浮现……

经过 1941 年和 1942 年的艰苦斗争，华北抗日根据地军民，先后战胜了敌人的 5 次“治安强化运动”。1943 年 3 月 24 日，日本华北方面军下达了 1943 年度《作战警备纲要》，把作战重点指向八路军及其抗日根据地。

在这种形势下，华北八路军根据中共中央北方局关于进一步巩固抗日根据地，坚持敌后游击战争的指示，决定深入贯彻“敌进我进”的方针，派遣大量武工队和小部队，深入敌占区，积极配合抗日根据地军民的反“扫荡”、反“蚕食”斗争，恢复和扩大抗日根据地。

1943 年 5 月 6 日，日军第一军以 3 个师团及伪军一部共两万余人的兵力，分别由潞城、武乡、左权、林县、陵川等地出动，对太行抗日根据地中心区进行梳篦式“扫荡”，企图消灭我八路军总司令部和第一二九师主力。当敌人开始行动时，早就预判形势的八路军总部和第一二九师部队，趁日军尚未形成包围之前，主力适时转移到外线，向敌交通线展开破袭战。第一二九师一部兵力配合地方武装及 1.5 万多名参战民兵，坚持内线斗争，以冷枪射击结合地雷战打击敌人，保卫群众利益。太岳和冀南军区部队分别对本区内的白晋和平汉铁路展开破袭战，有力地配合了太行军民的反“扫荡”作战。在太行、太岳、冀南军区 3 区军民的联合打击下，“扫荡”太行军区的日伪军被歼灭 2500 余人，被迫于 5 月下旬撤退。

那年月不仅有日寇侵略的“人祸”，还有罕见的“天灾”，真是“祸不单行”。1942 年遇春旱，夏秋收成不到五分，冬季雨雪稀少。1943 年晋东南地区持续大旱，旱涝不均，粮食收成大减。此间，日军频繁“扫荡”，日伪实行经济封锁，天灾加敌祸，人民颠沛流离，生活异常艰难。

蟠龙镇东连辽（县）涉（县）、南控襄垣，具有重要的军事地理价值。

在5月大“扫荡”过程中，日军三十六师团葛目联队留置坂本中队在武乡县东部地区的柳沟“驻剿”，并对柳沟、庄底、马岚头这一带的煤、铁矿藏资源及藏量进行勘察，这一发现让法西斯产生了强烈的贪念，起意掠夺，于是决定侵占蟠龙。

1943年6月14日拂晓，以日军第二二二联队之小林大队及伪“剿共”第一师赵瑞、段炳昌部，共3000余人，在汉奸郝竹亭等人勾结下，由武乡段村出动，以重兵突袭方式占领了我太行第三分区腹心要地蟠龙镇。还在蟠龙成立了“武（乡）、沁（县）、榆（社）、襄（垣）、辽（县）”专员公署，任命伪剿共军第一师副师长段炳昌为伪五县专员公署专员。以蟠龙镇为核心，在附近的胡峦岭、侯家垴、白家庄、奶奶凹等地，构筑据点，修筑碉堡和公路，企图长期固守，以此分割抗日根据地。

蟠龙镇在武乡以东50余里，有数百户人家，是主要产粮区，周围有煤矿、铁矿，还有八路军的柳沟兵工厂。镇边有一条大道，沿大道走20余里，就到达我太行第三分区领导机关所在地洪水镇。这次敌人侵占蟠龙，目的是非常阴险毒辣的。他们要分割“蚕食”我太行第三分区，威胁我第一二九师和八路军总部的安全，威胁我蟠龙周边21个行政村、两万余群众的安全。

敌人占据了蟠龙，就像一把锋利的刀子插进我根据地腹部，既可以随时突袭我军政指挥机关，还可以利用煤铁资源“以战养战”，继续威胁和“蚕食”我根据地。敌人所到之处，推行“三光”政策，摧毁我第三分区民众的生产和生活，妄图把根据地军民整得民穷财尽难以生存。

为应对抗战形势，武乡（东）县委发出紧急通知，敌区13个编村的1.5万余群众有组织地进行了转移，空室清野，连夜撤到大有、东沟、洪水、东堡、西堡、朱家山等山区根据地，安置生活，把敌人所占村庄的人力和物资隐匿一空，使敌进驻之后看不到一个人影，得不到任何可资利用的物资。

同时，太行军区为打击敌人气焰、粉碎敌人阴谋，保护和鼓舞根据地人民，集中约6个团的兵力，在地方武装的配合下，于7月19日发起蟠（龙）武（乡）战役。战役由三八五旅陈锡联和第三分区政治委员彭涛统一指挥，采用“困日打伪，以强攻弱，猛虎掏心”的战术，以第七六九团和总部特务团一部攻击蟠龙镇以西各伪军据点，第十四团攻击胡峦岭之敌，第十三团及第二十团则消灭奶奶凹及盘山垴之敌、围困侯家垴据点并相机消灭，决七团向西阻断段村日军救援部队。目标是拔掉蟠龙周围以及蟠武公路沿线之日伪据点，孤立蟠龙据点的敌人。激战一昼夜，共攻克敌人控制的胡峦岭、东庄、侯家垴等碉堡10余处，歼灭日军2个小队、伪军500余人，给敌人以沉重的打击。经此一役，蟠龙外围的据点被拔除，敌人虽然又不断增加兵力、加固防卫工事，却也只能龟缩在蟠龙镇、侯家垴据点内，不敢轻举妄动。

7月27日，中共晋冀豫三地委在武乡（东）县洪水镇附近召开了干部会议。会议讨论了蟠武战役以后该线的斗争问题，提出坚持围困斗争，彻底逼退日军的任务；强调要做好长期斗争的准备。会议还讨论了群众工作、人民武装、除奸防谍工作和领导工作等问题，并提出具体要求。蟠武沿线的广大军民纷纷响应，县、区、村都成立了党政军一元化领导的前方指挥部，对敌开展围困战。武乡（东）县委成立“围困蟠龙指挥部”，蟠龙抗战形势转入了一个新的阶段。

为进一步深入落实中共晋冀豫三地委干部会议精神，团结依靠人民群众，坚持围困斗争，充分发动和调动广大人民的英勇斗志，交流先进斗争经验，武东县指挥部决定创办一份县里各团体的联合机关报。1943年8月12日，第一期《活路报》和广大人民群众见面了。当一个民族处于生死存亡之时，精神支柱的有无和强大与否直接关系到全体民众能否有坚强的意志和坚定的信念一致抗敌，《活路报》在这方面起到了重要作用。

为什么叫《活路报》呢？

在该报编者的《一点说明》里是这样说的：“为甚叫‘活路报’？因为敌人'蚕食'抢夺，不让我们活；空前的灾荒，不让我们活。是不是活下去呢？要活下去。特别是接近胜利，我们更要努力的活。我们要把全武乡人民的斗争意志、活的经验具体表示出来。”同时，编者还面向属村干部、学校教员等有文化基础的人们提出，希望他们“把《活路报》当成你们工作的伙伴、把你们的工作经验及进度，偏向问题，特别是群众斗争中的生动故事写给我们”，希望他们敢于发现问题、提出问题，“反映问题要真实、勇敢、具体”，希望他们“根据提出来的问题检查自己的工作”，能够通过发现问题、提出问题，进而自我检视、整改，达到提高工作质量的目的。

在《活路报》三个大字的下面，用方框特别框出来七个字：“不让鬼子占蟠龙”，表明了报纸的第一主题，即“团结民众，围困敌人”：

报纸第一篇就是围困战的经验交流文章——《继续围困敌人，四区区干部讨论建村边防》。文中大意讲：为了围困敌人、掩护生产，四区干部关于加强边缘联防，讨论了以下办法：第一，组织精悍的侦查小组，到碉堡附近监视敌人活动；第二，敌人威胁到的村庄，每晚在敌人可能行进的道路上埋设地雷；第三，二线村庄除了劳动力坚持生产之外，老幼妇女坚决转移。这篇文章虽短，其方式方法却经过不断补充完善而贯穿了蟠龙围困战的整个过程：一是坚持军民联防，民兵配合部队，利用各种游击手段扰乱和袭击敌人，摸敌哨，烧仓库，割电线，劫武器，随时出其不意地以冷枪、冷弹击敌，或以夜袭战、掏心战突入敌人心脏，条件具备时打击、拔除外围据点。二是破敌交通，断敌给养，对四处“扫荡”之敌，大股伏击，小股歼灭，或用各种办法骚扰，使敌疲惫惊慌，或趁敌据点空虚抄其老巢，同时切断敌人对外联系，造成敌人供应困难，使蟠龙敌据点变成无援的“孤岛”。三是开展游击生产，动员边沿区各村庄挖沟断路、打窑洞，建立便于游击的野外生活，组织劳武结合的游击生产。如西堡村在三道圪梁、五道沟里挖了107孔窑洞，树辛村的大窑洞可容纳上百人避难。

《北响黄召开群众大会　发扬乡亲友爱，援助蟠龙难胞》一文，则报道了8日在北响黄村召开群众大会，在老年人叙述光绪三年度灾经历、蟠龙同胞讲述斗争过程后，由村长发起动员，村民纷纷通过借给田地、赞助工具等实际行动援助蟠龙难胞。充分体现了当时根据“劳武结合，围困敌人”的总方针，有组织地转移出敌区群众，并妥善安置好难民生产生活的具体情形。其余如《鬼子真倒运　香瓜不吃吃黑枣》，则都是围绕围困敌人的主题展开的。

报纸的第二大主题是“节食生产，度过灾荒”。

面对罕见的自然灾荒，政府号召既要互济互助进行开源，也要厉行节约进行节流。1943 年 7 月、8 月间，太行山区下雨后，政府抓住时机发出“争取 10 天突击晚熟庄稼及菜蔬的抢种、改种、补种和多种，度过灾荒”的紧急号召，迅速动员群众起来，赶快抢种荞麦、稷子等，以求能多收一颗粮食算一颗粮食、多收一斤菜算一斤菜，以便度过灾荒。

报纸紧紧围绕生产和节约两个方面，号召学习先进做法经验，砭斥消极落后思想，组织群众积极备荒度灾，努力战胜自然灾害。《寻菜节食　准备度过明年春荒》报道了六区下王堡、石泉、海神沟等 6 个村 240 户 3 天就寻菜两万余斤，积极备粮菜度荒灾的先进事迹。《五区树辛种荞麦成功》报道了五区树辛村组织动员群众多种荞麦，由李马保的领导，在蟠龙寄居该地难民的帮助下，3 天抢种荞麦 313 亩，积极生产，备荒度灾。《老汉血泪话当年，有备无患节食逃生》一文，则通过 80 多岁的老人追忆光绪三年大灾荒的艰难经历，分享节约粮食、有备无患的度灾经验。其他如树辛姚虎江节食度日、南上合武二红消极生产则是从正反两方面进行对比，进而增强对广大群众的指导教育。

1943 年 9 月 18 日，太行三分区在砖壁召开武装会议，提出“劳武结合，围困蟠龙”号召，全县组织起许多劳武结合互助组。武乡（东）军民以“长期围困，逼退敌人”为方针采用麻雀战、伏击战、地雷战等战术手段，对出扰之敌给予迎头痛击；采取转移群众、隐藏物资、破坏交通、断敌给养、游击生产等办法，对顽据蟠龙之敌进行“困毙”。到了 10 月份，日军想到外围抢粮，被我军地雷炸得死伤惨重。日军多次想冲出包围圈都被我军赶回去。此时蟠龙的日军相当苦恼，缩在镇子里动不得，还时常受到骚扰，不胜苦恼。而蟠龙日伪军的补给线——蟠（龙）武（乡）公路，也被我军民死死掐住，在沿线两侧我军民的不断打击下，也有名无实，物资运输几乎陷入停顿状态。敌人万般无奈之下，残余之敌在 1944 年 2 月 28 日五更悄悄逃出蟠龙，溜回了段村据点。

蟠龙围困战以我太行军民取得彻底胜利画上了句号。

在围困蟠龙敌人的艰苦斗争中军民联防、并肩作战，演出了一幕幕惊心动魄的人民战争实景剧，涌现出一大批英雄模范人物。如七六九团六连被选为太行三分区“围困蟠龙模范连”，五连二排排长王凤才、十四团英雄营长钟明锋、排长靳小瑞、关家垴民兵班长关二如、马家庄民兵指导员马应元等杀敌英雄，韩壁韩国栋、树辛李马保等模范抗日干部，窑上沟民兵“张家班”、“地雷大王”王来法、菜刀英雄李庆和，更有单身斗敌王尚元、少年英雄李爱民、持节绝食郝爱则等众多的平民英雄。

蟠龙围困战在党的正确领导下，在军民紧密团结斗争下，历时 8 个半月，转移群众 15000 余人，进行大小战斗 2753 次、歼敌 2100 余人，迎来了胜利的黎明，使武乡（东）根据地得到恢复和扩大。敌人逃走后，我太行第三分区军民 3 月 4 日在蟠龙镇召开万人规模的庆功祝捷大会，庆贺我军民取得蟠武战役和围困蟠龙的最后胜利。4 月 3 日的太行《新华日报》在头版头条发表了《向蟠武线军民致敬》的社论，表彰蟠武全线坚持围困斗争的广大军民。

由于年代久远，又缺乏相关文献记载，我们无法得知《活路报》办了多久、刊发了多少期，但从这一张仅存的第一期的内容上，可以看到围困蟠龙战艰难的处境和不屈的精神。这张《活路报》不仅是蟠龙围困战的忠实的见证者，更是围困战的生动诠释者：只有不畏艰难团结奋斗，才有活路，才有黎明的辉煌。围困蟠龙斗争的胜利，是太行山上抗击侵略者的壮举，是武乡抗战史上的伟绩。英雄的武乡人民，将永远怀念长眠在蟠武线上的无数先烈，将一如既往地赓续红色血脉，发扬革命传统，弘扬太行精神，让太行精神永放光芒。

风风雨雨80年，一则标语仍旧醒目地留在蚂蚁辿的一堵墙上。见之，让人仿佛回到那个战火硝烟的年代。“我们勇敢上战场去”，多么鼓舞人心的一句话啊！它像急促嘹亮的冲锋号，激励我们踏着先烈的血迹，沿着前辈开辟的大道一路向前！

一则标语：“我们勇敢上战场去”

孙俊堂

武乡县三晋文化研究会在涌泉乡蚂蚁辿村一座废弃土楼的墙壁上发现一条墨写标语，“我们勇敢上战场去！”之后，我们又专程去对这一标语进行了考察。

土楼上的标语：“我们勇敢上战场去！”

这是座岌岌可危、摇摇欲坠的土楼房，据说是清末民初年间修建的，该楼处于村北的最高处。远眺，绵延群山；近观，全村尽收眼底。战略位置也很重要，守，居高临下；退，身后是丘陵大山。

1940年，日军侵占段

村，武乡县被分割为东西两个地区。为适应战时需要，领导人民进行抗日对敌斗争，武东县、武西县便应运而生。武东县大部为根据地，武西县大部为敌占区和游击区，环境更恶劣，斗争更艰苦。基于恶劣的斗争环境，武西县县委、政府以及抗日救亡组织、抗日武装不停地在敌人占领的区域流动转移，与敌展开拉锯斗争。

距武乡县涌泉乡7公里的蚂蚁汕是一个仅有40多户、百十口人的小村庄。村庄较为隐蔽，群众基础较好，有粮有水，武乡县的党、政等机关驻扎时间也较多。这座楼房便成为县政府办公兼住房。

土楼房已经土崩瓦解，楼顶坍塌，室内露天。较为坚固的四梁八柱也经不起时间的流淌和风雨的侵蚀，椽檩横七竖八裸露在阳光下，相互支撑。满地灰色碎瓦片和散落的石头上布满青苔痕记。

在老张的指引下，拨开荒草，踏踩着遍地散落的瓦砾，一步一步艰难挪至土楼前。

原以为标语是书写在一块门板上，然它出现在斑驳脱落的侧面墙壁上。

整个墙壁的厚度应该是一尺二寸左右，被门框一分为二，里外墙除去门框部分，基本上不到半尺。

墙体是土坯垒就，外墙砖挂了层面，砖外再由白灰抹面，平滑结实，这可能也是标语能够风雨80多年保留下来的原因吧。

字迹虽经风吹日晒，但近距离还是可辨认出来。字的大小不均，书写自由。“我”是异体字，“战”是繁体字，“场”也是异体字。整个字体结构合理，工整苍劲，书写有功底。从字的形体辨别，不像是用毛笔书写，而是硬质物体蘸墨汁写就，也可断定是一位有一定文化素养之人所书。

这条标语是在什么情况下写下的？何人所写？

深思中，我忽然有种猜测和幻觉：

可能是贾步彬、李超周、郝培苗、任时所写，他们是外籍人，曾任武西县委书记或县长，先后兼任武西独立营政委、营长。为了抗战，他们离开家乡，奔赴抗日前线，在这间土房里运筹帷幄，领导人民与敌进行不屈的斗争，这是他们向抗日军民吹响的战斗号角。

可能是王宗琪、李务滋、武光清、王子清、安正国所写，他们是土生土长的武西县党政军领导人，出生入死，冲锋在前，这是他们在冲锋前的又一次动员。

也可能是我舅父所写。舅父王静如抗战时是武西县的救联会主席。他出生在一个富裕中农家庭，虽然不算富裕，但自给自足，还供他上了几天学，腹中有点墨水，懂得点革命道理。抗战开始后，他不顾家庭的阻扰，毅然投入抗日洪流。按当时的文化状况他应该是个较高的文化人了，加之他抗日觉悟高，工作有热情，很快就有了救联主席的“头衔”。有中共武乡县组织史资料可证实，又有蚂蚁沚老人的佐证，舅父作为文化人，写下这条标语极有可能。

可能是一位戴着眼睛的文书所写，尽管身体孱弱，但意志坚强，以笔为锐利武器，鼓舞战友勇敢与敌人拼杀。

我想，无论是谁书写，都代表的是所有抗日志士那种“只解沙场为国死，何须马革裹尸还”的报国之志。是互勉词，是动员令，无论斗争多么艰苦险恶，勇敢上战场去是我们的使命，是我们的责任，哪怕是刀山火海，我们都将赴汤蹈火，义无反顾。

或许是在一个温暖的阳光日子里，战士们坐在墙根石阶上擦拭着缴获爱的三八式，有说有笑。秘书见其景，情不自禁地手持干柴棍，从容蘸墨而书。

或许大战在即，营长、政委将要带领战士奔赴战场，为表达此时的激动心情，用手枪壳带蘸墨疾书。

或许是在出征的告别式上，写下的庄严誓言，发出的气震山河、乳虎啸谷之声……

过多的或许都是种猜测，村上86岁的张明岐老人那令人滚烫落泪的歌声可以证实：

麦穗儿黄来，谷穗儿长，
蒸出的干粮白又香。

放在嘴里尝一尝，
想起了八路军真恓惶。

八路军呀，好样样，
作战勇敢打豺狼。
一心保护咱老百姓，
想起了八路军真恓惶。

八路军来，真恓惶，
鞋露指头衣露膀。
打仗在外见不到娘，
想起了八路军真恓惶……

过多的或许都是种猜测，蚂蚁沚村头的“牛圈沟”竖立着的一块烈士碑可以证实：

我武工一队奉上级党的命令，曾于三十一年（指民国三十一年，公元1942年）四月赴武西。本着吾党抗日救国之宗旨，抱着不屈不挠之精神，誓死坚持对敌斗争，迄今计之，将近三载，然战绩之卓著堪称辉煌，普照武西。回忆当三十一年四月之时，正值武西各地盘踞之敌张牙舞爪，魔威大伸，所到之处无不庐室荡然，畜犬不宁，民心恐怖，流离失所，少衣无食，悲啼交集。于是群众虽求苟安，决无久计生存，因此四周距敌四五十里之村庄在敌威胁之下，尽皆维持，抗日村落寥若无几。我武工一队为了执行上级党给予的任务，均毫不犹豫，即在此与党政军民亲密结合下，广泛开展政治攻势，与敌进行尖锐激烈的反蚕食斗争。不幸在斗争中，先后为国捐躯而光荣牺牲的有我赵力钧等八人。他们均是为国为民而流尽了自己最后一滴血，在数月之间便大大地扩大了解放区，缩小了敌占区，将数万群众从敌寇铁蹄蹂躏下挽回祖国怀抱。如此伟大功绩，实我赵力钧等同志之赖也。是年七月，敌扰石仁底，我武工三小队阻击敌人，战斗至为激烈。敌工干事赵力钧同志英勇无畏，坚守最前沿阵地，其斗志甚勇，终于中弹牺牲，为党捐躯。参加战斗之同志悲愤交集，无不以必死之决心为死难者复仇，卒至击退敌寇，胜利归来而后已。二年夏，我为保卫夏收，与敌展开争粮食斗争和反资敌运动，使物资不为敌利用，而积蓄抗战力量，保存民族之气，巩固抗日之经济基础。并在敌占区进行统一累税工作，求得负担合理。是年七月，我刘子美同志不避艰险，深入信义村工作，不料敌寇遂至，子美同志果敢坚毅，当即带领民兵顽强抵抗，后因寡众悬殊乃暂为转移，以求得更有效打击敌人。在东良侯附近占领阵地，在转移中身负重伤，未达所愿即遭敌毒手，殉于非命。何言诚同志亦以坚持西城工作，为敌所捕，押至段村而遭极刑殉国时，声色不变，堪为革命者楷模。此后敌虽竭尽全力，时欲蠢动，但均被我打得落花流水，不得不蛰息于据点内。二年九月，郭砚林同志在党的号召之下完成生产任务，在蚂蚁汕坚持生产，突遭敌奔袭。因为属于革命任务，虽在危急情况之下，尚设法保卫革命资财，被敌层层包围，突围时负重伤而逝。战斗生产模范郭砚林同志当之而无愧。十一月间，从蟠龙窜回之剿共军第一师全部屯于段村，每日出扰，烧杀抢掠，民生痛苦，史无前例。吾武工队同志体念民族，更感自己责任重大，虽赴汤蹈火，亦在所不辞。我关云田同志前往敌据点附近工作，在白茅沟与敌遭遇，当为所捕。捕后敌曾施阴谋，企图争取。云田同志深明大义，非但不动于心，更以严厉的态度痛斥敌伪，敌伪已无计可施，被威逼利诱。田云芳同志单身独人向沁武线挺进，入死出生，夜以继日，不幸在良侯沟坚持工作时，为敌发觉包围，只身未能突围而殉国。共产党的高尚气节，优良品质泽溢于言表。许寿长同志在河泉与敌遭遇，顽强与敌搏斗，直至弹尽，为敌击毙而逝。邱钦岩同志虽为敌所捕，亦坚贞不屈，光荣殉国。此八同志诚党之坚强干部，炎黄之优秀子孙，其血洒疆场之壮士义举，可动天地而泣鬼神，其英勇事迹则感人肺腑而功不朽，时虽易而名不泯者也。故勒之于石，记之以碑，永垂纪念。尔等遗志，我等继之；尔等遗憾，不日可消！

同志们，安息吧！

武西县县长张向华、政委史恒秀及全体

民国三十四年二月初一日立

看似普通简单的标语，所附丽的却是革命战士勇往直前、视死如归的民族大义，折射出的是共产党员大义凛然、慷慨献身的伟大精神。

时移事异，陵谷变迁，然“我们勇敢上战场去”蕴含着极强的生命力，其精神与天地长存，昭示着一代代传人。它像急促嘹亮的冲锋号，激励我们踏着先烈的血迹，沿着前辈开辟的大道，让初心薪火相传，把使命永担在肩，踔厉奋发，矢志前行，去创造不负时代的业绩，书写新的更加辉煌的历史新篇！

一张麻纸，一段历史。十个人盟约，相互连保，决无不正行为。质朴的语言背后，是十条汉子的铮铮誓言，是十个家庭的坚强后盾。这是贾豁乡宋家庄村整个曹姓家族的荣光，更是根据地人民抵抗侵略的坚实堡垒。

连环保状

李丽萍

在武乡民间收藏家收藏的文物中，我发现了一件特别的文物，这是一封武乡宋家庄村村民共同签署的“连环保状”。

1943 年，盘踞武乡的日伪军意欲控制武东抗日根据地，并掠夺这里丰富的煤、铁和粮食等资源。6 月 13 日，日军动用 600 多人和伪剿共军第一师共 3000 人侵占了蟠龙。为了保卫人民的生命财产，党组织决定带领蟠龙的老百姓们转移到安全的地方，再和敌人展开斗争，争取用围困的办法迫使敌人退出蟠龙。

日寇妄图实施“蚕食”阴谋，在蟠龙周边的胡峦岭、白家庄、侯家垴、李家坪等地，筑碉堡、挖外壕、拉铁丝网，还修了防卫城，把很多的大小据点都打通，并在蟠武公路沿线的好多地方设立哨棚。日寇猖狂扬言：“蟠龙镇是日军的铁打江山，两个月之内就让武东县变成我们的地盘。”

太行三分区的党政军各级领导向蟠武沿线的军民发出了“军民团结奋战，围困蟠龙敌人”的号召。武乡县委做出了“开展围困斗争，困死蟠龙敌人”的决定。抗日政府按照指示，妥善安排难民生活，蟠龙附近 30 多个村庄，7000 余名群众全部分散转移到东沟、贾豁、大有、洪水、土河、朱家山一带的 70 多个村庄，他们搬走粮食、带走工具，实行“空室清野”，不给敌人

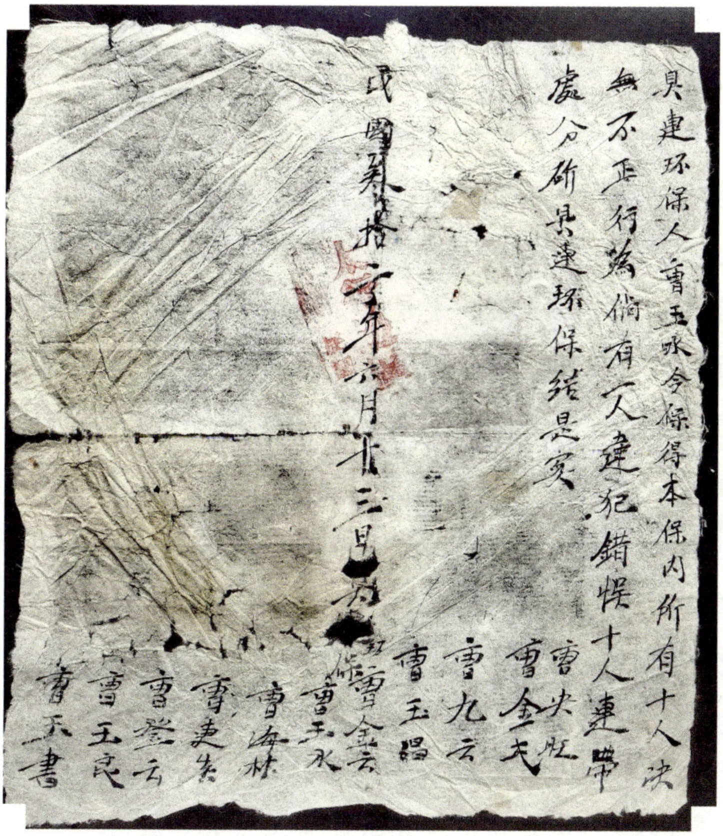

具連环保人曹玉水今保得本保内所有十人決
無不正行為倘有一人違犯錯悞十人連帶
處分所具連环保結是实
民國叁拾二年六月廿三日
曹炎旺 曹金元 曹九云 曹玉昌 曹金云 曹玉水 曹海林 曹更先 曹登云 曹玉良 曹天書

武乡宋家庄村民共同签署的“连环保状”

留可利用的东西，边沿区的村子都开始了野外生活，进入暗道窑洞。敌人弄不到吃的，只好从段村据点拉运。

蟠武沿线的民兵群众提出了“向荒山要粮，同敌人夺食”的战斗口号，转移出来的群众，开始开荒种地的游击生产运动。他们在军队和民兵的掩护下，在碉堡下耕作，组织了劳武结合互助组，每组三四个人，合伙赶一个牲口，有的犁，有的刨，有的放哨，敌人一出发，人和耕畜马上转移。有时白天不能生产，晚上趁月光，连夜抢收抢种，叫“闪电生产”。

在蟠龙周围的山梁高地上都设有流动哨，韩家垴圪顶、摩天岭、韩壁至王家峪联防的天元山设三个总哨，一个岗哨立起高高的树干，上面绑上草人，发现敌情，推倒树干，群众立刻转移。夜里，民兵们用地雷封锁敌人据点和大小路段，使敌人到处挨炸。

民兵配合部队组成联防指挥部，对出扰之敌，小股歼灭，大股组织袭击。三五成群的小分队，晚上摸到敌人龟缩处，甩几颗手榴弹，放几个冷枪。在敌人“扫荡”之前破路、断道，敌人退却时，跟踪追击。

八路军七六九团六连连长蒋开印为联防指挥部总指挥，新八区区长魏庭敬为副总指挥，区委书记陈奇为政委，六连指导员孙坚为副政委。三排和民兵一个班，在排长张亮、民兵班长关二如的率领下，守卫在尖山顶前哨阵地，在温庄和神南村之间的山梁上挖了地道。

敌人为了实现其统治民众的阴谋，欲在各村物色“新民会”成员，挑拨群众关系，打探我方消息。为斩断敌军爪牙，中共武乡县委组织开展反特除奸运动，争取最大的群众力量，政府对新民会的奸细行为，进行无情的揭露，对立场不坚定的上当人员采取宽大的政策。于是，新民会会员有了回头的机会，抓住报国的良机，重返抗日阵营，进而明确群众的抗战决心，播撒革命火种，坚定抗战必胜的信念，成为前方的坚强后盾。这方热土逐渐形成深厚的群众基础，共同创造抗战功绩。

当时涌现出各种抗日救国团体，在申良沟等村先后签定“连环保状”，纯净思想，确保立场，统一战线，强化信念，形成攻守同盟，誓死捍卫国家意志。

这里发现的是贾豁乡宋家庄村的“连环保状”字据：

具连环保人曹玉永，今保得本保内所有十人绝无不正行为。倘有一人违反错误，十人连带处分，斫具连环保结是实。曹央旺、曹金民、曹九云、曹玉昌、曹金云、曹玉永、曹海林、曹更春、曹登云、曹玉良，曹玉永书。

民国叁拾二年六月十三日具为连环保

宋家庄这十位村民，为当时村里壮汉，是村里主要力量，十个人当面结盟，曹玉永执笔并宣读连环保状内容，表示坚决遵守盟约，而十个人背后是十个家庭，乃至村里整个曹姓家族、整个村庄都结为一个坚实的抗日堡垒。

在长达8个半月的围困蟠龙斗争中，和敌人进行大小战斗3000多次，广大军民用木枪、土炮、土地雷，战胜了洋枪、洋炮、洋鬼子，迫使日本人于1944年2月27日退回段村老巢。

太行《新华日报》发表《向蟠武线军民致敬》的社论，表彰蟠武沿线的广大军民。

1944年3月4日，太行分区在蟠龙召开庆功祝捷大会，表彰军民，并建造了“围困蟠龙纪念碑”。

一辆独轮车，在机动车遍地的今天确实不值一提，但在战火纷飞的抗战岁月，其作用委实巨大——运粮食，运弹药，运伤员，推出了一次次战斗的胜利，推出了一个崭新的中国，更推出了军民鱼水情，推出了中华民族团结一致、不屈不挠的民族精神。

关家垴战斗中的支前独轮车

李业兴

1940 年 8 月 20 日至 12 月 5 日，为了粉碎日本侵略军的“囚笼政策”，八路军出动 105 个团约 40 万兵力，在华北战场的主要交通线上，向日军发动了大规模的破击战，史称“百团大战”。据史料查证，百团大战共计大小战斗 1800 多次，击毙伤日军 2 万多人。

发生在武乡县中部蟠龙镇关家垴村的关家垴战斗，是百团大战中的一场著名战斗。当时，八路军装备简陋，各方面条件都很差。周边村民们听说八路军要与日军开战，特别兴奋，互相奔走相告，积极参军参战，支援前线上战场。武乡县韩北乡一带前沟、后沟、北上合、南上合、下合、石圪垤、王家峪、枣林等村都相应成立了支前小分队，参加到关家垴战斗中，抬担架、送伤员，送粮、送饭、送弹药，支援前线部队。他们有的用扁担，有的用肩扛。其中有一位村民叫李贵四，他会木工手艺，他就用自己亲手制作的一辆独轮车来搞战勤服务。

说起这独轮车，还有一段心酸的故事让人回味。1938 年 4 月，一天，黎明五六点钟，八路军七六九团在武乡县韩北乡枣林村三龙庙前烧火做饭，吃罢，沿沟前进，爬上襄垣县西营镇虎角垴村不久，有一股日军从襄垣县上来，经西营一路追着八路军就杀进了枣林村。

这股日军一进村，没有发现八路军的踪影，咬牙切齿疯狂地见人就打，见东西就抢，要么就放火烧，胡作非为，见甚逮甚，杀人、捉鸡、牵牛，啥都不放过。村民是躲的躲，逃的逃，有的躲在土地庙神像背后，有的躲在煤灰圪道里，有的躲在地窖里，有的沿沟逃跑，有的趴在圪渠里不敢出声，有的逃跑时见沟就跳，不管有多深跳下去再说，村里一时乱作一团。

房海林和李贵四刚躲在土地庙的神像背后，被一名日军发现了，日本人拿起枪就往房海林肚上捅了一刺刀，房海林“嘿呀”了一声，就紧闭双目靠在那里不动了。日军转身走出了土地庙。躲在房海林背后的李贵四可吓得够呛，两腿直打哆嗦，半天还回不过神来。等日军走后，李贵四拉扯着房海林走出土地庙，见村里一片狼藉，村民死伤无数，悲恸欲绝。日本人真心狠，把村里挑插（指破坏）成甚了，真是鸡犬不留一个。他把这一切看在眼里，记在心上，苦苦等待机会打日本鬼子。他一听说要打日军就很兴奋，很来劲，连夜赶制了这辆独轮车，第二天随枣林村支前小分队奔赴关家垴战场。

关家垴战斗中用过的支前独轮车

关家垴战斗是一场恶战。10 月 29 日，彭德怀调集一二九师三八五旅、三八六旅主力、新编第十旅及决死一纵队各一部，将冈崎大队包围在关家垴高地。战斗开始打响，10 月 30 日凌晨 4 时发起总攻。为解救被围部队，日军派飞机轮番对八路军进攻部队进行轰炸扫射。战斗打得异常激烈，双方鏖战两昼夜，八路军发起 10 余次猛攻。31 日下午，关家垴战斗才结束。

支前小分队有的送伤员，有的送饭，有的送弹药，他们弓着腰奔跑在硝烟中，累了，啃口干粮、喝口水、就地打个盹，谁也不想落后，谁也不想停下脚步。10 月 30 日晚，李贵四推着独轮车与大家奔跑在沟壑纵横的山岭向前线送弹药，在枪林弹雨里。为了躲避飞机轰炸，独轮与一块石头相撞翻了，连人带车都滚下深沟里。支前小分队队长立马安排两人下沟寻找，其他人继续赶路，不得耽误送弹药。沟不太深，也有两三丈，从山坡上滚下来，跌不死也能跌伤，奇怪的是，李贵四竟然没事。他说，他与独轮车一直没有分开过，几个翻滚掉入深沟，站起拍了拍身上的土，伸了个懒腰，感觉没一点事。

李贵四被两名队员接上来，队长让他休息，换其他人送，他说："我没事，还要继续送上前线。"队长抗不过他，也就依了他。李贵四就地一坐稍休息了一会儿，就又投入到送弹药队伍中。他把弹药送到战斗阵地，见抬伤员的担架不够用，就主动上前扶起伤员坐他的独轮车。

在关家垴战斗最激烈的时候，轮流换人推着独轮车在硝烟里来来回回穿梭，送饭送弹药送伤员，发挥了它应有的作用。之后，每当村里号召为八路军送粮食、送物资时，李贵四就推着独轮车积极参加，完成任务后，就把它放在一个房屋里，用干草盖住不让别人碰它。李贵四很爱惜这辆独轮车，当宝贝放着，别人想用用都不行，闲下了就一个人拿块抹布抹一遍，静静地一个人看一阵。他临终前都忘不了看一眼独轮车，吩咐后人一定要把它传下去，保存好。

这辆看似普通的独轮车，在那段不平凡的岁月里，经历了烽火硝烟的洗礼，更见证了军民一心、同仇敌忾，战胜日本侵略者的豪迈气概。虽然它已经不再使用，但它将永载史册！

在抗击日本侵略者的战场上，有的在炮火硝烟中英勇杀敌，有的在敌占区与敌人斗智斗勇，有的出粮出钱支援抗战，更有千万人为抗战献出了宝贵的生命。

东良村用的木架子

程春虎

太行腹地，武乡县西部故城盆地的北面，有一座宏伟壮丽的红山。山后是我石盘抗日根据地。山前那一眼望不到边的一马平川，全是敌占区。就在这红山脚下的敌我交界线上，有一个200多户的村子叫东良，这个村子由于处在险要的山口上，进可攻，退可守，战略地位十分重要，又是富饶的产粮区，日寇一占领村南5公里处的南沟火车站，就拼命与我方争夺东良这块宝地。但鬼子每次出发“扫荡”，都遭到程怀保领导的民兵战斗班自卫队的迎头痛击。

程怀保，1915年出生于武乡县故城镇东良村一个佃农家庭。父亲程国全是村上的领头人，“七七”事变爆发后，四个儿了齐抗战。老大程怀成担任抗日村长、财粮主任；老二程怀保担任民兵战斗班自卫队长，突围战斗牺牲；老三程怀有参加决死队，在与日作战时双目失明病故；老四程怀锁参加决死队，在与日作战中牺牲，可谓一门忠烈。

程怀保排行老二，小名叫二孩，人们叫他“梁山好汉阮小二”。一表人才，身躯魁伟，眉清目秀，思维敏捷，遇事果断，目光远大，爱国爱家。1940年，参加民兵战斗班担任自卫队长，在敌占区，提着脑袋与日寇浴血奋战，宣传群众，组织群众，带领群众，支前参战，割电线，破铁路，炸桥梁，打击敌

程怀保烈士生前组织民工给八路军送粮用的木架子

人，保卫群众。南沟据点距东良村 5 公里，敌人三天两头出来“扫荡”，洋枪洋炮骑洋马，打不过我民兵战斗班自卫队的石雷土炮两条腿，每每吃败仗回营。前方挨打，回巢受骂，两头受气。

1941 年春，温翻译给他的主子毛太君夸下海口，收拾东良村的土八路不在话下，亲自出马“剿灭”东良“土八路”。没料到，他不是东良村土八路的对手。程怀保接到南沟敌人出发“扫荡”东良的情报后，火速指挥民兵战斗班自卫队全体人员，在战略要地红山脚下设下“布袋阵”。当温翻译骑着洋马，挎着洋刀，指挥敌军抢占红山高地时，被我民兵战斗班自卫队夹击，一枪送上西天。日军阵营大乱，夹着尾巴逃窜。智勇双全英雄虎胆的东良民兵战斗班自卫队，在日本鬼子出没的敌占区，杀出了我抗日军民的威风，吓破了敌胆。转眼到了 1942 年，他们彻底打断了对日寇的维持，使东良这块古老的宝地变成了一块新的抗日根据地，壁垒森严，岿然不动。

1942 年秋，抗日战争进入了最艰苦的阶段，正处于日本鬼子对我施行“三光政策”抢粮的关键时节，武（乡）西县抗日政府发出紧急通知，号召广大军民抢收、抢打、快藏、快送，绝不让日本鬼子抢走一粒粮食。自卫队长程怀保坚决执行上级指示，发动群众，组织群众，掩护群众抢收抢打，很快完成了秋收秋打任务。当他组织民工星夜给八路军送军粮时，不料被潜伏特务汉奸程续世告密，南沟据点日军倾巢而出将东良包围。程怀保当机立断，一面组织突围，一面组织民工将近万斤军粮藏了个铁闸把稳。日本鬼子没有抢走一粒军粮，但突围战斗终因寡不敌众，程怀保不幸被日军抓捕，押回南沟敌据点。

程怀保原本是民兵战斗班自卫队长，温翻译给毛太君翻译时将财粮主任程怀成翻译成财粮主任程怀保，毛太君高兴地钓到一条大鱼，亲临杀人沟。刑场坐阵，亲自过堂，对赫支陆谷（日语：八路）大大的财粮主任程怀保严加审讯。满翻译对程怀保说：“太君讲，你是八路军的财粮主任，你看这里是什么地方，只要你自首，如实地说出你们的同伙，就给你个官做，薪水大大的有，不然的话就剜你的眼睛，割你的舌头，挖你的心，抽你的筋，扒你的皮，剔你的骨头，喂了洋狗。”程怀保面对刑场上的洋刀洋狗临危不惧，对高官厚禄，毫不动情，斩钉截铁地回答：“要人一个，要命一条，少说废话。”他灵机一动，定叫狗咬狗，两嘴毛。“要问我们的同伙吗？我实话说，我们的领导人就是程续世。”温翻译将程怀保的口供照样说给毛太君，毛太君兽性大发，害怕内部出了通匪人，将他的干将程续世立刻逮捕。并命令给赫支陆谷大大的财粮主任程怀保加酷刑，灌辣椒水，电打，坐老虎凳，十指心钉钢针，严刑拷打一个多月，程怀保被折磨得死去活来，仍一言未吐。毛太君软硬兼施，痴心妄想，一无所获，要择日刀剁程怀保。正在这时，上司来电，调赫支陆谷的要犯，南沟据点日军将程怀保押送到沁州日军大本营处置。

时正值数九寒天，年临腊月，日本鬼子将程怀保的上衣扒光，押赴刑场执行。程怀保昂首阔步赴刑场，狗腿子说：“程怀保，事到如今你还有什么可说的。”“太君讲，你是八路大大的财粮主任，只要你如实地把东良村谁是八路的民兵干部说出来，就不死拉死拉的（杀头）。”程怀保视死如归，

程怀保革命烈士证书

郑重地回答：“说我是财粮主任，我就是八路军的财粮主任。问我东良村谁是八路的民兵干部？我告诉你们，我们东良村 200 多户，800 多人，乃至全国人民都是八路军的民兵干部，杀我一个算的什么？中国人多得很，到头来看你小日本鬼子的可耻下场，血债要用血来还。”挺胸昂首，不向日寇低头，刽子手对他下了毒手，用电火棒将他的脖筋烙断，叫洋狗咬破皮肉，用刺刀捅成肉泥。程怀保大节凛然，铁骨铮铮，显示了中华民族的英雄气概，英勇就义，年仅 27 岁。

1958 年，中央人民政府毛泽东主席署名为程怀保颁发了烈士证书，家属享受烈属待遇，追认为中国共产党员，载入《武乡县志》、民政局《革命烈士英名录》、东良村烈士亭，英名千古，永作纪念。

陶罐与圪佬本是寻常之物，但它们不仅装过盐与火药，还是烈士武三林和他们那一代人对民族国家的期许。它们是这个民族个体的独特的记忆，也将成为中华民族集体记忆的一部分。普通的物件，却永远闪着耀眼的光华。

一只陶罐和“圪佬”

武承周

我的父亲武三林是在1943年农历6月被日军杀害的，是一位抗日烈士。当时我出生刚刚21天，是爷爷把我抚养大的。

记得那是1959年春天，我的爷爷武清泰病情加剧，卧床不起。当时我在大有中学读书，听说爷爷病重，火速向学校请假，返乡之途心情复杂，回家之路心急如焚。

一进门，爷爷消瘦苍老的病容给了我强烈的冲击，焦急与恐惧布满心头，眼泪夺眶而出，离别的阴云笼罩着这个本就命运多舛的家庭。或许是爷爷自觉不久于世吧，他顾不得身体的极度虚弱，紧紧抓住我的手，用尽全身力气嘱咐：“小乔孩（我的乳名），爷爷恐怕不行了，俺孩要记住爷爷常跟你说的话。一定要好好学习，学成本领，将来能找个工作，结婚生子，闹好自己的小人家。”话还没说完，我就趴在爷爷的身上大哭起来。

爷爷爱怜地抚摩着我的头，安抚道：“孩子，别哭，爷爷还有一件事儿要告诉你。在咱家窑洞里间的大瓮里藏着你父亲在抗战时常用的两件东西，一件是个陶瓷罐，一件是个柳条编的圪佬，你千万要保存好。这两件东西是你爹给你留下的遗产，你以后成家了或许有些用处，最主要的是留个念想吧。”我听着爷爷的叨叨，却不明白这两个普通的物件为啥爷爷看得这么重。

爷爷接着说："这两件东西要说它不特殊，也不贵重，但是你爹看得最重要。那个小陶罐原来是咱家装食盐用的，抗战开始后，你爹就用它来装土炸药，因为炸药更怕潮湿，就拿防潮的陶罐来装。你爹他们把自制的炸药装进地雷、火枪、铁炮内，用来轰炸日本鬼子，所以咱家的这个陶罐你爹视为珍宝。"

听着听着，我慢慢止住了哭声。突然问道："爷爷，那个圪佬又是怎么回事？"

"圪佬是你爹专门到姚庄道行沟村找柳匠连专才编制的，它比一般圪佬多了一道机关，在底部有一个小盖子。抗战时期不仅有伪军、汉奸，还有特

作为秘密送信工具的陶罐与圪佬

务，为了防止这些坏人路上查盘。你爹在送紧急公文和秘密信件时，就先把公文、密件藏在圪佬底部，然后用特制的小柳条盖子盖好，再用麻绳缝好，上面装上山药、萝卜或蒸馍、黄蒸。遇到盘查时就谎称去走亲戚，给亲戚家送东西的，如果敌人查得严实，就干脆把上面的东西一股脑儿倒出来，让敌人看底儿。秘密藏得天衣无缝，看不出破绽，这样就能把公文密件顺利地送出去。咱村魏名扬还夸你爹有眼眼（有办法）。”说完，爷爷抓着我的手慢慢放开了……

人命危浅，爷爷带着对宝贝孙子的牵挂永远地离开了人世。我把爷爷的遗言牢牢地记在心里，把这两件东西珍藏了起来。正如爷爷嘱托的那样，1963 年，我结婚成家后又用陶罐做了盐罐，它陪伴着这个新家庭的一日三餐，直到 1975 年举家迁至县城才将它封存在老家；柳条圪佬也在走亲访友出远门中不遗余力地发挥着它的作用，默默地不离不弃地陪伴着我们一家人。

陶罐与圪佬虽然都是百姓人家的常见之物，再普通不过了，但父亲武三林烈士留下的这个陶罐与圪佬却意义重大。陶罐里装的不仅是盐与火药，还是烈士父辈对民族国家的期许，更是失独后竭力维系家庭的爷爷对后辈的牵挂。圪佬不仅容纳着百姓的食物，民族抗争的星星之火还在它黑暗的夹层里奋力跳跃，而爷爷那跳动不息的爱更是越过生离死别融化在柳条筐里，当我背起了圪佬，就是背起了爷孙三代的奋斗经历。几十年过去了，陶罐与圪佬已经变旧泛黄，但它们见证了这个家庭的苦难和涅槃，守护了这个家庭的血脉，留存了这个民族振兴的独特的记忆。

岁月静默，遗物不语，假以时日，陶罐与圪佬或许能够走进武乡烈士遗物收藏馆，成为中华民族集体记忆的一部分。

一个写满相思的钱包，承载着一段令人心疼的故事。当等待成空，便收拾起儿女情长，奔向心上人所走的那条路。这个故事似乎有很多很多类似的版本，但每一个都深深打动人心。那是一代人的青春，一代人的梦想，一代人的希望。那就是：捐躯赴国难，视死忽如归。

一个“特殊”的钱包

梁红玉

在民间收藏家梁松筠抱出的一叠拥军袋中，我细细翻找。厚重的白粗布经过几十年岁月打磨，微微地泛着黄。拥军袋上有精致的绣花，更有英勇作战、杀敌英雄等慷慨激昂的词语。

一个个翻过去,我仿佛看到了根据地心灵手巧的姑娘们在劳动一天过后，夜晚挤在煤油灯下为八路军战士做军鞋、缝拥军袋的身影。她们虔诚地把国家大义和民族情怀通过细细密密的针脚，纳进鞋底，缝在袋上。如豆的灯光下，她们的眼神坚定而充满希望，她们坚信自己绣的拥军袋能给广大八路军将士送去希望，带去鼓舞。

忽然，一个黑色的小东西吸引了我的目光。它区别于其他的材质尺寸，在诸多拥军袋中显得格外与众不同。

拿起细看，居然是缎面的，式样有点类似于现代的钱包。三折展开，里面用一层蓝黑相间的手织条纹布做里，在里布上又用平绒软缎缝出隔层。上用黑色和藏蓝色的丝线分别绣着“和平救国”和“天下太平”。在那个年代的农村，这样的绸缎实属稀缺之物，而对“和平救国”的期盼更不像等闲女子能有的见识。

在收藏家老梁的讲述下，我仿佛穿过历史的长河，来到了 1939 年的王家峪村。

那年，一队队八路军将士在王家峪村驻扎，村里几乎家家户户都住了八路军。这其中就有赵有旺家。赵有旺是在村子里颇有名望的一位乡绅，因小时候上过两年私塾，也是村里为数不多的几位能识文断字的人，又因早先跟着堂兄在祁县、太谷一代跑买卖做生意，积攒下不少银钱后就回村盖房置地，日子过得愈见红火。他为人正派，思想进步，眼光长远，颇受乡邻尊重。几个儿女也都送到学堂念书，二闺女还考上了省城师范学校。

赵有旺家院大屋空，村里就安排了八路军的一个排住在他家。排长是一位来自河北的年轻军官。这位军官面色白净，谦和知礼，若不是眼神中有常年征战沙场军人特有的那一种精芒和双手虎口间那些层层叠叠的老茧，看起来就像是一个清雅俊逸的读书人。他称呼赵有旺为“赵先生”，这个稀罕中带着几分敬意的称呼，让赵有旺很喜欢这个年轻人。

悄悄注意到他的，还有赵家的二闺女。这位赵家二闺女原名叫赵爱香，后来到省城念书，嫌春红、香玉之类的字眼太俗，就给自己取了一个大气的学名——赵卓君，意为比男子更卓越。

卓君不知道在她家住下的这位年轻军官确切名字，只知道他姓许，小字逸飞。渐渐熟悉后，两个青年开始在一起讨论战争局势和对各种抗战政策的看法。卓君向逸飞讲起在省城学堂里参加的一些进步学生运动。逸飞也向卓君说起他在战争中的故事和那些逝去的战友，两人在一起仿佛有说不完的话。两人时而慷慨激昂，时而难过悲伤，说到义愤之处两人亦是不约而同拍案而起！

淡淡的情愫在两个志同道合的青年男女之间缓缓地流淌。年轻的小战士们开始拿他俩打趣，赵有旺也渐渐看出了两个年轻人之间的渐渐燃起的别样情意，心里暗自欢喜。

转眼到了秋收时分，等待收割的庄稼在阳光的照耀下散发出金色光芒。好一派丰收的景象！王家峪村的田地里，八路军战士纷纷扑在地里帮老百姓收秋。

武乡百姓慰问八路军的礼物

谷子地里，逸飞和卓君一人挥舞着一把镰刀，一只手攥住沉甸甸谷穗，另一只手用镰刀飞快地划过……

两个年轻人的额头淌下了细细密密的汗珠。乘着大家在石头上歇息的工夫，卓君迅速掏出一个用黑色绸缎缝制的新式钱包悄悄地塞到了逸飞手里。雪白的脸上飞起两朵红晕，她掩着嘴轻轻笑着，盈盈地转身而去。

一股暖流缓缓地涌向逸飞的心田。闲谈的时候他曾经说起过，向往同学的款式新颖的钱包，没想到她居然记下了。

黑色的钱包设计精巧，“和平救国，天下太平”八个大字赫然映入眼帘。逸飞暗叹卓君情系苍生、渴望和平的这份胸怀和见识果非等闲女子可比。

逸飞小心翼翼地把这个钱包藏在了贴身的衣兜里。那个衣兜里还藏着一支钢笔，是他上大学那年父亲赠予的，他摸着那支钢笔，想着明天要给这支钢笔换个主人了。

“许排长，许排长，连长通知去连部开会。”一位小战士边跑边连声呼唤，逸飞迅速收起自己心里刚刚泛起的这些儿女情长的小心思，一路跑步到连部，连长和很多别的同志已经在那里，他们面前是一幅战区交通图。

连部散会已经是日落时分。逸飞下意识地摸了摸上衣的口袋，卓君送他的钱包上已经染上了他的体温，逸飞心里有一丝丝的惆怅。可回想起刚才的会议，一腔热血就像要沸腾似地无比激动！没有什么事情能比抗日报国更能点燃一个铮铮男儿的血性！

夜晚的村子里宁静而美好，村里的小路上有一对青年男女缓缓走来，小伙子从贴身的口袋里掏出一支钢笔，递给了面前眸子里满是理解、却又蓄满了泪水的姑娘。逸飞走的那天，卓君没有去送，只是藏在村里那棵大杨树的后面远远地看着，看着他渐渐远去的身影，不争气的泪水还是落了下来。

逸飞走后，卓君不时能收到逸飞的来信，他还是会和她讨论战争的形势和自己的见解。可他的详细工作情况却一句也不肯对卓君透漏。末了总有一句话：等抗战胜利的时候，我一定回去找你！

大约是在逸飞走后一年左右光景，卓君就联系不到逸飞了。她心急如焚，人也渐渐消瘦了许多。她四处打听着逸飞的消息，有人说逸飞转战到了其他战区，有人说他到了敌战区从事地下工作，有人甚至说他已经牺牲了。

对于打听到的消息，卓君一个不信，她一直相信逸飞总会有一天回来，践行和她的约定。

可那个她最害怕的消息，还是来了……

那是两年后的一个阴雨绵绵的清晨，在当年送走逸飞的那棵大树下，卓君老远地望见了一个人影，虽然事隔两年，卓君还是一眼就认出了当年在逸飞身边的那位小班长。

小班长两眼噙满泪水告诉卓君逸飞为国捐躯的消息。他说：“许排长牺牲得很壮烈，在他临终的时候手里还紧紧握着这个钱包。他嘱咐我，务必要把这个钱包给你带回来。”

陡然一声闷雷响起，内心深处的情感像洪水一样涌了出来，卓君让自己的泪水在磅礴的大雨中肆意流淌。她疯了一般不停地摇着小班长，不停地问他逸飞的埋骨之所，哪怕不远万里，她也要去寻他。

然而小班长却只能无奈地摇头，他告诉卓君，逸飞从事的是党的地下工作，牺牲的具体情况一句也不能透漏。他甚至不能告诉卓君逸飞的完整名字。

第二天，卓君给家里留下一封信就走了。她告诉父母她要去追寻逸飞走过的那条道路，虽然那条路会很漫长，会有黑暗，会有牺牲，但她相信光明就在不远的前方。

后来，卓君参加了八路军抗日队伍，她在部队里行动积极思想上进，屡获先进。抗战胜利之后转业留在南方的一个省，改了名字，并结了婚，过上了平凡的日子。

故事讲完了，我的思绪还沉浸在这个故事中久久不能回转。不禁好奇起这件藏品的来历。梁先生告诉我：赵女士在20世纪90年代已经去世，这是她的儿女回来给外祖父扫墓时，把这件珍贵的藏品捐赠给他的，故事也是那时候讲给他的。

他把这个故事讲给我听，希望我能把这个故事写成文字，让更多的人了解老一辈革命者敢于牺牲无私奉献的精神，那个战火纷飞的年代里那些平凡人身上情感的细腻和崇高。

让我们时刻怀着感恩的心珍惜无数革命先烈牺牲幸福甚至生命，为我们换来的这来之不易的安稳和平。岁月静好，愿他们精神长在，忠魂永存！

星星之火，可以燎原。武乡革命干部魏效泉早期参加革命，以身作则，冲锋在前，关心群众，留下了许多可歌可泣的事迹。但本文所述有关火柴的小事却更能反映前辈风范，确确实实证明了伟人的预言。革命也是这样积少成多、积小成大，从而缔造出了红彤彤的灿烂中国。

火 种

赵俊矗

在民间收藏家籍贵先先生处，看到一个粗糙的小盒子。这盒子约有 5 厘米长、4 厘米宽、1.5 厘米高，表面污脏模糊，上面的字画一点也看不清楚。打开盒子，里面空无一物。通过触摸感觉到这是一只纸做的盒子。我们急切地想知道这盒子的用途，籍先生介绍说这是个火柴盒，是抗战时期革命干部魏效泉留给丰州镇山阳垴村村民张国书的。

1942 年，抗日战争处于最艰苦的时期。日本鬼子实行“三光”政策，他们不仅烧杀，而且还抢掠，抢掠粮食、耕牛等贵重东西，甚至把老百姓日常所用的针头线脑，都劫掠一空。山阳垴村地处武乡县城南部，是一个离日军据点 10 多里远的小村，也经常受到日伪军的侵扰。老百姓不仅粮食不够吃，就连基本日用品也严重短缺，用于点灯烧火的火柴就成为最紧缺的物品。好多人家做饭时只好相互到邻家用麻糠借用火种，甚至有时各家的火都熄灭了，还得到别处村有火柴的人家远道取火。为了保存火种，他们常常提上两只洋铁桶，桶里装满麦糠，从有火的人家取上火种后，点燃一只桶里的麦糠，燃烧一阵，就会剩下一堆冒烟的灰烬。这些灰烬里再放入一些麦糠，一吹又能烧出火苗。他们提上两只桶急忙往家赶，看看火欲熄灭时再添入一些麦糠燃烧一阵，增加些底火，直到回家，就这样利用这远路取来的火点火做饭。由

珍贵的火柴盒

于这火来之不易，分外珍贵，有人就把这火珍藏起来。如何珍藏？其实还是一个笨办法，就是在做过饭的灶火里，再添加些柴禾或麦糠之类，让那火既不充分燃烧，也不彻底熄灭，一直处于冒烟状态。等到下一顿做饭时，再把火吹燃。

一天，村民张国书家里来了一位客人。这客人就是他的妻弟魏效泉。魏效泉本是丰州镇张庄村人，15 岁参加中国共产主义青年团，开始从事革命活动，后加入中国共产党，成长为一名以身作则、关心群众、受人赞誉的好干部。当时，魏效泉正担任襄垣县委书记。他积极领导抗日救亡运动，开展军民生产自救，并不断地发展地下党组织，团结一切可以团结的力量。

这天，魏效泉从襄垣带着两名警卫人员，骑着一匹枣红马，来到了山阳垴他姐姐家。姐姐坐月不久，一是看看姐姐，二是联系武乡独立营，准备联合攻打白晋铁路。当他到了山阳垴村时，已经是后半晌了。村子里异常安静，除了几个放哨的村民外，大部分人都依然像平常一样静静地待在家里，随时保持着警惕，一旦日本鬼子侵扰，就要赶紧躲藏逃难。魏效泉悄然来到姐姐家的院子里。兵荒马乱年代，姐弟见面后免不了痛哭流涕互诉别离。魏效泉通过和姐姐的谈话，更多地了解了村子里人们的生活情况和敌人侵扰情况。老百姓生活的艰难困苦勾起了他的无限同情，日本鬼子的残暴恶行激起了他无穷怒火，更坚定了他力争团结更多的人，把敌人赶出去的信心和决心。

时间过得真快，不觉天已擦黑。魏效泉和姐姐一家的知心话儿一时难尽，但还有更重要的事需要他做，所以他心里着急想尽快结束谈话。姐夫苦言挽留，一定要让他们吃了饭再走，并赶快去吹火做饭。火灶里的底火由于时间过长，一时难以引燃柴禾。魏效泉看到如此情景，就随手拿出了自己身上装的半盒火柴，给了他姐夫张国书。火柴一擦即着，熊熊的大火燃起来了。张国书赶紧下米煮粥。

趁这空闲时间，魏效泉赶紧到他姐夫的一户邻居家。这家有个 20 岁的年轻人名叫张向明。张向明自小聪明伶俐，又读过不少书，尤其是一些马列主义的书，思想更加进步，通过组织考察加入了中国共产党，也成为共产党员、游击队的联络员。魏效泉就是通过他与武乡独立营联系，并把信件交给他，确定回信的时间和接收地点。

黄昏时分，魏效泉离开了姐姐家，赶回襄垣。没多久，襄垣独立营与武乡独立营联合，在虒亭一带袭击白晋铁路，破坏铁路两公里。也在这次战斗中，魏效泉因劳累半路晕倒，不久就病逝了。

张国书夫妻从那次之后，再也没有和弟弟魏效泉见过面。当他们听说魏效泉去世的消息以后非常悲痛，心里永远记着他留下的那盒火柴。里面的火柴虽已用尽，那个盒子却一直保存着。那个盒子已不是一个普通的盒子，而成为星星燎原的火种。

水有波而明其流，车有辙而后可循。下北漳优良村风如水流、如车辙代代相传。你去前线打日寇，我们就送你菜园地。两份凭据，是有钱出钱、有力出力，承前启后、耀我中华的见证。

两份为抗战勇士赠送园地的凭据

李东兴

水有波而明其流，车有辙而后可循。

日前，有人在下北漳村“漳北文化”群里，公布了两张自家珍藏的民国地契文书。这两张文约现由暴文岚收藏。这两件极其珍贵的文物，真实反映了抗战时期，下北漳村富人毁家纾难争相出人出地出粮出钱，穷人前仆后继、尽忠报国的真实往事。这两份地契的内容，分别是乡绅李书祥、李光第向参加独立营的青年暴二孩赠送土地的合约。

第一封合约，是民国31年（1942），下北漳村拐上旧楼院李书祥（合约中把“祥”字写成了“详”），给本村参加抗日独立营的暴二孩欢送园地的文约。文约中提到的那块菜园地，指河边滩头适合种植瓜果蔬菜的上等水浇地。这是一份书写在普通白色麻纸上的契约文书。纸张虽已陈旧灰暗，甚至纸质变脆易碎，但是字迹仍十分清晰。具体内容如下：

注意：此地欢送贫民抗属，按三大保证归（规）定，退伍归家可成为自己永业。如有半路开小差或逃他处不能抗战到底，此地仍归原主。同众人下北漳全体民众

立欢送园地文约人李书祥。今因暴二孩踊跃参加武乡独立营，为国家民族解放驱逐日寇出中国。此人有这样牺牲奋斗的精神，因此情愿将我自己祖

业地（坐落在石佛上三截滩园地）一亩两单，作为改善贫民抗属家庭之生活。四至开明：东至李姓，南至堰根，西至暴姓，北至堰根，出入水流、行道依旧往来，井口辘轴俱伙同，群众大会发表，情愿欢送与暴二孩承种。种地之日按赤契应分大粮四分整交纳。倘有户内人等争碍，有欢送人一面承当。恐口不凭，立此欢送约为证。

公证人：暴兴治、李刘管

民国三十一年六月十八日立欢送园地文约人李书详自书

第二封合约，是民国31年（1942），下北漳村拐上新楼院李光第，给

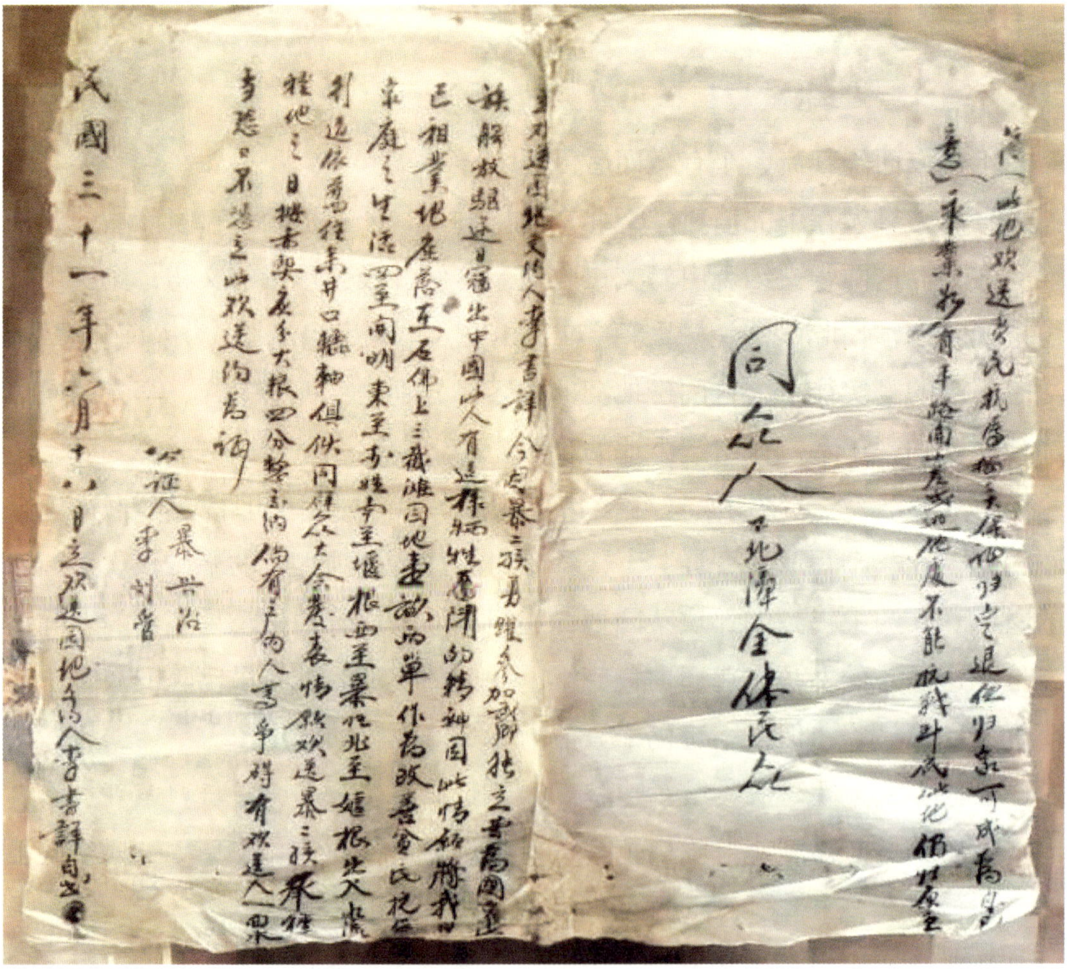

下北漳乡绅赠送抗战勇士的土地合约（一）

本村参加抗日独立营的暴二孩欢送园地的文约。这份立约文书同样是写在古旧的白麻纸上，其内容如下：

立欢送园地文约人李光第。今因暴二孩踊跃参加武乡独立营，为国家民族解放驱逐日寇出中国。此人有这样牺牲奋斗精神，因此情愿将我自己祖业地（坐落在东滩园地）一亩，为了改善贫民抗属家庭之生活。四至开明：东至李姓，南至大道，西至李姓，北至水渠，出入水流、出道依旧往来，井口辘轴俱伙同，群众大会发表，情愿欢送与暴二孩承种。种地之日按赤契应分粮整应时交纳。倘户内人有争差，有欢送人一面承当。恐口不凭，立此欢送文约为证。

公证人：暴兴治、李刘管

民国三十一年六月十八日立欢送园地文约人李光第

注意：此地欢送贫民抗属，按三大保证归（规）定退伍归家可成为自己永业，如有半路开小差或逃跑他处不能抗战到底，此地得归原主。同民众人下北漳全体民众

以上两份赠送园地的合约，受益人都是同一个人——村里参加独立营的暴二孩，

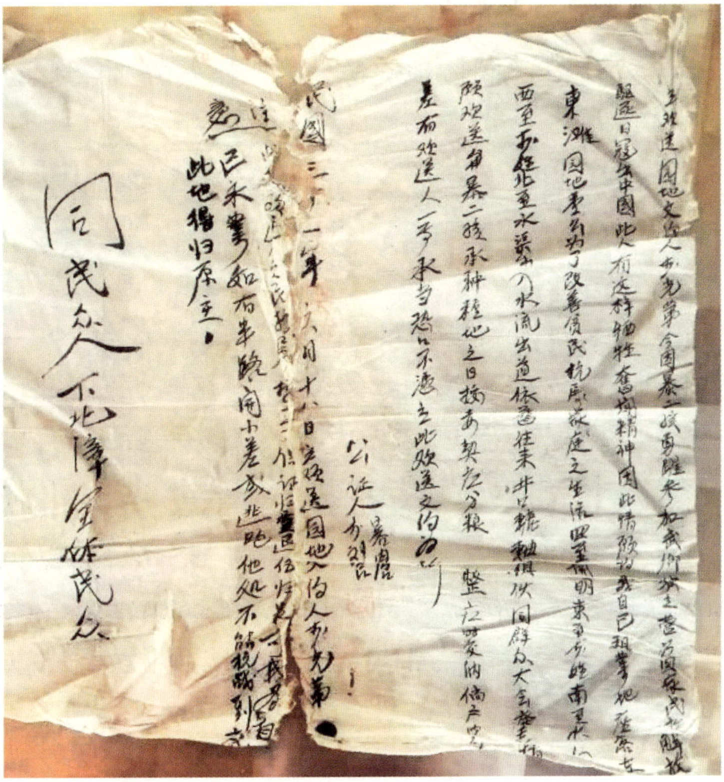

下北漳乡绅赠送抗战勇士的土地合约（二）

而赠送人均为下北漳村拐上李氏名门大家庭的成员。

第一份凭据的主人李书祥，就是清代武乡县著名公正绅士李方华的孙子（三子李壬澍之子），是民国后期旧楼院年青 一代男当家。他的这份文约是其代表旧楼院家捐献地产，对村中参加抗日队伍的年轻战士慰劳奖励。

第二份凭据的主人李光第，是李方华的玄孙（长子李壬林的曾孙），民国后期新楼院的新一辈男丁。他代表的是新楼院家对本村参加抗日队伍的新青年实施奖赏。

这两份赠送园地凭据均出自 1942 年 6 月，即抗日战争的第六个年头。其实，下北漳村李氏大家族从抗战刚一开始，就捐献了大量地产和钱物。

当时，中共中央北方局的机关报《新华日报》（华北版），曾刊发一则报道下北漳村士绅李书庭等为鼓励青年参加八路军而慷慨捐赠菜园地的新闻。其中的李书庭，就是武乡名儒李壬林之子、新楼院的当家人——前述李书祥的堂兄、李光第的爷爷。

透过以上两份园地奖送文约，让人仿佛看到当年下北漳村中士气高涨、

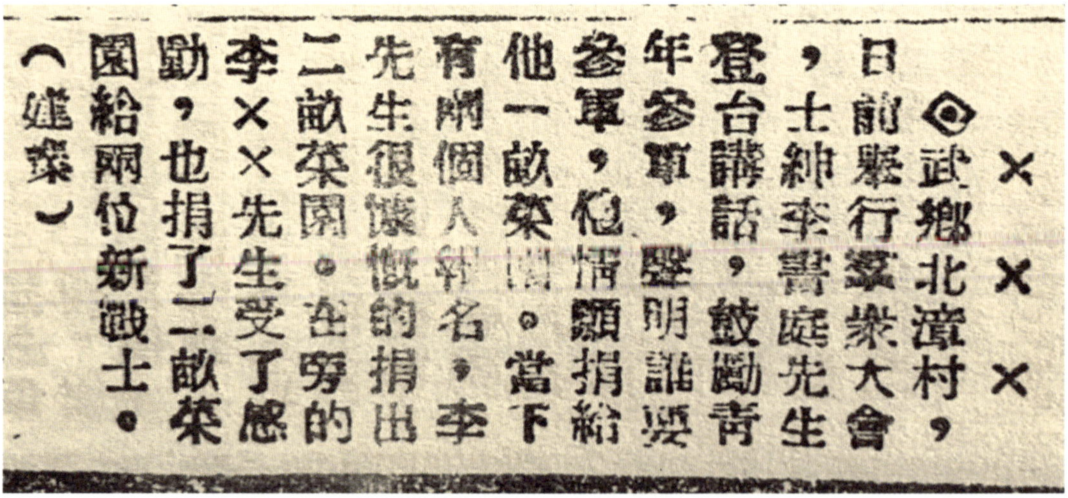
×××

◎武鄉北漳村，日前縣行署集大會，士紳李書庭先生登台講話，鼓勵青年參軍，聲明誰獎參軍，他情願捐給他一畝菜園。當下有兩個人報名，李先生很慷慨的捐出二畝菜園。在旁的李××先生受了感動，也捐了二畝菜園給兩位新戰士。（[illegible]）

《新华日报》（华北版）刊载下北漳村士绅李书庭等慷慨为参军青年捐赠菜园地的报道

群情激昂的踊跃抗日场面，也真实地反映了武乡县以及晋东南各地民众奋起抗日的生动局面。

抗日战争初期，下北漳村作为八路军和中共中央北方局首长机关的重要活动地，以及抗日文化组织团体的前沿主阵地，这个村的思想文化非常活跃，抗战氛围特别浓厚，各项工作均走在最前列。

这两份赠送园地凭据中的菜园地受送人暴二孩，自小练武出身，抗战时期曾与本家堂兄弟暴贵堂等给一二九师指战员教授武艺，增强官兵的杀敌本领，不仅亲自参加了武乡独立营，后来还把亲弟弟暴春堂也送进部队……

在下北漳村，像这样的抗战典型人物和感人故事，还有许许多多，还有待于人们进一步挖掘再现。

20 世纪 40 年代末，暴二孩（右）和弟弟暴春堂（左）的合影

抗日烽火

烽烟滚滚，枪林弹雨，剑阵横眉，刀丛冷对，猎猎英风正气扬。近观斑驳藏品，遥听号角争鸣，是百团大战的战略部署，是围困蟠龙的运筹帷幄，是短兵相接后刺刀的滴血，是解放一座城池后疲惫的喜悦，是全家上阵的满门忠烈。听，还有一个声音，还有一个身影，一名穿着铁色军装的战士举着一张捷报，边飞快地奔跑，边高喊：捷报，捷报，我们胜利了！保卫夏收中我军打进勋欢据点，生俘日伪军 20 余人，击毙日伪军 5 人……

烽烟已经平息，一件件在战场上退下来的“老功臣”，镌刻着时光的见证，安静地诉说着往昔燃烧的激情和峥嵘岁月。

一张老照片，时间定格在段村解放时。多少年过去，我们仍然可以看到战士们既疲惫又高兴的容颜。硝烟散去，历史已远，但我们要记住那些为了解放而付出青春甚至生命的人。不忘历史，才能更好地前行！

解放段村那张老照片

张红伟

在八路军总部王家峪旧址纪念馆保存着一张解放段村的老照片。那是武乡重镇段村解放后，八路军战士迎着夕阳的余晖，站在千佛塔边的合影，战士们的脸上既有着连日征战的疲惫，更有着取得胜利的喜悦。

段村地处太行山脚下、浊漳河上游，是晋东南通往晋中的必经之地。1940 年 6 月 29 日，侵华日军毛利大队由沁县方向侵入武乡东部的东村，后来又增加了伪“剿共军”赵瑞、段炳昌的第一师调防武乡，有一个团就驻扎段村，建成了武乡最大的、分割太行三分区的重要据点，并美其名曰“新城”。敌伪的武乡县政府就设在这里。城垣上，各种射击设施组成密集的火力网；城四周以壕沟、铁丝网和碉堡构成外围防御体系；紧挨着东城门南边的千佛塔，一连几年被敌伪所据有，成为一座险峻的炮楼，时刻威胁着武乡抗日军民的生命财产安全。几年来，八路军曾组织部队多次攻打日伪军，使得驻守之敌不得安宁。

1945 年 8 月，日本政府宣布无条件投降后，守城的日、伪军在蒋、阎方面的唆使下，不仅拒绝向我军缴械投降，而且还配合阎军袭击骚扰我解放区。

太行军区部队遵照朱德总司令 8 月 10 日发布的“限期解除当地日军武装，

武乡段村解放后八路军在千佛塔边合影

如遇拒绝投降缴械者坚决消灭之”的命令，于8月24日开始了围歼段村之敌的战斗。

段村城防比较坚固，高达7米多的城墙上布置了明暗射孔，城四角设有碉堡，城里的主要街道上都筑有巷战工事，东北角日军“洪部”的高碉是全城的制高点，城脚下的护城外壕深、宽都有6米多。段村以东的东村、西面的王家垴和北山都设有外围据点。

段村守敌是伪“剿共军”第二团及日军的一个小队，还有伪警备队一个中队，共1000余人。伪副师长段炳昌坐阵指挥。他原是阎锡山的部下，投降日军后更加反动，死心塌地与我为敌，是个罪行累累的大汉奸。他为了固守段村，在王家垴、北山两个据点各部署了一个连的兵力。东村一个排，其余部队都在城里。日军一个小队驻在“洪部”。伪军团部设在伪县公署。

太行三分区参加攻打段村之敌的部队有决九团、七六九团二营、十四团一营及当地民兵。针对敌人防御重点在西、北两面的特点，我军采取了四面包围、扫除外围据点、从城东突破的作战方针。决九团一营长张家斌向一连下达作战命令时说，决九团主攻段村，一营为第一梯队，一连担任登城突击队，三营为第二梯队。为了保障从城东门突破，七六九团二营攻占王家垴据点，十四团一营在城南准备对付从沁县赶来的敌援兵，当地民兵攻打敌北山据点，牵制敌人兵力。

围歼段村之敌，是我们大反攻以来的第一个攻坚战，既无重火力掩护，又缺乏攻坚经验。决九团一营一连受领任务后，大家分析敌情，认真讨论，情绪很高，积极赶造云梯，筹备登城器材，在很短的时间里做好了战斗准备。

8 月 24 日晚，扫除段村外围据点的战斗打响后，七六九团二营部队顺利攻占了王家垴，当地民兵攻打北山和东村，守敌大部分被歼，其余逃向城里。这时，决九团决定乘敌惊魂未定，即向东门以南的一段城墙实施突破。25 日拂晓，在敌人混乱中，决九团一营一连抬着云梯，跨越外壕，首先冲到预定突破点，在城东门以南的城墙上架好云梯。一面集中全连火力压制城墙上的敌人，一面组织部队登城。在敌人的炮火下，从云梯上攀登城墙，是一场非常激烈的战斗。爬到上面的同志被打落下来，底下的同志又接着往上爬，决九团一营一连遭到很大伤亡。

这时，决九团一营一连八班年仅 16 岁的战士王黎明主动请缨。在朦胧的夜色中，王黎明转身飞跑爬上了云梯，眼看王黎明就要登上城墙，躲在城垛背后的敌人突然飞出一把大刀，向他砍去，只见他军帽飘落，接着人也跌落下来。战士们检查他的伤情，发现他的一块头皮被削掉，即刻让两个战士把他抬下火线抢救。正当我军重新组织登城的时候，敌人的手榴弹炸坏了云梯。这时，天也亮了，不得已，只好暂时撤退。

城墙下是一片开阔地。敌人发现八路军要撤，便用火力严密封锁，企图把我军消灭在城下。大家看到部队无法冲过敌人的火力网，便果断地跳进外壕，在敌人火力的死角处隐蔽待机。

清晨，部队在外壕里，不断遭到敌人手榴弹、机枪和步枪的袭击，处境十分危险。但是，敌人也很胆怯，不敢出城对战，只好在城墙上放枪、丢手榴弹来威胁。敌人见打不着，便在城墙上咒骂，有的还气势汹汹地喊："八路的，你们跑不了啦！现在我们要开会，等开完会再来消灭你们。"听到敌人的嗷叫，我军估计他们可能要调整部署，如果大家不赶快撤离，形势将会对我军更加不利。说来也很奇怪，突然，平地起风，晨雾从西而来，笼罩在段村上空。决九团一营一连等部队当机立断，在手榴弹烟雾的掩护下，跃出外壕，越过开阔地带，进入高粱地里。

这时，决九团一营张营长带领部队来接应大家。看到一连第一次攻城受挫的情况。他对连长边有功说："边连长，你们连伤亡太大，需要休整，下一步的主攻任务就让给别的连吧。"一听要让一连下去休息，不让再参加主攻，边有功就着急起来。那时候，他们对打仗也是上了瘾的，不消灭敌人决不罢休。于是，边连长请求营长说："让我们一连牺牲在战场上可以，要下火线休息，全连战士都想不通。虽然第一次未能完成登城任务，但大家却掌握了敌人的防御规律，再次攻城，定能攻克。"战士们也向营长求战，纷纷表示要杀敌立功。营长看到大家情绪高昂，最后决定让一连再次承担主攻任务。为了确保攻城任务的完成，大家修好云梯，准备再次发起攻击。团首长还将团里的重火器集中起来，准备配合攻城使用，并命令九连在南门以东助攻，分散敌人兵力，为一连在东门以南登城创造有利条件。

8 月 25 日天黑后，我军向段村之敌发起第二次攻击。全团仅有的一门八二迫击炮，仅两炮就将东南角碉堡摧毁，城墙上敌人火力也被我军压制。在投弹组掩护下，一连又在预定攻城点上架起了云梯，并在外壕上铺设跳板，接连云梯底部，以保障登城人员快速通过。全连战士冲过敌火力网，干部党员在前面带领向城头攀登。看到八路军又来登城，城上的守敌如同前次一样，躲在城垛背后，打算在八路军攀上城头时，便用大刀砍落。八班长勇敢地爬上云梯，在星光下，只见他在快爬上云梯顶端时，吸取了贸然出头会被砍脑袋的教训，猫着腰，停了下来，从身上拔出手榴弹，拉开导火线，突然直起身来，把手榴弹塞到城垛背后。随着一声巨响，他跃上城头，打开了进攻段村的第一个突破口。接着，四班 4 名战士也登上城来。守敌想趁我军立足未稳，夺回突破口，从北侧反扑过来。登上城的同志同敌人展开白刃格斗，掩护其他同志登城。

全连部队登上城后，迅速向两翼发展，控制了东城门，占领了城东南角的一个碉堡，俘敌 50 余名，毙敌 40 多名。这时，一营的其他连和二营也从突破口进入城内。九连也攻上了城墙，打开了另一个突破口，沿东街向西进攻。

可是，千佛塔成了抗日部队前进的一大障碍。在千佛塔里居高临下负隅顽抗的敌伪军，从十几个窗口喷射出火舌，压得抗日部队抬不起头来。李达司令员正随军前进，突然在望远镜里发现工兵班在我军机枪火力的掩护下，已经提着炸药包逼近了塔根底下，将一包包炸药身手敏捷地塞进了塔内，准备引爆；分区的山炮也正在调整炮位，瞄准目标，等待炮轰千佛塔的命令。

李达见状，急忙抄起电话机，发出命令：“千佛塔是文物古迹，各参战部队务必好生保护！”参战部队接到命令后立即改变了部署，一面布置“神枪手”向千佛塔上的敌人射击，以压制敌人火力，一面组织突击队员爬塔。只见一个瘦高个战士，腰间别上一束手榴弹，躲过敌人的稠密火力网，敏捷地贴近塔下，然后爬上二层、三层、四层，直到十三层。在十三层处，向塔里扔进一颗手榴弹，炸毁了日军的重机枪。战士们立即冲入塔内，全歼了千佛塔里的日军。

城内杀声响成一片，我军迅速攻占了伪县公署，打烂了敌团指挥部。伪师长段炳昌见大势已去，率 100 余名残兵败将从西南角出城南窜。七六九团二营在攻占王家坳据点后，也从西门突入城内与城内的决九团会合，民兵和民工也呐喊助战，搜索残敌。到 8 月 26 日天亮时，除东北角日军“洪部”据点仍在顽抗外，段村其他区域都已解放。

决九团三营四面包围了敌人的“洪部”据点，但因缺乏重武器，难以接近。26 日中午，太行三分区首长调来一门山炮和一个工兵班，由七连再次发起攻击。炮兵第一炮就打塌了“洪部”高碉顶部。工兵班趁着烟雾，冲到碉堡下，用炸药炸开了碉堡。七连战士勇猛冲击，将碉堡里的日本兵全部消灭。

这次战斗，歼灭日军一个小队、伪军第二团大部和伪警备队共800余人，其中击毙日军23人，缴获八二迫击炮4门，各种枪600多支。段村围歼战胜利结束，武乡县全境获得了解放。

挺进白晋路，夜袭勋欢点，沉重打击日军嚣张气焰，有力保卫故城人民夏粮抢收。这是发生在20世纪40年代的事情。一张泛黄的油印捷报记录了历史的真实，也揭示了正义战胜邪恶的真理。

泛黄的油印捷报

王　刚

在参观梁松筠红色藏品展时，一份泛黄的油印《捷报》赫然映入我的眼帘，引起我的特别注意。因为这份《捷报》中战斗的发生地，就在我们武乡故城镇勋欢村。在众多的展品中，其实它并不起眼，只有32开书本大小，而且还星星点点地布满了不少岁月留下的破洞，但正是这些在向人们诉说着那段烽火岁月……

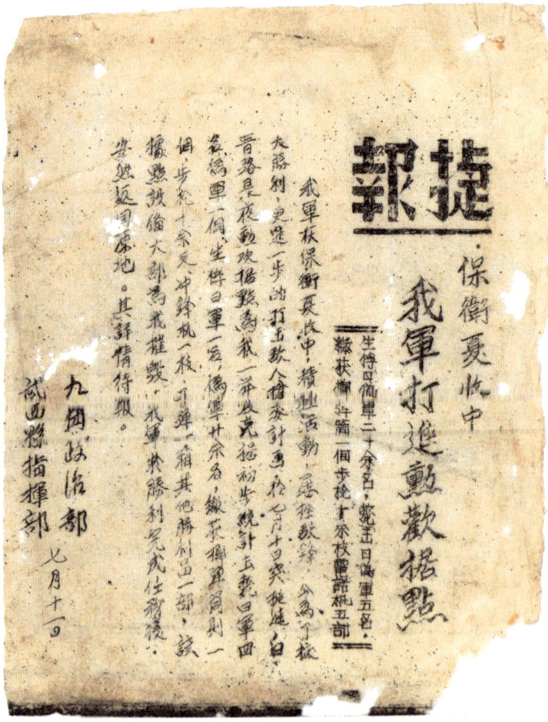
捷報

保衛夏收中

我軍打進勳歡據點

九團政治部

武西縣指揮部

七月十一日

打进勋欢据点的油印捷报

1940年日军侵占段村后，武乡被分割为东、西两块。为便于领导对敌斗争工作，划为武乡、武西两个抗日县。素有“武乡粮仓”的故城川，就坐落在武西县。1945年夏，在这块平坦而肥沃的土地上，成片成片的麦田满眼金黄。一阵风吹来，便仿佛金色的海洋，麦浪连绵，此起彼伏，风中充溢着沁人心脾的麦香，好一片丰收的景象！

然而，眼瞅着这丰收的景象，这里的老百姓的心里却高兴不起来。从1939年日本鬼子侵占白晋铁路踏上这片土地后，这里就再也没有了之前的安宁日子。日本人成了“太上皇”，做啥事都让人伺候着，稍不如意，非打即骂。日本鬼子以白晋铁路作为据点，隔三岔五地结队出来，不是抓丁做劳工，就是扫荡抢东西，烧杀抢掠，奸淫强暴，无恶不作。老百姓恨死了这些恶魔！每到夏收、秋收季节，敌人都要出来抢粮食，如今这丰收的麦田，慰藉了百姓耕作的辛劳，同时也助长了敌人的贪婪，能不能都收回来，还是个问题。

武西县抗日政府看在眼里，急在心上，为保卫老百姓的劳动成果，认真分析了当前的敌我形势，决定开展保卫夏收斗争。由决九团和武西独立营相互配合，对白晋铁路沿线的敌人进行打击骚扰，粉碎敌人的抢粮计划，同时组织群众进行抢割抢收。

在此简单介绍一下决九团。决九团全称为山西青年抗敌决死队第三纵队第九团，是抗战中较长时间驻在武乡县的一支英雄部队。1943年前，在武西山交沟、故城、义门一带驻扎。在当地发动群众，组织地方武装，曾多次深入游击区和敌占区，袭击敌人据点，深得群众拥护。1942年，在地方武装配合下，进行了狮则沟截粮战斗，又带领民兵，打掉了敌人在城西大门口的马牧炮楼。1943年敌占蟠龙后，奉命参加了著名的蟠武战役。1945年曾先后在武西拔掉牛寺、东良、故城等据点，俘敌百余人。

7月10日晚上，伸手不见五指，天地一片漆黑。微风轻轻吹拂，夏虫在嘤嘤鸣叫，周遭一片静谧。突然，一声清脆的枪声划破了夜空，这是决九团在向勋欢敌人据点发起总攻的信号。霎时间枪声骤起，火光染红了天际。勋欢据点外喊杀声四起。选择奔袭勋欢据点，是经过一番考虑的。勋欢，位于白晋铁路线上分水岭火车站和南沟火车站的中点，攻击这里，既有利于我集中力量打击敌人薄弱环节，也可以对敌人白晋铁路造成威胁，起到极大的震慑作用。

夜战是我们八路军游击作战的拿手好戏，更何况我决九团做了充分准备，战士们斗志昂扬，奋勇争先。战斗进展非常顺利，在我军战士英勇进攻下，勋欢的敌人不断后退，惶恐不安，一片混乱。随着一个个日军和伪军在枪炮声中倒下，20余名敌人被吓得龟缩在了一栋屋子里，在“缴枪不杀”的喊声中，举着双手走出了屋门。至此，不到一个小时的时间，就胜利结束了这场战斗。

九团政治部、武西县指挥部连夜撰写文稿、刻制蜡板、油墨滚印，迅速将这一胜利的消息向外传送。捷报全文如下：

保卫夏收中我军打进勋欢据点

生俘日伪军二十余名，击毙日伪军五名，缴获制弹筒一个，步枪十余支，电话机五部。

我军在保卫夏收中，积极活动，屡挫敌锋，为了较大胜利，更进一步的打击敌人抢麦计划，于七月十日突挺进白晋路。是夜，勋欢据点为我一举攻克。据初步统计，击毙日军四名，伪军一个，生俘日军一名，伪军廿余名，缴获掷弹筒则一个，步枪十余支，冲锋枪一支，子弹一箱，其他胜利品一部。该据点设备大部为我摧毁。我军已胜利完成任务后，安然返回原地。其详情待报。

九团政治部、武西县指挥部

七月十一日

夜袭勋欢据点这一战，彻底打乱了敌人的夏季抢粮计划，沉重打击了日伪军的嚣张气焰，进一步瓦解了日伪军的精神斗志，同时，有力地保卫了故城地区的夏粮抢收，极大地鼓舞了根据地军民抗战必胜的信念。

敌区13个编村的上万群众，背井离乡，空室清野，留给敌人的是萧然四壁；破坏交通，断敌给养，留给敌人的是一座四外无援的“孤岛”；大兵出动，小股骚扰，留给敌人的是噩梦般的游击战场。8个月零14天的蟠龙围困斗争中，军民共进行大小战斗3275次，歼敌2100多名，毙伤敌人1669名。历史雄辩地证明，谁敢侵我中华，必将陷入人民战争的海洋！

蟠龙围困战

李彩河

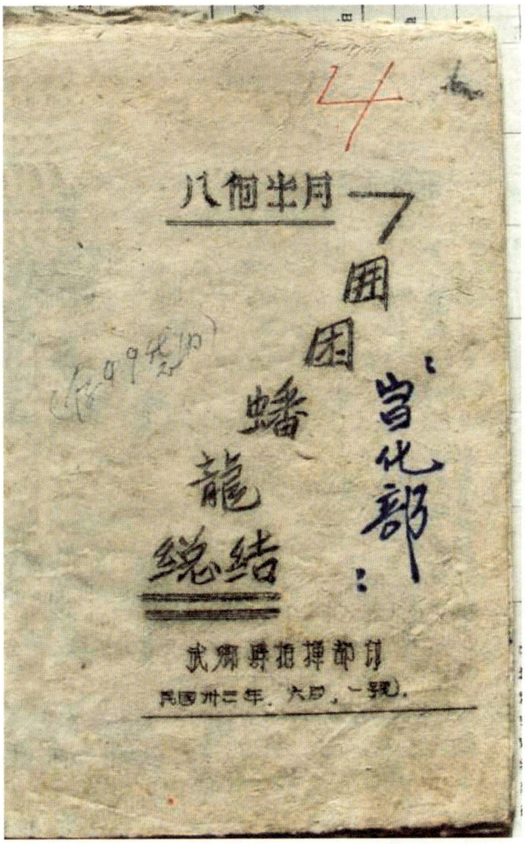

武乡县指挥部编写的《八个半月围困蟠龙总结》

在武乡县档案馆里，珍藏着这样一件文物，那是民国 33 年（1944）6 月 1 日由武乡县指挥部编写的《八个半月围困蟠龙总结》。它记载了被誉为“太行抗击侵略者的壮举，武乡抗战史上的伟绩”的围困蟠龙斗争的伟大胜利。看到这件文物，不禁让人想起 80 年前那场轰动太行的“蟠龙围困战”。

1943 年 6 月 14 日，日军三十六师团葛目联队的小林大队，带领伪绥靖军第一师赵瑞、段炳昌所部约 3000 人，侵占了武乡（东）根据地腹心要地蟠龙镇，并在周围的白家庄、侯家垴、胡峦岭、奶奶凹等高地安设了碉堡，作为外围据点。敌占蟠龙，等于在我太行腹地插了一把刀子，妄图分割我抗日根据地。

敌人侵占蟠龙后，为笼络汉奸，在蟠龙成立了“武（乡）、沁（县）、榆（社）、襄（垣）、辽（县）”专员公署，任命伪绥靖军第一师副师长段炳昌为伪五县专员公署专员。日寇、伪军、汉奸、爪牙狼狈为奸，筑碉堡、挖壕沟、挂起铁丝网、加固土城墙，虚张声势，扬言：“蟠龙成了皇军的铁桶江山，两个月内使武乡全面维持！”

为应对敌人的侵占，打击敌人的嚣张气焰，按照县委发出的紧急通知，敌区 13 个编村的群众有组织地进行了转移，空室清野，连夜撤到大有、洪水、东堡、西堡、朱家山等山区根据地，安置生活，把敌人所占村庄的人力和物资隐匿一空，使敌进驻之后只有萧然四壁，看不到一个人影，得不到任何可资利用的东西。粮食坚壁了，水井堵死了，门板、桌椅转走了，给敌人留下一座冷冷清清的空镇了。

同时，我太行三分区司令员陈锡联、政治委员彭涛研究，并请示一二九师及太行军区刘邓首长，决定集中优势兵力，发起蟠（龙）武（乡）战役，抽调 6 个团的兵力来参加这次战役：七六九团攻蟠龙，总部特务团攻侯家垴，决九团攻白家庄，二十团攻奶奶凹，十四团攻胡峦岭，决七团向西阻断段村日军救援部队。目标是：攻歼蟠龙周围以及蟠武公路沿线之日伪据点，孤立蟠龙据点的敌人。1943 年 7 月 19 日至 20 日进行了战斗，给敌人以极大的打击。

之后，我太行区党政军各级领导，根据一二九师刘邓首长的指示精神，给老百姓拿了主意——斗争、坚决斗争！蟠武沿线的广大军民纷纷响应，立即组织劳武结合的围困斗争，主力部队和地方武装紧密配合，构建起一道围困蟠龙敌寇于死地的铜墙铁壁。

敌占蟠龙后，为了尽快打通蟠（龙）武（乡）路，在沿途的马家庄、型村寨、胡峦岭、老凤坪等高地扎下护路据点，蟠龙一带万余群众需要长期转移。在太行区党委的指示下，县、区、村都成立了党政军一元化领导的前方指挥部。各自然村还设立了指挥组，领导群众对敌斗争和掩护生产，在围困线上构成了一个互相策应的游击网。当时，在三分区司令部和县委围困敌人指挥部的具体指导下，根据“劳武结合，围困敌人”的总方针，在坚壁清野之外，对蟠龙敌寇采取了多种斗争的方法：一是民兵配合部队，利用各种游击手段扰乱和袭击敌人，摸敌哨，烧仓库，割电线，劫武器，随时出敌不意地以冷枪、冷弹击敌，或以夜袭战、掏心战突入敌人心脏，条件具备时拔除外围据点；二是破坏交通，断敌给养，对四处“扫荡”之敌，大股伏击，小股歼灭，有大兵力出动，就用各种办法骚扰，或乘敌据点空虚，民兵游击队配合主力部队抄他的老窝，同时切断敌人与外界的联系，造成敌人供应上的困难，使蟠龙敌据点变成一座四外无援的“孤岛”；三是动员边沿区各村庄抢沟断路、打窑洞，在山沟里建立便于游击的野外生活，组织劳武结合的游击生产。

敌占蟠龙后，在四周山头高地和公路沿线筑起了大小碉堡、地堡、哨棚上百个，蟠武线上碉堡林立，壕堑纵横，大小据点，点线沟通。上万亩良田被控制在碉堡与岗楼之间。敌人辗转“扫荡”，向我围困线上的军民示威；狡猾、恶毒的敌人频出花招，他们常常派小股兵力四处骚扰，武东根据地进入了最艰难的岁月。面对敌人的诡诈行径，群众以高超的智慧，积累了丰富的斗争经验。周围几百个大小村庄搭成劳武结合互助组，并在此基础上建立村与村的联防，把互助组扩大，改为战斗与生产结合的劳动队。在蟠龙周围的山梁高地上，设民兵流动哨，实行“流动生产”“闪击生产”，各联防民兵轮流守护，打拳、劈刀，练刺杀，学习埋地雷。发现敌情，立刻隐蔽或做对付敌人的准备。在武乡（东）县委的组织下，在民兵、群众在主力部队的配合下，开展了抢种、抢收运动，既不耽误生产，又可避免损失，还能有力地打击敌人，把敌占蟠龙后的几百个村庄田地变成了游击战场。

在围困蟠龙、保卫麦收和抢收秋粮的斗争中，涌现出许多可歌可敬的英雄人物。窑上沟民兵张家班掩护他村和边沿区群众，劳武结合，抢种抢收，夏秋两季在炮楼下收庄稼60多亩，打粮1.5万多斤，荣获“太行英雄民兵班”的光荣称号，1944年11月在太行区首届群英大会上，李达司令员又授给一面上书“坚持劳武结合，围困蟠龙敌人”的奖旗。秦家烟李家弟兄李星云和李金河，中秋节回村抢粮，因等待抢收乡亲落入敌手，在被押回据点途中，趁敌卫兵下沟摘果子之机，用铁锹铲死了日军小队长，夺枪一支，创造了名震太行的“赤身战术”。龙湍村自卫队员郝贵堂回村挖粮食，被胡峦岭之敌抓住充当挑水“苦力”。一天，他突然把正在桶边喝水的押运敌兵推下井里淹死，夺枪而跑。他的英雄行为，写出了风传一时的“请鬼子喝水”的幽默故事。下北漳老民兵李庆和被去该村抢劫蔬菜的鬼子逮住，绑进下型塘日伪特训班当伙夫。一天晚上，他装病麻痹敌人，半夜用菜刀砍死敌人，夺枪而逃，成为驰名太行的“菜刀英雄”。白家庄13岁的儿童团长李爱民在回村抢收粮食返回东沟村口遭敌截击。他在队前发现敌情后，立即高咳三声为后边50多个乡亲报警。挂彩后被敌人抓住，鬼子逼他说出民兵去向，爱民坚不吐实，英勇不屈地倒在日军的刺刀下，成为闻名边区的“太行儿童英雄”。

针对敌人妄图“长期”占领蟠龙的意图，7月下旬，三分区司令部和三地委召开了联席会议，分析、判断、讨论了敌人的动向，提出了“坚持长期围困，逼退蟠龙敌人”的新方针，认真做出了围困斗争的方案。特别在武装力量配备方面，做到了主力兵团、地方兵团、民兵自卫队三结合的军民联防。

主力兵团和地方兵团联动战斗。三分区七六九团、十四团和独立营等地方部队，以连或排为单位分散在蟠龙周圈各个围困敌人的联防线上，作为民兵游击队的组织者和指挥者。当时，十四团除活动在榆武公路上的两个营之外，英雄营长钟明锋率领三营化整为零，配合区游击队长路三保和韩高升等带领的四区游击队，日夜活跃在蟠龙以北，胡峦岭至韩家垴的联防线上。民兵群众坚定地参加围困斗争。三分区五连，组成“轮战队”“侦察班”等，配合韩壁、窑上沟、王家峪等村民兵，战斗在蟠龙以南一线。

七六九团派出第六连配合新八区民兵坚守尖山顶146天，荣获“围困蟠龙敌人模范连”的英雄称号。七六九团第六连住在关家垴、尖山顶一带，像一把钢刀，直插到离蟠龙不远的河滩上，掐住了企图掠夺柳沟铁矿、煤矿的敌人的脖子。部队和民兵并肩作战，多次设伏，共同打击敌人，把安在温庄的临时据点一一拔掉。“一颗子弹消灭一个敌人”的神枪手民兵班长关二如带领民兵和三排战士在风垴上打得“扫荡”的鬼子灰溜溜退回蟠龙据点。

和尖山顶遥遥相对的是韩壁村，这两个山头像两只钢铁的手，掐住了敌人从蟠龙到柳沟去的咽喉要道。围困蟠龙期间，七六九团五连二排与英雄的韩壁人民坚守在前哨阵地，联合附近的窑上沟、王家峪、北上合等村民兵，打掉敌人侯家垴据点，打了许多漂亮仗，打击了敌人的嚣张气焰，抢收抢种，“闪电生产”，保卫了家乡人民的生命财产。排长王凤才成为南线围困大军的著名组织者和指挥员。

在蟠武线上更为著名的是十四团英雄营长钟明锋。这个传奇式的人物既是游击集团的指挥者，又是个勇猛顽强的战斗员。钟营长依靠着民兵，民兵们围绕着他。钟营长把各村民兵、四区游击队和正规军巧妙地调配在一起，使敌人无法辨明哪些是民兵，哪些是正规军，让敌人多次遭到我部队的奇袭，惶惶终日，防不胜防。在神出鬼没的游击战争中，创造了无数奇迹。蟠龙北面一道圪梁上的老百姓到处都在传说着钟营长、神八路的故事。奔袭胡峦岭日军据点、石板沟口麦收时节打掉抢粮队、龙湍村西瓜地里袭击鬼子、韩家垴上伏击战、乔装民夫混进蟠龙摸敌情、捉舌头等故事流传至今。

面对蟠龙之敌，我根据地在开展游击生产、军民联防的同时，对敌开展了政治攻势，进行攻心战，从内部分化、瓦解敌人。从7月下旬破获特务案开始，村村开展反特锄奸运动，彻底揭露了特务头子破坏抗日、引狼入室的滔天罪行，并结合民族教育与气节教育，镇压投敌叛国、罪大恶极的铁杆汉奸，震慑敌人。

利用敌伪矛盾、厌战情绪，采取了多种措施：第一，坚决贯彻统战方针，严格执行俘虏政策；第二，张贴标语、传单、布告，多用于补给线上；第三，释放和优待俘虏，在民夫中扩大政治影响，并把优待规定亦印发传单：保证生命安全，不没收私人财物，愿回家送给路费，带出武器弹药奖钱、奖物；第四，夜间到碉堡附近喊话或战斗中喊话，要有的放矢，抓住要害；第五，摆出实标样板，蟠武战役后释放了大批俘虏，敌兵才确信八路军优待俘虏。通过到碉堡边喊话“上夜课”，张贴镇压汉奸的布告，瓦解日伪军的标语，以除暴安良与优待俘虏以及动员反战人员等办法，争取和瓦解日伪人员，斩断了敌寇的爪牙，使蟠龙敌人完全陷入闭塞聋盲的孤立状态。

我根据地强大的武装斗争和政治攻势相结合，使日军不敢再相信伪军，又不愿亲自出来抢粮，没办法，只能从段村据点往蟠龙运输物资，派出一个团的兵力，轮番护送。在蟠武线上交通斗争随即展开，各村民兵都实行麻雀战、联防战。根据自然地形和战斗需要，沿蟠武公路各村民兵共同订立联防公约，一村有敌情数村增援，合力围击敌人，用冷枪与爆炸相结合的办法打击其运输队。如闻名太行的地雷大王王来法，领导李峪民兵，在蟠武公路中段埋设各种地雷，前后杀敌 120 多名。

蟠武线两侧的民兵，在十四团和决九团等正规军的带领下，勇气大增，坚强战斗，频繁活动，控制着来往的敌人，创造性地把地雷爆炸和飞行射击结合起来，埋地雷能手以地雷封锁敌人据点和道路，飞行射击手就专打冷枪。11 月后，蟠龙敌人被我军围困得捞不到一草一木和一袋粮、一筐燃料，运输 3 个月军需供给的计划也破产了，蟠龙敌人只能挨饿受冻，惶惶不可终日。

在我广大军民的团团包围之下，敌人被迫于 1944 年 2 月 28 日五更，像过街的老鼠偷偷溜出蟠龙，在漳河两岸满山民兵、部队的呐喊和枪炮声中，夹紧尾巴，狼狈逃回段村老巢。敌人侵占蟠龙 8 个半月之久，除了四处挨打、损兵折将之外，并没有从柳沟运走一斤铁、半块煤，连一把黄土也没有给他的主子捞回去。

在这场历时 8 个月零 14 天的围困斗争中，我武东军民 2 万多人燃起的抗敌战火，使蟠龙之敌如一头野牛撞入了人民战争的火焰阵，被烧得焦头烂额。据武东 7 个区的统计：仅广大民兵开展地雷战、麻雀战两项，就毙伤敌人 1669 名。军民共进行大小战斗 3275 次，总共歼敌 2100 多名。在我政治攻势中，伪军逃跑、投诚者共 240 多名。

3 月 4 日，太行三分区在蟠龙镇召开了万人参加的庆功祝捷大会。冷落了 8 个多月的河滩广场上，红旗招展，人山人海，欢声雷动，鼓乐喧天，用花轿抬着围困蟠龙斗争中所涌现出来的英雄们。七六九团六连被选为太行三分区“围困蟠龙模范连”。五连二排排长王凤才、十四团英雄营长钟明锋、排长靳小瑞、关家垴民兵班长关二如、马家庄民兵指导员马应元均被选为太行区一等杀敌英雄；韩壁村农会主席韩国栋和树辛村李马保等人被选为模范抗日干部；窑上沟民兵“张家班”、秦家烟李家两弟兄、太行“地雷大王”王来法、菜刀英雄李庆和、推鬼子落井的郝贵堂等英雄人物也都被评为名震太行的抗战功臣。1944 年 4 月 3 日太行《新华日报》第一版，以显赫的标题发表了《向蟠武线军民致敬》的社论，表彰了蟠武全线在血与火的斗争中坚持围困蟠龙敌寇的广大军民。

黄龙岗上，烈士长眠。祝捷大会一致通过在蟠龙镇建亭竖碑，把为国为民壮烈殉国的抗日将士和地方英烈：十四团三营副营长王明甫；县独立营青年连连长任其和等八路军指战员；胡峦岭双目失明、宁可饿死不吃鬼子饭的郝爱则老大娘；皮烟村誓死不做亡国奴、单身力敌数名鬼子的壮士王尚元；漆树坡窑洞保卫战中的钢铁勇士武志芳；砍头只当风吹帽的著名游击队长武华；临敌不降跳崖自尽的区武委会副主任张德林；宁死不告诉敌人的抗日儿童团长李爱民等 350 多名烈士的英名，都一一镌刻在“围困蟠龙胜利纪念碑”上。这座耸立在黄龙岗上的历史丰碑，将同天地永存，与日月齐辉。

蟠龙围困战是我太行山根据地军民联防、痛击敌人的一场典型战役，“围”而歼敌，“困”而断其物资，最终战胜敌人。围困蟠龙斗争的胜利，是太行山上抗击侵略者的壮举，是武乡抗战史上的伟绩。

先生四子四女，就有两子一女参军，其中一子为国捐躯。且自己也参加过革命，服役于决死队。先生胆小，却敢于在战火中淬炼。先生胆大，且有军烈属身份，却怕遇见极端分子的极端手段。先生愚钝，却识文断字，提笔能书，精通易学。先生谨慎，相信熟人不欺，却遭到熟人的“捏角攥粮”，导致账物难对，自己无法交代自己。可惜，满门忠烈的悲壮，如今只有一块牌匾传世。

“为国分忧”匾后被遗忘的战斗

张一鸣

12月13日，是南京大屠杀死难者国家公祭日，我于此日回到故乡。因为故乡有着无数的抗战故事，有着许多的流血牺牲。选择这一日回故乡走一走，为了将要忘却的记忆。

“为国分忧”是过去悬挂于武乡县禄村中心三官庙背后张保柱家门上的匾额，在我走访时才发现匾额已经消失不见。我进了他家的院子。因为我和他的儿子是同学，我们非常熟悉。现在他将自己家的匾额收了起来，以防这份家族记忆丢失。在他家里，他新仿制了一块门匾，“为国分忧”四个大字写好了，遗憾小字没有合适的人能够为他补全，故而没有悬挂于门上。小字为题头与落款：模范抗属张元庆先生荣幸，禄村全体干部群众送，民国三十四年七月某某日。

显然匾是赠予张元庆先生的，赠予先生的原因并未详述。时隔75年之久，村内当时的干部早已不在人世，战争时的资料早已无踪迹。当我问起时，同学的妈妈带我进了他家，打开抽屉，给我看了一份张元庆先生四儿子维仁先生的家书，大概意思是本家两子一女参加抗战，所以送匾。看完之后，个人

“为国分忧”牌匾

对此存疑，故而进行了一番资料查看和推究，写就此篇文字。元庆先生的后人才俊辈出，可做更详细的探究。

其一，谈谈张元庆先生。禄村张姓，历史久远。家谱之上，儒生甚多。分了南院门、果园门、油坊门、先生门等许多门。张元庆先生是先生门的传人。先生门人，多数识文断字，儒学昌盛。据人言，张元庆先生为了练字，一支笔先蘸了红土水写，之后再蘸石灰汁写，最后才蘸墨汁书写。他执笔之最尾端，左右手都能写出好字。他的良好家风得以传承，子孙儿女家教甚好。张元庆先生更为人广知的是他的风水之术。沁县、武乡许多地方都留下他的堪舆足迹，人称“禄村元庆”“元庆老汉”，周边有许多他风水技艺的传说。他人品极佳，交友很广。他的儿子婚配十分有特色，全部由他掐算八字后进行包办安排。

张元庆先生自己也曾在沁县参加过革命，服务于山西青年抗敌决死队。村子里一直流传。因其字写得好，参加革命以后，帮助决死队写标语传单等，也为决死队记账管财粮。在决死队组织农会运动时，他曾短暂担任过农会主席。先生一生谨小慎微，处处与人为善。当时相熟之人去送军粮，他便相信熟人不欺他，在账本上一写，叫送粮人自己去倒粮，自己也不照看。焉知相熟之人进去倒粮时两只手紧攥袋子角，倒完粮后能赚下两把米。时间一长，账物难对，元庆先生思来想去，将账本一合，连夜一走了之。

回乡之后，元庆先生一直帮助村民办事管事，有时村内两三家同一日办事，老先生两三处当总管，能将所有事务处理周到。

1963年禄村张氏续谱，张元庆先生执笔。同年，禄村“四清”工作队入驻，疾风骤雨地开展起了工作。元庆先生胆小，担心运动冲击，去了汉口女儿家暂住，不幸染病。次年回家后，不久即去世。

其二，谈谈元庆先生参加革命的子女。张元庆先生四子四女，有两子一女参加了革命。长子张维瑶在村务农，生于1916年。次子张维精（张浩）参加决死队，1945年牺牲于吕梁中阳战场。三子张维允1947年参军。四子张维仁考取大学，在太原从事教育工作。四子中目前仅张维仁先生在世。四女张秀珍生于1926年，1945年10月正式参军，跟随刘邓大军挺进大别山，解放武汉后留下工作，目前在武汉。张维仁先生耳背，无法与其进行详细沟通，张秀珍老太太年老神衰，无法将过去的荣光讲清楚了。

查阅史料以及访谈村里人，知悉张浩当时已经毕业，在上司某村教书。当时他已经接触了新学，向往革命。张元庆老先生着急为子女婚配，他掐算过一位女子的八字后，就张罗着为张浩办婚事。他张罗好通知张浩回家结婚。张浩一听与未见的女子结婚，一气之下，便跑到了沁县投军。元庆先生在张浩不见后，自己背了行囊去沁县寻找儿子，意外地也参加了革命。

据张维仁先生提供的资料，当时为1937年。据《武乡县志》记载，张浩于1937年参加革命。张浩烈士于1937年参加革命是无疑问的。存疑的是他哪一年出生。县志中记载其生于1914年。其排行二，长兄出生于1916年，他根本不会出生于1914年。据维仁先生资料，他出生于1923年，半耕半读至中学，刚入中学抗战开始，年仅14岁的他就参加了革命。似乎又与他毕业教书有些许出入。据我推断，他出生于1920年左右，而县志之中记载的1914年的来源，估计其为了顺利参加革命，故意报大年龄也未可知。他参加革命之时，即改了自己的名字，由张维精更名为张浩。县志中载，张浩于1938年3月入党，1945年在吕梁中阳战斗中牺牲。维仁先生的资料中记载，他1940年调任吕梁独立十团一营任副营长。在中阳激战4日，打退敌人5次反扑，后来返回时攻取冯家山碉堡，俘敌10余人，不幸在搜寻残敌时中弹牺牲。1961 年至 1963 年间，张元庆先生亲自到吕梁中阳，将张浩烈士骨骸收回。

据维仁先生资料，元庆先生的四女张秀珍女士于 1945 年 10 月参军。跟随刘邓大军挺进中原，开辟大别山根据地，参加解放武汉等地战斗。离休后，定居武汉市至今。

张秀珍女士参军的经历与她门前的三官庙有极大关联。当时三官庙已驻进八路军野战医院。八路军攻打沁县、段村的负伤战士都在此救治。禄村的姑娘们跑前跑后，或当临时护士，或洗染血被服。此间，禄村的封建家长们如临大敌。一边防着女儿们帮助医院做工作，一边又提防着女儿们跟着部队跑掉。当时抗战反乱之时，许多姑娘在此时已经许配了人家。看得紧的家长，赶紧把闺女嫁出去了。还有一些家长比较开明，放自己的女儿参加革命。元庆先生的儿子就在战场之上，他的女儿秀珍协助救死扶伤，他没有干涉。当时禄村有四个女儿跟着八路军野战医院参加了革命。秀珍女士在部队医院向下北漳村转移时，她跟着参加了部队。

元庆先生的“为国分忧”匾额获得时间在民国 34 年 7 月，即 1945 年 7 月。史料之中 1945 年中阳战争最早的一场发生在 8 月，据此推断，先生获匾，是因为自己参加过抗战，又有一子一女为抗战付出，全家有三人在为抗战奋斗，故而获得了“为国分忧”的荣誉。在获得匾之后一小段时间里，元庆先生便遭遇了儿子殉国、女儿离家之痛苦。正因为这块匾和张浩的牺牲，激励着张元庆先生的三儿子维允也走上了革命道路。维仁先生资料中，1948 年，18 岁的张维允参加了解放军，担任连长等职，光荣退伍后，回到武乡工商局任职。据核实，张维允先生于 1946 年在蟠龙就读太行二中，1947 年 10 月参军。

走访调查之中，越访心情越沉郁。张元庆先生一家的故事，即使自家人也记不起多少了。在世的两个子女也都已年迈，孙子辈的人对过往也不甚了解，仅知他们参加过革命，也很少进行相关资料的收集与探究。甚至，张元庆先生留下的纸质资料现已散佚各处，收集起来格外困难。希望未来有他的后人们一起深入挖掘研究。

其三，资料背后被遗忘的战斗。为了更好地还原张浩烈士那段历史，我查阅了许多资料。张浩烈士有三个标签：一是吕梁独立十团一营，二是中阳，三是冯家山。关于吕梁独立十团，我查阅资料希望可以找到关于吕梁独立十团的历史渊源及战斗经历，更真实还原张浩烈士的革命历程，然而吕梁独立十团似乎突然消失了。唯一的线索来自刘大煜少将，他是1928年入伍的老红军，曾担任过独立十团政治委员，后来任解放军后勤学院干部部部长、政治部副主任。独立十团，离石支队有。但是离石支队的渊源，又无法和沁县参加革命的张浩联系到一起。关于中阳，我仔细查阅中阳战斗的资料，1945年的战斗史回忆资料甚少。在官方资料中，多是讲中阳解放于1946年。有一些资料显示，1945年中阳有过三次战斗，更有许多有名有姓的烈士在1945年牺牲，显然，这些战斗的具体历程正在被遗忘。关于冯家山，吕梁中阳周边有15个叫冯家山的地名，冯家山碉堡到底是哪一处的冯家山呢？在冯家山的资料之中，写矿产与企业的多，革命史鲜少有记忆。张浩烈士归葬于武乡禄村，忠骨有家乡山水来涵养，但其战斗的经历已经随时间的推移而近乎消失了。

我从院子中走出时，答应帮同学的父亲将新匾之上的小字给补齐。希望“为国分忧”的匾再次在街门口高高悬起，让大家记住为国奉献的往事，也希望更多的人参与进来，将这块匾背后的人物故事补充至圆满。

秘密斗争

抗日战线上，不仅仅只有在战火中穿行的勇士，还有一群战斗在敌后的无名英雄，他们扮演着各种角色，孤身深入敌人内部虎口拔牙，长期战斗在隐蔽战线，为前线战斗提供准确有力的战争信息，为前方战事提供战略物资。他们在敌人重重封锁下，巧妙地与敌人周旋，将各种抗战组织串联起来，形成一张进退自如的天罗地网。尤其是那张证明自己身份的证明书，那种在影视剧中才能看见的潜伏场景，就发生在我们这块土地上，主人公李政文潜伏在敌人内部，直到抗战结束，都没说出自己身份，直到 20 世纪 60 年代去世后，人们还认为他是汉奸。如果不是窑洞翻修时发现的那张证明书，李政文岂不是要蒙冤千古？

一纸信笺，一段悲壮历史，寥寥数语，满含万千遗憾。一个偶然，尘封几十年的信笺再次出现，李逸三与孙汉英烈士后人之间的对话，重现当年烈火般炽热的情怀。“得上党而问中原”，上党由南关始，南关山势险峻，地形复杂。抗战时期，日军在此地出重兵欲控制交通要道白晋铁路，八路军与日军展开殊死斗争。18名地下党在斗争中不幸牺牲，像一颗颗流星划过魔障一般黑暗的天空。

李逸三给孙汉英烈士儿子孙文秀的信

赵广军

2022年6月29日，在喜迎建党101周年之际，武乡县档案馆收集到李逸三给“十八勇士”之一孙汉英烈士儿子孙文秀的信等3件珍贵档案。李逸三是武乡县党组织创建人、第一位党员、第一任县委书记，孙汉英是1943年“南关惨案”牺牲的18名烈士（又称“十八勇士”）之一。李逸三给孙汉英烈士儿子孙文秀的信将两个历史人物紧紧联系起来，将尘封的历史事件缓缓揭开，再现了“抗战圣地，红色武乡”的苦难辉煌。

武乡县是全国著名的革命老区，抗战时期八路军总部长期在武乡驻扎，朱德、彭德怀、刘伯承、邓小平等老一辈革命家长期在这里战斗生活。当时不足14万人口的小县，就有9万多人参加抗日团体，有14600人参加八路军，留下了“出粮出兵出干部，五千干部一万兵”的佳话，赢得了“八路军的故乡，子弟兵的摇篮”的美誉。

李逸三给孙文秀的信中说：“大约是1941年，我担任太岳区的岳北敌工站的站长，专做平遥祁县武乡这一带的敌伪工作。”“我和你父亲是很熟的。你父亲牺牲之前，是担任南关据点一带的敌工组组长。”“汉英是个很

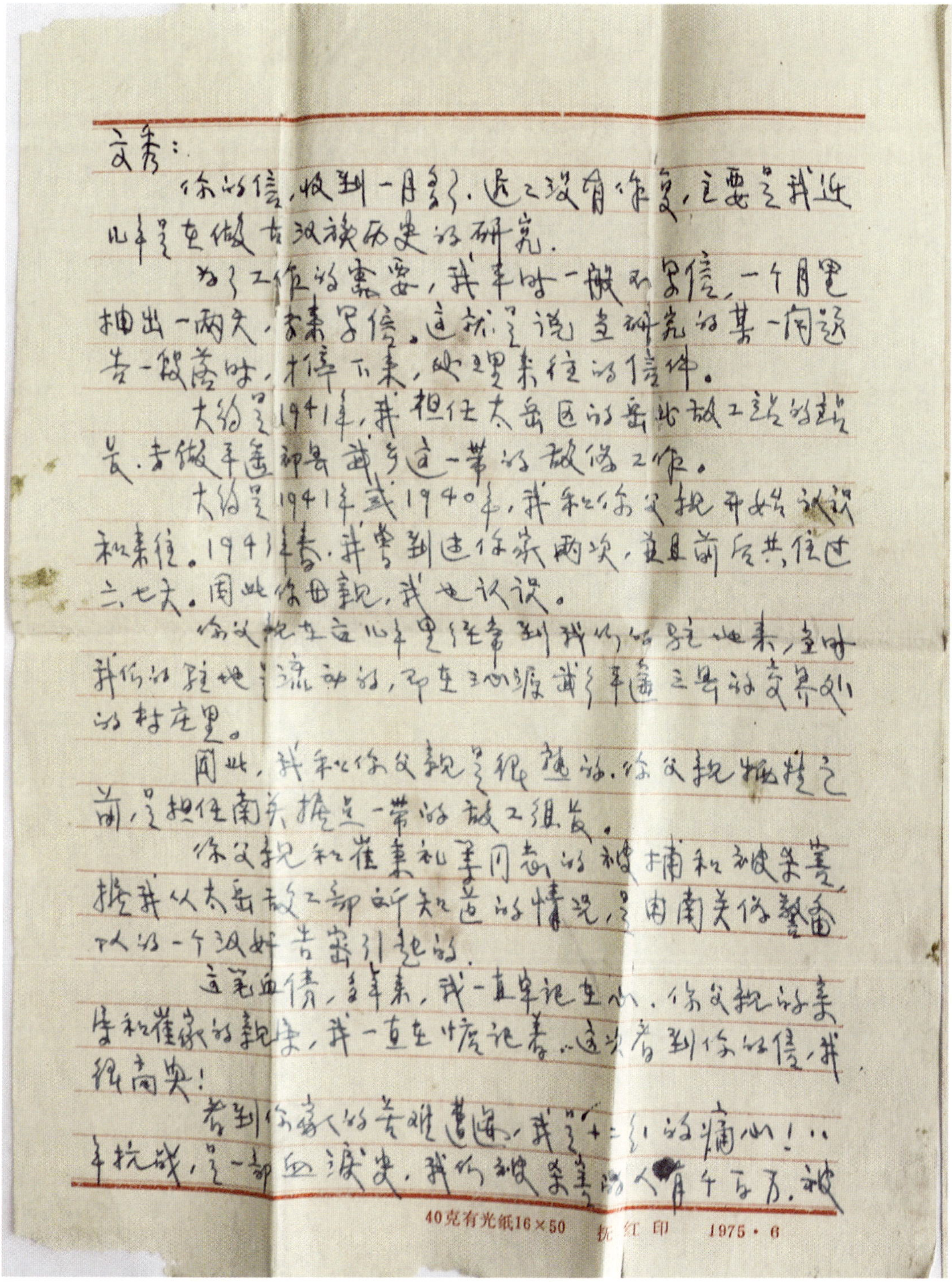
文秀：

你的信，收到一月多了，迟迟没有作复，主要是我近几年是在做古汉族历史的研究。

为了工作的需要，我平时一般不写信，一个月里抽出一两天，专来写信。这就是说在研究的某一问题告一段落时，才停下来，处理来往的信件。

大约是1941年，我担任太岳区的岳北敌工站的站长，专做平遥、介休、武乡这一带的敌伪工作。

大约是1941年或1940年，我和你父亲开始认识和来往。1941年春，我曾到过你家两次，并且前后共住过六七天。因此你母亲，我也认识。

你父亲在这几年里经常到我们的驻地来，当时我们的驻地是流动的，即在沁源、武乡、平遥三县的交界处的村庄里。

因此，我和你父亲是很熟的。你父亲牺牲之前，是担任南关据点一带的敌工组长。

你父亲和崔秉和等同志的被捕和被杀害，据我从太岳敌工部所知道的情况，是由南关伪警备队的一个汉奸告密引起的。

这笔血债，多年来，我一直牢记在心。你父亲的英勇和崔家的亲属，我一直在怀记着。这次看到你的信，我很高兴！

看到你家人的苦难遭遇，我是十二分的痛心！八年抗战，是一部血泪史，我们被杀害的人有千百万。被

40克有光纸16×50　抚红印　1975·6

李逸三写给孙文秀的亲笔信

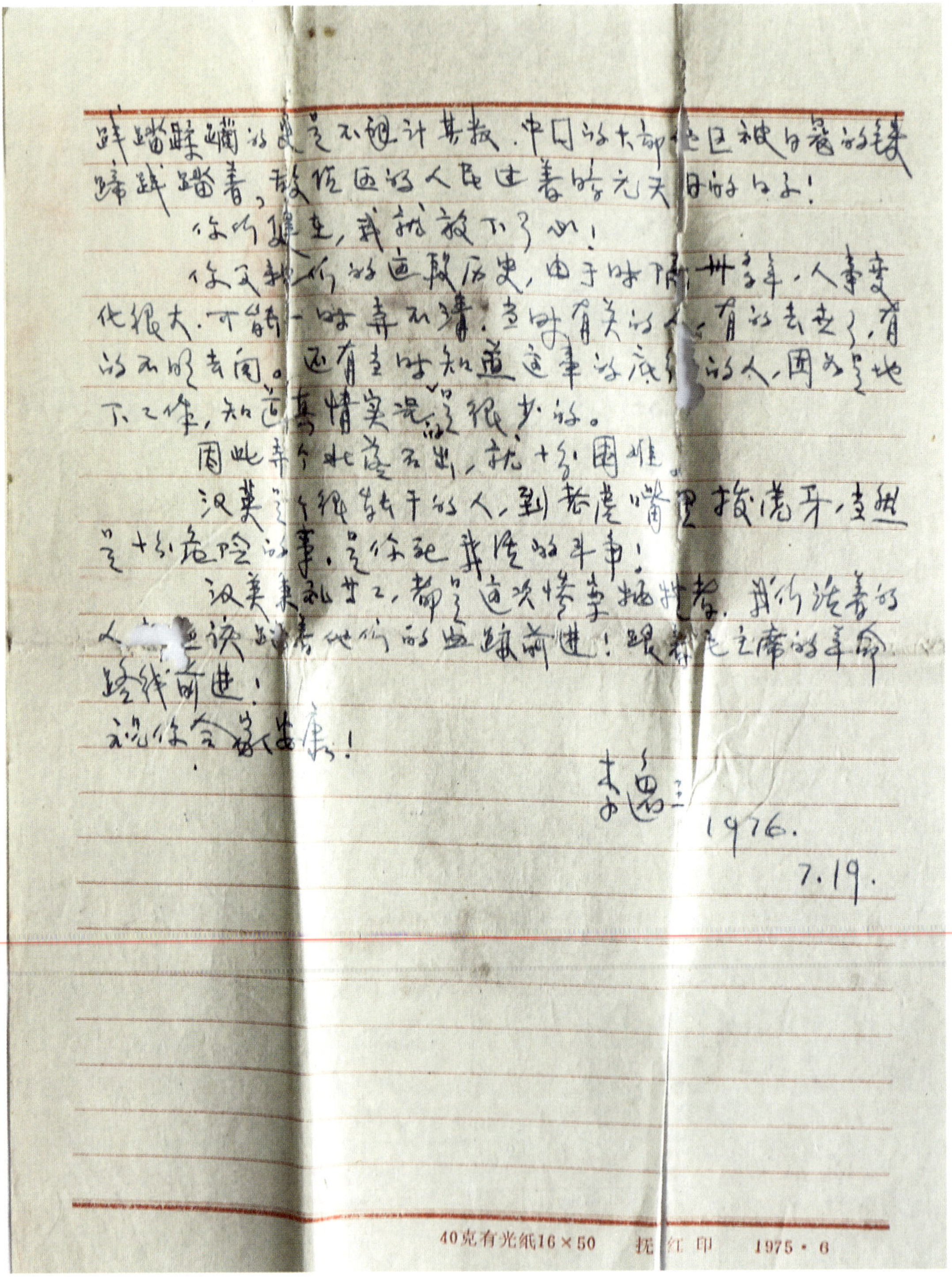

践踏蹂躏的更是不胜计其数。中国的大部地区被日寇的铁蹄践踏着，被压迫的人民过着暗无天日的日子！

你们健在，我就放下了心！

你问我们的这段历史，由于时隔卅多年，人事变化很大，可能一时弄不清。当时有关的人，有的去世了，有的不明去向。还有当时知道这事的底细的人，因为是地下工作，知道真情实况的很少的。

因此弄个水落石出，就十分困难。

汉英这个很能干的人，到老虎嘴里拔虎牙，当然是十分危险的事，是你死我活的斗争！

汉英和耕五，都是这次惨案的牺牲者。我们活着的人，应该踏着他们的血迹前进！跟着毛主席的革命路线前进！

祝你全家安康！

李逸三

1976.

7.19.

40克有光纸16×50　抚红印　1975·6

李逸三写给孙文秀的亲笔信

能干的人，到老虎嘴里拔虎牙，当然是十分危险的事，是你死我活的斗争！”

信中内容将我们带回到艰苦卓绝的抗战时期。

南关，今天属武乡县分水岭乡管辖，是武乡县最西北的一个村，地处长治、晋中两市，平遥、祁县、榆社、太谷、武乡多县交界处，成为来往客人和商家的歇脚之地，也成为各县的贸易交换点。全镇有大小店铺20余家，是武乡八小镇之一，又是太原通往上党的交通要道，故称“冀南之牖户，潞泽之咽喉”。因南关地处关隘，地势险要，历来为兵家必争之地，素有“南关锁钥”之称。

1939年10月，日军为控制白晋铁路，调集重兵占领南关，并立即在镇周围的大官寨、云盖山、极子山、秦王头修建了护镇碉堡，居高临下，虎视南关。1939年10月13日，日军修建的白晋线东观至南关段竣工。1939年10月17日，就是日军铁路竣工不满一周，八路军一二九师三八六旅七七二团与日军在南关激战6个小时，炸毁日军汽车10余辆，歼灭日军100余人，缴获电线1000余斤，炸毁桥梁一座，缴获大批衣物、子弹等物品。1940年5月6日，八路军一二九师三八五旅七六九团在南关地下党孙汉英（南关村维持会会长）、孟景文的带领下，深夜悄悄绕过日军碉堡，潜入南关镇内，成功实施“打虎掏心、中间开花”战术，一举歼灭日军一个中队，日军中队长峰正荣被击毙。解救出修路工人1000余名，缴获炸药1000多箱。1943年4月，八路军决九团在本地游击队配合下攻入南关火车站，缴获电话机12部，歼灭日伪军300余人。

八路军对日寇的猛烈进攻引起日军的疯狂反扑，他们在南关实施了大搜捕，一天就抓捕了100多村民。最后扣押我地下工作人员19名。敌人对这19人用尽了各种严刑拷打，百般折磨，但没有一个人屈服招供。1943年阴历六月初十下午，崔秉礼、孟景文、郭凤仪、郭振祥、崔旭生、贾旭奴等11人在分水岭刑场英勇就义。六月十二，孟立忠、李二则等6人由分水岭押至南沟警察局，第二天即遭残杀。孙汉英更是受尽日寇百般折磨，但他始终没有向敌人屈服，最后活活被饿死在沁县监狱的站笼之中。只有郭守师一人侥幸存活下来。

以上就是“十八勇士”的艰苦卓绝的斗争故事。2018 年，八一电影制片厂将此故事拍摄为抗战体裁电影《十八勇士》，艺术地再现了当年史诗般革命历史。

李逸三给孙文秀的信是 1976 年 7 月 19 日写的。此时，受“文革”冲击，李逸三已从中国人民大学党委常委、组织部长任上调离，到中国科学院植物研究所担任党委书记兼副所长。档案捐赠人孙文秀儿子孙永进说，1999 年父亲 57 岁时去世。这封信的发现也是极偶然的。

孙汉英 1943 年牺牲时年仅 27 岁，儿子孙文秀才刚过一周岁。1945 年孙文秀 3 岁时随母亲改嫁到离南关村不远的后庄村（属平遥县）。孙永进说，自己平时在太原打工，2020 年父亲在后庄村的老宅年久失修倒塌，他在收拾一张瓦砾尘土下的桌子时，在一个抽屉隐蔽的上夹层发现了这封信，还有奶奶的结婚证书及一张相片。他不得而知父亲生前为何将此信 20 多年秘不示人，他感慨父亲去世后又过了 20 多年这封信才得以重现。

李逸三的信中说：“八年抗战，是一部血泪史，我们被杀害的人有千百万，被践踏蹂躏的更是不计其数。中国的大部地区被日寇的铁蹄践踏着，敌占区的人民过着暗无天日的日子！”李逸三在信的最后说：“汉英、秉礼等人，都是这次惨案牺牲者，我们活着的人都应该踏着他们的血迹前进！”

泛黄纸片，字字千钧。在喜迎二十大，奋进新征程中，我们肩负着将这些红色档案收集好、保管好的职责，让其发挥好讲述红色故事、传承红色基因的作用。

导演
苑本立
十八勇士
Eighteen Brave soldiers
向抗日战争中牺牲的无名英雄们致敬
出品人/ 张方军 皇甫东君 成雪军

电影《十八勇士》海报

这是一张特别的“良民证”，魏名扬利用它三进蟠龙镇，建立联络站、活捉安子良、策反副队长，为解放蟠龙镇做好了前期工作；体现了特殊的年代，中国人民与日寇斗智斗勇，也展现出了中国人民不屈的斗争精神！

一张特别的“良民证”

武承周

1979年8月，我到太原采访当年的游击队长魏名扬，他拿出这张“良民证”给我，并讲了其中的故事。

这张“良民证”是蟠龙村的商人张会俊利用日本人制作的一张假证。张会俊祖籍蟠龙镇史家嘴村，其父迁入蟠龙镇上，并在镇上开办商号，成为镇上富户。张会俊14岁时从私塾考入蟠龙奶奶凹县立第三高小，后入武乡国民师范读书，曾与段村武光汤是同学。师范毕业后，遵循家父的心愿，回到家乡蟠龙镇从事经商活动，商号“益盛堂”。

张会俊开办的益盛堂不仅货物品种齐全，而且质量上乘。同时张家有严格的经商祖训：“诚信经商，严戒欺诈，缺斤短两，两倍赔偿”。凭着这条规矩，张会俊的生意越做越大，真有贸易通天下、生意达三江的势头。

张会俊不仅会做生意，而且人际关系也是亲朋满门庭、好友通四方。民国26年（1937）农历七月初七，枣烟村魏名扬带领本村的国术团一帮小弟兄，到蟠龙古庙会上助兴，名扬的双手盘刀首次亮相，手下将一碗水朝名扬头上泼去，观众只看见名扬头顶出现双刀闪亮，一团雾气蒸蒸日上。舞毕，名扬让观众用手摸他头顶，只见滴水未沾。顿时群众拍手鼓掌，欢呼声、口哨声响成一片。张会俊也亲眼目睹此景，他非常敬佩魏名扬的武术才华，认为他将来定会有不凡的出息。所以，中午将魏名扬及其一班人请到他开的“一品香”饭店，好酒好菜招待了一番。他小名扬一岁，便称名扬大哥，结为弟兄。更让人奇怪的是名扬与俊会站在一起，无论个头、长相，叫生人一看真的像亲兄弟一样，这大概是武乡人说的“天缘”。因为相貌一样，给后来抗日救国、解放蟠龙派上了大用场。

1938 年 4 月，日军向晋东南根据地发动了“九路围攻”。为了团结一切力量开展抗日斗争，经姜一、李尚春、李玉田、魏名扬等人商议：由魏名扬出面将俊会拉进抗日队伍，在蟠龙镇组建了“商会馆”特工站，老板就是张会俊。

1943 年 6 月 14 日，日军占领了蟠龙镇，张会俊这个“商会馆”特工站便开始发挥作用。为方便工作，他还将自己的“一品香”饭馆改名为“会俊餐馆”。日军占领蟠龙后也需要生活物资，更需要吃喝拉撒的生活用品，加上张会俊能说会道，会搞人际关系，所以，很快取得日本一个中队长田中大川的信任。为了让魏名扬进出蟠龙镇方便，给他取了个假名张会辰，名义上是会俊的弟弟，张会俊托大川给他办了一张特殊的良民证。良民证为木刻布印版，上面刻着：姓名：张会辰，性别：男，年龄：33 岁，职业：商人，籍贯：武乡蟠龙，发证日期：中华民国三十年九月十五日，持证号码：188 号。证件上面还写有良民证的六条义务和权利，后边加盖着日本警卫队公章。

1944 年年初，太行三分区决定解放蟠龙镇，并委派蟠龙四区区委副书记兼游击队长魏名扬打入蟠龙镇。张会俊把这张“良民证”交给魏名扬。魏名扬就以这张“特殊良民证”，与枣烟村妇联主任王存娥假扮夫妻俩，以进蟠龙镇送炭、卖菜为名“三进蟠龙镇”，顺利完成了解放蟠龙的前期工作。

第一次进蟠龙镇建立联络站，收集敌人活动情报，为我军攻打蟠龙镇提供可靠的信息。魏名扬接受任务之后，仍然利用王存娥在蟠龙镇上的亲戚关系，于 1943 年农历腊月的一天，与王存娥假扮成夫妻，牵着毛骡驮着存娥混进了蟠龙镇，找到了她表姐李翠云和表姐夫安效儒。安效儒是“老字号”饭馆老板，与不少日伪军的中层人员相交甚好，这非常便于他们隐蔽。魏名

魏名扬使用过的特别的“良民证”

扬给安效儒讲了形势，安效儒连连点头，答应愿意帮忙。魏名扬给他安排任务，商定了具体的接头信号与联络方式。然后，把王存娥留下当了临时帮厨工，实际上在蟠龙做内线，有什么情报由她负责单线向魏名扬传递。

二进蟠龙镇活抓安子良，给了伪军汉奸一个重大震慑。安子良是蟠龙村人，日本鬼子占领蟠龙后，这个家伙就投靠了日本鬼子，当上了蟠龙镇日伪军保安联防大队长。经常带领日本鬼子在武东一带进行扫荡，残酷杀害我抗日干部和无辜百姓。武东一带人民群众早就恨透了他。腊月十六，是安子良五十大寿。这个家伙为了给自己做寿，找到安效儒的门上，要他安排一个五十人的宴会。王存娥将这信息传给魏名扬，名扬立即找姜一、李甫堂、李尚春等人一起研究对策。决定乘机除掉安子良，为老百姓出口气，给汉奸、特务、伪军以震慑。腊月十六这天，魏名扬带赵振旅、郝德胜、郝本文几位武功高强的骨干，化装成送粮、卖炭、卖菜的百姓进入蟠龙镇，又悄悄换上保安联防队服装，混进生日宴会场。安子良喝得酩酊大醉，才由两个护卫队员扶着走出饭店，魏名扬与赵振旅不慌不忙走向前来，“二位兄弟，你们幸苦了。让我俩来替你二位吧，看上去你俩也喝得不少，早点回去休息吧”。两个护卫确实也喝了不少，听到有人换班，心里很高兴，乘势就撒手走了。第二天一大早，安子良的人头挂在蟠龙镇东门上。

三进蟠龙镇策反副队长，为解放蟠龙镇做好接应工作。转眼到了农历正月十三，王存娥又给魏名扬传出一条情报：伪军保安联防队有一名副大队长，有一次喝醉酒时，言语中流露出他不想当汉奸，但又不知如何是好。魏名扬将这个情况向姜一、李甫堂、李尚春进行了汇报。他四人精心策划后，决定由魏名扬带着王占熬三闯蟠龙镇，策反这位副大队长。

有王存娥的巧妙安排，当天晚上魏名扬和王占熬就在安效儒家里见到了这位有意投诚的副大队长。相互问好就坐之后，魏名扬和王占熬就你一言我一语做起了这位副队长的思想工作："咱是中国人，再不能替日本人做事，帮日本人残害自己的骨肉同胞啊。"魏名扬和王占熬晓之以理、动之以情，从当前抗日斗争形势说起，最后谈到大汉奸安子良的下场，又说到解放蟠龙……与这位副大队长促膝交谈了整整一夜。1944 年 2 月 17 日，我八路军强大兵力在游击队、民兵自卫队、联防队密切配合下，向蟠龙镇的日伪军发起了猛烈的攻击。战斗打响后，这位副大队长带领手下 30 多名弟兄，暗地里将西门打开，举手投靠了十四团三营，并给部队带路抄小路迅速占领了蟠龙镇上的高地——龙头山。战斗进行了 8 个多小时，盘踞蟠龙重镇的日伪军被彻底击败，蟠龙解放，回到了人民的手中。

在蟠龙解放庆功大会上，太行三分区表彰魏名扬，也表扬了配合魏名扬的张会俊。这张特殊的"良民证"也一直保存在魏名扬手上。那次采访，他转交给我，让其作为"见证历史"的文物保存至今。

其实，好多事情本无须证明，一切都是自愿。被误解、被冷落、被唾弃，都默默隐忍着。不说，啥也不说，时间会告诉后人一切。实际上，那张详尽的日军据点和兵力部署图在当时已告诉人们：他所做的都问心无愧。历史已经证明：他，他们，那些曾在敌营里工作的人们，也是共和国的功臣。

《秘密抗日志士证明书》背后的故事

蒋亚平

在第九届八路军文化旅游节上，我曾在八路军纪念馆东侧的一个展厅参观红色藏品展。这个展览是以武乡红色收藏家梁松筠收藏的革命文物为主陈展的。在这里，我看到一张珍贵的证明书，还有证明书的主人亲手绘制的一幅地形图。

这张证明书全称为《国民革命军第八路军总司令部敌占区秘密抗日志士证明书》，× 字第 × 号。纸质已经泛黄，上方中间及中心部分略有残缺。繁体中文书写，竖排。

正文内容为：某某，某（字迹已涂去）县人，现公开任 ×××，秘密为本部担任抗日工作。仰我军政机关群众团体以及军民人等，无论在抗战期间，或者抗战胜利后，对该员须视同抗日人民一律看待，并依法予本人及其家属之人权财产以切实保障。此证。右给收执：×××。

署名为总司令朱德和副总司令彭德怀，并盖有手章。同时盖有国民革命军第八路军关防大印。日期为中华民国三十 × 年 × 月 × 日。在署名和日期之间有此证有效期及到期后交还本证续发新证字样。

这张证明书主人为故城镇磨里村李政文，只是从这张纸上已经完全看不出他的名字。

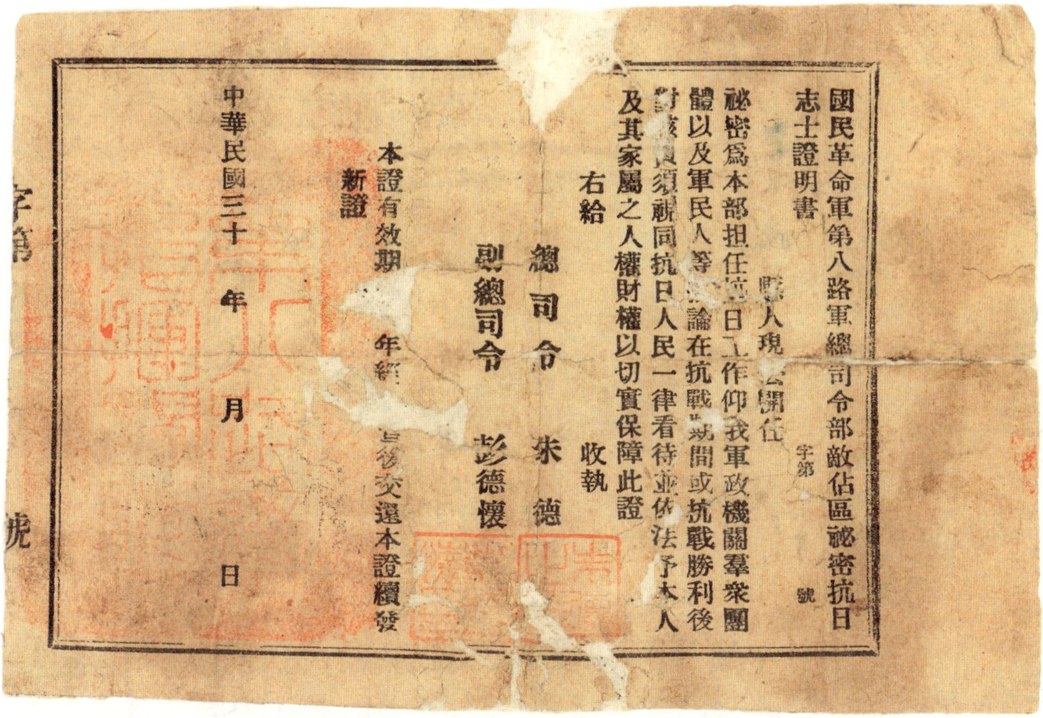

國民革命軍第八路軍總司令部敵佔區祕密抗日志士證明書

字第　號

縣人現在擔任祕密爲本部担任抗日工作仰我軍政機關羣衆團體以及軍民人等無論在抗戰期間或抗戰勝利後對該員須視同抗日人民一律看待並依法予本人及其家屬之人權財權以切實保障此證

右給　　收執

總司令　朱德

副總司令　彭德懷

本證有效期　年　經　後交還本證續發新證

中華民國三十　年　月　日

字第　號

八路军总部发给李政文敌占区秘密抗日志士证明书

李政文的故事从日军入侵武乡说起。

1939 年日军相继侵占了武乡县南关、分水岭、南沟、权店、故城等地，不仅修通了白晋铁路，还修公路、筑城墙、建据点、立炮楼。一方面拉拢有权势者，利诱贪小利者，以“大东亚共荣”的名义设立维持村；另一方面到处烧杀抢掠，残害百姓，制造了多起惨案。百姓四处躲难，苦不堪言。

为打击敌人的嚣张气焰，1940 年，武（乡）西县政府在南沟、故城、南关成立了敌工站。敌工站先后由武西县政府和太行三分区敌工科领导。1941 年 6 月后，李如福负责南沟一带，柴玉堂负责分水岭、南关一带。1942 年，站长李如福、柴玉堂委派李政文等七八人秘密潜入南沟，打进敌人占据的南沟车站，打入“洪部”。他们利用伪军中的可靠关系，进行宣传教育，分化瓦解敌军，策反日伪军警备队中队长以下人员争取了大部分可利用的人；侦察情况，通报消息，观察地形，绘制地图，以利我军掌握战机。他们一方面瞒着亲人机智勇敢地秘密工作，利用一切可利用之人、物为我军服务，而另

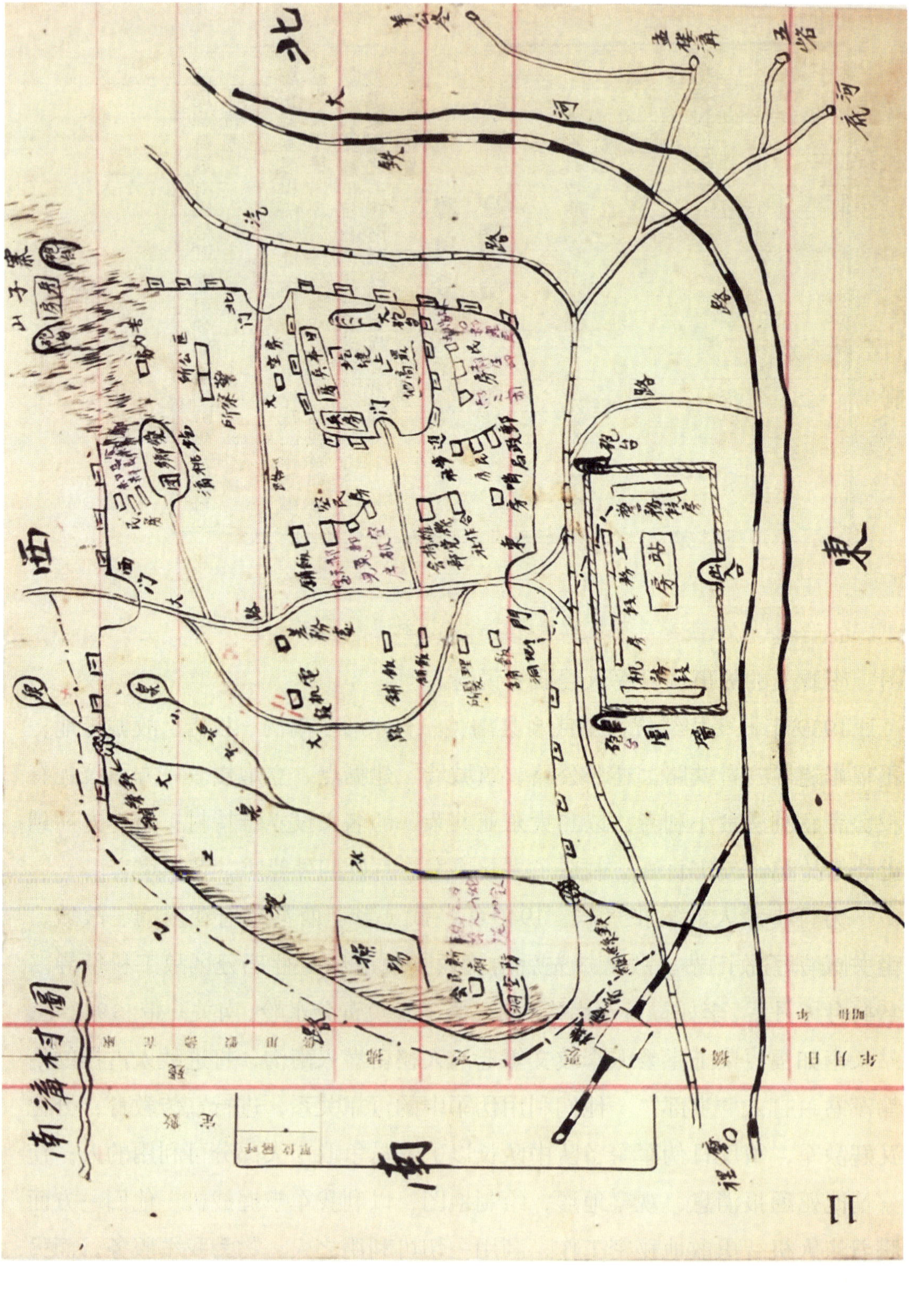

李政文传递的日军驻南沟驻防地图

一方面他们拉拢凝聚了人心，有 4 人还当上了便衣队队长。

其中梁文在南沟偷偷抄出了沁县至段村各据点的军事行动计划并多次营救出了我方被捕人员。更重要的是李政文绘制的那幅地图，为我军精准打击敌人提供了有力的依据。他接受太行三分区派遣，潜入南沟敌据点后，想方设法取得日军的信任，被安排为伪警备队机要员。因此他不仅可以接触日伪军的重要资料，也可以随便在南沟村走动。

李政文在合适的机会翻阅了日军军事布防记录，牢记在心，又利用适当机会认真观察了村里的地形地势，在一张日军车站仓库的账表纸上，亲手绘制出十分详细的南沟日军据点地图和兵力部署图。铁路、公路、泉水、河流、高地、车站等详细完备；大门、围墙、铁丝网、炮台、哨所清晰可见；里面布防情况十分详尽：区公所、警察局、电机段、差务处、民房、日本兵房无一不是清清楚楚。想那艰苦岁月，他费尽心机，一边需要秘密地把日军的档案牢记在心，一边还要寻找机会在村里转悠，把日军的布防机构，包括村貌、民居的位置、大致距离都一一考证。在夜里，他在阴暗的灯光下秘密绘制地图，还要小心防备敌人突然的搜查，内心是何等坚定隐忍。地图绘好后，通过地下交通线，秘密传送给我们的根据地。正是有了这一份完备详尽的地图，我军才能在战斗中准确打击敌人。

然而由于工作隐蔽，就连我方同志都认为他是汉奸，甚至连家属也不知道他做的潜伏工作。

他默默为党工作，对自己的身份从不透漏半句，把能证明自己身份的证明书悄悄埋进了自家的窑洞墙皮里。为了不暴露，还把自己的名字从证明书上故意抹去了。

1946 年土改时，我党发动群众深挖敌特分子，没收汉奸财产，李政文都没有说出自己的真实身份。直到 60 年代去世后，村中人都还认为他是汉奸。

他死后，证明书在窑洞被翻修时才发现。可惜，当时人们不懂得这张证明书的价值，最后被一个收鸡蛋的人收了去，辗转卖去了邯郸。机缘巧合下，梁松筠见到这一珍贵文物，立即为这一罕见文物所征服并收回，我们今天才得以看到。

这样的证明书，目前已发现的在全国仅仅三张，都在武乡。另外的两张，一张在东段村，有证明书，也有手绘地图，十几年前梁松筠曾看到过它的照片；另一张只有证明书没有地图，为故城镇故城村一个刘姓人保存，后被导演冯小刚收藏。

这珍贵的证明书，就是具有代表性的红色符号，更是传扬革命精神的宝贵资源。在波澜壮阔的革命年代，无数仁人志士瞒着亲人忍受着误解与屈辱，不计得失无怨无悔默默奉献着。岁月更迭，这一段历史虽已经过去，但我们不能忘记，许许多多如李政文一样秘密为保卫家园、抗击日寇奉献着青春乃至生命的人。正是因为我们先辈的不畏艰险不怕牺牲，我们才有了这静好的岁月。

附录一　民主建政

在风雨飘摇的动荡岁月，在民族危亡的关键时刻，共产党人挺身而出，创建了一块块革命根据地，建立了一个个民主政府，成为反抗日寇侵略，保护人民生命财产安全的坚强堡垒。

明楼院的裴玉澍将自己的粮食和元宝、银元无偿捐献给太行三分区，支持建立抗日政府，并通过民主选举担任了晋冀鲁豫边区参议员；普通的民众手持选民证，通过“豆选”推选村政委员会和村长；青年男女自由恋爱结婚，边区政府给颁发了大红的结婚证……这些无不彰显了共产党人建立民主政府的责任和担当，无不彰显了人民群众对自由民主的渴望和向往。岁月已经远去，民主建政带来的巨大改变依旧影响深远，太行山根据地的共产党人挺起了民族的脊梁！

一张选民证，意义不平凡。它不仅代表了选民的民主权利，更激发出人民群众当家做主的责任感，尤其是抗日政府所采用的“豆选”方式，很好地表现了群众的智慧。这种选举方式和那选民证一样，值得记取。

一张选民证

郝雪廷

这是一张武乡第一区关家垴村村民霍毛孩珍藏下来的选民证，质地为麻纸，长宽尺寸为 8.5cm × 7.5cm，保存完整，证面刻版印刷黑色文字，为表格状，表头“选民证”三字为从右至左排列，其余文字均为从左至右排列，空格内用毛笔手工填写。证面盖红色印章，印章字迹已经难以辨别，发证时间为民国三十四年（1945）二月十五日。

这是我母亲留下来的文物。小时候常听母亲讲抗战时的故事，特别是翻箱子时，翻出这个选民证来，总会发一番感慨。母亲讲，这是她的第二张选民证，发第一张证是在 1941 年春，那时她刚刚 18 岁，可惜第一张战乱时不慎丢失了。母亲对选民证的回忆，讲得点滴入微，总让我听得入迷，这些故事我也就记了下来。

关家垴村是个几十户人家的小山村，那年春天，抗日政府号召发动搞民选活动，通过民主选举，来推选出村政委员会和村长，还要选举出席晋冀鲁豫边区临时参议会的参议员。

村干部能通过选举产生？当时村里人真不敢相信。当然，在八路军来到武乡以后，各地相继组织了农救会、青救会、妇救会等，后来成立了抗日政府，大部分干部还是穷苦人中的佼佼者，是为农民办事的，是抗日的好干部，

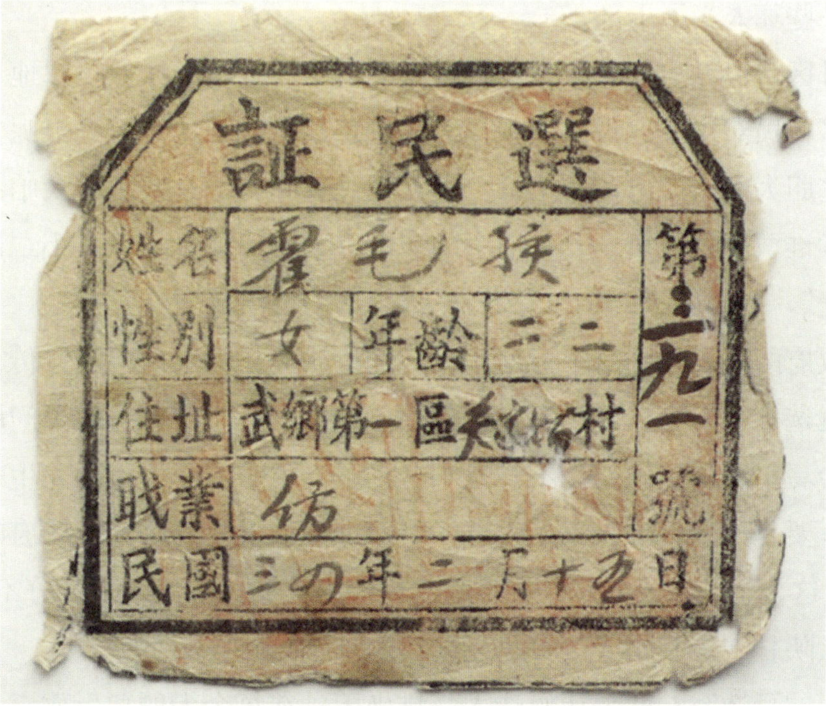

選民證

姓名	霍毛孩		
性別	女	年齡	二二
住址	武鄉第一區 村		
職業	紡		
民國	三〇年二月十五日		

第 號

霍毛孩珍藏下来的选民证

选民证的主人霍毛孩

但也有一些坏人当了干部。

抗日区政府派人到村里来进行认真的组织和宣传，挨家挨户地动员。可是，许多村民对这个选举都表现得冷淡，怎么可能想选谁就选谁呢？后来，还是有些胆大的人说出了心里话："说是民选哩，可有些厉害人咱惹不起，选的时候谁敢不选人家？"这话中的"厉害人"，就是指像《小二黑结婚》中"金旺"一类的人。

区政府的人了解到这个情况以后，经过研究，又一次广泛宣传，说村民想选谁就选谁，不会让候选人知道你选了谁。可还是有人提出了问题："大家都不会写字，虽然候选人不知道咱选谁了，可咱得用村里的先生来帮助写选票呀，要是先生告诉人家咱没选，保不准要被报复的。"区政府的人又解释说："这个请大家放心吧，抗日政府已经考虑了，村里人大部分不会写字，咱就用从陕甘宁传来的办法——豆选。"

啥叫"豆选"？就是让候选人一排坐下，在每个人的背后放一只碗，选民手里拿几颗豆子，你同意选哪一位，就在谁背后的碗里放一颗豆子。最后统计各人背后碗里的豆子数量来决定谁当选。

这种选举方式简单易行，可以避免候选人对选民意志的影响和操纵，可以充分地体现民意。不过，有些村民还是担心，怕别人知道自己将豆子投给了谁，还是说，豆子扔在碗里会有声音，咱走过人家的背后，碗里没声音，就是没投人家，以后报复怎么办？为了让所有选民都能够放心地投下自己那一颗神圣的"豆子"，区政府的人又想出了一个办法，选民选举时可以拿一只筷子，走过每个候选人背后都要敲一下碗，想给谁的豆子，就是敲碗的同时，把豆子滴进碗里，这样你投不投他的票，碗都有声音。这一招果然灵验，村民们喜笑颜开，有人投时还用长袖子挡着，不让别人看到投到哪个碗里。正是由于采取了适应山村农民特点的民主选举，太行区的广大农民群众焕发出极大的参政热情，选举成为一种自觉行动，许多很少出家门的小脚女人，都来到选举现场。母亲说到这里显得很自豪，她也是这样去参加选举的。通过这样的选举，果然让大家信任的人当上了村干部。

老百姓们真没想到，一张小小的选民证，给予了大家这样大的权利，居然能选举出绝大多数群众满意的人来当村干部。于是，这样一首歌谣在太行山村流传开来："金豆豆，银豆豆，豆豆不能随便投。选好人，办好事，投在好人碗里头。"

选民证代表了选民的民主权利，母亲就当作珍宝一样珍藏起来，和外祖母传给她的一副银手镯包裹在一起，可见是多么贵重。可是，1942 年腊月二十三，日本鬼子突然来"扫荡"了，村里放哨的民兵接到联防村传来的消息，赶紧通知群众转移，村里的男人都去野外与敌人打游击，女人把家里的东西都藏起来，当时那叫坚壁清野。母亲把她认为最贵重的手镯和选民证，还有几件衣服包成一个小包袱，挎在胳膊上就往躲反洞里跑。可她刚出门，见敌人已经进了村，有的在牵牛，有的在砸门，有的正在抢东西……村里乱成一团。这时，一个伪军过来一把拽住母亲的包袱就要抢，她死活不松手，那敌人便用刺刀割断带子抢走了包袱。母亲为了保命，只好跑走了，那个被她视为珍宝的"选民证"也就这样丢失了。

民国三十四年（1945）春，太行区再次组织民选，她也领到了第二张选民证，在选举结束后，她便将这张象征百姓权利的选民证，包了又包，裹了又裹，珍藏起来。此后数次搬家，许多老物件都不知去向，唯一保存下了这张选民证。

历经岁月沧桑的“结婚证明书”虽然已经有些磨损破旧，但它见证了两个人的爱情，见证了烽火动荡的岁月里，见证了人民群众对美好生活的向往，见证了根据地抗日政府维护人民群众权益的决心。生命宝贵、人民的权益应该得到尊重和保障，哪怕在日寇的屠刀下，我们也绝不放弃！

小小结婚证是时代的见证

李丽琴

在武乡县收藏家籍贵先手中，珍藏着一张1942年的结婚证，它上面清晰地写着“李金生，男，26岁，下北漳，1916年”“张玉花，女，16岁，杨桃湾，1926年”“证人：张丙全，李实成，1942.9.16”等字样。虽然历经岁月沧桑，红红的一张“结婚证明书”已经有些磨损破旧，但仍然引起了许多人对它的关注与重视。

1942年的结婚证，不能不说是中国抗战历史的宝贵遗物，它是在什么样的情形下产生？又是什么机构颁发？这一切都得从下北漳村曾经历的时代背景说起。

下北漳村地处太行山西麓，是一个依山傍水的小山村，村里民风淳朴，农业兴盛。1940年1月，前方鲁迅艺术学校在此成立，李伯钊同志任校长，下设教务科、后勤科、军备科等机构，拥有美术、音乐、戏剧等多个系别，全校先后共有百余师生汇聚下北漳村，生活起居自然与下北漳村民有着脱不开的关联。

结婚证上的李金生就是当时活跃于村中的一位好民兵，他为人诚恳，做事踏实，白天进行生产劳动，晚上还要参加民兵集训。1916年出生的他，当时20多岁，中等身材，精力旺盛，经常给前方鲁艺学校做各种力所能及

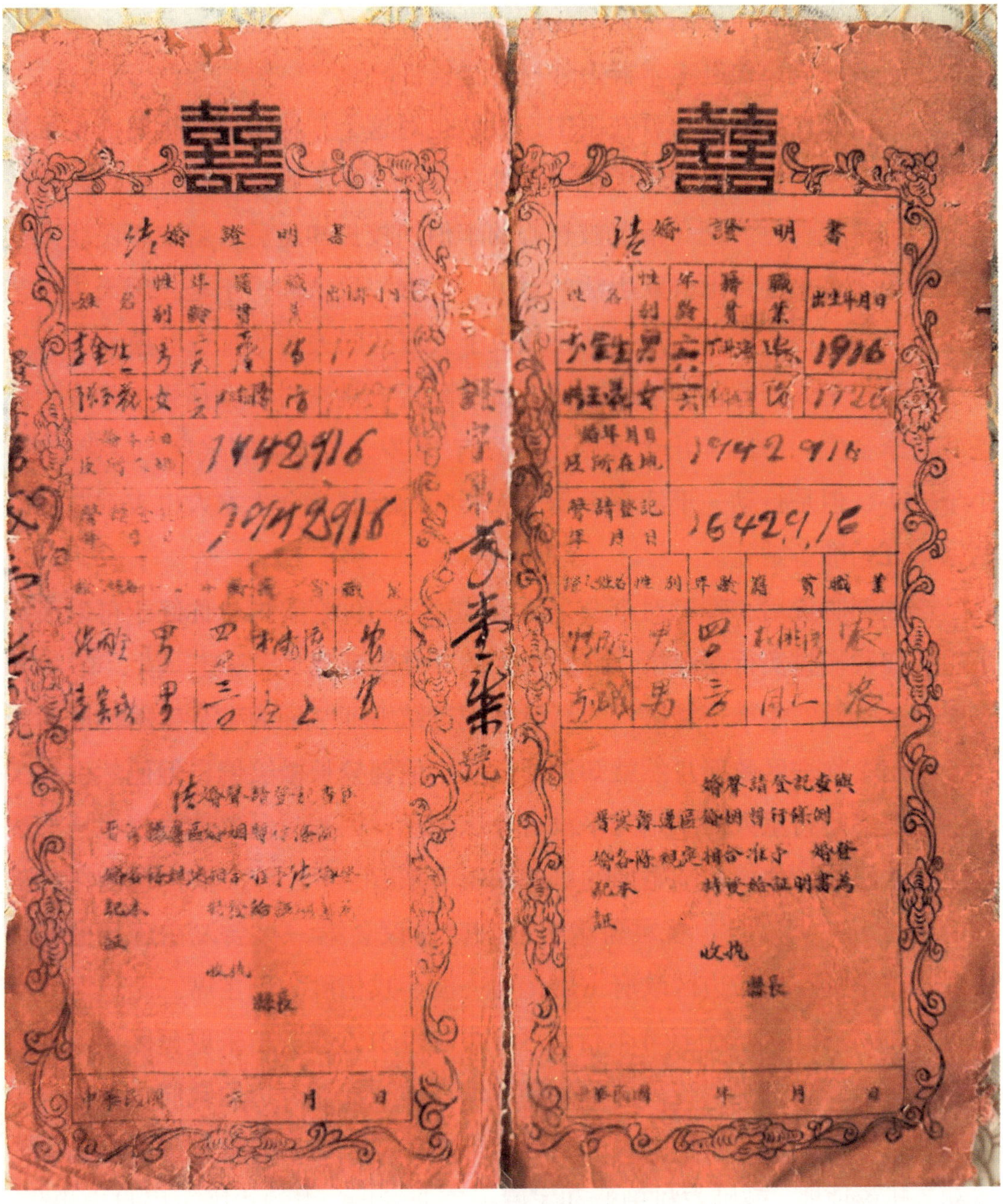

李金生与张玉花的结婚证

的服务工作。有时，他给鲁艺师生们推磨碾谷；有时，他给鲁艺师生们挑煤送炭；还有时候，他赶上羊群去外村传送信件。

他的辛勤付出被大伙看在眼中，大伙也对这个“村里的后生”产生了浓厚兴趣。空余时间就与他聊天，得知他一直没有娶上媳妇，只和老母亲相依为命，都替他着急。这一情况被热心的李伯钊校长知道后，就在军民联谊会上提出要多多关心当地群众生活的意见，大家一致认同。于是，天天为鲁艺学校鞍前马后精心服务的李金生，就成了大家共同关注的首选对象。

经过村里人与鲁艺师生的牵线搭桥，附近杨桃湾村的女孩张玉华表示愿意嫁给李金生。1926 年出生的她当时只有 16 岁，身体略有残疾，后背弯驼，个子矮小，但是行动、干活都不受太大影响。于是李金生本人也表示愿意，两家就开始准备婚礼。

李伯钊听说后，特意对李金生说：“这是一件好事情，你终于可以成家了。现在我们村实行新政策，你们也去领个结婚证吧！”

“去哪领？怎么个领法？”从没听说过结婚证一词的李金生不解地问。

“这个你去区政府自然就知道了。”李伯钊校长微笑着告诉他。

可是当时村里人对结婚几乎没有什么概念，因为战乱鲁艺学校也迁移离开了下北漳村。他们领结婚证的事就搁置下来。

1941 年 7 月 7 日，晋冀鲁豫边区临时参议会第一次会议在辽县桐峪镇召开，选举杨秀峰为边区政府主席，薄一波、戎伍胜为副主席。全边区共有太行、太岳、冀南、冀鲁豫 4 个行政区，共划为 21 个专区。采取分区、县、区、村四级行政管理机制，统一部署生产劳动与作战支援。边区政府在各地大力开展减租减息和土地改革的农民运动，推广农业先进技术，积极开展大生产运动，开荒种地，鼓励农村副业和家庭手工业发展，引领边区军民自力更生，实现了自给自足。同时积极兴修水利，疏渠筑坝，采取统一财政税收管理制度，在社会管理秩序上也推陈出新，提倡新风尚，催生新文明。真正如歌里所唱的一样：“边区的太阳红又红，咱们的领袖毛泽东……天上三光日月星，地上五谷万物生。”边区政府制定了各项法令法规，最引发人们热议的话题却是边区政府推行了新的婚姻制度。在以前，因为封建思想的长期影响，妇女们的地位都非常低下，不仅会在年龄幼小时被送出去当“童养媳”，而且即便嫁入婆家也会受到虐待，吃饭不能上桌，说话没有权威，还常常会遭到丈夫的毒打。为从根本上消除旧的婚姻制度所造成的社会危害，动员边区群众支援抗战，边区政府颁布了新的婚姻法规。民国三十一年（1942）1月5日公布，《晋冀鲁豫边区婚姻暂行条例》。

《晋冀鲁豫边区婚姻暂行条例》公布的消息传到下北漳村时，李金生当然响应党的号召，他想到李伯钊校长所说的“领证结婚”的话语。于是，他分别邀请上杨桃湾村的张丙全和下北漳村的李实成两位德高望重的证婚人，郑重其事地领着张玉花一起去区公所办公点，郑重其事地领取了编号为“贰壹柒”且印有大喜字的结婚证。那天是1942年9月16日，一个金风送爽硕果飘香的好日子，我们可以想象到当年两个新人领到结婚证时的幸福与激动。历史也不会忘记那段记忆，在战火纷飞的艰难岁月里，是边区政府给老百姓们带来了文明与和谐。从这张太行山区现存最早的结婚证，我们不难推想到新婚姻法规给社会带来的深刻影响。

婚后的李金生夫妇并肩作战，一起生产，与许许多多的农村人一样，男耕女织，用勤劳与智慧经营着自己的幸福生活，后来生有一子，家庭美满。

多年之后，年老的李金生患上了当时流行的“大肚病”，与世长辞，但是当时引起围观的结婚证，却被人们永久地珍藏了下来。它不仅仅是李金生个人幸福生活的见证，更是抗战时期边区政府英明领导的一个历史缩影。

边区政府总理全边区政务，对边区施政颁发命令，并根据临时参议会通过的法令、纲领，制定实施办法与规程及特别地区单行法规。但关于增加人民负担、涉及人民政治权利及重要行政设施，均需临时参议会通过。一纸布告见证了边区政府的为民之心。

边区政府布告与冀南银行本票的发行

郝雪廷

民国32年（1943）晋冀鲁豫边区政府布告：纵54厘米，横31.5厘米，纸质，单页，石印。

这封《晋冀鲁豫边区政府布告》是以秘财字号所发，但不知何因印刷布

晋冀鲁豫边区参议员大会合影

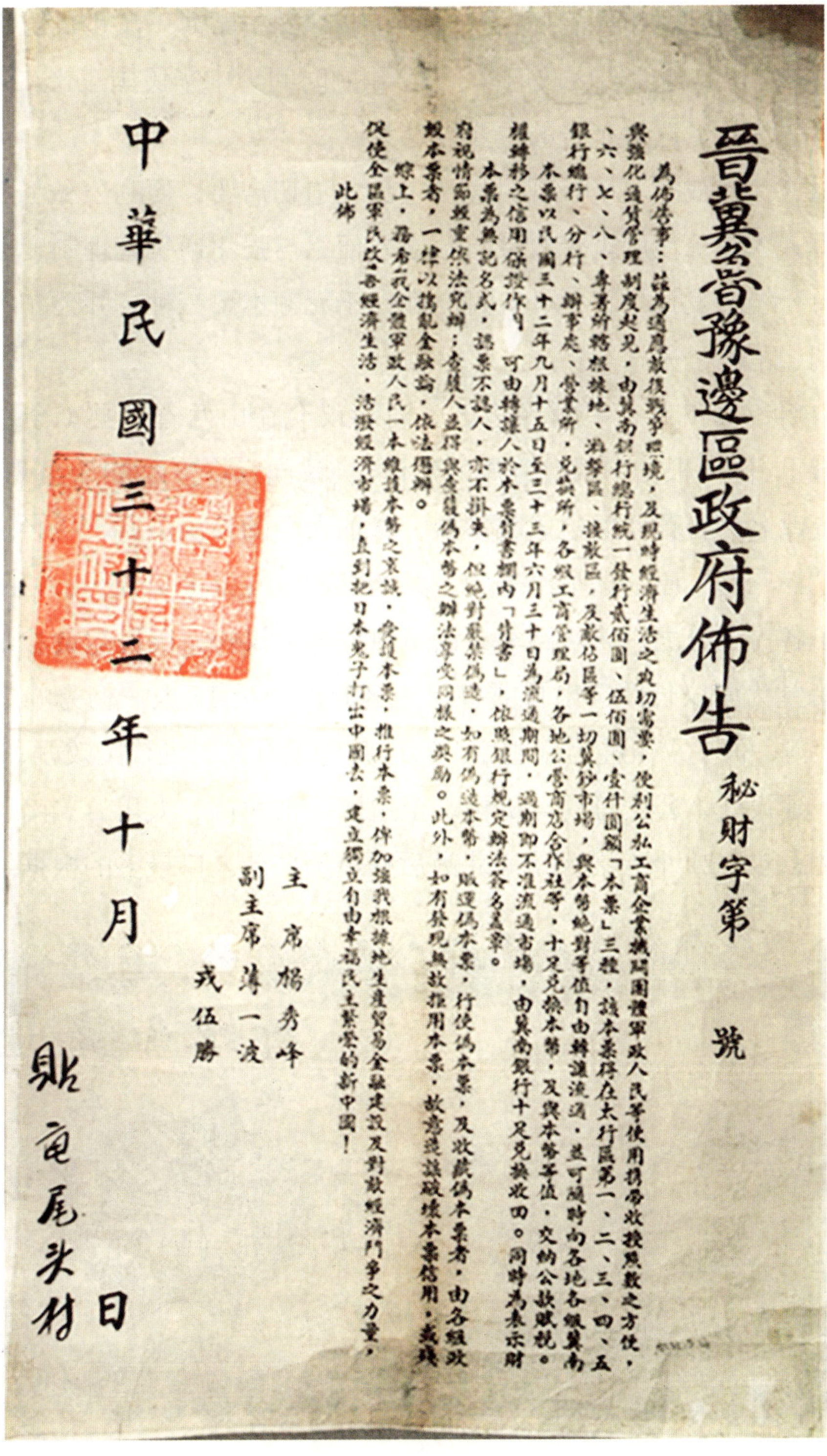

晉冀魯豫邊區政府佈告

秘財字第　號

為佈告事：茲為適應敵後戰爭環境，及現時經濟生活之迫切需要，使利公私工商企業機關團體軍政人民等使用携帶收授與款之方便，與強化幾貸管理制度起見，由冀南銀行總行統一發行貳佰圓、伍佰圓、壹仟圓額「本票」三種。該本票存在太行區第一、二、三、四、五、六、七、八、專署所轄根據地、游擊區、接敵區，及敵佔區等一切冀鈔市場，與本幣絕對等值自由轉讓流通，並可隨時向各地各級冀南銀行總行、分行、辦事處、營業所、兌換所，各級工商管理局，各地公營商店合作社等，十足兌換本幣，及與本幣等值，交納公款賦稅。

本票以民國三十二年九月十五日至三十三年六月三十日為流通期間，過期即不准流通市場，由冀南銀行十足兌換收回。同時為表示財權轉移之信用保證作用，可由轉讓人於本票背書欄內「背書」，依照銀行規定辦法簽名蓋章。

本票為無記名式，認票不認人，亦不掛失，但絕對嚴禁偽造，如有偽造本幣，販運偽本票，行使偽本票，及收藏偽本票者，由各級政府視情節輕重依法究辦；告發人並得與查獲偽本幣之辦法享受同樣之獎勵。此外，如有發現無故拒用本票，故意造謠破壞本票信用，或焚毀本票者，一律以擾亂金融論，依法懲辦。

綜上，為着我公營軍政人民一本維護本幣之衷誠，愛護本票，推行本票，俾加強我根據地生產貿易金融建設及對敵經濟鬥爭之力量，促使全區軍民改善經濟生活，活躍經濟市場，直到把日本鬼子打出中國去，建立獨立自由幸福民主繁榮的新中國！

此佈

主　席　楊秀峰

副主席　薄一波

戎伍勝

中華民國三十二年十月　日

貼龟尾头村

《晋冀鲁豫边区政府布告》

告时没有编号序列。布告署名：主席杨秀峰，副主席薄一波、戎伍胜，并加盖红色篆体“晋冀鲁豫边区政府印”章，印刷时间为中华民国三十二年10月，即1943年10月。这封布告的主要内容为：

为适应敌后战争环境及现时经济生活之迫切需要，便利公私工商企业机关团体军人人民等使用携带收授点数之方便，与强化通货管理制度起见，冀南银行总行统一发行二百元、五百元和一千元额本票三种。并公布了本票的使用日期、范围、方式等。

1941年7月7日，晋冀豫边区临时参议会在山西省辽县（今左权县）桐峪村隆重召开。根据中共北方局的建议，会议同意将鲁西33个县划入本区，临参会遂改名为晋冀鲁豫边区临参会。参加大会的参议员共133名，都是严格按照“三三制”原则选举出来的，共产党员、左派进步分子、中间分子和其他分子各占三分之一。八路军参议员申伯纯为议长，国民党员参议员宋维舟、邢肇堂为副议长；选出晋冀鲁豫边区政府委员15人。杨秀峰为边区政府主席，薄一波、戎伍胜为副主席。边区政府设有秘书处、民政厅、财政厅、教育厅、建设厅、公安总局等机构，全边区下辖太行、太岳、冀南、冀鲁豫4个行政区，共21个专区，是华北敌后幅员最广、人口最多的根据地之一。

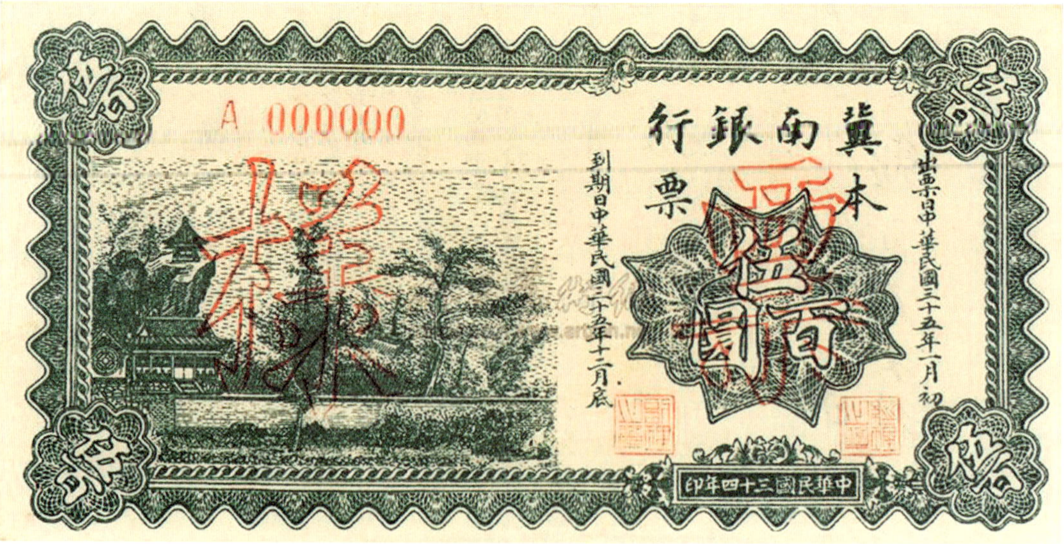

冀南银行发行的五百元面额本票票样

9 月 1 日，晋冀鲁豫边区政府颁布实施《晋冀鲁豫边区政府施政纲领》。

晋冀鲁豫边区临参会、边区政府先后颁布的政策法令等达 74 项之多，涉及民政、财政、金融、教育、建设、司法等各个方面，如《土地使用暂行条例》《劳工保护暂行条例》《婚姻暂行条例》《区村政权组织暂行条例》《村民代表选举暂行条例》《贸易暂行条例》《强迫儿童入学暂行办法》等一系列的法规文件。同时这些条例法规制度在司法实践中不断修正完善，得到了晋冀鲁豫边区人民的广泛拥护。

这件《晋冀鲁豫边区政府布告》中公布的冀南银行总行统一发行三种本票，是申请人将款项交存银行，由银行签发的承诺自己在见票时无条件支付确定的金额给收款人或者持票人的票据。这封公告所告示的冀南银行新发行的三种本票为定额本票。见票即付，不予挂失，当场抵用，付款保证程度高。既可等值转让、流通，亦可缴纳公款税赋，还可以随时在各级银行、办事处、营业所以及各级工商局、公营商店、合作社足额兑换本币，转让时可在背书栏内签名盖章即行转让。过期未能花用时，银行负责十足兑换回收。本票的发行对晋冀鲁豫抗日根据地生产、贸易、金融建设起到了积极的作用。

这件《晋冀鲁豫边区政府布告》，主要就是告知大众，冀南银行本票的发行与使用日期、范围、方式等，以及银行的责任承诺，极大地提高了冀南银行的信用度。该文物原是张贴于山西壶关县龙尾头村，后保存于壶关县档案馆。1961 年山西省博物馆在壶关县档案馆征集馆藏。2005 年 5 月，山西省博物馆将其调拨给八路军太行纪念馆。

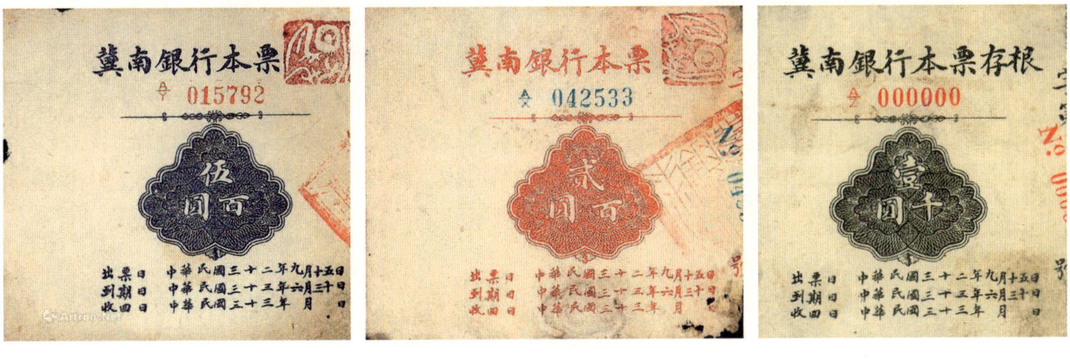

冀南银行发行的三种面额本票存根

附录二　国际友人

远隔千山万水，隔不住对法西斯的仇恨，阻不了反对帝国主义的决心。不同的国籍，不一样的肤色，为了和平，为了人类的解放，他们走到了一起。

日本八路前田光繁了解了侵略给中国人民带来的危害，发起成立了“日本士兵觉醒联盟”，用军号吹响了反战的号角；美国、英国、苏联、中国、洪都拉斯、加拿大等 28 个反法西斯联盟，发行了战争债券并扩大宣传，为抗战胜利提供了巨大的经济援助；英国人乔治·何克亲眼目睹了日军的暴行和八路军的英勇抗战，用英文打字机，向世界传递了中国真实的处境，争取和壮大了声援中国的力量；德国医生汉斯·库尔特·米勒随八路军在太行山打游击、反“扫荡”、救治伤员，并投身于中华人民共和国的卫生事业，拯救了无数人的生命，践行了无私的国际主义精神。

侵略战争不得人心，正义终将战胜邪恶。在残酷的战争中，前田光繁等日本军人良心发现，醒悟侵华战争是一场非法的侵略行为，义无反顾地加入八路军，成为光荣的“日本八路”，并与其他7名“日本八路”结成“日本士兵觉醒联盟”，反对日本军国主义的侵略行径。这把军号记录了他们反对战争，友好和平的正义行为和可贵精神。

一位日本八路留下的军号

刘玉琴

在八路军太行纪念馆收藏着一把特殊的军号，说它特殊，因为这是一位“日本八路”捐赠的。

这位日本八路真名叫前田光繁，出生于日本京都的一个小手工业家庭。17岁时入伍当了一名海军，因体弱多病提前退役。1937年只身赴中国沈阳，进入为日本侵略中国东北服务的特殊机关“满铁公司”。次年春天，他被派往河北邢台一个叫“双庙”的小车站工作。一天清晨，尚在梦中的前田光繁，被八路军俘虏了。之后，他被送到了八路军一二九师师部。师敌工科长张香山曾留学日本，能说一口流利的日语，便与前田光繁同住在一屋。张香山常给他讲日军对中国百姓的残害，讲自己留学日本时参加的反战运动，讲日本人也是战争的受害者，讲中共的信念，讲八路军的“三大纪律八项注意”等。在此后的日子里，他更是耳濡目染，“八路军是一所学校，由朴实的、俭朴的、意志坚强的人们组成”，而且为了他在日本免受迫害，为他改名杉本一夫。

在张香山等人的教育下，他了解了日本侵略者给中国人民带来的灾难，认清了帝国主义的本质，决心从事反战工作。

1939年1月2日，在八路军野战政治部驻地山西潞城中村的军民迎新联欢会上，杉本一夫与另外两名日俘一起宣布自愿参加八路军。同年11月，摸索到一条经验，就是出敌不意。我们经常活动在敌人的附近，晚上敌人在村子里宿营，我们就在村外山沟里休息；白天敌人在前面开路，我们就在他屁股后跟踪。上级领导很关心我，为了驮运医疗器件、供我骑用，给我配备了两匹牲口，而他们却很艰苦。1945 年 5 月反“扫荡”中，我在武乡碰到了彭德怀副总司令。他只有一匹马，行军时他的夫人浦安修在马后步行。我要送他一匹，彭总谢绝道：“您作为外国同志帮助我们进行抗日，担负着救死扶伤的特殊使命，我哪能占用医疗队的牲口。”

1942 年 9 月，我住在桐峪，从报纸上看到敌人又猛增兵，估计又要“扫荡”了。我将这一信息告诉了野战政治部主任罗瑞卿同志，他笑着说：“您也成了军事家了。”不出所料，几天后敌人果然开始了秋季“扫荡”。我和医疗队从麻田出发转战到涉县给伤员做手术。这里的生活更苦，老百姓打下的小麦舍不得吃，背到山外兑换成糠皮，和晒干的柿子搅在一起磨成

1985 年，德国医生汉斯·库尔特·米勒重访武乡

面蒸窝窝头。我们吃了肚子胀痛，大便困难。粮食奇缺，油、菜、盐之类更难找到，只能吃到少量生了芽的胡萝卜，吃了，常常有人中毒，没有盐就只好用土盐代替。

这年太行区秋季反“扫荡”胜利之后，我又被派到太岳区做手术。当时，敌人正集中兵力疯狂“扫荡”太岳区，我们医疗队随李聚奎的旅与敌周旋，每天又要做手术，又要随部队转战，很紧张。月余后手术完了，我们又动身返太行山，陈赓旅长派了一个连护送我们过白晋封锁线。在通过漳河大桥时惊动了敌人，日伪军一面开枪射击，一面高喊：“抓活的！”眼看敌人蜂拥上来，连长急中生智，命令司号员吹起了冲锋号，指挥战士们奋勇冲杀，敌人纷纷溃散，我们终于冲出了敌人的包围圈。这次战斗我心里很难受，因为牺牲了一名排长，我的骡子也惊跑了，医疗器件全部丢失，好多天我难受得吃不下饭。回到太行山，由于长期的工作劳累，我的身体越来越支持不住，加上医疗器材的丢失，彭总和其他领导决定把我送回延安。1943 年春，我依依不舍地离开了太行山。

我在太行山生活战斗了近五个春秋，亲眼看到了日本侵略者残酷杀害中国人民的暴行，也亲眼目睹了太行人民英勇斗争、坚贞不屈、前仆后继抗击侵略者的悲壮场景。正因为有这种艰难困苦的体验，我由此认识了中国共产党，认识了伟大的中国人民。所以在世界反法西斯战争胜利后，我放弃了回国和家人团聚的欲望，留下来参加了中国的解放战争，亲眼看到新中国的诞生，投身于新中国的卫生事业的建设发展中。1950 年被批准加入中国国籍，1957 年，又被党组织吸收成为一名中国共产党党员。生长在莱茵河畔，成为中国公民，从一名反法西斯战士，成长为共产主义先锋战士，我感到光荣、自豪，也是一生的荣幸。

我深深地感受到太行山是英雄的山，太行人民是英雄的人民。离开太行的岁月每时每刻想念太行山，想念太行人民。今天我回到阔别几十年的战斗故地，对这里的一山一水更感觉到无比的亲切，也更加激发起我对那些老领导、老战友和为抗日战争牺牲的战士无比怀念之情。

米勒大夫说起往事历历在目，可见太行山在他心里留下多么深的印象。这次是米勒大夫离开太行山 42 年的首次回访，也是他一生中最后一次重登太行山。这位从莱茵河畔走来的国际主义战士，坚定的中国共产党党员，为中国人民的解放事业，为中国卫生医疗事业孜孜不倦、奋斗不止，贡献了毕生精力。1994 年 12 月 4 日，米勒同志因患心肌梗塞在北京病逝，受到国家的高级礼遇，党和国家领导人分别为他送了花圈，获得“杰出的国际主义白衣战士”尊称。

图书在版编目(CIP)数据

武乡红色文物记忆 / 张红伟主编. — 北京：中国文史出版社，2024.11. —（武乡红色文化撷英）.
— ISBN　978-7-5205-4902-8

Ⅰ. K871.6

中国国家版本馆 CIP 数据核字第 20244XG309 号

出 品 人：彭远国
责任编辑：秦千里

出版发行：中国文史出版社
社　　址：北京市海淀区西八里庄路69号院　邮编：100142
电　　话：010-81136606　81136602　81136603（发行部）
传　　真：010-81136655
印　　装：山西人民印刷有限责任公司
经　　销：全国新华书店
开　　本：16开
印　　张：164.5
字　　数：2300千字
版　　次：2024年11月　第1版
印　　次：2024年11月　第1次印刷
定　　价：850.00元（全五册）

前田光繁在八路军太行纪念馆进行捐赠的现场

他又与7名经过改造的日军俘虏一起，发起成立了“日本士兵觉醒联盟”，成为八路军中第一个日本人反战团体。从此，他用这把军号指挥着日本反战成员，进行战地宣传、喊话等。

1940年，日军开始对华北地区进行疯狂“扫荡”。10月下旬，百团大战第三阶段关家垴战役打响，战斗打得非常激烈。此时前田光繁的任务是向日军喊话宣传。关家垴一战，八路军英勇作战，几乎全歼日军，其中也有前田光繁的一份“功劳”。

前田光繁回忆关家垴战役时，他这样说：“1940年10月下旬日军三十六师团两个大队1000多人被围困在山西武乡关家垴一带，指挥这一战役的是彭德怀、刘伯承、邓小平等首长，由一二九师的劲旅三八五旅、三八六旅、新十旅、决死一纵队等部，战斗打得很激烈，日军如困兽犹斗，急了眼地往外冲，我们的部队死劲往回打，而且包围圈越来越小。日军的飞

前田光繁在觉醒联盟使用过的军号

机白天来支援，炮弹、机关枪一齐狂轰滥炸。就在这关键时刻，我被派到战地向日军喊话宣传，让他们不要再负隅顽抗、快快投降。我的武器是一个铁皮做的喊话筒，我深深吸了一口气，在静静的黑夜中，高声用日语开始喊话：'日本士兵们，现在八路军停止了射击，你们不要开枪了，听听我们的喊话吧。我是日本人，过去曾是你们的战友，现在是八路军中反战觉醒联盟的一员，我们的目的是让战争早日结束，尽力挽救战友们的生命！现在你们已经被八路军紧紧包围，快下决心，放下武器投诚，突围是没有希望的。八路军绝对不杀俘虏，保证你们的生命安全。想想吧，你们在家的父母、爱妻、子女决不想看到你们的骨灰……'"

他的每次喊话都会使部分日军产生厌战情绪，对抗战的胜利起到了一定的作用。

之后，他离开山西，到延安担任延安“日本工农学校”教师和政治工作人员。抗战胜利后又千里跋涉赶赴东北，帮助工作人员做日军及日本侨民的遣返工作。后来又帮助东北民主联军说服原日本航空教练队的教员、技师、飞行员加入新成立的东北航空学校，培养出新中国第一代飞行员。1958 年，前田光繁回到了阔别 21 年的日本。

前田光繁的生命中许多往事，都已渐渐在记忆的长河中淡漠，甚至消失，唯独青年时期在中国国土上那段刻骨铭心的经历却永难忘却。

2005 年 8 月，这位日本八路专程来到山西，为八路军太行纪念馆捐赠他保存了 65 年的军号，并重回他当年住的老乡家里看望。他深情地说：“我喝过武乡的水窖水，吃过武乡的苦苦菜，住过武乡的土窑洞，和武乡老百姓有着鱼水深情的战斗情谊，武乡就是我的第二故乡。”

这面"国际反法西斯联盟债券宣传旗"是1943年，在武乡县胡峦岭反"扫荡"战斗中，国际反法西斯联盟支援八路军，空投物资时散发的，反映出德日意法西斯把战争和法西斯暴政强加于各国人民，促使反法西斯国家同盟逐步发展强大，全世界人民团结起来，购买战争债券，资助世界反法西斯战争，保卫世界和平。

国际反法西斯联盟战争债券宣传旗

郝雪廷

国际反法西斯联盟战争债券宣传旗，为丝绸质地，纵60厘米，横62厘米。旗面由5个同心圆与螺旋桨图案组成，颜色呈红、白、蓝、绿、黑5种，外圈的螺旋桨图案分别由美国、英国、苏联、中国四国国旗构成，空隙处印着英文"THE UNITED NATIONS FIGHT FOR FREEDOM"（联合国为自由而战）；从外至内的第二至四圈，分别印着洪都拉斯、加拿大、哥斯达黎加、墨西哥、印度、海地、巴西、古巴、巴拿马、萨尔瓦多、危地马拉、新西兰、自由法国、尼加拉瓜、荷兰、澳大利亚、多米尼加、挪威、南斯拉夫、比利时、卢森堡、捷克斯洛伐克、波兰、希腊24国国旗图案，外围黑色圈上标有国名，代表当时国际反法西斯联盟总计28国；中心圆圈上写着"BUY WAR BONDS"（购买战争债券），中间为自由女神像。

1941年至1942年，是中国敌后战场处于严重困难的时期，原因是多方面的，主要是由于国际、国内形势发生了重大的变化，德、意、日法西斯势力暂时猖狂。1940年夏秋，日本帝国主义在德军横扫西、北欧，取得暂时胜利的刺激下，决心趁美国的战备尚未完成，英国又无力东顾之机，积极准备实行南进政策，夺取英、美、法、荷等国在东南亚和南太平洋上的殖民地。9月，德、意、日在柏林签订同盟条约，三国侵略同盟进一步得到巩固，从

陈列在八路军太行纪念馆的国际反法西斯联盟战争债券宣传旗

而加剧了日本与英美的矛盾。英美为了利用中国抗战遏制日本南进，遂由推行牺牲中国利益的“东方慕尼黑”政策，逐渐转为采取积极支持中国抗战的态度。1941 年 3 月 11 日，美国国会通过租借法案，授权总统向与美国安全有重大意义的国家用出售、转让、交换或租借等方式提供武器和军用物资，这意味着美国完全放弃“中立”政策，实际上介入欧洲国家的反法西斯战争。英、美开始结成反对德国法西斯同盟。1941 年 6 月 22 日，德国发动了侵苏战争。在德军的突然袭击下，苏军遭受重大损失，在半个多月的时间里，德军从西北、西、西南3个方向推进了300公里至600公里。同年12月8日（夏威夷时间为7日），日本海军袭击美国珍珠港海军基地，发动了太平洋战争，并在短短几个月内，打败了美、英、荷在远东的部队，相继占领了泰国、香港、马来西亚、菲律宾、荷属东印度、缅甸等地。苏德战争和太平洋战争的爆发，使第二次世界大战发展到最大规模。1942年1月1日由美、英、苏、中四大国领衔的26国在华盛顿签订共同反法西斯的《联合国家共同宣言》，正式宣告成立国际反法西斯联盟，不久法国、墨西哥也加入联盟。

德意日法西斯把战争和法西斯暴政强加于各国人民，促使反法西斯国家同盟逐步发展和加强。签字国保证用自己的全部军事和经济资源与德意日法西斯国家作战，与盟国合作，不单独同敌人缔结停战协定或和约；将在战胜法西斯主义的斗争中给予物质上援助和贡献。根据《联合国家共同宣言》条款，为从经济上支持这场正义战争，世界反法西斯联盟决定发行战争债券。为扩大宣传，号召全世界人民购买战争债券，以资助世界反法西斯战争，印制了这样的国际反法西斯联盟债券宣传旗，通过各种形式广泛散发。

1943年，在武乡县胡峦岭反“扫荡”战斗中，国际反法西斯联盟支援八路军，空投物资。蟠龙村游击队长王振清在带领民兵参战的过程中，拣到了这面“反法西斯联盟债券宣传旗”，他一直珍藏在身边。1998年3月，由八路军太行纪念馆职工王霞征集回馆珍藏。

1974年，深埋土中30余年的一架外文打字机重见光明，乔治·何克——一位从英国富裕家庭走出的国际共产主义战士形象也跃然于世。打字机是他的战斗武器，记录揭露了日本侵略军侵华的种种暴行，号召全世界爱好和平的人民投入世界反法西斯正义斗争。他那为世界和平献身的精神是国际主义的楷模，他那绚丽的生命之花永远绽放在中国人民心中。

何克的打字机

李 左

折戟沉沙处，神勇自分明。

20世纪30年代，太行山区的八路军总部驻地窑洞里，一盏昏黄的油灯下，一位目光炯炯的男青年正在认真地用一台外文打字机打字。他端坐在椅子上，时而眉头紧蹙，时而眉峰舒展；脸上布满庄严肃穆的神情，又隐隐含着一丝坚毅的笑容。

随着他双手的轻捷起伏，一行行深情的文字在打字机下清晰出现："……这里是我生活过的世界上最美好的地方，连牛津大学都比不上。八路军是世界上最好的军队……当地军民鱼水深情团结一心，没有任何矛盾，他们似乎天生就是兄弟，尽管他们来自中国广袤的天南海北。所以，中国人在这场反抗日军的战争中必然会赢得胜利，而我，似乎已经望见了胜利的曙光。"

随着一声鸡啼，东方的鱼肚白开始泛亮，这位打字的青年伸了个舒服的懒腰，郑重地把打好的文件装进信封，准备寄往外地。如此夜以继日地工作，如此同情中国人民，他是谁呢？让我们一起记住他响亮的名字吧——乔治·何克。

乔治·何克是地地道道的英国人。1915年出生于英国一个中产阶级家庭，虽然生活安逸，但他拥有一颗仁慈博爱的心灵。当他闻讯日本发动侵华战争时，毅然放弃了养尊处优的绅士生活，只身来到了战火纷飞的中国上海。

何克在武乡参加军民联欢会

当时的上海正处于日本铁蹄蹂躏之下，无辜百姓惨遭荼毒。尸横遍野、满目疮痍的惨状彻底激怒了身披风衣的乔治·何克。黄埔江畔，何克冷静思考，一次次反思着关乎人类命运的重大哲学问题。最终，他决定留在中国，留下来拯救这些可怜的人们。

他先后联系多家外国报社，不断报道中国当时的真实情况，使中国之外的更多人了解到日本军国主义的卑劣行径与累累罪行。他的笔下充满了人道主义的怜悯，充满了人类最绝望的呻吟，成为当时了解中国真相的首选报道之一。同时，作为为数不多的外籍盟友，很快他就与埃德加·斯诺、史沫特莱、路易·艾黎等人熟识，并一起努力，壮大了声援中国的国际主义先锋团队。

在何克的印象中，中国是一条古老的东方巨龙。因此，他的脚步一直没有停止，从上海到汉口、延安、北平……在沦陷的中国大地上，他苦苦追寻着中国的出路何在，直到他在晋察冀抗日根据地遇到了聂荣臻之后，他才惊呼八路军才是真正的抗日队伍！

林荫道上，何克用不熟悉的汉语向聂荣臻请教中国革命的相关问题。聂

何克使用过的打字机正面和侧面

荣臻爽朗一笑，说："你想真正了解中国革命，那么你就应该去请教中国的大军事家朱德同志！"

于是，经过聂荣臻的安排，在4名警卫的陪同与我军一二九师的护送下，跋山涉水的何克终于风尘仆仆地出现在了八路军总部——武乡砖壁村。当朱德宽厚的大手握住他的双手时，何克感受到了一种强大的力量与异样的温暖，于是他决定居住下来。他找到了久违的家的感觉，他的灵魂在根据地蓝莹莹的天空下第一次得到了彻底的舒畅。

入夜，他放好打字机，静静地坐下来，在打字机前按动按纽，哔哔叭叭的声音里，记录下自己的一路见闻，也记录下自己对中国革命的预见与评价。无数个安谧的乡村夜晚里，在打字机滴答滴答的工作声中，何克热血沸腾，激扬文字，往往不觉忙碌到天明。后来，这些战地文章被辑录成册，取名为《我看到了一个新中国》，成为后人了解史实的宝贵客观资料。

一路饱经炮火洗礼，一路赤诚寻找光明，年轻的何克身上有不竭的动力，他积极参加八路军的各种组织、活动，并热忱发挥自己的专业特长，无私帮助当时苦难的中国。

在何克随身携带的几件行李里，可以说这台外文打字机是他最珍视的宝贝。他总是小心翼翼地用一块白色手绢覆盖着它，而那块绣有英文字母的手绢，是他天各一方的女朋友赠送的。那台古老的打字机也一定打出过想念亲人与故乡的书信吧。

直到1974年，在重新修复八路军总部砖壁村旧址时，才从院里地下挖出了这台打字机，还有24张军用地图。后经曾在砖壁战斗生活过的八路军总部作战科科长、解放军总后勤部副部长王政柱确认，他说："这是在总部工作过的英国记者何克先生用过的外文打字机，当时因总部撤退时带不了那么多东西，又怕在撤退途中发生意外，所以就埋在了总部院里。"

今天，当我们瞻仰这部打字机时，定然体会不到何克这个万里远客的异乡孤独，也猜想不到他蓝色眼睛里深藏着的爱情故事，但我们一定可以触摸到他一生无悔的坚定信仰，也一定可以问候他30岁时埋葬于中国热土的不朽英魂！

在中华民族生死存亡和危急时刻，有母亲教儿打东洋，有妻子送郎上战场，还有远隔万里来支援抗战的国际主义战士，德国医生汉斯·库尔特·米勒就是其中一位优秀代表。正是这千千万万的人舍生取义，才汇集成了抗战的洪流，挺起了中华民族的脊梁。

德国医生米勒的公文包

孙俊堂

在县文物管理中心保存着一个抗战时期德国医生汉斯·库尔特·米勒用过的公文包。睹物思情，30 年前我采访米勒大夫的情景蓦然又浮现在眼前……

那是 1985 年 8 月，在纪念世界人民反法西斯战争和中国人民抗日战争胜利 40 周年之际，时任全国政协委员、北京医学院顾问的米勒大夫，应邀回到他曾战斗多年的武乡县，参加八路军总部砖壁旧址修复剪彩仪式。一天下午，我在武乡县外事招待所见到了这位闻名全国的“外国老八路战士”。

当时，米勒大夫已是 70 岁的老人了，1.84 米的身躯，虽然有点驼背，但面带红光，精神矍铄。他满怀深情地讲述了在那血火连天的艰苦岁月里，与太行军民抗击日本侵略军的斗争经历。

我是一名中国籍的德国人。第二次世界大战爆发后，我到瑞士一家大学专攻医学，并获得了医学博士学位。1939 年夏季，为了帮助中国的抗日战争，在宋庆龄女士、廖承志先生的直接关怀帮助下，我绕道法国，远涉重洋到达香港，后经海丰、南宁、贵阳、重庆、西安，到了延安。

到了延安的第二天，毛泽东主席接见了我，并陪我吃午饭。我们边吃边聊。在谈了我对德苏关系、中日关系及国内形势的看法后，他高兴地说："您的看法和我们基本一致，我们都是反法西斯侵略的。"这次谈话使我终身难忘。当时，我与印度援华医疗队的几位医生住在一起。有人对我们不了解，问你们到这里干什么，是新闻记者，还是考察团成员？我坚定地回答，我是来参加八路军，消灭法西斯的。

同年12月初，在我的要求下，我和印度援华医疗队的爱德华、巴苏华、柯棣华三名医生，辗转来到抗战最艰苦的八路军总部所在地晋东南抗日前线。这里到处是被日军烧毁的房屋和残害的人民，激起了我们对法西斯灭绝人性大屠杀暴行的无比仇恨。几天后，我们在八路军总部驻地王家峪受到朱德总司令的接见。他态度和蔼，谈笑风生，亲自给我们沏茶倒水，还

1939年年底米勒在武乡留影

把我们让上了暖烘烘的土炕上。我们一边喝茶，一边聆听他对中国抗战形势的精辟分析和敌后各战场的概况，并介绍了八路军游击战的主要经验。午饭时候到了，小米饭、地瓜菜摆满了桌子，总司令饶有风趣地说："八路军出师以来，就是靠小米加步枪，把飞机加大炮的日本侵略军打得焦头烂额。"

我们原计划在武乡停留几天，再到晋察冀和加拿大医生白求恩同志合作。由于他已不幸殉职，我便决定在武乡的八路军总部医院工作。这段时间我们住在武乡的土河村。在爱德华的协助下，成功地为总部卫生学校的一名摔断尿道的学员做了手术。这是我来太行山区做的第一例手术，引起了轰动，人们把我当成外国来的神医。当时山沟里难得见一名医生，方圆几十里的老百姓来治病的很多，我总要认真地给他们诊断治疗，甚至妇女生孩子也请我去接产，我从不拒绝，无论刮风下雨，一定要去。他们没钱买药，我就把我的津贴拿出来给他们买。老百姓对我十分友好，经常把舍不得吃的东西送给我吃，有的知道我爱抽烟，便把自己种的烟叶送给我。我的房东是申邦治，他们一家挤在一间东房，我住西房。一家人对我特别热情，寒冬夜里总是把火炕烧得暖暖的，不让我受冷，我感觉到这里的老百姓特别善良。

1940 年 8 月，百团大战打响了，我随陈赓的三八六旅参加了正太路的破击战。战斗异常激烈，我们做手术都在战场附近，有时医疗队还要随部队追击敌人，往往是敌人逃跑时的烟头还没有熄灭，我们就赶上去了。每天随部队奔跑，还要做手术，感到很累。但一想到这是世界人民反法西斯的正义斗争就勇气倍增。为了亲眼看到八路军战士英勇杀敌的情景，我一有空隙就跑到前线。一次，在攻克管头战斗中，我们到前线救护伤员。敌人炮楼被我八路军战士包围，我刚刚打开照相机拍摄这难忘的战斗场面，突然有 8 名日本兵从炮楼里窜出来逃命，被战士们一阵拼杀，彻底消灭，我们高兴地跳了起来。

说到这里，他非常兴奋。然后又陷入了深思：

1941 年是抗日战争根据地非常艰苦的时期，由于工作繁重，营养不良，

米勒用过的公文包

我在麻田患上了伤寒，昏迷了一个多月，脸和腿肿得很可怕。邓小平政委得知后，立即赶到医院看望了我，安慰我好好休息，养好身体再工作。临走还送给我一条当时很难得的香烟。我目送着小平同志离去的背影，感动得哭了。心想，八路军的这些领导人都是这样平易近人，真好啊！

1942 年年初，我住在黎城上黄堂村时，敌人年关大“扫荡”开始了。领导让我向武乡方向转移，途中发现敌人已朝武乡包剿，便又转到辽县，每天和敌人转山头，打游击，吃的是炒面，喝的是雪水。在与敌周旋中，我们